D1865243

Wo die schönen Mädchen auf den Bäumen wachsen

Der neu=erfundne grosse Wunder=Baum/ darauf die schöne Jungfern wa-hsen.

Holzschnitt des Formschneiders und Briefmalers Albrecht Schmid 1694.

Wo die schönen Mädchen auf den Bäumen wachsen

Sehenswürdiges und Sagenhaftes von der Wartburg bis zur Insel Rügen

Mit 196 Abbildungen und 6 Karten

Herausgegeben von
Ulf Diederichs

Ullstein

Die Abbildungen S. 49 entstammen der Fotothek der Nationalen Forschungs- und Gedenkstätten Weimar (NFG), die Abbildungen S. 207 der Fotothek der Sächsischen Landesbibliothek, Dresden. Alle anderen Vorlagen befinden sich im Bildarchiv Ulf Diederichs.

CIP-Titelaufnahme der Deutschen Bibliothek
Wo die schönen Mädchen auf den Bäumen wachsen :
Sehenswürdiges und Sagenhaftes von der Wartburg bis zur Insel Rügen / hrsg. von Ulf Diederichs. - Frankfurt/M ; Berlin : Ullstein, 1990
ISBN 3-550-06498-5
NE: Diederichs, Ulf [Hrsg.]

Verlag Ullstein GmbH Berlin - Frankfurt/M.
© 1990 by Verlag Ullstein GmbH, Berlin - Frankfurt/M.
Alle Rechte vorbehalten
Satz: Fotosatz-Service Weihrauch, Würzburg
Karten: Erika Baßler
Druck und Verarbeitung: May & Co., Darmstadt
Printed in Germany 1990
ISBN 3 550 06498 5

Inhalt

Fünf Länder - unbekanntes Land

Vierzig Jahre einer scharfen Grenzziehung, räumlich und auch ideologisch, haben erreicht, daß die alten mitteldeutschen Kulturlandschaften mit ihren Zentren aus dem »westdeutschen« Bewußtsein geschwunden sind. Mit Namen wie Dessau, Meißen, Quedlinburg oder Stralsund verbinden sich nur mehr vage Vorstellungen. Auch die fünf Länder der DDR - seit 1952 wie weggehext, eingetauscht gegen Bezirke, von einer Zentralverwaltung ausgeschaltet, fast mit einem Tabu belegt - sind dennoch für die Menschen so lebendig geblieben, daß sie von dorther einen Teil ihrer Identität beziehen. Wer von uns aber weiß schon genau, ob und warum die Altmark nicht mehr zu Brandenburg zählt, daß der Bezirk Neubrandenburg im Mecklenburgischen zu finden ist, oder woher es kommt, daß der Kyffhäuser, den wir als Thüringer Mythenberg wähnen, schon seit 175 Jahren im Territorium des heutigen Sachsen-Anhalt liegt? Wem ist bewußt, daß auch die Burgen »an der Saale hellem Strande«, Saaleck und Rudelsburg, die wir als Kinder besangen, längst keine thüringischen Angelegenheiten mehr sind? Oder doch?

Wer den verschütteten Traditionen dieser Länder nachspüren will, sollte administrative Grenzen und historische Kulturräume auseinanderhalten, oder besser noch, sie in ihrer unterschiedlichen Realität respektieren. Was sich entfernt hat, kann auch wieder näherrücken. Dieses Buch behandelt nicht etwas völlig Unbekanntes im Sinne einer *terra incognita,* wie sie die Energien und Phantasien früherer Forschungsreisender mobilisierte. Vielmehr befaßt es sich mit dem Terrain unserer eigenen kollektiven Erinnerung, um etwas Halb-noch-Gewußtes. Zugleich geht es um etwas heute neu Gestaltungsfähiges, neu Erlebbares.

Sagenschauplätze im anderen Deutschland: ein Gewebe aus Texten und textbezogener alter Grafik, aus Landschaft und Landesgeschichte. Zum einen ist das, ganz handfest, ein Erzählfundus, wie er ähnlich reich nur noch im Rheinland oder im Schwarzwald zu finden ist. Er ist aus den frühesten verfügbaren Quellen erschlossen und umschließt alle fünf Territorien. Zum anderen handelt es sich um Imaginäres, um das Bild, das sich einer von der Sache macht. Die Geschichte, die erzählt wird, hat sich in Wirklichkeit meist nicht so abgespielt, und die beigefügte Illustration bildet nur selten das ab, was der Betrachter der Schauplätze heute wiedererkennbar vorfindet. Dennoch läßt sich behaupten, daß die Geschichten und die Bilder »wahr« sind oder doch zu einer bestimmten Zeit als wahr empfunden wurden. So bringt Luther den Tod des sächsischen Kurfürsten Friedrich des Weisen mit allerlei Anzeichen am Himmel und auf Erden in Verbindung - *seine* Wahrheit und auch die seiner Zeit.

Noch die beiden Stümpfe der Frauenkirche verweisen auf das, was diese Kirche für die Tradition Dresdens einmal war und eines Tages wieder sein wird; an zeichenhafter Bedeutung hat sie gewonnen, seit sie - am Gedenktag ihrer Zerstörung, 13. Februar 1982 - zum Ausgangspunkt der Friedensbewegung wurde.

Oder wenden wir uns der ethnischen Minderheit der Sorben (rund 50.000) zu: Von ihren Naturgeistern und vom »Wendenkönig« erzählen sie so suggestiv, als ob Taufwasser sie kaum je genetzt hätte. Nicht von ungefähr sind in der Lausitz uralte Bräuche bewahrt, etwa die »Vogelhochzeit« der Kinder am 15. Januar oder der männliche Osterritt um Felder und Fluren.

Andere lebendige Bräuche finden sich im Harz, im Spergau bei Merseburg (Lichtmeßfest), in Eisenach (Sommergewinn), während die Tradition des Mühlhausener Brunnenfestes abgebrochen ist, die des Kirsch-, Kinder- und Hussitenfestes in Naumburg umfunktioniert wurde zum Fest der deutsch-tschechoslowakischen Freundschaft.

In den nachfolgenden 24 Kapiteln entfalten sich deutscher Sagen »Mannigfaltigkeit und Eigentümlichkeit« (Brüder Grimm). Bezogen sind sie auf die fünf Länder in den seit ihrer Aufhebung 1952 dennoch fortbestehenden Grenzen.* Diese Gliederung nach Ländern bedingt, daß z.B. wendisch-sorbische Sagenüberlieferung in zwei völlig getrennten Kapiteln zu finden ist, einmal im sächsischen Bereich Oberlausitz (Bautzen, Görlitz, Zittauer Gebirge), zum anderen als Bereich Unterlausitz (Cottbus, Spreewald), der seit 1815 zu Brandenburg ge-

* Erst die Landtagswahlen am 14. Oktober 1990 werden erbringen, welche peripheren Landkreise dem einen oder dem anderen Land definitiv zuzuordnen sind; kleinere Gebietskorrekturen sind selbst nach der Länderbildung noch möglich.

Die fünf mitteldeutschen Länder 1990

hört. Beide Gebiete lassen sich auch zusammen-lesen – etwa um aufzuspüren, wie an der ehemals östlichen Reichsgrenze mit der Etablierung neuer Herrschaft sich Wertungen verschieben, wie die in die Minderheit geratene slawische Bevölkerung »ihre« Motivik und Moral dagegensetzt.

So ein eingegrenztes Sagenkapitel bewahrt, daß etwa Pommern und speziell Rügen ein ganz anderer Erzähl-Biotop ist als Mecklenburg, das »Wirtsland« Vorpommerns seit 1945. In dem Satz »Wi Pommern hem een stolzen Greif up uns Siegel un Wapp'n un keen Ossenkopp as dei Meckelbörger« drückt sich ein starkes Selbstbewußtsein aus, und auch hier beleuchtet Sagenüberlieferung den Hintergrund.

Mentalitätsgeschichtlich läßt sich ablesen, daß die beiden Nordländer manche Gemeinsamkeit haben, z.B. in ihren sagenumwitterten Seen; daß die drei Südländer, von den anderen unterschieden durch häufigen Herrschaftswechsel, Gebietstausch und Bevölkerungsdichte, ihrerseits enger verzahnt sind. Man bedenke, daß Thüringens »goldene Zeit«, die der Ludowinger, schon 1046 an das Haus Wettin überging und daß, seit die Ernestiner die Kurwürde einbüßten (1547), das Land immer mehr an politischem Gewicht und an Boden einbüßte. Der größte Aderlaß kam, für Thüringen wie für das sächsische Herrscherhaus, als Preußen die neue Provinz Sachsen aus dem Boden stampfte (1815). Und sie wiederum ist im wesentlichen das Landesgebiet des heutigen Sachsen-Anhalt.

Preußisch war und blieb damals die Altmark, auch wenn sie nicht mehr zur Mark Brandenburg zählte, sondern zum Regierungsbezirk Magdeburg – erst der Provinz Sachsen, dann des Landes Sachsen-Anhalt. So gilt für diese alte Sagenregion, daß sie sich ebenso als *Nordmark* des ottonischen Markgrafen Gero wie in der Tradition Albrechts des Bären als *Kurmark* lesen läßt.

Die Materialien zu diesem Buch fanden sich hauptsächlich im 19. Jahrhundert. Gerade die den Brüdern Grimm unmittelbar folgende Sammlergeneration – J.D.H. Temme im Bereich Altmark und Pommern, H.G. Gräve in der Lausitz, Emil Sommer im Saalegebiet, Heinrich Pröhle im Unterharz – wußte ihre regionsspezifischen Sagen so schlicht, so nuanciert und lebendig zu erzählen, daß sie einige Vorzüge hat vor den späteren, ihrerseits unverzichtbaren »Systematikern« (J.G.Th. Grässe, R. Eisel, K. Haupt, A. Witzschel).

In den gleichen Zeitraum gehören die meisten Ortsansichten, gezeichnet und gestochen in den Jahrzehnten 1830–1870. Unleugbar ist ein Zusammenhang zwischen Sagensammeltätigkeit und -aufzeichnung und vermehrter Bilderstecherei, selbst wenn Ansichtswerke und Sagenbände durchaus unterschiedliche Printmedien waren. Ein wachsendes Interesse an »Originalschauplätzen«, teils patriotisch, teils touristisch bestimmt oder auf beides hin ausgerichtet, orientierte sich u.a. an historischen Lokalsagen. An Reihenwerken wie den »Malerischen Wanderungen durch Deutschland« (durch Thüringen, Harz, Sächsische Schweiz etc., 1836–41) läßt sich ablesen, daß spätromantische Empfindung Text und Bild wechselweise stimuliert. Topographisch präziser, weil den baulichen Zustand genau erfassend, verfährt ein 1832 begonnenes »National-Unternehmen«: Georg Langes »Original-Ansichten der historisch merkwürdigsten Städte in Deutschland, nach der Natur aufgenommen« (17 Bde., 1832–65). Für unsere Zwecke besonders ergiebig haben sich zwei Textbildbände erwiesen, die der pensionierte Geograph K.H.W. Münnich 1845 und 1848 in Dresden herausbrachte. Er widmete sich dem »Elbstrom, von seinem Ursprunge bis zu seiner Mündung« resp. den »Malerischen Ufern der Saale« und belegt aufs schönste die Wechselwirkung von zunehmender Reiselust, neuen Reisevehikeln (z.B. die Dampfschifffahrt auf der Elbe, seit 1837 stromaufwärts), Realitätssinn und nostalgischem Bedürfnis; seine Bücher waren ad vivum gezeichnet und boten dem Bildungsreisenden genügend historischen Hintergrund.

Solche »Ansichten« erlauben uns, aus dem Abstand von 150 Jahren und dennoch von meist ähnlichen Impulsen getrieben, Dresden und Magdeburg, Naumburg und Halle und weitere Sagenhochburgen in dem Zustand zu betrachten, wie er durch die Texte mehr oder minder verbürgt ist.

Sageneditionen waren hierzulande immer ein Politikum. Jacob und Wilhelm Grimm fingen mit Sichten und Sammeln in dem Jahr an, als Napoleon die preußischen Truppen bei Jena und Auerstedt schlug. Zehn Jahre später bekannten sie im Vorwort ihrer »Deutschen Sagen«, diese Arbeit getan zu haben »im festen Glauben, daß nichts mehr auferbaue und größere Freude bei sich habe als das Vaterländische«. Den Ideen des Vormärz verpflichtet war die nächste bedeutende Großsammlung, die von Kuhn/Schwartz (1848). Bechstein zeigte sich, die gescheiterte 48er Revolution verinnerlichend, im Vorwort zum »Deutschen Sagenbuch« (1853) als arg vaterlandsfromm. Grässe, den die Erfahrung des Krieges von 1866 leitete, widmete sein imperiales »Sagenbuch des preußischen Staates« dem »preußischen Volke zum Eigentum«.

Nach Ländern und Volksstämmen gegliedert sind die Sagen-Serien der zwanziger Jahre, Paul Zaunerts mythologisch intendierter »Deutscher Sagenschatz« (17 Bde., 1917–29) und Eichblatts »Deutscher Sagenschatz« (9 Bde., 1922–24); ihr »Zurück zu den Wurzeln« ist in mancher Hinsicht ein Reflex auf 1914 und den späteren Friedensvertrag von Versailles.

Das in solchen Sammlungen immer wieder aufflackernde nationale Pathos steht uns, nach den Erfahrungen 1939/45, 1949 und gerade auch 1989, nicht zu. Es paßt nicht mehr in die Landschaft, die vielfach geschundene. Hilfreicher erscheint ein ökologisches Denken, eines, das vom Wortsinn ausgeht: *oikos* als Wohnstätte, als wohnlich und heimisch Gemachtes.

Jene Länder und Landstriche, die hier beschrieben sind, gehören zu unserer Umwelt, physisch und geistig, wie auch unsere Länder zu ihnen gehören. 1200 Jahre deutscher Geschichte, wie sie, in Geschichten gebrochen, hier aufscheinen, sind noch und jetzt wieder unsere gemeinsame Geschichte.

Dieses Buch will dazu anregen, Orten, Gestalten und Ereignissen nachzuspüren, die sich jahrhundertelang dem kollektiven Bewußtsein eingeprägt haben. Es will Dinge aufzeigen, die zum inneren Bestand von fünf Ländern gehören – Thüringen, Sachsen-Anhalt, Sachsen, Brandenburg, Mecklenburg-Vorpommern – und etwas von ihren geschichtlichen Dimensionen vermitteln. Das Fremdgewordene kann so vielleicht nähergebracht werden und das neuentdeckte »einig Vaterland« sich mit Anschauung füllen.

München, Juli 1990 — Ulf Diederichs

THÜRINGEN

Das grüne Herz Deutschlands

Land Thüringen
1952–1990 aus drei Bezirken bestehend:
Erfurt, Gera und Suhl.
Gebietsveränderungen 1990:
Die Kreise Altenburg, Schmölln (bisher Bezirk Leipzig) und Artern (bisher Bezirk Halle) werden Thüringen zugeordnet.

Kleine Landeskunde

Siedlungs- und sagengeschichtlich bedeutsam ist die alte Handelsstraße Via Regia Lusatiae gewesen, auch Königs- oder Hohe Straße genannt, die Thüringen durchzog; sie führte von Frankfurt a.M. über Eisenach und Erfurt bis Görlitz und weiter nach Kiew, verband also das Rhein-Main-Gebiet mit dem slawischen Siedlungsraum. Sagenbegünstigt sind auch der Thüringer Wald mit seinen frühen Burg- und Klostergründungen (Schwarzburg, Hennebergische Burgen, Paulinzella) und die Wasserstraßen des Landes: die Saale von Saalfeld über Jena nach Naumburg, die Werra mit Meiningen, Wasungen, Treffurt, dann Unstrut (Mühlhausen) und Elster (Greiz, Gera).

Schon einige Jahrhunderte vor Luther und Thomas Müntzer bot Thüringen reichen volksliterarischen Stoff. Dies geht teilweise, in der Spannung Christentum – alter Volksglaube, auf Bonifatius zurück, der schon 744 auf dem heutigen Domhügel das – allerdings kurzlebige – Erzbistum Erfurt errichtet hat.

An Thüringens Sagenruhm haben dann ganz entscheidend acht Generationen zweier Fürstengeschlechter mitgewirkt, es waren wie folgt: 1. Ludwig der Springer (vom Giebichenstein), der 1067 die Wartburg anlegte und 1085 das Kloster Reinhardsbrunn; 2. sein Sohn Ludwig, als erster mit der Landgrafenwürde begabt (1130); 3. dessen Sohn Ludwig II., der erst milde und später »eiserne« Landgraf, ein Schwager Kaiser Barbarossas; 4. Ludwig III., Gegenspieler Heinrichs des Löwen, und sein Bruder und Nachfolger Hermann, dem der Wartburger Sängerkrieg angedichtet wurde; 5. dessen Sohn Ludwig »der Fromme«, der die Hl. Elisabeth ehelichte und von Kaiser Friedrich II. die Marken Meißen und Lausitz zu Lehen erhielt, jedoch als 28jähriger während des Kreuzzugs 1227 zu Otranto starb und in Reinhardsbrunn beigesetzt wurde; 6. beider Tochter Sophie, Herzogin von Brabant, die mit dem Markgrafen von Meißen (Heinrich dem Erlauchten) den Thüringischen Erbfolgekrieg ausfocht; 7. des Markgrafen Sohn Albrecht der Entartete, neuer Landgraf von Thüringen und der Beinahe-Mörder seiner Frau; 8. beider Sohn Friedrich »mit der gebissenen Wange«, auch Friedrich der Freidige genannt, der 45jährig in Eisenach starb (1325) und dort in der Katharinenkirche bestattet liegt.

Es ist ein Verdienst späterer Chronisten, die kurze ruhmreiche Zeit der Ludowinger, die 1247 von den Wettinern abgelöst worden sind, aufgezeichnet und lebendig erzählt zu haben. Vorneweg Wigand Gerstenbergs handschriftliche Landeschronik von Thüringen und Hessen (um 1500), auch ihrer erstaunlichen Federzeichnungen wegen; dann Dietrich von Apoldas »Cronica sant Elisabet zcu Deutsch« (Erfurt 1520), dann die Thüringischen Chroniken von Riuander (1596), Bange (1599) und Rothe (1677/78). Aus solchen Chroniken haben die Brüder Grimm und ihre Nachfolger fleißig geschöpft. Der Wahrheitsgehalt der »Historien« ist durchaus relativ. So geht die berühmte Doppelehe des Grafen von Gleichen einzig auf einen Grabstein des 13. Jahrhunderts im Erfurter Dom zurück, der den Grafen flankiert von seinen beiden Frauen zeigt; so wollten es die Ikonologie und die Sitte, und es ist nicht zu bezweifeln, daß der Graf zwei Ehen geführt hat – nacheinander. Aber hier setzte Sagenphantasie an, verknüpfte das Motiv vom Kreuzfahrer mit der schönen Sultanstochter und schließlich päpstlichem Segen. Die früheste schriftliche Überlieferung, und das ist bezeichnend, stammt erst von 1562. Auch der begeistert gefeierte »Wartburgkrieg« wird erst 450 Jahre post festum so bezeichnet, in der Chronik des Johannes Rothe; das Gedicht, worauf er sich bezieht, war aber, wie die sog. Jenaer Liederhandschrift erweist, nur für den Vortrag eines einzigen Sängers bestimmt; vielstimmig und gar im poetischen Wettstreit ist jenes Fürstenlob nie vorgetragen worden. (Daß Richard Wagner den Sängerkrieg auf der Wartburg mit der viel späteren Tannhäuser-Gestalt koppelt und so »unsterblich« macht, steht auf einem anderen Blatt.)

Streifen wir noch kurz die ganz frühe Landesgeschichte und die letzten fünfhundert Jahre. Das 130jährige Reich der »Toringi« scheint sich zeitweise bis zur Altmark und nach Osten bis Riesa a.d. Elbe erstreckt zu haben, ehe es die Franken und Sachsen 531 n.Chr. zerschlugen. Eine relativ homogene Epoche, trotz Reformation und Bauernaufstand, war auch die Zeit 1485–1547, als die Ernestiner die Kurwürde innehatten, und so bedeutende Fürsten wie Friedrich der Weise und Johann Friedrich der Großmütige das Regiment führten; die Gründung der Jenaer Universität besiegelt jene kulturell lebendigen sechs Jahrzehnte – dann folgten Jahrhunderte heilloser Aufsplitterung. Als die sächsische Kurwürde auf die Albertinische Linie übergegangen war, wurde Thüringen-Sachsen immer weiter zerstückelt. Ende des 17. Jahrhunderts gab es ausgesprochene Mini-Herzogtümer, ihre Residenzen hießen Meiningen, Römhild, Eisenberg, Hildburghausen, Saalfeld usw. Anders gesagt, es bestanden zu der Zeit zehn thüringische Linien der Ernestiner, dazu neun der selbständigen Fürsten Reuß und drei der Fürsten Schwarzburg. Im Antagonismus der beiden Königreiche Preußen und Sachsen gelangte Thüringen immer mehr in den Zugriff Preußens. So kam Erfurt, seit 755 schon dem Mainzer Erzstift angegliedert und von daher nie mit der Chance, eine Freie Reichsstadt zu werden, im Jahre 1802 an Preußen, ebenso die Reichsstädte Mühlhausen und Nordhausen. Als im Wiener Friede 1815 die neue preußische *Provinz Sachsen* vermessen wurde, bezog man diese drei Städte und Naumburg ein.

Weimar wurde damals die Hauptstadt des neuen Großherzogtums Sachsen-Weimar-Eisenach. 1826 nahm der König von Sachsen eine Neugliederung vor, die bis 1918 Bestand hatte: Neben dem Großherzogtum etablierten sich die Herzogtümer Sachsen-Meiningen, Sachsen-Altenburg und Sachsen-Coburg-und-Gotha. Nach Abdankung der Monarchie kümmerten sich 1918/19 vor allem die Sozialdemokraten um die Errichtung Thüringens – zum ersten Mal seit den Ludowingern wieder der Begriff für eine staatlich-politische Einheit.

Mit Ausnahme Coburgs, das zu Bayern kam, schlossen sich die zunächst gebildeten acht Freistaaten 1920 zum Land Thüringen zusammen. Die immer noch bestehenden preußischen Enklaven wurden Juli 1944 mit dem Kernland verbunden: Noch im letzten Kriegsjahr also erweiterte sich Thüringen um den Regierungsbezirk Erfurt (bisher Provinz Sachsen) und den Kreis Schmalkalden (bisher Provinz Hessen-Nassau). Im April 1945 wurde ganz Thüringen von den Amerikanern besetzt und am 1. Juli, gewissermaßen im Austausch gegen Berlin, der sowjetischen Besatzungsmacht überlassen. Das Land erhielt Ende 1946 eine neue Verfassung; ein Jahr später wurde Werner Eggerath (SED) zum Ministerpräsidenten bestimmt, im Jahr darauf der Regierungssitz von Weimar nach Erfurt verlegt. Im Juli 1952 wurde die Verfassung Thüringens wie die der vier anderen DDR-Länder praktisch ausgesetzt; der neuen zentralen Steuerung wegen teilte man das Land in drei Bezirke auf, Erfurt, Gera und Suhl. Zugleich wurde Altenburg an den neuen (sächsischen) Bezirk Leipzig abgegeben und das untere Unstruttal an den (sächsisch-anhaltischen) Bezirk Halle. 1988 zählte Thüringen 2,5 Mill. Einwohner und nur drei Großstädte: Erfurt (215.000), Gera (130.000) und Jena (110.000). Bei der Wiederherstellung des Landes, vorgesehen für Herbst 1990, wird Erfurt wieder Hauptstadt.

Wartburg und Umgebung

Wie die Wartburg erbaut wurde

Im Jahre Christi 1062 ritt Graf Ludwig mit seinen Leuten im Thüringer Wald zur Jagd. Nicht weit vom Inselsberg stieß er auf ein Stück Wild und verfolgte es bis auf den Berg bei Eisenach. Indem er nun dort etwas stille hielt und auf seine Leute wartete, gefiel ihm der Ort, weil er von hier weit und breit das Land übersehen konnte, dermaßen gut, daß er hernach Tag und Nacht darauf sann, wie er ihn an sich bringen und eine Wohnung darauf bauen könnte.

Nun gehörte der Berg samt den umliegenden Dörfern bis Eisenach den Junkern von Mittel- und Frankenstein, die bei Salzungen ihren Sitz hatten. Um ihn in seinen Besitz zu bekommen, erdachte er diese List: Heimlich ließ er viele Körbe mit Erde in seinem Gebiet anfüllen, dann in der Nacht auf diesen Berg tragen und an einer bestimmten Stelle auf den Felsen aufschütten. Hernach schlug er dort einen Burgfrieden auf und fing gleich an, ein Wohnhaus dahin zu bauen.

Weil nun zu der Zeit eben eine große Teuerung im Lande war, Graf Ludwig aber von Sangerhausen und anderen Orten Korn herbeikarren ließ, bekam er Arbeiter genug, die ihm nur ums Brot willen die Steine zuzuführen und den Bau in kurzer Zeit in die Höhe zu bringen halfen. Als die Herren von Mittel- und Frankenstein dieses erfuhren, waren sie damit wenig zufrieden und verklagten ihn beim Reich, daß er eigenmächtigerweise auf ihrem Grund und Boden gebaut habe und ihnen diesen entziehen wolle. Nachdem sich nun der Graf verantwortet hatte, daß er die Burg auf dem Seinigen erbaut habe, wurde ihm der Spruch zuteil: wenn er mit zwölf Personen zusammen eidlich behaupten oder selbst einen körperlichen Eid abschwören könne, daß der Grund und Boden, worauf er gebaut, sein Eigen wäre, er dann befugt sein sollte, den Bau fortzuführen. Diesen Spruch machte er sich wohl zunutze und legte ihn nach seinem Gefallen aus, denn es

Links: Die Wartburg z. Z. ihrer Erneuerung bzw. Denkmalisierung 1838–90 durch Großherzog Carl Alexander; damals wurde die Mittelhalle in alter Form neu errichtet, mit Vorhalle, Rüstkammer, Kemenate und Bergfried. Rechts: Die Lutherstube, deren Holzwände und -decke fast zeitgenössisch sind; der Ofen entstammt dem frühen 19. Jahrh., der Tintenklecks – oftmals erneuert – wird heute nicht mehr gezeigt. Stahlstiche 1865 (nach Zeichnung von Ludwig Rohbock) und 1852.

verfügten sich zwölf von Adel, die ihm vorher zu diesem Bau geraten und dazu behilflich gewesen waren, auf den Berg, steckten ihre bloßen Schwerter in die dort aufgeschüttete Erde und schwuren öffentlich einen Eid, daß der Grund und Boden dem Grafen gehöre und er die Burg auf dem Seinigen erbaut habe.

Da dies nun so geschehen, mußten die von Franken- und Mittelstein es dabei bewenden lassen, und der Graf behielt den Berg mit allem Zubehör; er baute die Burg noch fester, und von obgedachtem Warten auf der Jagd erhielt sie den Namen Wartburg.

Einige Leute wollen diesen Bericht von der hierher getragenen Erde für eine Fabel halten, weil aus alten Urkunden hervorgehe, daß Kaiser Konrad der Salier, dieses Grafen Vater, schon anno 1039 die ganze Gegend an der Hörsel erblich zugeeignet und geschenkt habe. Das lasse man dahingestellt sein.

Alte und Neue Thüringische Chronicka, 1729

Der Hörselberg

Im Lande Thüringen nicht fern von Eisenach liegt ein Berg, genannt der Hörselberg, worin der Teufel haust und zu dem die Hexen wallfahrten. Zuweilen erschallt jämmerliches Heulen und Schreien daraus, das die Teufel und armen Seelen ausstoßen. Im Jahr 1398, am hellen Tage, erhoben sich bei Eisenach drei große Feuer, brannten eine Zeitlang in der Luft, taten sich zusammen und wieder voneinander und fuhren endlich alle drei in diesen Berg. Fuhrleute, die ein andermal mit Wein vorbeigefahren kamen, lockte der böse Feind mit einem Gesicht hinein und wies ihnen etliche bekannte Leute, die bereits in der höllischen Flamme saßen.

Reinschwig, eine Königin von England, war von ihrem Gemahl aus geringem Geschlecht um ihrer Tugend willen erwählt worden und hatte ihn sehr lieb; und als er starb, gab sie viel Almosen und ließ Seelenmessen lesen, um ihn aus dem Fegefeuer zu erlösen. Als sie nun dies mit großer Andacht eine Zeitlang getrieben hatte, kam einst des Nachts eine Stimme zu ihr und sprach, eine Meile jenseits Eisenach liege ein Berg, in dem ihres Herrn Seele gequält werde. Da rüstete sich die Königin mit ihren Jungfrauen und zog nach Thüringen, baute eine kleine Kirche unter dem Berge, und sie hörte, wie die Seelen im

Berge jämmerlich schrien, und sie nannte ihn Höre-Seel-Berg, weshalb er noch jetzt der Hörselberg heißt.

Brüder Grimm 1818, Nr. 173 und
E. Sommer 1846, Nr. 41

Der Wartburgkrieg

Man schrieb nach Christi Geburt 1207 Jahr, da hatte der Landgraf Hermann unter seinem Hofgesinde auf der Wartburg sechs ehrsame, wohlgeborne Männer, hohe Meister im Gesang und in der Dichtkunst, die gegenseitig wider einander dichteten auf höfische Weise. Der eine war genannt Heinrich der tugendsame Schreiber, der andere Walther von der Vogelweide, der dritte Reinhart von Zwetzen, der vierte Wolfram von Eschenbach, der fünfte hieß Bitterolf, der sechste und geschickteste hieß Heinrich von Afterdingen. Der stritt allein wider die andern alle und pries und lobte den Herzog von Österreich über den edlen Landgrafen Hermann in solcher Weise, daß er in seinem Gedicht den genannten Herzog der klaren Sonne verglich. Dagegen lobten die andern fünfe den hochgebornen, erlauchten Fürsten Landgraf Hermann und verglichen ihn dem lichten Tag und kamen darüber so ernstlich aneinander, daß sie sich williglich verpflichteten, wer da verliere, den sollte man hängen. Da kam auch herbei der Femeister und hielt Stränge bereit in seinen Händen. Nun war Haß und Erbitterung so groß unter ihnen, daß die fünfe in falscher Listigkeit auferlegten, daß sie, um die Meisterschaft zu gewinnen und zu verlieren, mit Würfeln spielen wollten. Dabei gewannen die fünfe mit falschen Würfeln Heinrich von Afterdingen die Meisterschaft ab in Gegenwart des Femers. Da nun Afterdingen sah, wie es ausging, floh er unter den Mantel der edlen Landgräfin, Frau Sophie, um des Schutzes willen, den er da fand, und legte Berufung ein an den Meister Clingesor. Da stimmten auch die andern bei, daß die Partei, zu welcher er stünde, den Sieg habe; über die andern aber sollte man richten mit dem Strang. Und zu dieser Berufung ward ihm ein Jahr Frist gegeben.

Heinrich von Afterdingen zog nun nach Österreich und ward da von dem edlen Herzog, dessen Lob er gepriesen hatte, herrlich empfangen und reich begabt. Insbesondere gab er ihm gute behifliche Briefe an den Meister Clingesor, der zu der Zeit in Ungarn wohnte zu Siebenbürgen. Er war edel und wohlgeboren und sehr reich; denn er

Die Sänger des Wartburgkrieges. Von links: Walther von der Vogelweide, Wolfram von Eschenbach, Reimar der Alte, der »Tugendhafte Schreiber«, Heinrich von Ofterdingen und Klingsor aus Ungerland. Miniatur aus der Manessischen Handschrift, frühes 14. Jahrh.

hatte dreitausend Mark jährlich als Zins. Auch war er ein gewandter Philosophus und gelehrter Mann in weltlichen Künsten, besonders wohl erfahren in der Astronomie und schwarzen Kunst. Zu dem kam Afterdingen mit des Herzogs Briefen und unterrichtete ihn in der Sache, warum er zu ihm gekommen wäre. Da gab ihm Meister Clingesor guten Trost; aber er verzog ihm die Zeit, daß er nicht mit ihm ging zur Wartburg bis auf den Abend vor dem bestimmten Tag, an dem Meister Clingesor das Urteil sprechen sollte. Darüber war Heinrich von Afterdingen nicht wenig besorgt. In dieser Nacht kamen sie beide mit Hilfe der Schwarzen Kunst von Ungarn nach Eisenach in eines Bürgers Hof, der Hellegreve hieß.

[Clingesor weissagt nun aus den nächtlichen Gestirnen die Geburt einer Tochter seines Herrn, des Königs von Ungarn, »die wird genannt Elisabeth und wird eines heiligen Lebens sein; sie soll auch diesem jungen Fürsten, Landgrafen Hermanns Sohn, zur Ehe gegeben werden«. Meister Clingesor ringt darauf mit Wolfram von Eschenbach um die Meisterschaft im Dichten und Singen, oben auf dem Speisesaal der Wartburg. Als er ihn nicht zu überwinden vermag, verspricht er, statt seiner einen anderen zu stellen, und besorgt sich den Teufel. Der disputiert nun mit Wolfram über Gott und die Welt, aber als Wolfram auf das Opfer Christi als ein Zeichen seiner unaussprechlichen Liebe zu uns Menschen zu sprechen kommt, mag es der Teufel nicht hören und verschwindet.]

Noch ließ Meister Clingesor nicht ab, sondern ging anderweit den Teufel an, daß er erfahren möchte an Wolfram, ob er gelehrt wäre oder nicht. Deshalb kam der Teufel eines Nachts zu Wolfram, als er entschlummert war, in das Haus seines Wirts zu Eisenach, der Gottschalk genannt war, und legte ihm listige Fragen vor von der Natur der himmlischen Sphären und der Sterne und sieben Planeten; aber Wolfram gab ihm keine Antwort. Da schrie der Teufel mit einem großen Lachen: »Er ist ein Laie, er ist ein Laie!« und schrieb es auch an die Mauer des Gemaches.

Der Landgraf Hermann bat den Meister Clingesor angelegentlich, daß er bei ihm bliebe, und wollte ihm reiche und große Gaben geben; aber der schämte sich sehr, daß er von einem ungelehrten Manne überwunden worden war und wollte nicht bleiben. Darum zog er wieder heim nach Siebenbürgen.

Leben des heiligen Ludwig, 1851, S. 9f.

Die Vermählung der Kinder Ludwig und Elisabeth

Meister Clingsor hatte zu Wartburg in der Nacht, da Elisabeth zu Ungarn geboren wurde, aus den Sternen gelesen, daß sie dem jungen Ludwig von Thüringen vermählt werden sollte. Im Jahre 1211 sandte der weitberühmte Landgraf Hermann herrliche Boten von Mann und Weiben zu dem König in Ungarn um seine Tochter Elisabeth, daß er sie nach Thüringen sende, seinem Sohn zum Ehgemahl. Fröhlich zogen die Boten zu Roß und Wagen und wurden unterwegs, durch welche Landschaft sie kamen, herrlich bewirtet und, als sie im Ungarland eintrafen, von dem König und der Königin lieblich empfangen. Andreas war ein guter, sittiger Mann, aber die Königin schmückte ihr Töchterlein mit Gold und Silber zu der Reise und entsandte sie nach

Aus den Libri octo de Sanct Elisabeth des Dietrich von Apolda (Anfang 14. Jahrh.), nacherzählt von Lulu von Strauß und Torney 1926:
1. Ihr Ehestand mit Landgraf Ludwig (»Alle Nacht, wenn ihr Hauswirt schlief, stand sie auf, fiel vor ihrem Bette nieder und lag da in inniglichem Gebete. So er aber erwachte, nahm er ihre Hand in seine und hielt sie also, bis sie ihr Gebet vollendete«). 2. Wie Landgraf Ludwig ihr Urlaub gab, all ihren Willen in Gottes Liebe zu vollbringen (»Da war ein kranker und aussätziger Mensch, der hieß Elias. Den nahm Sanct Elisabeth, machte ihm ein gutes Bad und legte ihn heimlich in ihres Herrn und ihr Bette. Da das ihre Schwiegerfrau gewahr ward, ging sie zu ihrem Sohn und nahm ihn bei der Hand, führte ihn an das Bette und sprach: Siehe, wie lieb dich deine Frau hat, daß sie die aussätzigen und stinkenden Siechen dein Bette beflecken und vergiften lässet! Als sie aber die Decken des Bettes aufschlug, wurden Landgraf Ludwigs Augen aufgetan, denn er sah in seinem Bett die Gestalt der Marter unsers Herrn am Kreuz liegen.«). 3. Wie Sanct Elisabeth in großer Teuerung die Armen und Siechen nährte. 4. Wie Sanct Elisabeth von ihrem Schwager (nach Ludwigs Tod) von der Burg gestoßen ward.

Thüringen in silberner Wiege, mit silberner Badewanne und goldenen Ringen, auch köstlichen Decken aus Purpur und Seide, Bettgewand, Kleinoden und allem Hausrat. Dazu viel tausend Mark Goldes, bis daß sie groß würde, begabte auch die Boten gar reichlich und ließ dem Landgrafen sagen, daß er getrost und in Frieden lebe. Als nun Elisabeth mit ihrer Amme in Thüringen ankam, da war sie vier Jahre alt, und Ludwig ihr Friedel (Liebster) war elf Jahre alt. Da wurde sie höchlich empfangen und auf die Wartburg gebracht, auch mit allem Fleiß erzogen, bis daß die Kinder zu ihren Jahren kamen. Von dem heiligen Leben dieser Elisabeth und den Wundern, die sie im Lande Hessen und Thüringen zu Wartburg und Marburg verrichtet, wäre viel zu schreiben.

Brüder Grimm 1818, Nr. 557

Heinrich das Kind von Brabant

Als nach des Landgrafen und Königs Heinrich Tod der thüringisch-hessische Mannesstamm erloschen war, entspann sich langer Zwiespalt um die Erbschaft, wodurch zuletzt Thüringen und Hessen voneinander gerissen wurden. Alle Hessen und auch viele Thüringer erklärten sich für Sophie, Tochter der heiligen Elisabeth und vermählte Herzogin in Brabant; deren unmündigen Sohn, genannt Heinrich das Kind (geb. 1244), erkannten sie für ihren wahren Herrn. Der Markgraf von Meißen hingegen sprach das Land an, weil es aus König Heinrichs Mund, dessen Schwestersohn er war, erstorben wäre; und überfiel Thüringen mit Heereskraft. Damals war allenthalben Krieg und Raub im Lande, und als der Markgraf Eisenach eroberte, soll er, der Volkssage zufolge, einen Mann, der es mit dem hessischen Teil gehalten, von dem Felsen der Wartburg herabschleudern lassen, dieser aber in der Luft noch laut ausgerufen haben: »Thüringen gehört doch dem Kinde von Brabant!«

Sophia zog aus Hessen vor Eisenach; da man die Tore verschlossen und sie nicht einlassen wollte, nahm sie eine Axt und hieb sie ins Sankt Jörgentor, daß man das Wahrzeichen zweihundert Jahre hernach noch in dem Eichenholz sah.

Die Chroniken erzählen, jener Mann sei ein Bürger aus Eisenach namens Welspeche (von Velsbach) gewesen; und weil er den Meißnern nicht huldigen wollen, sei er zwei Mal mit der Blide (Wurfmaschine) über die Burgmauer in die Stadt geworfen worden, aber unverletzt geblieben. Als er standhaft bei seiner Aussage verharrte, wurde er zum dritten Mal hinabgeschleudert und verlor sein Leben.

Brüder Grimm 1818, Nr. 558

Frau Sophiens Handschuh

Als Sophia mit ihrem dreijährigen Sohn aus Brabant nach Hessen kam, zog sie gen Eisenach und hielt eine Sprache mit Heinrich, Markgraf von Meißen, daß er ihr das Land Thüringen wieder herausgäbe. Da antwortete der Fürst: »Gern, allerliebste Base, meine getreue Hand soll dir und deinem Sohne unbeschlossen sein.« Wie er so im Reden stand, kam sein Marschall Helwig von Schlotheim, zog ihn zurück und sprach: »Herr, was wollt ihr tun? und wär es möglich, daß ihr einen Fuß im Himmel hättet und den andern zu Wartburg, viel eher solltet ihr den aus dem Himmel ziehen und zu dem auf Wartburg setzen!« Also kehrte sich der Fürst wieder zu Sophien und sprach: »Liebe Base, ich muß mich in diesen Dingen bedenken und Rat meiner Getreuen haben«, schied also von ihr, ohne ihrem Recht zu willfahren. Da ward die Landgräfin betrübt, weinte bitterlich und zog den Handschuh von ihrer Hand und rief: »O du Feind aller Gerechtigkeit,

Markgraf Heinrich beschwört in Gegenwart der Landgräfin Sophie auf eine Rippe der Hl. Elisabeth sein besseres Recht auf das Land Thüringen. Federzeichnung von Wigand Gerstenberg, um 1500.

ich meine dich Teufel! Nimm hin den Handschuh mit den falschen Ratgebern!«, warf ihn in die Luft. Da wurde der Handschuh weggeführt und nimmermehr gesehen. Auch sollen diese Räte hernachmals keines guten Todes gestorben sein.

Brüder Grimm 1818, Nr. 559

Friedrich mit der gebissenen Wange

Landgraf Albrecht in Thüringen, der Unartige, vergaß aller ehlichen Lieb und Treue an seinem Gemahl und hing sich an ein ander Weibsbild, Gunda von Eisenberg genannt. Der Landgräfin hätte er gerne mit Gift vergeben, konnte aber nicht dazu kommen; verhieß also einem Eseltreiber, der ihm auf der Wartburg täglich das Küchenholz zuführte, Geld, daß er ihr nachts den Hals brechen solle, als ob es der Teufel getan hätte. Als nun die dazu bestimmte Zeit kam, ward dem Eseltreiber bange, und er gedachte: Obwohl ich arm bin, hab ich doch fromme, ehrliche Eltern gehabt; soll ich nun ein Schalk werden und meine Fürstin töten? – Endlich mußte er daran, wurde heimlich in der Landgräfin Kammer geleitet; da fiel er vor dem Bett zu ihren Füßen und sagte: »Gnade, liebe Frau!« Sie sprach: »Wer bist du?«, er nannte sich. »Was hast du getan, bist du trunken oder wahnsinnig?« Der Eseltreiber antwortete: »Schweiget und ratet mir! Denn mein Herr hat mir euch zu töten geheißen; was fangen wir jetzt an, daß wir beide das Leben behalten?« Da sprach sie: »Geh und heiß meinen Hofmeister zu mir kommen.«

Der Hofmeister gab ihr den Rat, sich zur Stunde aufzumachen und von ihren Kindern zu scheiden. Da setzte sich die Landgräfin bei ihrer Söhnlein Bette und weinte; aber der Hofmeister und ihre Frauen drangen in sie, zu eilen. Da es nun nicht anders sein konnte, segnete sie ihre Kinder, ergriff das älteste, namens Friedrich, und küßte es öftermal; und aus sehnlichem mütterlichen Herzen biß sie ihm in eine Backe, daß er davon eine Narbe bekam, die er zeitlebens behalten. Daher ihm auch erwachsen, daß man ihn genennet: Friedrich mit der gebissenen Wange. Da wollte sie den andern Sohn auch beißen; das wehrte ihr der Hofmeister und sprach: »Wollt ihr die Kinder umbringen?« Sie sprach: »Ich hab ihn gebissen, daß er, wenn er groß wird, an meinen Jammer und dieses Scheiden gedenkt.«

Also nahm sie ihre Kleinode und ging aufs Ritterhaus, wo sie der

Hofmeister mit einer Frau, einer Magd und dem Eseltreiber an Seilen das Fenster hinabließ. Noch dieselbe Nacht flüchtete sie auf den Kreinberg, der dazumal dem Hersfelder Abt gehörte; von da ließ sie der Amtmann geleiten bis nach Fulda. Der Abt empfing sie ehrbarlich und ließ sie sicher geleiten bis gen Frankfurt, wo sie in einem Jungfrauenkloster Herberge nahm, aber schon im folgenden Jahre vor Jammer starb. Sie liegt zu Frankfurt begraben.

Brüder Grimm 1818, Nr. 560

Doktor Luther zu Wartburg

Doktor Luther saß auf der Wartburg und übersetzte die Bibel. Dem Teufel war das unlieb, und er hätte gern das heilige Werk gestört; aber als er ihn versuchen wollte, griff Luther das Tintenfaß, aus dem er schrieb, und warfs dem Bösen an den Kopf. Noch zeigt man heutigen Tages die Stube und den Stuhl, worauf Luther gesessen, auch den Flecken an der Wand, wohin die Tinte geflogen ist.

Brüder Grimm 1818, Nr. 556

Das Wartburgfest

Nach der Leipziger Völkerschlacht am 18. Oktober 1813 trug Friedrich Ludwig Jahn, einer der Bataillonskommandeure im Lützowschen Freiheitskorps, ins Fremdenbuch auf der Wartburg ein: »Großes ist geschehen, Größeres wird kommen. Der Morgen einer neuen teutschen Welt hat begonnen.«

Die von ihm ins Leben gerufene Turnbewegung bemächtigte sich der Wartburg als eines urdeutschen Symbols. Auch die mit ihr verschwisterte Burschenschaftsbewegung erlebte im sog. Wartburgfest – am 18. Oktober 1817 – ihren Höhepunkt. Herzog Carl August, dessen Vorfahren einst Luther auf der Wartburg beschützt hatten und der zudem Schirmherr der Jenaer Universitätsfreiheit war, stimmte der geplanten würdigen Feier der dreihundertjährigen Reformations-Wiederkehr ohne Bedenken zu. Mit allein 1500 Jenaer Studenten zu Pferd und bis zu 18000 aus allen deutschen protestantischen Universitäten hatte man bei diesem Fest »vier Jahre nach Leipzig« gerechnet. Der Eisenacher Wochenmarkt war in jenen Tagen mit Lebensmitteln überhäuft, doch dann sanken über Nacht die Preise. Im verabredeten

Bücherverbrennung anno 1817. Auf dem Wartburgfest vernichten Burschenschaftler den Code Napoléon, die Werke August von Kotzebues und andere mißliebige Schriften. Stahlstich von W. Pobuda 1841.

Quartier im Rautenkranz auf dem Markt waren ganze 500 Studenten und Professores eingetroffen, und aus Jena sind es nur 200 gewesen.

Nach O.K. Müller, Die Wartburg, 1927

Alle Musiker heißen Hans

»Ein volksbekannter Spaßvogel, ein fideler Fiedler, dabei ein Mann, fleißig, schlicht und fromm«, so heißt es von Hans Bach, seines Zeichens Zimmermann und einer der Ahnen des Johann Sebastian Bach. Auch der Urgroßvater hieß Hans Bach; er lebte in Wechmar im Gothaischen, war alltags ein Teppichmacher und feiertags ein fahrender Musikant, der in Gotha, Arnstadt, Erfurt, Eisenach, Schmalkalden, Suhl und auch in den umliegenden Dörfern mit der Fiedel zum Tanz aufspielte.

In Eisenach am Frauenplan ist Johann Sebastian Bach am 21. März 1684 geboren. Er und seine drei Brüder trugen zu ihren besonderen

Männer mit großer Wirkung. Links: Hans Bach »der Fiedler«, Ahnherr der Musikerfamilie Bach (Kupferstich um 1550); rechts: Martin Luther als Junker Jörg, in der Wartburger Zeit, Mai 1521 bis März 1522. Holzschnitt von Lucas Cranach d.Ä. 1521.

Rufnamen alle den Namen Johannes. Und alle wurden sie Musiker.

Nach E. Borkowsky, Die Musikerfamilie Bach, 1930

Das Eisenacher Sommergewinnen

Unter denen Eisenachischen Gebräuchen, so noch alljährlich allda mit gehalten werden, ist auch das sogenannte und bekannte Sommergewinnen auf Laetare in der Fasten, da viele Kinder nach der Amts- oder Hauptpredigt, auch nach den Mittagspredigten, vor das Georgentor gehen, die ausgehängte und in einer frischen Tanne oder Fichten sitzende Sommerdocken (Puppe) sehen und sich einen sogenannten Sommer (nämlich Bretzeln, Gipstäflein mit biblischen Bildern, Bändern, kleinen Kuchen, gefärbten Eierschalen, Schneckenhäusern und andern Sachen, so an die Tannen- oder Fichtenreiser gehängt sind) kaufen und in die Stadt oder wo sie wohnen hintragen. Vor 50 und mehr Jahren ist hiebei der ärgerliche Gebrauch noch gewesen, daß die jungen Burschen mit Mägden und erwachsenen Kin-

Marktplatz in Eisenach mit der Wartburg im Hintergrund. An der Nordseite entstand 1742–51, durch Ausbau mehrerer Bürgerhäuser, das Stadtschloß für Herzog Ernst August - heute Thüringisches Museum.
Stahlstich 1863, nach Zeichnung von Ludwig Rohbock.

dern auf den Mittelstein gegangen, worauf sie ein Rad getrieben, daran sie einen strohernen Mann gebunden, welchen sie den Tod genannt, ihn angezündet und mit dem Rad den Berg hinunter haben laufen lassen; dabei sind sie bei der Wartenburg in den Tannenwald gegangen, haben eine gleichmäßige und hohe Tanne abgehauen, welche sie nachgehends mit Bändern geschmücket und auf den Plan fest eingegraben und aufgestellt haben, da denn die Mannsleute nach den Bändern gestiegen. Als aber einer von der Tanne einmal gefallen und ein Bein gebrochen, auch sonst viele Üppigkeit dabei vorgekommen, ist solcher Unfug nachgehends abgeschafft worden.

Soweit die älteste bis jetzt aufgefundene Beschreibung des Eisenacher Sommergewinns, dem Brauch des Winteraustreibens, aus dem Jahre 1704.

A. Witzschel 1878, Nr. 22

Entlang der Königsstraße

Von den drei Gleichen

Zwischen Arnstadt und Gotha, Ohrdruf und Erfurt erheben sich die Bergschlösser, welche man weit und breit »die drei Gleichen« nennt. Zwei liegen in Trümmern, das dritte, die Wachsenburg, eine Stunde von Arnstadt, ist noch erhalten und wird bewohnt. Das eine dieser Schlösser war der Stammsitz der berühmten Grafen von Gleichen und nach ihnen genannt, heißt auch das Wandersleber Schloß, weil es über dem Dorf Wandersleben liegt. Nach dem Aussterben der Grafen von Mühlberg gewannen die Grafen von Gleichen auch die nach den ersten Besitzern Mühlberg geheißene Burg, die über dem Ort gleichen Namens liegt. Von weitem gesehen, scheinen die in einem Dreieck von ihren Bergkegelgipfeln aufragenden Burgen von gleicher

Die drei Gleichen: Wachsenburg, Mühlburg (die ältere Burganlage, jetzt Ruine) und Wanderslebener Gleiche (1088 urkundlich erwähnt; im 17. Jahrh. verfallen). Stahlstich 1838, nach Zeichnung von Otto Wagner.

Höhe zu sein, und dies soll ihnen den Namen verschafft haben, wie es bei den Gleichen in der Nähe von Göttingen ebenfalls geschehen sein soll. Von den Besitzern der letzteren sollen auch erst die thüringischen Grafen von Gleichen abstammen. Viele des Geschlechts taten sich mannhaft hervor in Kämpfen und Heereszügen, und einer von ihnen, Sigismund geheißen, war so geartet, daß man ihm den schönen Ehrentitel »der Thüringer Teufel« beilegte. Das Geschlecht war reich und angesehen, außer der Grafschaft Gleichen mit Mühlberg besaß es die Grafschaften und Herrschaften Ohrdruf, Vieselbach, Tonna, Blankenhain, Remda, Kranichfeld mit Tannrode, Krakendorf und Schauenforst, auch den Flecken Wechmar, das ganze Eichsfeld und in Westfalen Pyrmont und Spiegelberg.

Im Jahre 1230 ist es geschehen, daß die drei Nachbarburgen Gleichen, Mühlberg und Wachsenburg allzumal in einer Nacht von den Blitzstrahlen eines sehr heftigen Gewitters in Flammen gesteckt wurden.

Von der Wandersleber Burg wie von dem Dorf unter ihr rühmte man, was man von Weissensee auch rühmte, sie lägen mitten im Lande Thüringen, gleichsam im Herzen, und es seien nach jedem Strich sechs Meilen bis zur Grenze zu reisen.

L. Bechstein 1858, II. Nr. 424

Der Graf von Gleichen

Graf Ludwig von Gleichen zog im Jahr 1227 mit gegen die Ungläubigen, wurde aber gefangen und in die Knechtschaft geführt. Da er seinen Stand verbarg, mußte er, gleich den übrigen Sklaven, die schwersten Arbeiten tun: bis er endlich der schönen Tochter des Sultans in die Augen fiel, wegen seiner besonderen Geschicklichkeit und Anmut zu allen Dingen, so daß ihr Herz von Liebe entzündet wurde. Durch seinen mitgefangenen Diener erfuhr sie seinen wahren Stand; und nachdem sie mehrere Jahre vertraulich mit ihm gelebt, verhieß sie, ihn frei zu machen und mit großen Schätzen zu begaben: wenn er sie zur Ehe nehmen wolle.

Graf Ludwig hatte eine Gemahlin mit zwei Kindern zuhaus gelassen; doch siegte die Liebe zur Freiheit, und er sagte ihr alles zu, indem er des Papstes und seiner ersten Gemahlin Einwilligung zu erwirken hoffte. Glücklich entflohen sie darauf, langten in der Christenheit an, und der Papst, indem sich die schöne Heidin taufen ließ, willfahrte der gewünschten Vermählung. Beide reisten nach Thüringen, wo sie im Jahr 1249 ankamen. Der Ort bei Gleichen, wo die beiden Gemahlinnen zuerst zusammentrafen, wurde das Freudental benannt, und noch steht dabei ein Haus dieses Namens. Man zeigt noch das dreischläfrige Bett mit rundgewölbtem Himmel, grün angestrichen; auch zu Tonna den türkischen Bund und das goldne Kreuz der Sarazenin. Der Weg, den sie zu der Burg pflastern ließ, heißt bis auf den heutigen Tag der Türkenweg. Die Burggrafen von Kirchberg besitzen auf Farrenrode, ihrer Burg bei Eisenach, alte Tapeten, worauf die Geschichte eingewirkt ist. Auf dem Petersberg zu Erfurt liegen die drei Gemahle begraben, und ihre Bilder sind auf dem Grabstein ausgehauen.

Brüder Grimm 1818, Nr. 575

Das erste Schützenfest in Gotha

Am 8. Juli 1861 hat der Herzog Ernst von Coburg-Gotha, einer der besten Schützen unter den deutschen Fürsten, zu Gotha den ersten deutschen Schützentag eröffnet. »Das Hauptziel des gemeinsamen Strebens«, sagte er, »sei Wahrung der Ehre und Schutz des großen deutschen Vaterlandes«. Oberhalb des Schießhauses befand sich der sog. Gabentempel, und seine Ausschmückung erinnerte an die deutsche Einigkeit. Von den beiden Bildern an seinen Giebeln stellte das eine den armen schlafenden Barbarossa vor, wie er, umflattert von entfliegenden Raben, umgeben von kugelgießenden und waffenschmiedenden Gnomen, eben im Begriff ist zu erwachen. Das andere versinnlichte die Germania, welche den Schützen Kränze reicht, die zwei Genien ihr zutragen. Das Fest währte bis zum 11. Juli. Die Geschicklichkeit der Schützen ließ noch vielen Hoffnungen und Wünschen für die Zukunft Raum.

O. von Reinsberg-Düringsfeld 1863, S. 202 f.

Erfurts Namen und Ursprung

Man sagt, die Stadt Erfurt sei ums Jahr 438 durch den König Merowig (Mervig) entstanden; der habe auf dem Petersberg, worauf jetzt das Benediktinerkloster liegt, sein Schloß und über die Wagd, Wagen- oder Wegweide (Waldung) eine Burg gebaut und solche Merwigs-

Flugblätter verkünden Wunderzeichen. Oben: Korn und Weizen regnen vom Himmel, geschehen zu Weimar und Auerstedt am 25. Juni 1550. Holzschnitt von Steffan Hamer 1550. Unten: Unheilvolle Himmelserscheinung über Erfurt im März 1627 – »ein Mann, geharnischt, auf zwei halben Monden stehend, daneben der Tod mit einem Pfeil, der schießt viel Menschen auf dem Plan«. Holzschnitt 1627.

burg genannt; diese sei zwar zerstört worden, allein das danebenliegende Dorf heiße davon noch jetzt Möbigsburg. Hier habe der König beständig residiert und Hof gehalten, auch den einfallenden Völkern Widerstand geleistet. Es sei nun hier eine Überfahrt über den Fluß Gera gewesen, die Gerafurt geheißen, daraus habe man, als sich hier auf dieser fruchtbaren Aue Leute angesiedelt und drei Dörfer gebaut: Schilderoda, am Fuße des Petersberges gegen Norden (in der Nähe des jetzigen Andreastors und der Andreaskirche), Schmidtstedt gegen Morgen, woher noch jetzt das Schmidtstedter Tor seinen Namen hat, und das schon genannte Merwigsburg, die dann vereinigt worden seien, den Namen Gerafurt und mit Weglassung des G Erfurt gemacht.

Eine andere Sage berichtet, es leite seinen Namen von einem Müller Erpes oder Erff, der sich bei der Pfortmühle ansetzte, oder von einem Grafen Erpo oder Yrpes her. Dieser Müller Erff habe nämlich die Reisenden in Ermangelung einer Brücke in einem Kahn über die Gera gefahren, daher hiervon der Name Erpesfurt, Erffsfurt oder Erfurt gekommen.

J.G.Th. Grässe 1868, Nr. 404

Sündliche Liebe

Auf dem Petersberg in Erfurt ist ein Begräbnis von Bruder und Schwester, die auf dem etwas erhabenen Leichenstein abgebildet sind. Die Schwester war so schön, daß der Bruder, als er eine Zeitlang in der Fremde zugebracht und wiederkam, eine heftige Liebe zu ihr faßte und mit ihr sündigte. Beiden riß alsbald der Teufel das Haupt ab. Auf dem Leichenstein wurden ihre Bildnisse ausgehauen, aber die Köpfe verschwanden auch hier von den Leibern und es blieb nur der Stachel, woran sie befestigt waren. Man setzte andere von Messing darauf, aber auch diese kamen fort; ja, wenn man nur mit Kreide Gesichter darüber zeichnete, so war anderntags alles wieder ausgelöscht.

Brüder Grimm 1816, Nr. 357

Die Domglocke

Die große Glocke, welche 280 Zentner schwer jetzt im Dom zu Erfurt hängt, gehörte ursprünglich der Klosterkirche in Mildenfurth und ist erst später nach Erfurt geschafft worden. Man brauchte dazu einen eisernen Wagen. Ein Delinquent hat sie in Erfurt dadurch auf den Turm gebracht, daß er die Steine des Gegengewichts einzeln hinauf und oben in einen Kasten trug. Man schenkte ihm dafür das Leben.

R. Eisel 1871, Nr. 761

Die große Armbrust in Erfurt

Wie vormals zu Erfurt des Scharfrichters Haus mit dem Kak (Pranger) und einem Stock auf dem großen Markt vor den Graden gestanden hat, so soll auch der Galgen anfangs dort gewesen sein, denn der Platz hat erst vor der Mauer der Stadt gelegen und ist wie ein offen Feld gewesen. Es hätten aber die Bürger mit der Zeit erlangt, daß der Galgen nach Erweiterung der Stadt von dem alten Ort weggenommen und so weit hinaus ins Feld gesetzt werden durfte, als man mitten aus der Stadt mit einem Pfeil würde schießen können. Dazu habe man sich

Dom und Severikirche in Erfurt anno 1838. Damals hieß der Domplatz noch Friedrich-Wilhelm-Platz, nach dem obersten Landesherrn und preuß. König Friedrich Wilhelm III. Vor den Stufen (ante gradus) des Domes gab es bereits im 13. Jahrh. einen Wochenmarkt, weshalb der Platz »Vor den Graden« genannt wurde – bis 1823. Stahlstich 1838, nach Zeichnung von Otto Wagner.

der großen Armbrust, die noch zum Gedächtnis auf dem Rathaus oben an einem Balken hängt, bedient und den Pfeil auf dem langen Steg losgeschossen, daß er über die Stadt hinausflog und auf dem Stollberg der Stadt gegenüber niederfiel. Daher ist der Galgen auf diesen Berg gebaut worden, wo er noch steht.

A. Witzschel 1866, Nr. 315

Die weißen Frauen zu Erfurt

Auf dem Anger der Post gegenüber steht das Ursulinerkloster, welches auch das Weißfrauen- und dann das französische Kloster hieß. Die Bewohnerinnen des Klosters, die sogenannten weißen Frauen, waren dem Orden der weißen Büßenden zugetan, waren sehr arm, nährten sich aber durch nur ihnen bekannte Geheimmittel, Wahrsagen und Zaubern. Wollte eine Frau wissen, ob der Liebhaber getreu, ob eine einzugehende Heirat gut oder schlecht ausschlagen werde, holte man sich bei ihnen Rat. Wenn man bestohlen wurde, so vermochten sie gegen eine bestimmte Summe dem unbekannten Dieb ein Auge auszuschlagen etc. Im Jahre 1660 starben sie ab und das Kloster ward den französischen Ursulinerinnen übergeben.

J.G.Th. Grässe 1868, Nr. 391

Die Sterbelust und das Seelenbad zu Erfurt

Im Jahre 1348 herrschte zu Erfurt eine schlimme Pest, wo die Jugend unter Lachen und Händeklatschen starb. Ein Mägdlein von zwölf Jahren, das mit dem Tode rang, sah stets lachend gen Himmel und klatschte vor Freuden in die Hände, und als es von seinen Eltern befragt wurde, warum es sich so freudig bezeige, antwortete es: »Ei, sehet Ihr nicht den Himmel offen stehen und so viele schöne unzählbare Lichter hinauffahren?« Da man weiter fragte, was dies denn für Lichter wären, sagte es: »Es sind die Seelen der selig Sterbenden. Und damit Ihr sehet, daß ich wahr rede, so werde ich diese Nacht sterben, meine liebe Mutter wird mir in drei Tagen folgen und noch andere Personen«, denen sie ihre Sterbenszeit benannte. Es hat aber seit der Sündflut der Tod nicht ärger gewütet, denn es waren drei Plagen zusammen: Rote Ruhr, Pest und wütendes Fieber, so die Lebendigen und Toten bis auf die Gebeine verzehrten. In drei Jahren starben aus dem Barfüßerorden allein 12 434 Brüder. In Erfurt wurden allein in Gräbern unter dem Roten Berg, weil alle Kirchhöfe voll waren, 12 000 Menschen begraben. Da wurde dann ein sogenanntes Seelenbad gehalten. Es standen drei Würztröge vor der Badestube hinter dem Berg beim Juristencollegium, die wurden voll Wein gegossen und Sem-

Empfang des schwedischen Königs Gustav Adolf am 2. 10. 1631 vor dem Haus zur Hohen Lilie in Erfurt. Einer der frühesten thüringischen Renaissancebauten, dient die »Hohe Lilie« seit ihrer Rekonstruktion 1963–66 als Weinlokal. Zeitgenöss. Federzeichnung von Samuel Fritze.

meln hineingebrockt. Wenn nun das Seelenbad angehen sollte, kam der Bierrufer hinter dem Berg hervor auf den Markt und rief das Seelenbad so aus: »Ein Seelenbad, ein gutes Bad, haben unsere Domherren zuerst aufgetan, hinter unserer Lieben Frauen Berg, wer baden will, soll gar nichts geben.« Da kam denn das Volk zu Hunderten und Tausenden mit Gefäßen, und die Geistlichen hatten eine Kelle, wo fast ein Nösel (eine halbe Kanne) hineinging, da gaben sie denn einem jeden eine Kelle voll in sein Gefäß.

J.G.Th. Grässe 1868, Nr. 394

Die Geißler zu Erfurt

Um dieselbe Zeit, also im Jahre 1349, kamen auch die Geißler, Kreuzbrüder oder Flagellanten nach Thüringen. Wenn sie geißelten, sangen sie: »Nun tretet her, wer büßen will / Luzifer ist ein bös Gesell/ Hui, haltet auf eure Hände / Daß Gott dies Sterben von euch wende.«

In die Stadt wurden sie nicht gelassen; es kamen ihrer aber bei dreitausend zu Ilversgehofen an. Sie gingen zu Paaren, der vorderste trug eine Fahne, und sie waren alle bis an die Lenden nackend, hatten leinene Schürzen vor, so bis auf die Schenkel gingen, und weiße Hüte, mit weißen Kreuzen hinten und vorn, auf den Köpfen. Sie hieben und peitschten sich kniend mit drei Riemen, darin Knoten mit eisernen Nägeln geflochten waren, zweimal des Tages und einmal des Nachts. Ihre Gesellschaft bestand aus Männern, Weibern und Kindern, die lauter Idioten und ungelehrte Leute waren. Sie nahmen aber kein Geld, sondern allein essende Ware, was man ihnen gab. Wenn sie in eine Kirche kamen, schrien sie so heftig, daß Priester und alles stillschweigen mußte. Aus dieser Sekte war einer, der hieß Constantinus und gab sich für Gottes Sohn aus. Er wurde auf dem großen Markt zu Erfurt verbrannt. Er sagte zwar, er wolle nach drei Tagen wieder auferstehen, er ist aber weder Simoni noch einem andern erschienen.

J.G.Th. Grässe 1868, Nr. 395

Der zärtliche Wolf

Im Jahre 1555 trieb sich im Sommer etliche Wochen lang ein Wolf im Weichbild von Erfurt herum, der lief den Leuten nach, umarmte, herzte und drückte sie, namentlich die Weibspersonen, tat ihnen aber sonst kein Leid an und biß niemand. Wenn er aber so eine oder die andere umschlungen hielt und den Rachen aufriß, der von ungeheurer Größe war, erschraken sie so, daß sie fast den Tod davon hatten.

J.G.Th. Grässe 1868, Nr. 399

Von einer Vorlesung des Doktor Faust in Erfurt

Der Doktor Faust war zu Erfurt namhaft und in einem großen Ansehn. Er pflegte, wenn er von Wittenberg dahin kam, in einem Hause zu St. Michael zu wohnen unweit dem großen Collegium, auch hatte er sich einen solchen Anhang verschafft, daß ihm erlaubt wurde, sich

Platz und Straße vor der Erfurter Kaufmannskirche, genannt »der Anger«, ist nicht nur seit altersher ein wichtiger Warenumschlagplatz; hier wurden auch politische Kämpfe ausgetragen. Oben: Die Zerstörung des Napoleon-Obelisken am 6. 1. 1814 (nach Aquarell von H. Beck); unten: Straßenkampf am 24. 11. 1848 (Lithographie H. Jäger nach Zeichnung von H. Kruspe).

öffentlich auf dem Lehrstuhl hören zu lassen. So hat er denn auf eine Zeit den Studenten den griechischen Poeten Homer erklärt und dabei die vorkommenden Kriegshelden so lebendig beschrieben, daß den Studenten ein großes Verlangen ankam, diese in eigener Person zu sehen. Auf ihr bittlich Ansuchen bewilligt ihnen Faust, daß er in der nächsten Lektion die Helden vorstellen wolle. In dieser Vorlesung sah nun Faust, daß wegen seiner getanen Zusage mehr Studenten als gewöhnlich zugegen waren, und er hat mitten in der Lektion angefangen und gesagt: »Ihr lieben Studenten, weil ihr begehrlich seid, die berühmten Kriegsfürsten, deren der Poet allhier gedenkt, in der Person, wie sie damals gelebt, anzuschauen, so sollen sie euch nun begegnen.« Darauf sind alsbald diese Helden in ihrer damals gebräuchlichen Rüstung in das Lectorium nacheinander hereingetreten, haben sich männlich und frisch mit ganz zornigen und grimmigen Augen umgesehen, die Köpfe geschüttelt und sind dann wieder davongegangen. Zuletzt kam noch der greuliche Riese Polyphem, der an der Stirn nur ein Auge hatte, auch einen langen, zottigen, feuerroten Bart; ein Mensch, den er eben verzehrte, hing ihm noch mit dem Schenkel aus dem Maule heraus, überhaupt war er so gräßlich anzusehen, daß allen Studenten die Haare zu Berge standen. Über diesen Schrecken mußte Faust nicht wenig lachen, auch ängstigte er die Studenten noch damit, daß Polyphem nicht wieder zur Tür hinausgehen wollte, sich vielmehr umsah mit seinem erschrecklichen Gesicht und die Hände ausbreitete, als ob er nach etlichen Zuhörern greifen und sie verschlingen wollte; dabei stieß er mit seinem gewaltigen Spieß, der wie ein Weberbaum war, gegen den Fußboden, daß das ganze Collegium erzitterte. Zuletzt aber winkte ihm Faust mit dem Finger, da trat er hinaus und Faust beschloß seine Lektion, womit die Studenten wohl zufrieden waren, denn sie hatten den Teufel im Glas gesehen und begehrten fortan nicht wieder solche Erscheinungen von ihm.

A. Witzschel 1866, Nr. 318

Doktor Fausts Gäßchen in Erfurt

Gegen die Mitte der Schloßgasse sieht man ein schmales Gäßchen, durch das kaum eine einzelne Person mit Mühe hindurch kann, weshalb es das enge oder bisweilen auch des Doktor Fausts Gäßchen genannt wird.

Dunkle Örter Thüringens. Links: Dr. Fausts Gäßchen in Erfurt, Holzstich 1847. Rechts: Die Opfer der sog. Jenaischen Christnachts-Tragödie 1715, zwei Bauern und ein Student, die in einem Weinberghäuschen »Fausti Höllenzwang« ausprobierten. Kupferstich 1716.

Die Sage erzählt nämlich, Doktor Faust sei einst durch jenes Gäßchen mit einem zweispännigen Fuder Heu hindurchgefahren. Der Wagen habe sich in einen Strohhalm, die Ochsen in Mistkäfer verwandelt, und so sei dieses Fuhrwerk leicht hindurchgekommen. Am Ausgang in der Borngasse standen Wagen und Ochsen wieder da.

A. Witzschel 1866, Nr. 317

Weimars Name

Eine der ältesten Städte Thüringens ist Weimar; sie soll bereits im zehnten Jahrhundert bestanden haben, und schon Kaiser Heinrich der Finkler habe mit seinem Sohne Otto I. dort zeitweilig Hof gehalten, namentlich hielt Kaiser Otto I. im Jahre 936 daselbst einen Reichstag. Wie bei vielen Städten, so haben auch bei Weimar früher die Gelehrten über die Wurzelform des Stadtnamens vielen unnützen Streit erhoben und aus haltlosen Vermutungen Schlüsse gedrechselt. Der schönste dieser Schlüsse ist der, daß der Stadtname von Wein herkomme, nicht etwa, weil man in Weimar Wein gebaut, sondern weil man dort keinen Wein gebaut, vielmehr weil der Wein von Jena dorthin zu Markte gebracht worden sei, was doch traurig für die gute Stadt gewesen wäre.

L. Bechstein 1858, II. Nr. 402

Das Schwedenglöckchen

Noch hängt zu Weimar ein Glöckchen, das vom Volk das Schwedenglöckchen genannt wird und noch bis in das erste Viertel des laufenden Jahrhunderts allnächtlich um zwei Uhr geläutet wurde. Die Sage geht, dieses Glöckchen habe zu zwei malen in der Nacht von selbst geläutet, oder sei von Engelhand zum Schutz der Stadt geläutet worden. Das erstemal zu des Herzogs Alba Zeit, als dieser sich in Thüringen

umtrieb und mit seinen Spaniern einst Weimar nächtlicherweise überfallen wollte. Aber des Glöckleins heller Schall weckte die Bürgerschaft auf und sie waffnete sich schnell zur Abwehr. Beim zweitenmal erfolgte das geheimnisvolle Läuten im Dreißigjährigen Krieg, die Schweden hatten sich der Stadt genähert und auf den Äckern hinter

Links: Goethehaus am Frauenplan. Der Dichter bewohnte es als Mieter 1782–89 und erhielt es 1792 von Herzog Carl August zum Geschenk; 1945 stark beschädigt, bis zum Goethejubiläum 1949 vollständig restauriert. – Oben: Goethes Gartenhaus an der Ilm. Dort wohnte er 1776–82. Kupferstiche von Ludwig Schütze 1827, nach Zeichnungen von Otto Wagner.

der Altenburg, links der Fahrstraße nach dem Webicht zu, Lager geschlagen und Schanzen aufgeworfen, da schlug hell das Glöcklein an, auch soll ein weiß gekleideter Engel dem jungen Prinzen Johann Ernst erschienen sein und diesem geboten haben, er solle es seinem Vater ansagen, daß große Gefahr vorhanden. Die Bürger rüsteten sich rasch zur Abwehr des kecken Feindes und dieser wagte nun keinen Angriff auf die ohnehin gut befestigte und wohlbemannte Stadt. Und als sehr denkwürdig ist aufgezeichnet worden, daß in dem ganzen unglückseligen Krieg, welcher Deutschland 30, ja 32 Jahre lang verdarb, Weimar niemals Einquartierung bekommen und niemals eine Plünderung erlitten hat, wohl aber haben die fürstlichen Brüder, Herzog Wilhelm und Herzog Bernhard der Große von Sachsen-Weimar als Feldherren des Königs Gustav Adolf von Schweden sich in diesem Krieg höchsten Heldenruhm erworben.

L. Bechstein 1858, II. Nr. 404

Der tolle Prinz

Unter den Söhnen des Herzogs Johann war einer, Johann Friedrich VI., der nach des Vaters Tod der Mutter Dorothea viel Kummer machte. Da sie sich mitsamt ihren übrigen Kindern durch sein Betragen zurückgestoßen fühlte, wurde er von steigendem Groll erfüllt. Einmal hat er sogar mit einer Pistole nach Bernhard, dem Liebling der Mutter, geschossen; durch einen Ofenschirm mit einem Kugelloch und durch ein Ölbild, darstellend einen Prinzen mit Pistole, soll die Sage beglaubigt worden sein. Später beschäftigte er sich viel mit magischen Künsten, hat auch im Webicht mit dem bösen Feind in Gestalt einer alten Frau verhandelt und in der Eichleite, da wo heute Belvedere steht, sich dem Teufel mit seinem Blute verschrieben. Wegen seiner freigeistigen Äußerungen geriet er so in Verruf, daß man ihn wie einen Verbrecher in härteste Haft legte. Da hörte die Wache vor der Tür seiner eisenvergitterten Zelle im zweiten Stockwerk des Kornhauses den Gefangenen eines Nachts wie mit einer anwesenden Person sprechen; dann war es, als ob er die Wände hinauflaufe. Schließlich geschah ein schwerer Fall, und dann blieb alles still. Als man öffnete, lag der Prinz tot auf dem Boden, und Blut floß ihm aus Mund und Nase. Manche erzählen, der Teufel habe ihn geholt; nur seine Handschuhe und ein Stück seiner Degenkoppel habe man im Hofe gefunden. Andere sagen, die Leiche sei insgeheim im Kornhaus bestattet worden. Ein nageldurchbohrter Schädel, den man ausgegraben, sei der des Prinzen. Sein umgehender Geist spielt in der Sage vom löschpapiernen Prinzchen noch heute eine Rolle. Da die Träger des Namens Johann Friedrich im Ernestinischen Haus immer von schwerem Unglück heimgesucht worden waren, ist die Namensverbindung seitdem nie wieder einem Prinzen gegeben worden.

E. und P. Mitzschke 1904, Nr. 27

Die Kirche der Geister

Der Magd des Stadtkirchners in Weimar däuchte einmal in der Christnacht, es müsse Zeit sein, die Kirche zu öffnen. Sie stieg auf und sah die Kirche erleuchtet. Ängstlich machte sie auf und war heftig betroffen, als sie die ganze Kirche voll kleiner Mönche sah, die nicht höher waren als einer Elle. Augenblicklich zog sie sich zurück. Man hatte sie aber wahrgenommen und warf ihr eine große Kugel nach, die

Weimarer Größen. Links das Goethe-Schiller-Denkmal vor dem Nationaltheater, geschaffen vom Dresdener Bildhauer Ernst Rietschel 1852–57. Stahlstich 1863 nach Zeichnung von A. Schenk. – Rechts Wielands Begegnung mit Napoleon am 6. 10. 1808. Aquatintaradierung von J.B. Hössel nach Zeichnung von H.V.F. Schnorr von Carolsfeld 1809.

sie aufhob und floh. Außer sich ging sie heim, erzählte den Vorfall und starb vor dem neunten Tag. Die Kugel war von Gold und soll noch aufbewahrt werden, doch ist ungewiß von wem und wo.

Man erzählt von dieser Kirche noch folgende Sage. Als der Herzog Wilhelm diese, die vor Zeiten eine katholische Kirche war, zu einer protestantischen einweihen ließ, verbot er den Mönchen, die Kirche je wieder zu betreten und keinen Fuß hineinzusetzen. Und weil die Mönche sie in Eile verlassen mußten, vergaßen sie auch ihre großen Schätze, welche darin verborgen waren, mitzunehmen. Dies ärgerte sie ganz besonders und sie gruben deswegen vom Kornhaus, was ihr Kloster war, einen Gang unter dem Hause hinweg zu der Kirche und räumten in einer Nacht alles Wertvolle heraus. Wegen dieser Tat mußten sie nach ihrem Tode alljährlich eine Stunde vor der Christmette in der Kirche erscheinen und unter Gepränge in Prozession so lange in der Kirche umherziehen, bis der Kirchner die Lichter anzündete. Alsdann verschwanden sie wieder, einer nach dem andern.

A. Witzschel 1866, Nr. 294

Die Ilmnixe

In dem Teil der Ilm, der durch die blumenreichen Wiesen von Oberweimar herab nach dem Park zu sich schlängelt, und dann auch wieder am Abhang des Webichtgehölzes nach Tiefurt zu, soll die Ilmnixe wohnen. Sie lockt gern einsame Lustwandelnde oder Kinder in ihr Wellenreich; zu Zeiten wird sie am Ufer erblickt, ihr grünes Haar strählend. Man hat vor Zeiten auch gesehen, daß ein winkender weißer weiblicher Arm aus dem Wasser sich hob. Unkundige, glaubend, daß hier irgend jemand ertrinke, sprangen dann wohl in die still dahingleitende Flut, wollten retten, und wurden dann von dem schönen Arm ergriffen, umschlungen, an das Herz der schönen tückischen Nixe gepreßt und hinabgerafft.

In Weimar wandelt auch die Wehklage, ein halbmythisches Gespenst, zur Nachtzeit mit jammervollem Gewimmer durch die Straßen, besonders dann, wenn ein Brand bevorsteht, oder dem Fürstenhaus oder der Stadt sonst ein Unglück droht. Es zeigt sich in Gestalt eines alten schattenhaften Weibleins. Dieser Geist wäre denn der unheimliche Ausdruck jener alten Schreibart, ein dämonisch verkörpertes Wehe-Weimar. *L. Bechstein 1858, II. Nr. 403*

Die Ilmnixe und der Graf

Es geht die Sage, daß die Ilmnixe im weimarischen Park bei Tucks Garten vor Jahrhunderten ein Liebesverhältnis angeknüpft habe mit einem Grafen von Weimar und Orlamünde, der schon ehelich versprochen war. Sie erhielt von ihm das Zugeständnis, alle Jahre wolle er elf Monate mit seiner Gemahlin, den Monat Mai aber mit ihr im Nixenschlosse der Ilm zubringen. Außer köstlichen Geschenken gab sie ihm einen Ring, den er unter Anrufung ihres Namens nur in die Ilm zu werfen brauchte, um ihr Erscheinen zu bewirken. Viele Jahre lang teilte der Graf seine Liebe. Nach dem Tode seiner Gemahlin aber soll er aus Reue über sein doppeltes Spiel den Umgang mit der Nixe vermieden haben und zur Sühne in ein Kloster gegangen sein.

E. und P. Mitzschke 1904, Nr. 96

»Abendkreis der Herzogin Amalie«. Mit Heinrich Meyer, Frau von Fritsch, Goethe (nur Rücken und Zopf zu sehen), Friedrich Hildebrand von Einsiedel, Anna Amalia (mit Pinsel und Aquarellkasten), Luise von Göchhausen (stickend), ganz rechts Herder. Stahlstich von Th. Weger nach Zeichnung von Georg Melchior Kraus. Unten: Schloß Tiefurt, die Sommerwohnung der Herzogin. Kupferstich 1793, nach Zeichnung von Conrad Westermayr. Besitz NFG.

Die Freitagsgesellschaft

Herzogin Anna Amalia, Exregentin und Mutter des regierenden Fürsten Carl August, lud in den Jahren 1791 bis 1797 zu einer Abendgesellschaft ins Wittumspalais ein. Es war die sog. Freitagsgesellschaft, die sich erst wöchentlich, dann allmonatlich versammelte. Anna Amalia war eine Nichte Friedrichs des Großen, und dessen Potsdamer jour fixes mögen anregend gewirkt haben. Im Hause der Fürstin wurde viel musiziert - sie selbst spielte Laute, Harfe und beherrschte auch das Spinett; nicht selten war die Kammersängerin Corona Schröter zu Gast, die im Redoutenhaus gegenüber dem Wittumspalais ihre abendlichen Auftritte hatte. Aber mehr noch als musiziert wurde in der Runde gelesen und, maßvoll versteht sich, gelästert; wurden Zeichnungen herumgereicht, Kristalle und hübsch geschnittene Steine, Neuigkeiten zirkulierten ... Fräulein von Göchhausen, Anna Amalias Gesellschafterin, klein, verwachsen und sprühend vor Geist, nahm es an Witz leicht mit dem gleichaltrigen Goethe auf, ebenso mit Herder und Wieland, dem Senior der Runde. »Bei der Herzogin Mutter wird gewöhnlich montags gelesen«, notiert Herder allerdings, und er präzisiert: »Shakespearsche Stücke, Lessings Nathan und Emilia, Goethes Iphigenie, Tasso, Die Vögel, Wielands Pervonte, Liebe um Liebe, Das Vögelchen, Der Zaun«.

Wieland ist seit den zwanzig Jahren, seit er zum Prinzenerzieher nach Weimar berufen wurde, ein Bewunderer der Fürstin: »Ich begreife nicht, wie wir ohne sie existieren sollten«, gesteht er sich und den anderen ein, »ohne sie würde Weimar in weniger Zeit ein so unbedeutendes, langweiliges Nest sein als irgend eines in deutschen oder welschen Landen.«

Bloß eine Freitagsgesellschaft, ein Runder Tisch wie andere auch? Fast ein Jahrhundert darauf kam, im Nachlaß der Luise von Göchhausen, eine Abschrift des verschollen geglaubten Faust-Fragments - der »Urfaust« - zutage.

Aus den Quellen zusammengetragen von Ulf Diederichs

An Werra und Unstrut

Kindesopfer in Vacha

Die Brücke zu Vacha war im Jahre 1342 durch die Werra zerstört worden, und da beim Neubau die Bogen immer wieder einstürzten, entschloß man sich zu einem Kindesopfer. Während nun der Steinmetz

Vacha a.d. Werra. Allegorischer Kupferstich 1625.

das Kind einmauerte, aß es ruhig von einer Semmel und bat um ein kleines Guckloch. Und seiner herzlosen Mutter, so sagt man, habe es nacheinander zugerufen: »Mütterchen, jetzt seh ich dich noch!« – »Mütterchen, nun seh ich dich noch ein klein wenig!« – »Ach, Mütterchen, jetzt seh ich dich gar nicht mehr!«

Ch. L. Wucke 1891, Nr. 747

Die drei Rebhühner zu Mühlhausen

An der Marienkirche zu Mühlhausen befinden sich drei in Stein gehauene Rebhühner und erinnern an folgende wunderbare Begebenheit: Es sollen kurz nach dem Beginnen der Reformation, die bekanntlich in Thüringens Auen sehr frühzeitig viele Anhänger fand, in einer Trinkstube der Stadt Mühlhausen zwei katholische Prälaten bei einem leckeren Mahle gesessen und sich über die Fortschritte des Ketzertums unterhalten haben. Der eine hat jedoch gemeint, es werde schwer halten, die neue Lehre gänzlich wieder zu unterdrücken, und da hat sich der andere der geistlichen Streiter so erzürnt, daß er, auf die drei eben auf die Tafel gesetzten Rebhühner zeigend, ausrief: »So wenig diese drei Rebhühner, die eben erst aus der Küche und vom Bratspieß kommen, wieder lebendig und davonfliegen werden, ebensowenig wird die ketzerische Lehre des Augustinermönches hier in dieser Stadt mächtig werden!«

Aber siehe, kaum waren diese prophetischen Worte dem Munde des Priesters entflohen, da fing vor ihren Augen der Braten in der Schüssel an sich zu bewegen, die Rebhühner erhoben sich, es wuchsen ihnen wieder Federn an Leib und Flügeln, und empor flatterten sie und flogen vor den Augen der erschrockenen Zecher zur Türe hinaus. Man eilte ihnen nach und sah sie auf einem Strebepfeiler der Marienkirche rasten; da wurden sie plötzlich in Stein verwandelt und sitzen noch jetzt da als ein sichtliches Wunder.

J.G.Th. Grässe 1868, Nr. 432

Mönche und Pfarrer stiften zur Revolution an

Anno 1523 entstand zu Beginn des Bauernlärmens große Unruhe, worunter die Stadt Mühlhausen viel leiden mußte. Der Anstifter war ein aus dem Kloster Reiffenstein entlaufener Mönch namens Heinrich Pfeiffer oder Schwerdtfeger. Dieser machte heimlich einen Anhang, predigte hernach am Sonntag Septuagesimae auf dem Stein, worauf sonst der Bierrufer zu treten pflegt, wenn er Bier ausrufet, und schalt heftig auf Mönche und Nonnen. Und weil diese wegen ihres Lebenswandels damals sehr verhaßt waren, lief viel Volk herbei. Auf den Sonntag Misericordias kam noch so ein Geselle hierher, mit Namen Hildebrand, er wollte in der St. Johannis-Kirche, wo eben Ablaß war, predigen; da man solches nicht zulassen wollte, ging er mit seinen Zuhörern hinaus in die Vorstadt auf den Plobach, begab sich dort in Caspar Färbers Haus und predigte oben vom Giebel herunter.

Im folgenden Jahr fand sich Thomas Müntzer, nachdem er seines Pfarrdienstes in Allstedt entsetzt war, auch hier ein und ward von

Oben: Die Blasiuskirche in Mühlhausen, im 13./14. Jahrh. zur dreischiffigen gotischen Hallenkirche gestaltet; Joh. Seb. Bach war hier 1707/08 als Organist tätig. Holzstich von E.W. Röbling 1824. Unten: Die Marienkirche, als weiträumige Hallenkirche ausgestaltet, als die Freie Reichsstadt Mühlhausen die neben Erfurt größte Stadt in Thüringen war. Stahlstich 1863, nach Zeichnung von Rohbock.

vielen Bürgern mit Freuden aufgenommen. Da ging das Lärmen vollends recht an. Der Rat hatte sich zwar äußerst bemüht, dem Unheil vorzubeugen, wie denn auch Luther selber schriftlich gewarnt haben soll, daß sie den Müntzer und seine Mitgesellen nicht sich einnisten lassen sollten. Dieweil aber Müntzers Anhang von Bürgern und Bauern zu groß war, konnten sie ihm nicht widerstehen, noch ihn durchdringen. Müntzer brachte es so weit, daß ihn sein Anhang zum Pfarrer wählte, und weil er seine Residenz im Johanniter-Hof nahm, mußten ihm die teutschen Herren (d.i. die von Kaiser Karl V. belassenen Statthalter) weichen. Er und Pfeiffer verlangten auch, mit im Rat zu sitzen; da man ihnen dies nicht bewilligen wollte, versammelten sie ihren Anhang in der Liebfrauenkirche und beschlossen, daß ein neu Regiment aufgerichtet werden sollte. Sie kamen am Freitag nach Reminiscere 1525 aufs Rathaus, setzten den alten Rat ab und ordneten einen neuen: der sollte der ewige Rat heißen und keiner daraus erlassen oder entsetzt werden, es sei denn, er stürbe; auch mußten ihm nicht nur die Bürger, sondern auch das Gesinde huldigen. Wie wir aber noch hören werden, dauerte er nur zehn Wochen, nämlich vom 17. März bis zum 25. Mai.

Müntzer war Direktor in diesem Rat und richtete alles nach seinem Belieben; er gab vor, man müsse nur nach himmlischen Offenbarungen, deren er sich sonderlich rühmte, richten und auf sie acht haben. Insonderheit drang er auf die Gemeinschaft der Güter; daher ließen die Handwerks- und andere Leute ihre Arbeit liegen, vermeinend, daß sie noch lange genug zu zehren hätten, ehe der Fürsten, Grafen, Edelleute und Klöster Güter alle wären.

Aber die Freude wurde bald darauf durch einen unglücklichen Traum zunichte gemacht, denn Herr Thomas zeigte ihnen unvermutet an, was ihm im Traum offenbart worden sei, daß er nun gegen Aufgang der Sonne ziehen sollte. Er stellte jedoch einem jeden frei, ob er mitziehen wolle oder nicht. Da kehrten ihrer viele wieder nach Hause, taten auch wohl daran. Denn Müntzer und denen, so mit ihm zogen, bekam die Morgenländische Reise sehr übel, indem über 7000 Bürger und Bauern auf dem Schlachtberg bei Frankenhausen erschlagen wurden, und Müntzer selbst in einem Hause, worein er sich retirieret, gefangen ward. Kurfürst Johannes und Herzog Georg zu Sachsen wandten sich hernach mit ihrem Kriegsvolk gegen Mühlhausen, um auch allda den Aufruhr zu dämpfen, und schlugen ihr Lager den

19. Mai vor der Stadt auf. Als Heinrich Pfeiffer, welchen Müntzer zum Statthalter hinterlassen, merkte, daß es um seinen Kopf mit zu tun wäre, widersetzte er sich der Übergabe heftig; als er jedoch sah, daß sein Widersprechen nichts half, machte er sich des Nachts samt seinen Konsorten heimlich davon, ward aber doch bei Eisenach von den nachsetzenden Reitern eingeholt und ins Lager gebracht. Die Fürsten setzten darauf den Müntzerischen sog. ewigen Rat ab und den alten wieder ein. Thomas Müntzer wurde darauf aus dem Gefängnis zu Heldrungen, wo er unterdessen durch die Tortur zum Bekenntnis gebracht, auch hierher ins Lager verbracht und samt Pfeiffern und vielen andern zum Tode verdammt. Als er in den Kreis trat, hat er öffentlich bekannt, daß er unrecht getan, jedoch dabei die anwesenden Fürsten und Edelleute ermahnt, daß sie hinfür nicht gar so hart gegen ihre Untertanen verfahren möchten, um solcher Gefahr nicht weiter gewärtig zu sein. Besonders erinnerte er sie, die Bücher Salomonis und der Könige fleißig zu lesen und sich darin zu bespiegeln. Er wurde geköpft, der Körper hernach gespießt und das Haupt auf dem Schade-Berg auf einen Pfahl gesteckt. Pfeiffer wurde auf gleiche Art hingerichtet, und sein Kopf ist am hohlen Weg nach Pollstedt zu lange Zeit zu sehen gewesen.

Alte und Neue Thüringische Chronicka, 1729

Die große Glocke

Als man anno 1345 die große Glocke in der Kirche Divi Blasii gießen wollte, sollen zwölf Zentner Glockenspeise gemangelt haben, die der Rat auf sein Verantworten von einem Bürger entnommen, welchem vor zwei Jahren viel solcher Glockenspeise von einem Kaufmann soll zu verwahren anvertraut worden sein. Demnach aber der Kaufmann, welchem solches zugestanden, anhero kommen und solches von seinem Wirt hat wollen bezahlet haben, hat ihn der Wirt der Zahlung halber an E.E. Rat gewiesen. Als sie sich, weil viel Silber in der Materie soll gewesen sein, welches der Kaufmann hoch geschätzet, nicht haben vertragen können, hat er endlich begehret, daß die Glocke möchte geläutet werden. Da er nun vernommen, daß sie wohlgeraten war und einen herrlichen Klang gehabt, hat er solches, weil es zum Gottesdienst angewendet worden, E.E. Rat verehret.

R. Jordan, Chronik der Stadt Mühlhausen Bd. 1, Mühlhausen 1900, S. 81f.

Das Brunnenfest zu Mühlhausen

Weil der Brunnenquell von Popperoda der Stadt Mühlhausen vielen Nutzen schafft und so vortreffliches Wasser gibt, so werden alle Jahre zwei Brunnenfeste gehalten. Diese werden einmal von den Schülern, das zweitemal von den Mädchen gefeiert. Zwischen Pfingsten und Johannis feiern die Schüler: von der Schule aus ziehen sie mittags zwölf Uhr in feierlicher Prozession unter Gesang geistlicher Lieder durch die Stadt und Nikolaivorstadt bis ans äußerste Felchtetor, wo der Gesang aufhört und der Zug in stiller und selbstbeliebiger Ordnung bis zu dem Brunnen fortgesetzt wird. Unter unschuldigen Freuden und

Das Brunnenfest in Mühlhausen. Holzstich von E.W. Röbling 1824, nach Zeichnung von Tilesius.

Vergnügungen ruht man hier bis gegen vier Uhr aus, dann wird von den Cantoren der Schule ein zur Feierlichkeit dieses Tages passendes musikalisches Stück mit Blasinstrumenten aufgeführt. Es endet mit einigen Lob- und Dankliedern. Die Schüler bekommen darauf etwas Bier zum besten, und die Lehrer vergnügen sich oben im Saal des Brunnenhauses miteinander. Nach sieben Uhr wird der Rückzug bis vor die Stadt ruhig angetreten.

Auf gleiche Weise feiern die Mädchen einige Wochen später jährlich ihr Brunnenfest; nur ist zu bemerken, daß sie sich, nach Beendigung der Lob- und Danklieder, die dem Schöpfer für das geschenkte schöne Wasser und den großen für die Stadt und ihre Fluren entspringenden Segen abgesungen werden, auf dem grünen Platz bei Musik und Tanz belustigen.

Chr. G. Altenburg, Topogr.-hist. Beschreibung der Stadt Mühlhausen, 1824, S. 60f.

Die Merwigslinde

Dicht bei Nordhausen steht die Merwigslinde, auch Mêrichenslinde genannt; die steht in einem kleinen Hain und soll vor alter Zeit von einem König Merwig gepflanzt worden sein. Dieser König oder Herzog Merwig soll ursprünglich ein Schuhmacher gewesen sein, und daher soll es auch kommen, daß die Schuhmacher in Nordhausen in früheren Zeiten vielerlei Vorrechte genossen, namentlich Säbel tragen durften und dergleichen mehr. Deshalb sind sie auch seit altersher alljährlich einmal zu dem Baum hinausgezogen und haben einen Umzug um ihn herum gehalten, jetzt aber ist's abgekommen.

Der Hain, der den Baum umgibt, soll dadurch entstanden sein, daß jeder neue Bürger verpflichtet war, einen Baum dahin zu pflanzen.

A. Kuhn und W. Schwartz 1848, Nr. 252

Der Ritter von der Schnabelsburg

Über dem Barfüßertor in Nordhausen ist das Wappen der Stadt in Stein ausgehauen angebracht, und das besteht wie das am Rathaus aus einem Schild mit einem Adler und einem geschlossenen Helm mit Büffelhörnern. Das ganze ist hier indes aus zwei Steinen zusammengesetzt, die sich etwas verrückt haben, und während der Helm auf dem oberen noch gut erhalten, ist der Stein mit dem Schild verwittert und schwer zu erkennen.

Davon erzählt man, der Helm solle den Kopf eines Ritters von der Schnabelsburg vorstellen, der früher auf dem Schnabel bei Salze, gegenüber dem hannöverschen Zoll, gehaust hat. Der war nämlich ein Raubritter und lag immer mit den Nordhäusern in Fehde und trieb ihnen die Herden weg oder plagte sie anderweitig. Da sie aber nichts mit Gewalt gegen ihn vermochten, beschlossen sie endlich, zur List ihre Zuflucht zu nehmen. Sie stellten sich nämlich, als wollten sie ihm die Schnabelsburg, da sie der Stadt so nahe läge, abkaufen und forderten ihn deshalb auf, nach Nordhausen zu kommen, um mit ihnen zu unterhandeln. Das tat er denn auch und brachte zu seiner Sicherheit viele Leute mit; als er aber auf dem Rathaus war, machten sich mehrere Nordhäuser auf, überfielen die Schnabelsburg und steckten sie in Brand. Als nun die Flamme hell aufschlug, führten ihn die Ratsherren hinaus auf die Galerie des Hauses und zeigten ihm seine brennende Burg. Da wurde er wütend, sprang hinab, schwang sich auf sein Pferd

Der Kornmarkt in Nordhausen, ehedem Freie Reichsstadt (1220–1802), im April 1945 zerstört. Stahlstich um 1850.

und wollte sich durch die Nordhäuser, die nun von allen Seiten auf ihn eindrangen, Bahn brechen. Bis ans Barfüßertor kam er auch, da aber überwältigten sie ihn, schlugen ihm den Kopf ab und steckten ihn auf einer Stange am Tor auf.

Zum Andenken hat man nachher diesen Kopf in Stein ausgehauen, und das ist der Helm, der Schild darunter aber soll sein Wappen sein, wie man auch noch an einem der Nebensteine seine Hand erkennen will, die ihm gleichfalls abgehauen wurde. Man erzählt auch, der, welcher ihm den Kopf abgeschlagen, sei ein Stellmacher gewesen, und daher komme es, daß in kaiserlichen Zeiten die Stellmacher in Nordhausen unehrlich waren und vor dem Hagen (Einfriedung) wohnen mußten. *A. Kuhn und W. Schwartz 1848, Nr. 251*

Der Roland zu Nordhausen

Auf dem Marktplatz von Nordhausen steht eine Rolandstatue. Von der heißt es, auf die Frage: »Roland, was machst du?« antwortete er: »Nichts«. Einst fragte ein Bauernjunge den Roland, was er mache. Als nun das Steinbild stumm blieb und der Junge sich erboste, sagten die Nordhauser zu ihm: »Was willst du denn? Er hat doch nichts geantwortet!«

G. Kahlo, Harz 1923, Nr. 146

Thüringer Wald

Reinhardsbrunn

Als Landgraf Ludwig (Ludwig der Springer, Vater des ersten Landgrafen) nach Rom zog und vom Papst Buße empfangen hatte für seine und seines Weibes Sünde, war ihm aufgelegt worden: sich der Welt zu begeben und eine Kirche zu bauen in Unser Lieb Frauen und St. Johannes Minne, der mit ihr unterm Kreuze stand am stillen Freitag. Also fuhr er wiederum heim zu Lande, übergab das Reich seinem Sohn und suchte eine bequeme Baustätte aus. Und als er eine Zeit von Schönberg nach der Wartburg ritt, da saß ein Töpfer bei einem großen Brunnen. Von dem vernahm der Graf, und auch sonst von etlichen Bauern zu Friedrichroda: daß sie alle Nacht zwei schöne Lichter brennen sähen, das eine an der Stätte, da das Münster liegt, das andere, da St. Johannes-Kapelle liegt. Da gedachte der Graf an sein Gelübde, und daß Gott, durch Offenbarung der Lichter, dahin die Kirche haben wollte; ließ sobald die Stätte räumen und die Bäume abhauen und nahm des Bischofs von Halberstadt Rat zu dem Bau. Als das Gebäude fertig war, nannte er es von dem Töpfer und Brunnen Reinhardsbrunn; da liegen die alten Landgrafen zu Hessen und Thüringen mehrenteils bestattet.

Brüder Grimm 1818, Nr. 549

Der hart geschmiedete Landgraf

Zu Ruhla im Thüringer Wald liegt eine uralte Schmiede, und sprichwörtlich pflegte man von langen Zeiten her einen strengen, unbiegsamen Mann zu bezeichnen: er ist in der Ruhla hart geschmiedet worden.

Landgraf Ludwig zu Thüringen und Hessen war anfänglich ein gar milder und weicher Herr, demütig gegen jedermann; da huben seine Junkern und Edelinge an stolz zu werden, verschmähten ihn und seine Gebote; aber die Untertanen drückten und schatzten sie aller Enden. Es trug sich nun einmal zu, daß der Landgraf jagen ritt auf dem

»Landgraf Ludwig, werde hart!« Das Sagenmotiv als Holzschnitt 1853, nach Zeichnung von Adolph Ehrhardt. Rechts: Schloß Reinhardsbrunn. An der Stelle des Hausklosters der Ludowinger, 1085 von Ludwig dem Springer gegründet und zerstört im Bauernkrieg 1525, ließ der Herzog von Sachsen-Coburg-und-Gotha 1827–35 ein neues Schloß errichten. Stahlstich 1838, nach Zeichnung von Otto Wagner.

Wald und auf ein Wild traf, dem folgte er nach so lange, daß er sich verirrte, und es wurde Nacht. Da gewahrte er ein Feuer durch die Bäume, richtete sich danach und kam in die Ruhla zu einem Hammer oder Waldschmied. Der Fürst war mit schlechten Kleidern angetan, hatte sein Jagdhorn umhängen. Der Schmied fragte, wer er wäre: »Des Landgrafen Jäger«. Da sprach der Schmied: »Pfui des Landgrafen! wer ihn nennt, sollte allemal das Maul wischen, des barmherzigen Herrn!« Ludwig schwieg, und der Schmied sagte zuletzt: »Herbergen will ich dich heut; in dem Schuppen da findest du Heu, magst dich mit deinem Pferd behelfen; aber um deines Herrn willen will ich dich nicht beherbergen.« Der Landgraf ging beiseit, konnte nicht schlafen.

Die ganze Nacht aber arbeitete der Schmied, und wenn er so mit dem großen Hammer das Eisen zusammenschlug, sprach er bei jedem Schlag: »Landgraf werde hart, Landgraf werde hart, wie dies Eisen!« und schalt ihn und sprach weiter: »Du böser, unseliger Herr! was taugst du den armen Leuten zu leben? siehst du nicht, wie deine Räte das Volk plagen und mähren dir im Munde?« Und erzählte so die liebelange Nacht, was die Beamten für Untugend mit den armen Untertanen übten. Klagten dann die Untertanen, so wäre niemand, der ihnen Hülf täte; denn der Herr nähme es nicht an, die Ritterschaft spottete seiner hinterrücks, nennten ihn Landgraf Metz und hielten ihn gar unwert. Unser Fürst und seine Jäger treiben die Wölfe ins Garn und die Amtleute die roten Füchse (die Goldmünzen) in ihre Beutel. Mit solchen und andern Worten redete der Schmied die ganze lange Nacht zu dem Schmiedegesellen; und wenn die Hammerschläge kamen, schalt er den Herrn und hieß ihn hart werden wie das Eisen. Das trieb er an bis zum Morgen; aber der Landgraf faßte alles zu Ohren und Herzen und ward seit der Zeit scharf und ernsthaftig in seinem Gemüt, begann die Widerspenstigen zu zwingen und zum Gehorsam zu bringen. Das wollten etliche nicht leiden, sondern banden sich zusammen und unterstunden sich, gegen ihren Herrn zu wehren.

Brüder Grimm 1818, Nr. 550

Landgrafenbegräbnis zu Reinhardsbrunn

Als Landgraf Ludwig der Eiserne auf seiner Neuenburg an der Unstrut im Sterben lag, legte er seinen um ihn versammelten Vasallen noch zur Buße ihrer Aufruhrgelüste auf, ihn im Sarg von Freyburg bis nach Reinhardsbrunn auf ihren Schultern zu tragen, ein schweres Stück Arbeit, auch wenn ihrer viele waren und oft gewechselt werden mochte, denn die Weglänge betrug mehr denn zehn Meilen, aber sie gelobten es ihm an die Hand bei Treu und Glauben, weil sie gelernt hatten, ihn, seit er vom Schmied in der Ruhla hart geschmiedet war, mehr als den Teufel selbst zu fürchten; ja sie hatten zu befahren, er möchte etwan sich totstellen, sein Begräbnis anordnen, und wehe ihnen dann, wenn er noch lebendig war und sie ihn nicht trugen. So hielten sie denn ihr Gelübde und trugen ihn, wie unerträglich ihnen auch solch Tragen fiel und vorkam.

L. Bechstein 1858, I. Nr. 145

Bonifatius

Ganz nahe bei dem herzoglichen Sommerschloß Altenstein (bei Liebenstein) steht ein schroffer, mit einem Kreuze verzierter Felsen, vom Volke insgemein »der Bonifatius« genannt. Vor mehr als hundert Jahren stand dort noch ein Kapellenrest, welcher der Bonifatiusturm hieß. Die Sage kündet, und es mag wohl mehr als Sage sein, daß der Apostel Thüringens, Winfried-Bonifatius, von diesem Felsen herab dem Volke dieser Gegend das Christentum gepredigt und eine Kapelle, dicht an den Fels gelehnt, erbaut habe. Der ganze Vorberg, durch den die Straße von Schweina herauf nach Altenstein führt, hieß früher »der Kirchberg«, und es war diese Straße einer der Hauptzüge aus Thüringen nach Franken. Bonifatius verlieh dem am Fuße seines Felsen sich anbauenden Ort Schweina am gleichnamigen Flüßchen (933 bereits urkundlich Sueinaha) den heiligen Antonius zum Schutzpatron, entweder, weil dieser auch der Patron der Schweine ist, oder weil der Ortsname auf diesen Heiligen leitete. Seine um das Jahr 724 erbaute Kapelle übereignete der Apostel Thüringens dem Stifte Fulda, und dieses zog sie in den Bereich einer auf diesem Boden erbauten Neuburg.

L. Bechstein 1858, I. Nr. 129

Henneberg

Der Ursprung des Grafen von Henneberg (in der Nähe von Meiningen) wird so erklärt: Um das Jahr 456 »do zoch eyn Romer von Rome umbe des unfredes wegen yn deutzsche landt, der was eyner vonn der sule (Säule) des grosten unde edilsten geslechtis der Romer, fursten slacht, mit seyme volke unde qwam an die stat do nu Henbergk leit. unde do was is sere wuste umb, unde der bergk behagitte om wol zu buwen. unde do her das sloß do wolde uf slahin, do vant her eyne wilde henne mit yren jungen, dorumbe sso nante her das sloß Henberg unde brach do under sich (unterwarf sich), was yn dem wiltnisse unde walde umb sich was.«

Dem wird hinzugefügt: Es war eine welsche Gräfin, die hatte ihn nach dem Tode seiner Gemahlin mit ihrer Zuneigung verfolgt. Sie machte sich mit all ihren Schätzen auf, den Entwichenen zu suchen. Fand auch seine Spur und ging an der Schleuße entlang, bis sie mit der Werra zusammenfließt. Da hörte sie feierliches Geläut, forschte, was

Vier berühmte Burg-, Kloster- und Schloßruinen. Links oben: Burg Liebenstein oberhalb des ältesten Badeortes in Thüringen, Bad Liebenstein. Der Stahlstich 1863, nach Zeichnung von Ludwig Rohbock, läßt noch den gotischen Palas aus dem 14. Jahrh. erkennen. – Links unten: Henneberg, Sitz der Grafen von Henneberg ca. 1090–1583, im Grabfeld bei Meiningen gelegen. Stahlstich 1840. – Rechts oben: Paulinzella, das von der sächsischen Adligen Paulina gestiftete, 1102–05 erbaute Benediktinerkloster, nach seiner Aufhebung 1542 Stück für Stück abgetragen. Noch als Ruine ein bedeutendes Denkmal der Hirsauer Schule. Stahlstich 1863, nach Zeichnung von L. Rohbock. – Rechts unten: Schloß Schwarzburg, 1071

als Swartinburg nachgewiesen, ab 1697 zum Sommersitz der Reichsfürsten von Schwarzburg-Rudolstadt ausgebaut. 1940 ruinöser Umbau zum »Reichsgästeheim«, sukzessive Restaurierung seit 1964. Lithographie von C.W. Arldt 1848, nach Zeichnung von Julius Fleischmann.

es bedeute, und hörte: Graf Poppo von Henneberg ist tot! In ihrem unsinnigen Schmerz riß sie sich ihren starken Zopf aus, nahm den Schleier und verwendete Geld und Gut zu frommen Werken. Um sie nach ihrem Tode zu ehren, schmückte Gottwald, Poppos zweiter Sohn und Nachfolger, sein Wappen mit einem neuen Helmzeichen: einer gekrönten Jungfrau mit einem starken und langen Haarzopf. Jungfer mit einem Zopf heißt noch jetzt unter den Bewohnern jener Gegend der Helmschmuck des Wappens.

J. Rothe, Düringische Chronik (1677/78), 1859, S. 124

Frau Holla und der treue Eckart

In Thüringen liegt ein Dorf namens Schwarza, da zog Weihnachten Frau Holla vorüber und vorn im Haufen ging der treue Eckart und warnte die begegneten Leute, aus dem Wege zu weichen, daß ihnen kein Leid widerfahre. Ein Paar Bauernknaben hatten gerade Bier in der Schenke geholt, das sie nach Haus tragen wollten, als der Zug erschien, dem sie zusahen. Die Gespenster nahmen aber die ganze breite Straße ein, da wichen die Dorfjungen mit ihren Kannen abseits in eine Ecke; bald nahten sich unterschiedene Weiber aus der Rotte, nahmen die Kannen und tranken. Die Knaben schwiegen aus Furcht stille, wußten doch nicht, wie sie ihnen zu Haus tun sollten, wenn sie mit leeren Krügen kommen würden. Endlich trat der treue Eckart herbei und sagte: »Das riet euch Gott, daß ihr kein Wörtchen gespro-

chen habt, sonst wären euch eure Hälse umgedreht worden; gehet nun flugs heim und sagt keinem Menschen etwas von der Geschichte, so werden eure Kannen immer voll Bier sein.«

Dieses taten die Knaben und es war so, die Kannen wurden niemals leer, und drei Tage nahmen sie das Wort in acht. Endlich aber konnten sies nicht länger bergen, sondern erzählten aus Vorwitz ihren Eltern den Verlauf der Sache, da war es aus und die Krüglein versiegten. Andere sagen, es sei dies nicht eben zu Weihnacht geschehen, sondern auf eine andre Zeit.

Brüder Grimm 1816, Nr. 7

Vom Inselsberg und Rennsteig

Im schönsten Teil Thüringens erhebt der Inselberg sein mächtiges Haupt. Lange Zeit hielt man ihn für den höchsten der Berge des Thüringer Waldes, ja überhaupt für den höchsten Berg in ganz Thüringen,

Links: Blick auf Suhl, kleinste Bezirkshauptstadt Thüringens und kleinster Bezirk der DDR 1952–90. Jagdgewehre aus Suhl sind ein Begriff – seit 1553. Rechts: Heuernte am Inselsberg (916 m), der nach Großer Beerberg (984 m) und Schneekopf (978 m) dritthöchsten Erhebung des Thüringer Waldes. Stahlstiche 1838, nach Zeichnungen von Otto Wagner.

und mühte sich mit allem Fleiße, seinem Namen eine falsche Ableitung zu geben. Da sollte er »Heunselberg« heißen, von den Heunen, und Emsenberg, weil ihm ein Flüßchen entspringt, das die Emse genannt wird. Einzelberg klang auch nicht übel, da sein Gipfel vereinzelt über die Nachbarberggipfel emporragt, sonst liegt der Berg gar nicht vereinzelt. Oft aber hebt sich dieser Gipfel, einer Insel gleich, über dem ihn umwogenden Nebelmeer, das hat ihm den Namen verschafft.

Das Volk spricht insgemein Inselsberg, wie es schmerzensreich, demutsvoll etc. spricht.

Über den Inselberg nicht nur, sondern auch über den ganzen Kamm des Thüringer Waldes hin zieht sich der Rennsteig, Rennstieg, Rennweg, Rinneweg, Reinweg, über dessen Namen früher ebenfalls viel Fabulierens war. Vor alten Zeiten mußte nach früher, wichtiger Sitte jeder Landgraf, sobald er zur Regierung gekommen war, mit seinen Vasallen diesen Rennsteig reiten, denn der galt als Landesgrenze und Völkerscheide zwischen Thüringen und dem Frankenland, daher findet man auch noch in Büchern die Benennung »Reiterstraße«. Man überblickt vom Inselberg, schönste Aussicht genießend, einen großen Teil des Thüringer Landes mit zahlreichen Hochwarten der Sage wie der Geschichte: Wartburg und Hermannstein, Harz und Hainig, Sachsenburg und Kyffhäuser, Tenneberg, Hörseelenberg und die drei Gleichen, Schaumberg und Altenberge mit dem thüringischen Kandelaber, Dolmar und Geba; Beerberg und Schneekopf, den Krainberg und den fernen Meißner - diese alle umziehen in weitem und mannichfaltig mit Städten, Dörfern, Schlössern und Bergen geschmücktem Rundbild den Hochgipfel.

Von einigen Orten am Fuße des Inselberges berichtet die Sage, daß sie Bergleuten, die vom Harzgebirge herüber gekommen, ihre Gründung verdanken, insonderheit Kawarz und Tabarz, die am Ausgang des Laugegrundes liegen, der einst Goldkörner geführt haben soll.

L. Bechstein 1858, I. Nr. 141

Nachricht von den Walen oder Venezianern

Über Ohrdruf gegen Mittag ist ein Berg, heißt der Goldberg, und hat vorzeiten das Gericht darauf gestanden. Dort sind, fünf Lachter (Klafter) von der Gerichtsstätte zur Linken, Goldkörner wie Stecknadelkuppen gefunden worden. Zwei Lachter in die Tiefe trifft man an derselben Stelle einen roten Kies an, halb kupfer- und halb silberhaltig, eine Schicht drei Ellen dicht, zwei Ellen breit und dreihundert Lachter von Morgen nach Abend dem Gericht gegenüber fortstreichend; davon gibt der Zentner 25 Pfund Erz, nämlich dreizehn Pfund Silber und zwölf Pfund Kupfer, und vier Zentner des wilden Erzes geben einen Zentner reines gediegenes gemischtes Erz.

Über Asbach, im Grunde nach Helmers zu, sind zwei Felsen gegeneinander, da gehe zwischen hin, frage nach dem Sprengberg, da liegt ein Brunnen mit starkem Ausfluß, von diesem ab lasse die bloße Haide zur Linken und gehe den Rudolfshain hinan, da stössest du auf die große Buche, daran Sonne und Mond geschnitten, da findest du in einem Steinfels ein ziemlich Loch, da gehe hinein, darin findest du einen ziemlich viereckigen Raum als ein Stüblein, darin suche mit Fleiß, so findest du ein anderes Loch, das ist gar wohl verlegt, da lasse dich auch hinein, so kommst du auf zwei Quellen, die führen gar edlen Goldsand. Der Berg heißt der Silberberg. Der dies aufgeschrieben, hat groß Gut herausgebracht und heimgelangt.

L. Bechstein 1862, II. S. 63

Wie Paulinzella erbaut wurde

Die Markgräfin Pauline unternahm eine Reise nach Stadtilm, den Grafen Sizzo zu besuchen, verirrte sich aber über Blankenburg in einem unwegsamen Gehölz. Der Gegend unkundig, schickte sie einen Diener aus, den Weg zu suchen. Dieser kehrte aber nicht wieder und Pauline mußte nun selbst die Rosse vorwärts treiben. Nach langem Umherirren im dunklen Forst bleiben die Tiere am Ende eines Wiesengrundes, wo der Bärenbach und der Rottenbach zusammenfließen, keuchend stehen. Während die hungrigen Rosse hier auf die Weide gingen, sah sich die ermüdete Gräfin mit ihrer Zofe nach einem Ruheplatz um und erblickte eine verlassene Köhlerhütte. Sie traten ein und fanden darin einige Stückchen schwarzes Brot, dicht von Kohlenstaub überzogen, das sie in dem vorüberfließenden Bach erst reinigen und erweichen mußten, um es genießbar zu machen.

In der Nacht, die sie in der engen Hütte zubringt, träumt Pauline, sie bete vor einem hölzernen Altar und eine Stimme rufe ihr zu: »Hier wirst du ruhen!« Aus tiefem Traum erwacht, errichtet sie noch in derselben Nacht unter einer mächtigen Tanne von einigen Holzstücken einen Altar, stellt ein Kruzifix darauf und betet davor. Bald tritt auch ihre Zofe aus der Hütte und erzählt, sie habe geträumt, daß hier unter einer Decke, gleich einem hohen Gewölbe, ihre Herrin bete.

Am frühen Morgen setzen sie ihre Reise fort und gelangen in einem Tal an der Ilm zu einigen Fischerhütten, wo sie von den Bewohnern etwas Brot und Fisch zu ihrer Stärkung erhalten. Die Gräfin gibt sich den Fischern zu erkennen und teilt ihnen mit, daß sie in der Nähe ein Kloster zu bauen gedenke, was auch ihnen Nutzen bringen werde. Von einigen Fischern wird sie darauf nach Stadtilm geleitet. Die Einwohner aber nannten von nun an ihr Dorf, das bisher Fischerau geheißen, der fremden Gräfin zu Ehren Gräfinau.

Graf Sizzo versprach, den Klosterbau in alle Wege zu fördern, ließ Baumeister und arbeitsame Leute kommen und zu Kirche und Kloster vielerlei Risse und Pläne machen. Unter diesen Meistern ist einer, der den Plan entwirft, das Kirchengewölbe solle auf hohen Säulen ruhen, die je aus einem einzigen Stein gehauen wären, und weil die anderen Meister begierig sind, dieses Kunstwerk zu sehen und abzuwarten, so erklären sie, als Gesellen an dem Kirchenbau arbeiten zu wollen, und der oberste Meister gibt ihnen auf, die Mauern der Kirche zu bauen, die auch, weil lauter Meister daran gearbeitet haben, ein rechtes Meisterstück geworden ist.

So wurde die »Paulinen-Zelle« begründet, welche aber nur so hieß und keine Zelle, sondern eine herrliche Abtei wurde, erst ein Frauen- dann auch ein Mönchskloster. Überaus prachtvoll wurde die Kirche erbaut, und Pauline selbst leitete und beaufsichtigte den Bau, indem sie auf dem nahen Kienberg zu diesem Zweck für sich ein Wohnhaus hatte aufführen lassen. Jeden Abend kam die Gräfin und trug Geld in ihrer Schürze, die Arbeiter abzulohnen, und ließ jeden eine Handvoll des Geldes nehmen, wobei sie die Bauleute zum Gebet ermahnte. Stets erfaßte jeder so viel Lohnes, als ihm gebührte. Einer aber wollte mehr nehmen, als ihm gebührte, und tat daher einen recht kecken und kühnen Griff und freute sich des. Als er aber das Geld zählte, so hatte er nicht einen Heller mehr als die anderen Arbeiter auch.

A. Witzschel 1866, Nr. 183 und
L. Bechstein 1858, II. Nr. 358

Oben: Das schon 874 bekundete Dorf Wasungen bei Meiningen, gegenüberliegend die Burg »Maienluft«: als Ortsganzes heute unter Denkmalschutz. Stahlstich 1863 nach Zeichnung von Ludwig Rohbock. Unten: Die »älteste Stadt der DDR«, das 704 als Arnestati bezeugte Arnstadt. Links im Bild die Liebfrauenkirche vor ihrem Umbau 1880–94 durch Hubert Stier, der Giebel über dem Chor und einen neugotischen Glockenturm über dem Ostjoch des Langhauses errichten ließ. Stahlstich 1863, nach Zeichnung von J. Pozzi.

Die Liebfrauenkirche zu Arnstadt

Arnstadts Gründung wird ebenso wie die Erfurts und Nordhausens mit Merowig in Verbindung gebracht und sein Name mit dem Aar, der das Stadtwappen ziert. Als die Liebfrauenkirche erbaut werden sollte, übertrug der Meister die Ausführung des vordern Turms seinem Gesellen. Der will dem Meister Ehre machen und ein rechtes Kunstwerk aufstellen, widmet deshalb seiner Arbeit ganz besondere Liebe und allen erdenklichen Fleiß. Und wunderbar ging ihm das Werk vonstatten. Es war gar nicht zu verkennen, daß der Turm des Gesellen weit schöner und zierlicher emporstieg als der des Meisters, und jedermann, der vorüberging und den Bau betrachtete, lobte und rühmte des Gesellen Kunst und Geschicklichkeit. Das verdroß aber den Meister, er faßte deshalb einen tiefen Groll gegen den Gesellen und gedachte, sich an ihm zu rächen. Als nun das Werk fertig war, ruft ihn der Meister zu sich hinauf auf den Turm, als wolle er ihm etwas zeigen, was an der Arbeit noch fehlerhaft sei. Der Geselle steigt ohne Arg die Treppe empor, und mit ihm läuft auch sein Hündlein hinauf. Oben wird ihm die Weisung, zum Schalloch hinauszusehen und den Fehler selber aufzusuchen. Er biegt sich weit hinaus und kann ihn dennoch nicht entdecken; da gibt ihm der tückische Meister einen Stoß, daß er hinunterstürzt und tot zur Erde fällt. Als das treue Hündlein solches sah, sprang es ihm nach und lag tot neben dem toten Herrn. Zum Gedächtnis an die abscheuliche Tat hat man oben am Turm in Stein eine hervorragende Manns- und Hundegestalt angebracht.

J. Chr. Hellbach, Nachrichten von der sehr alten Lieben Frauen Kirche zu Arnstadt, 1828

An der Saale

Die Jungfrau mit dem Bart

Zu Saalfeld mitten im Fluß steht eine Kirche, zu welcher man durch eine Treppe von der nahgelegenen Brücke eingeht, worin aber nicht mehr gepredigt wird. An dieser Kirche ist als Beiwappen oder Zeichen der Stadt in Stein ausgehauen eine gekreuzigte Nonne, vor welcher ein Mann mit einer Geige kniet, der neben sich einen Pantoffel liegen hat. Davon wird folgendes erzählt. Die Nonne war eine Königstochter und lebte zu Saalfeld in einem Kloster. Wegen ihrer großen Schönheit verliebte sich ein König in sie und wollte nicht nachlassen, bis sie ihn zum Gemahl nähme. Sie blieb ihrem Gelübde treu und weigerte sich beständig, als er aber immer von neuem in sie drang und sie sich seiner nicht mehr zu erwehren wußte, bat sie endlich Gott, daß er zu ihrer Rettung die Schönheit des Leibes von ihr nähme und ihr Ungestaltheit verliehe; Gott erhörte die Bitte und von Stund an wuchs ihr ein langer, häßlicher Bart. Als der König das sah, geriet er in Wut und ließ sie ans Kreuz schlagen.

Aber sie starb nicht gleich, sondern mußte in unbeschreiblichen Schmerzen etliche Tage am Kreuz schmachten. Da kam in dieser Zeit aus sonderlichem Mitleiden ein Spielmann, der ihr die Schmerzen lindern und die Todesnot versüßen wollte. Der hub an und spielte auf seiner Geige, so gut er vermochte, und als er nicht mehr stehen konnte vor Müdigkeit, da kniete er nieder und ließ seine tröstliche Musik ohn Unterlaß erschallen. Der heiligen Jungfrau aber gefiel das so gut, daß sie ihm zum Lohn und Angedenken einen köstlichen, mit Gold und Edelstein gestickten Pantoffel von dem einen Fuß herabfallen ließ.

Brüder Grimm 1816, Nr. 329

Die Sorbenburg

Das älteste und geschichtlich merkwürdigste Gebäude Saalfelds, am südöstlichen Ende der Stadt gelegen, ist die altersgraue, in ihrer Art

Oben: Die Ruine der Sorbenburg in Saalfeld, auch »der hohe Schwarm« genannt; Stahlstich 1838 nach Zeichnung von Otto Wagner. Unten: Rudolstadt mit Schloß Heidecksburg, die ehemalige Residenz der Fürsten von Schwarzenburg-Rudolstadt: teils Dresdner Klassizismus (Architekt J.Ch. Knöffel), teils beschwingtes Rokoko (G.H. Krone). Der Westflügel ist heute Stadtmuseum. Stahlstich von Joh. Poppel 1863, nach Zeichnung von Ludwig Rohbock.

einzige Ruine der Sorbenburg, welche ursprünglich wohl von den Sorben, als diese im 6. Jahrhundert die Gegenden zwischen der Saale und Elbe besetzten, errichtet wurde. Der Slawenkönig Samo soll diese feste Burg an dem Ort angelegt haben, wo eine weiße Taube mit einem Glöckchen, die ein Priester fliegen ließ, um den vorteilhaftesten Platz dazu nach dem Rat der Götter zu erforschen, sich auf eine hohe Eiche gesetzt hatte, aus welcher beim Fällen ein Bienenschwarm geflogen sei; weshalb die Veste auch »der hohe Schwarm« genannt worden sei. Früher soll diese Burg vier Türme gehabt haben und zwischen diesen habe ein Haus in Ketten gehangen. Jetzt sind nur noch zwei Türme vorhanden.

K.H.W. Münnich 1848, Seite 47f. und A. Witzschel 1866, Nr. 200

Rudolstadt

Der Name Rudolfestadt war urkundlich schon im Jahr 800 bekannt. Herzog Rudolf von Thüringen legte, zur Abwehr der sorbischen Raubzüge, um 634 ein Bergschloß an, unter dessen Schutz die ersten Einwohner sich hier ansiedelten.

Luthers Kirchenverbesserung fand schon 1522 Eingang und ward vom Grafen Heinrich XXXVII., der bald darauf residierte, öffentlich eingeführt. Nach dessen Tod 1538 nahm seine Witwe, die heldenmütige Katharina von Henneberg, ihren Sitz in Rudolstadt, welches sie im Schmalkaldischen Krieg als ein Schutzengel mit landesmütterlicher Sorge beschirmte und selbst vom Kaiser verfolgte protestantische Geistliche, wie Caspar Aquila von Saalfeld, monatelang auf ihrem Schlosse verborgen hielt.

K.H.W. Münnich 1848, Seite 59 f.

Thalmann von Lunderstedt

Thalmann von Lunderstedt lebte in Feindschaft mit Erfurt, der Hauptstadt von Thüringen. Einmal wurde dieser Ritter von seinen Feinden zwischen Jena und Kahla an der Saale bei dem Rothenstein hart bedrängt, so daß es unmöglich schien zu entrinnen. In der Not sprengte aber Thalmann mit dem Gaul vom Felsen in die Saale und entkam glücklich. Dem Thalmann hat es geglückt; hundertausenden sollt' es wohl nicht glücken.

Brüder Grimm 1818, Nr. 573

Oben: Die historische Gaststätte »Grüner Baum zur Nachtigall« in Cospeda, wo im Oktober 1806 die Doppelschlacht von Jena und Auerstedt begann. Holzstich von L. Heß 1834. Unten: Das Frommannsche Haus in Jena, 1818 gezeichnet von Minchen Herzlieb, Pflegekind der Familie Frommann und jugendliche Freundin Goethes. Mit dem handschriftlichen Zusatz »Hier ist der Kreis in dem sich meine Seele gern verweilt«.

Das Schlachtfeld bei Kahla

Zwischen Jena und Kahla liegen die Felder, wo 1806 die unglückliche Jenaer Schlacht geschlagen worden ist. Nachts aber steigen zu Zeiten die Gebliebenen alle aus ihren Gräbern dort und jagen über das mondhelle Feld, und rasselnd mit Trommelwirbel zieht es auf und ab, bis es von der Kirche her ein Uhr schlägt, dann wird's wieder still – so aber treiben sie es fort und fort bis zum jüngsten Tage.

R. Eisel 1871, Nr. 288

Der Riesenfinger

Am Strand der Saale, besonders aber in der Nähe von Jena, lebte ein wilder und böser Riese; auf den Bergen hielt er seine Mahlzeit und auf dem Landgrafenberg heißt noch ein Stück der Löffel, weil er da seinen Löffel fallen ließ. Er war auch gegen seine Mutter gottlos und wenn sie ihm Vorwürfe über sein wüstes Leben machte, so schalt er sie und schmähte und ging nur noch ärger mit den Menschen um, die er Zwerge hieß. Einmal, als sie ihn wieder ermahnte, ward er so wütend, daß er mit den Fäusten nach ihr schlug. Aber bei diesem Gräuel verfinsterte sich der Tag zu schwarzer Nacht, ein Sturm zog daher und der Donner krachte so fürchterlich, daß der Riese niederstürzte. Alsbald fielen die Berge über ihn her und bedeckten ihn, aber zur Strafe wuchs der kleine Finger ihm aus dem Grabe heraus. Dieser Finger aber ist ein langer schmaler Turm auf dem Hausberg, den man jetzt den Fuchsturm heißt.

Diese Hochwarte, der Fuchsturm, hat den späteren Namen zunächst von den Studenten Jenas erhalten. Einer der ersten Professoren dieser Hochschule war aus dem Schul-Rektorat zu Naumburg als Lehrer der griechischen Sprache nach Jena berufen worden. Der hieß Brüschmann und schrieb sich Brysomanus; er trug Sommer und Winter ein mit Fuchspelz verbrämtes Mäntelchen, die Studenten nannten ihn daher Schulfuchs, weil er von der Naumburger Schule gekommen war. Dann nannte man jeden einen Fuchs, der von der Schule ab- und zur Hochschule überging, und trieb mit ihm allerlei Neckereien, die zum Pennalismus ausarteten. Häufig wurde der Burgraum unter dem alten Turm zum Schauplatz dieser jugendlichen Torheiten erwählt, und so bekam der alte Turm seinen neuen Namen.

Brüder Grimm 1816, Nr. 136 und L. Bechstein 1858, II. Nr. 372

Zwei der »sieben Wunder Jenas«: Links: Der sog. Hanfried, das Denkmal Johann Friedrichs des Großmütigen auf dem Marktplatz. Rechts: Der »Fuchsturm« oberhalb des Dorfes Ziegenhain, eigentlich der Bergfried der Burg Kirchberg, früher Sitz des gleichnamigen Grafengeschlechts. Stahlstiche 1863, nach Zeichnungen von J. Schnauss bzw. Ludwig Rohbock.

Fechtmeister Kreußler

Der Fechtmeister Wilhelm Kreußler hatte das Fechten bei den Marksbrüdern in Frankfurt erlernt. Er wurde, seit 1620 privilegierter Fechtmeister in Jena, der Gründer der deutschen Stoßfechtkunst, die auch im Ausland zu großem Ansehen gelangte. Zwei Kavaliere, die in Jena lange studiert und davon der eine als Präsident in Weimar gestorben, haben sich zu Anfang dieses Seculi zwei Jahre als Passagiere in Paris aufgehalten und ihres Fechtens wegen große Ehre eingelegt. Wie denn zu ihrer Zeit niemand in Paris zum Fechtmeister erwählt wurde, er habe denn mit diesen Herren gefochten und ihren Beifall verdient. Des alten Kreußler Enkel Johann Wilhelm ging als Schulmeister verkleidet auf den Pagenfechtboden zu Dresden und überwand zuerst die Pagen und dann den Fechtmeister. August der Starke vernahm von dem Schulmeister, der alle Klingen fliegen lasse, und trat mit ihm an; beim ersten Gang gleich spürte er die Kraft des Gegners und rief: »Das ist entweder der Teufel oder Kreußler von Jena!«

Sein Sohn, ein gleiches Fechtgenie, konnte den Trieb nicht unterdrücken, sich unbekannt mit seinem Vater zu messen. Stellte sich daher eines Abends, als wenn er frühzeitig zu Bett gehen wolle, schlich sich aber mit Hut, Mantel und Degen auf die Straße und rief mit verstellter Stimme: »Heraus, alter Kreußler, wenn du Herz hast! Hier ist einer, ders mit dir aufnimmt!« Der Vater focht mit ihm, rief aber schon nach ein paar Gängen: »Alle Teufel, so ficht nur ein Kreußler! Heinz, unverschämter Junge, willst du zu Bette!«

P. Quensel 1926, S. 91f. nach Kahn, Anfangsgründe der Fechtkunst, 1751

Akademiker und andere

Die Jenaer Wächter hießen schon im 17. Jahrhundert Philister. Der Name, der dann für alle nichtakademischen Bürger gebraucht wurde, soll aus einer Leichenrede entstanden sein; denn als ein Student im Streite mit Bewohnern der Johannisvorstadt erschlagen worden war, sprach der Generalsuperintendent Götze beim Begräbnis über den Text aus dem Buch der Richter: »Philister über dir, Simson!« – Dem Studenten im zweiten Semester wurden einige Haare hinter dem Ohre mit einem Fidibus abgebrannt, damit er von nun ab ein Brandfuchs im Kampfe gegen die Philister werde, gleich wie Simson gegen deren Gärten und Weinberge dreihundert Füchse ausgesendet, von denen je zwei einen Brand zwischen ihren Schwänzen trugen.

In der Mitte des 17. Jahrhunderts fing der Jenaer Professor Werner Rolfink zuerst das Anatomieren an. Dem Volke ward er dadurch so verhaßt, daß man ihn auf der Straße mit Steinen warf. Das Anatomieren nannte der gemeine Mann nur Rolfinken, und die Missetäter baten um die Gnade, nach ihrer Hinrichtung nicht gerolfinkt zu werden.

P. Quensel 1926, S. 93

Die Saalnixe

Ein Seiler aus Lobeda kam von Jena nach Hause. Als er auf der Brücke war, die von Lobeda über die Saale führt, sah er den Fluß abwärts ein wunderschönes nacktes Weib mit langen gelben Haaren gegen die

Brücke schwimmen. Singend und plätschernd nahte sie dem Wehr, und als sie es erreicht hatte, verschwand sie.

Es hielt sich einmal ein Maler in Jena auf, der die seltsame Absicht hatte, die Nixe kennen zu lernen und deshalb abends in dem Paradies (die Alleen an der Saale) am Ufer hin und her ging, die Nixe durch Weisen auf der Gitarre lockend, von denen man wohl wußte, daß sie der Nixe eigen wären. So tat er auch einmal, begleitet von einem in Jena heimischen Maler, der einige Schritte vor ihm herging. Dem fremden Maler kam eine Furcht an, er sah sich um und sah die Nixe in ihrer Schöne hinter ihnen herkommen. Von Schrecken überwältigt, floh er an dem andern vorüber nach der Saale zu, wo er verschwand. Der andere rief und suchte ihn vergebens, ebenso andere Leute, die bald dazu kamen. Sie eilten zu dem nahe wohnenden Fischer, der mit seinem Sohn sogleich zu suchen begann, aber abends nichts fand; erst am folgenden Tag sahen sie an dem oberen Ende des Paradieses nahe dem Ufer einen Gegenstand gleich einem Hühnerkorb. Sie ruderten dahin und wurden gewahr, daß es die von dem Wasser ausgebreiteten langen Haare eines auf dem Grunde stehenden Menschen waren. Sie zogen ihn heraus; es war der Maler.

A. Witzschel 1866, Nr. 238/9 und 238/5

Der Kobold in Jena

In dem Wirtshaus zum gelben Engel vor dem Löbdertor in Jena hielt sich vor Zeiten ein Kobold auf, dem man alltäglich ein halb Stübchen Bier und etwas Fleisch und andre Kost hinsetzte und alljährlich ein rot Kleidchen gab, wogegen er die Ställe rein hielt und den Wirten Nahrung brachte. Wenn man aber an seiner Pflege etwas fehlen ließ, konnte er sich ganz unruhig und widerborstig zeigen.

E. Sommer 1846, Nr. 28

Die Jenaische Christnachts-Tragödie 1715

Nachdem durch dies verborgenen und gerechtesten Gottes Zulassung drei ihrer Profession nach sonst ungleiche, in der abergläubischen Gaukelei allerdings einander gleiche Personen, nämlich ein *Studiosus Medicinae* allhier und zwei Bauers-Männer in der neulichsten Christ-Nacht in einem unweit dem Jenaischen Galgen gegen

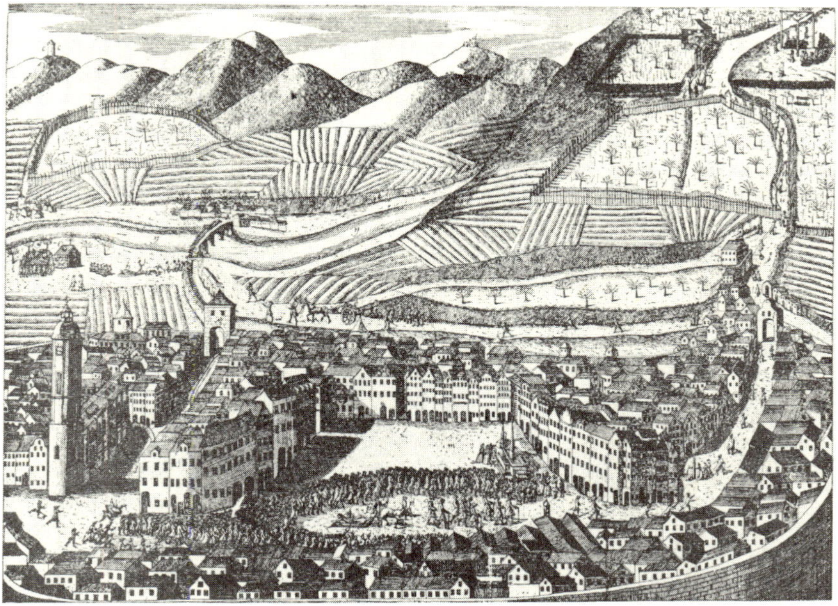

Die »Bildgeschichte« der Christnachts-Tragödie 1715, in der ein Medizinstudent mit zwei Bauern in den Jenaer Weinbergen den Teufel beschwor, wobei die Bauern den Tod fanden. Kupferstich 1716.

Abend zu gelegenen Weinbergs-Häußlein aus unordentlicher Begierde, einen vermuteten Schatz zu heben, eine dermaßen unglücklich geratene Beschwörung der Geister vorgenommen, daß dieselben anstatt des vermeinten Reichtums teils den Tod, teils den Verlust ihrer Gesundheit, aber zwei von ihnen ihr nicht allein zeitliches, sondern zugleich ewiges Verderben gefunden – so hat dieser in vielen *Seculis* kaum erhörte und höchst traurige Fall, zumal drei dabeigestellte Wächter ohne ihre Verschuldung gleich hierauf verunglückt, auch der eine davon seines Lebens beraubt worden, Hohe und Niedrige in eine ganz ungemeine Erstaunung, die Gelehrten aber in eine auch nicht geringe, wiewohl guten Teils einander entgegenlaufende Curiosität gesetzet.

Wahre Eröffnung der Jenaischen Christnachts-Tragödie . . . auf hohen landesfürstlichen Special-Befehl zu jedermanns Nutzen publiziert, Jena 1716 (aus dem Vorwort)

Die Stadtkirche St. Michael

Einen vielleicht hohen Grad von Lebendigkeit erreichte die Stadt Jena, als mit Anbruch der Nacht die kaiserliche französische Garde vom Schlachtfeld durch die Johannis- und Leutrastraße hereinströmend, sich überallhin verbreitete, und da sie nicht einquartiert werden konnte, sich selbst einquartierte. Noch loderte in der Johannisstraße die häuserverzehrende Flamme und erhellte die in jeder Hinsicht dunkle, schwarze Nacht auf eine grausenvolle Weise. Sie

Die Stadtkirche St. Michaelis am 14. 10. 1806 abends nach 7 Uhr. Farbiges Kupfer 1809. – Als am 8. April 1945 die Jenaer Innenstadt brannte, läuteten die Glokken der Michaeliskirche, von der Hitze in Schwingung versetzt, ehe sie mitsamt dem Turm niederstürzten. Trotz Restaurierung (bis 1956) gibt es den für die Stadtsilhouette früher so charakteristischen Turmhelm nicht mehr.

schien die Mutter der vielen hundert kleinen Flammen, die auf den freieren Plätzen und in den Straßen brannten. Der sich sonst in der Finsternis verlierende Turm der Stadtkirche ward durch den Schein des Feuers deutlich genug angezeichnet, so daß man auch die leider nur zu langsam eilenden Stunden daran zählen konnte.

Ansicht der Stadt Jena in den Octobertagen 1806, Jena 1809

Wein aus der Kunitzburg

Bei einer Hochzeit zu Kunitz unweit Jena ging um Mitternacht der Wein aus. Da gab der Hausherr der Magd Geld und sagte scherzhaft: »Geh auf die Burg und hole Wein!« Das Mädchen, welches im Ort noch fremd war, ging ohne Bedenken mit einem Krug auf das unbewohnte Bergschloß und klopfte an die Tür, welche bald von einer weißen Gestalt geöffnet wurde, die nach der Magd Begehren fragte. Diese antwortete, sie solle für ihren Herrn, dessen Namen sie nannte, Wein holen, worauf die Gestalt mit ihr in den Keller ging, den Krug aus einem Fasse füllte und zurückgab, ohne Bezahlung anzunehmen. Im Hochzeitshaus erkannte man den Wein für altes, treffliches Gewächs und fragte die Magd, wo sie ihn geholt habe. Über ihre Erzählung wunderte sich alles, man bewahrte von dem Wein auf und zeigte die Sache in Jena bei Gericht an. Dort wurde das Mädchen eidlich vernommen und nachher die ganze Kunitzburg amtlich untersucht, allein darin weder Faß noch Wein gefunden.

A. Witzschel 1866, Nr. 244

Der Drache bestiehlt die Bank

Ein Jesuit fuhr eines Morgens von Roda aus über Zwätzen ich weiß nicht wohin. Bei Zwätzen rief der Kutscher, der Drache käme geflogen. Als nun der Drache herangekommen war, fragte ihn der Jesuit: »Wo kommst du her?« – »Von Leipzig«, war die Anwort; »ich habe 400 Taler aus der Bank geholt, die nach Klosewitz sollen an N.« Der Jesuit fragte den Kutscher: »Willst du das Geld haben? Es hilft dir aber nur, so lange du ledig bist.« Der Kutscher verneinte und der Jesuit gebot dem Drachen fortzufliegen.

A. Witzschel 1878, Nr. 127

Die Schlösser von Dornburg: Das südliche (Goethe-)Schloß mit drei Renaissance-Giebeln, das mittlere Rokoko-Schloß – beide sind heute Bestandteil der Nationalen Forschungs- und Gedenkstätten Weimar – und das ältere Nord-Schloß, dessen Bergfried und Palas dem 13. Jahrhundert entstammen; heute ein Internat. Stahlstich 1863, nach Zeichnung von J. Pozzi.

Die wandelnde Laterne

Bei Camburg, einer Stadt im Saaletal zwischen Jena und Naumburg, lag vor Zeiten das Cyriakskloster, von diesem sollen Gänge bis unter den Dom zu Naumburg geführt haben. In der herbstlichen Zeit wandelt ein Licht, im Volke als »die Laterne« allgemein bekannt, von der Stätte des Cyriaksklosters über die Saale hinüber, umwandelt drüben einen großen Bogen und kommt dann wieder zurück. Im nahen Dorfe Leislau lebte einst ein reicher Mann, Vater eines einzigen Sohnes, der starke Liebesneigung zu einem Mädchen geringer Herkunft faßte. Der Vater mißbilligte diese Liebe und fuhr mit dem Sohn nach Naumburg, wo er ihn zwang, geistlich zu werden. Nach einiger Zeit wurde der junge Kleriker Mönch im Cyriakskloster. Dort seiner Geliebten wieder näher, sann er auf öftere Vereinigung mit ihr und entdeckte eine Falltür, die aus dem Kloster führte, und die er hinter sich wieder verschloß. Mit einer Blendlaterne eilt er die Mönchsschöppe herab, am Saalufer eine kleine Strecke aufwärts, wo er einen Kahn weiß, und fährt zum Clausfelsen hinüber. Dort gelandet, steigt er zum Clausberg hinauf, wandert über die Höhe und ist glücklich in den Armen seiner Geliebten, aus denen er nach einigen Stunden auf gleichem Wege wieder heimlich in sein Kloster zurückkehrt.

Immer waren dem jungen Mönche diese nächtlichen Wanderungen geglückt, einst aber wollte es bei seiner Rückkehr das Unglück, daß die schwere Falltür wieder zu und ihm die Hand abschlug, in welcher er die Laterne hielt. Man fand ihn am anderen Morgen verblutet, tot auf der Treppe des geheimen Ganges, aber die rechte Hand samt der Laterne war verschwunden. Sie ist es, welche die nächtliche spukhafte Erscheinung nun alljährlich hervorbringt; viele haben sie schon gesehen, und niemand bezweifelt sie.

L. Bechstein 1858, II. Nr. 378

Die Reußischen Lande

Holzmännel und Holzweibel

Noch um 1800 sind angeblich Holz-, Berg- und Waldweibel, Holz- und Moosfräuleins und Holzmännel im Thüringer Osterland gesehen worden; ja ein junger Mann will noch 1830 zwei Holzweibeln in der Schlee bei Greiz begegnet sein. Soviel er in der Dämmerung hat sehen können, hatten beide ganz bemooste Gesichter und trugen Körbe von ungeschälten Weiden auf dem Rücken. Eins davon strickte an einem grünlichen Strumpf. Schweigend zogen sie aneinander vorüber. Die Saalfelder Sage erzählt: Auf der Heide oder im Holz an dunklen Orten, auch in unterirdischen Löchern hausen Männlein und Weiblein und liegen auf grünem Moos; auch sind sie um und um mit Moos bekleidet. Die Sache ist so bekannt, daß Handwerker und Drechsler sie nachbilden und feilbieten. Nach andern Angaben sollen die Männel grüne Kleidung mit roten Aufschlägen und schwarze dreieckige Hüte getragen haben, und von den Weibeln heißt es: sie ähnelten in ihrer Tracht den oberländischen Bäuerinnen und hatten auch solche gelbbraune Schürzen wie die Landleute bei Schleiz.

An der Wiesenthal bei Schleiz machten sichs zwei Männlein zum Vergnügen, die kaum errichteten Heuschober wieder einzureißen, weshalb endlich eine Magd dem einen von ihnen einen tüchtigen Hieb mit dem Rechenstiel versetzte. Jetzt liefen beide mit lautem Geschrei davon nach einer Gegend, wo ihrer ein ganzes Heer lagerte. Der Geschlagene rief dabei immer: »Seltethan, Seltethan!« Seine Genossen dachten anfangs, er selber habe es getan, fielen über ihn her und schlugen ihn, bis endlich auch der zweite herzukam und ihnen die Sache erklärte. Da gings denn über die Magd her, und viel hätte nicht gefehlt, so wäre sie von ihnen in Stücke gerissen worden.

Es kam denn auch die Zeit, wo die Holzweibel allmählich aus der Gegend verschwanden. Ihre Klagen nahmen mehr und mehr überhand, weil man Kümmel ins Brot buk, die Klöße in den Topf und die Brote in den Ofen zählte und weil die Holzhauer keine Kreuze mehr in die Stöcke einhieben.

P. Quensel 1926, S. 210 f. und R. Eisel 1871, Nr. 31 u. 59

Perchta und ihre Heimchen

Am Tag vor dem heiligen Dreikönigsfest wurde im Dorf Altar bei dem Besitzer der dortigen Fähre eine Überfahrt über den Saalstrom für spät in der Nacht bestellt. Der übliche Ruf erging um die zwölfte Stunde. Hinaus eilte der Fährmann an den Fluß, seine Pflicht zu tun. Am Ufer angekommen, fand er eine große, hehre Frau, umgeben von weinenden Kindern. Erschrocken dachte der Mann daran, daß soeben Perchtenzeit sei, und wollte zurück in seine Wohnung flüchten; doch Perchta drohte ihm mit dem Tode, wenn er sie mit ihren Heimchen samt allem Hausgerät nicht alsbald überschiffen werde. Sie betrat das Schiff, die Kleinen schleppten einen Ackerpflug und eine Menge anderen Geräts zu ihr hinein, unter lauter Wehklage, daß sie die schöne Gegend nun verlassen müßten, und gezwungen begann der Schiffer die Fahrt. Als sie am jenseitigen Ufer anlegten, gebot die Heimchenkönigin, ihr ohne Verzug die zurückgebliebenen Kleinen mittelst einer zweiten Fahrt nachzubringen. Notgedrungen geschah auch dies. Unterdes hatte Perchta an dem Ackerpflug gezimmert und sprach zum Fährmann, indem sie auf die abgehauenen Späne deutete: »Da nimm, dies sei der Lohn für deine Mühe.« Hm! - dachte mürrisch bei sich der Schiffer - der ist gering genug. Doch um die hehre Frau durch Weigerung nicht zu erzürnen, steckte er drei von den Spänen ein, warf sie zu Hause auf das Fensterbrett und sich geängstigt ins Bett. Am folgenden Morgen lagen drei Goldstücke an der Stelle, wo er die Späne hingelegt. Es war die letzte Gabe der Heimchenkönigin.

Verwildert und verödet ist die Flur diesseits des Saalstromes, seit Perchta mit ihren kleinen Untertanen daraus geschieden ist; die Wiesen sind bemoost, die Felder liegen wüst, denn sie lohnen nicht mehr Mühe und Kosten der Bearbeitung.

W. Börner 1838, S. 117ff.

Die Gräfin von Orlamünde

Otto, Graf zu Orlamünde, starb 1340 mit Hinterlassung einer jungen Witwe, Agnes, einer geborenen Herzogin von Meran, mit der er zwei Kinder, ein Söhnlein von drein und ein Töchterlein von zwein Jahren erzeugt hatte. Die Witwe saß auf der Plassenburg und dachte daran, sich wieder zu vermählen. Einstens wurde ihr die Rede Albrechts des Schönen, Burggrafen zu Nürnberg, hinterbracht, der gesagt hatte:

Blick auf die Kemenate der Burg Orlamünde, in der die Sage von der angeblichen Kindsmörderin Gräfin Kunigunde – der Weißen Frau von Orlamünde – spielt; der Wohnturm ist heute Sitz eines Jugendklubs. Stahlstich 1863, nach Zeichnung von Ludwig Rohbock.

»Gern wollt ich dem schönen Weib meinen Leib zuwenden, wo nicht vier Augen wären!« Die Gräfin glaubte, er meinte damit ihre zwei Kinder, sie ständen der neuen Ehe im Weg; da trug sie, blind von ihrer Leidenschaft, einem Dienstmann, Hayder oder Hager genannt, auf und gewann ihn mit reichen Gaben, daß er die beiden Kindlein umbringen möchte. Der Volkssage nach sollen nun die Kinder diesem Meuchelmörder geschmeichelt und ihn ängstlich gebeten haben: »Lieber Hayder, laß mich leben! Ich will dir Orlamünde geben, auch Plassenburg des neuen, es soll dich nicht gereuen«, sprach das Knäblein; das Töchterlein aber »lieber Hayder, laß mich leben, ich will dir alle meine Docken (Puppen) geben«. Der Mörder wurde hierdurch nicht gerührt und vollbrachte die Untat; als er später noch andre Bubenstücke ausgerichtet hatte und gefangen auf der Folter lag, bekannte er, so sehr ihn der Mord des jungen Herrn reue, der in seinem Anbieten doch schon gewußt habe, daß er Herrschaften auszuteilen gehabt, so gereue ihn noch hundertmal mehr, wenn er der unschuldigen Kinderworte des Mägdleins gedenke.

Die Leichname der beiden Kinder wurden im Kloster Himmelskron beigesetzt und werden zum ewigen Andenken der Begebenheit als ein Heiligtum den Pilgrimmen gewiesen.

Nach einer andern Sage soll die Gräfin die Kinder selbst getötet, und zwar Nadeln in ihre zarten Hirnschalen gesteckt haben. Der Burggraf hatte aber unter den vier Augen die seiner beiden Eltern gemeint und heiratete hernach die Gräfin dennoch nicht.

Brüder Grimm 1818, Nr. 579

Wer die Knochen nicht ehrt

Die Orlamünder Stadtmusikanten kamen einst bei der Heimkehr auf den Gedanken, der weißen Gräfin eins aufzuspielen, die ruhelos bei der alten Kemnate dort umherwandelt, ihre ermordeten Kinder zu suchen. Es war Mondschein und zwölf Uhr nachts, als sie leise eine süße traurige Volksweise als Gruß zur bleichen Gräfin hinüberbliesen. Da tat plötzlich der Berg sich auf, eine große weite Pforte wurde sichtbar und jene trat zu ihnen, mit freundlich-mildem Gesicht, in der Hand aber mit einer silbernen Schale, darauf ein goldener Pokal. Der Trank aus diesem Becher durchlief die Adern der Spielleute wie glühendes, unheimliches Feuer; dann aber erhielt ein jeder einige kleine Knochen, und der Berg schloß sich wieder.

Die meisten nun warfen die Knochen scheltend von sich, nur der alte Stadtpfeifer nahm sie ruhig mit heim und fand am anderen Morgen seinen Rock schwer – von Gold, während die anderen nur kleine Flöten drin fanden. Daher pflegte man denn zu sagen »es ist ihm etwas flöten gegangen«.

R. Eisel 1871, Nr. 252

Die neun Äcker bei Eisenberg

Die nördlich von der Stadt Eisenberg oberhalb der sogenannten Weiden oder Schneckenmühle liegenden Felder werden die neun Äcker genannt. Die Ursache dieses Namens ist aber folgende.

Einst hatte in der Stadt Eisenberg ein Ehemann mit einer Jungfrau Ehebruch getrieben und da dies zu einer Zeit stattfand, wo man diese

Eisenberg, das größte Städtchen im waldreichen »Holzland« zwischen Saale und Weißer Elster. Stahlstich 1840.

Handlung noch mit dem Tode der Schuldigen zu bestrafen pflegte, so nahm die strafende Gerechtigkeit das Frauenzimmer gefangen, den eigentlichen Verbrecher konnte sie nicht fassen, er war bereits auf und davon gegangen. Wie es damals zu geschehen pflegte, so fackelte man nicht lange, die Schuldige, welche alles gestanden hatte, ward zum Tod durch das Schwert verurteilt, und auf jenen Feldern nahe bei der Stadt, oberhalb der Schneckenmühle, errichtete man das Schafott. Der Scharfrichter aber sollte an der Delinquentin sein Meisterstück machen. Nun war sie ein sehr schönes Weibsbild und er hatte selbst Mitleid mit ihr und beschloß, keiner seiner Leute sollte ihren schönen Leib anrühren. Als er nun ihren Kopf mit einem Schlage heruntergeschlagen hatte, nahm er sogleich ein Stück grünen Rasens, deckte es, noch ehe das Blut aus den Adern strömen konnte, fest auf den Rumpf der Enthaupteten und, indem er mit starker Hand den Körper der Enthaupteten am Arm ergriff, führte er sie vom Schafott herab bis zu dem schon angezündeten Scheiterhaufen, wo ihre Glieder verbrannt werden sollten. So schritt der blutige kopflose Leib neben dem Scharfrichter durch das auseinanderstiebende Volk dahin, einen Weg von neun Äckern Entfernung, ehe der flammende Holzstoß erreicht war, und dort stieß er ihn ins Feuer. Die Stadt aber schenkte dem Scharfrichter als Lohn für seine kühne Tat den Plan, den er durchschritten hatte, und davon heißt er noch heute die neun Äcker.

J.G.Th. Grässe 1874, II. Anhang, Nr. 22

Klosterlausnitz

Laußnitz, gewöhnlicher Klosterlausnitz (wend. Sumpfort), auf dessen Grund dermalen das herzogl. Altenburgische Jagdschloß, jetzt noch das Kloster genannt, steht, von welchem aus noch ein überbauter Gang, in dessen niedern Räumen mehrere Grabmäler adliger Familien sich befinden, zu der Kirche, einem Teil der alten Klosterkirche, führt, soll das älteste im Lande sein; es heißt, es sei schon 950 n. Chr. durch eine Frau von Gera gegründet worden. Allein dies ist falsch und man zieht eine andere Sage vor, welche die Zeit der Gründung in das Jahr 1116 setzt. Ein altes Manuskript erzählt nämlich, eine Thüringische Matrone namens Kuniza, welche nach kinderloser Ehe ihren Gemahl verlor, habe einen Blutsverwandten, den Ritter Gerhard, Burgvogt von Camburg gebeten, ihr bei dem Markgrafen Heinrich zur Stiftung eines Klosters zu einem demselben zugehörigen Stück Waldes zu verhelfen. Als ihr nun dieses gewährt worden und sie in diesen Wald gekommen sei, hätte sie dort einen Einsiedler namens Sigbodo vorgefunden; und auf die Stelle der Hütte, wo er gewohnt, habe sie nun das Kloster erbaut.

Früher sah man am Wege, da wo jetzt der Gasthof zu Klosterlausnitz steht, drei alte verwitterte Kreuzsteine, diese sollten an die zwei letzten Nonnen erinnern, welche in dem Kloster gelebt haben. Als nämlich um das Jahr 1526 die Zahl der Nonnen bis auf sieben geschmolzen war und dann sehr bald bis auf zwei, welche die Namen Farnesia und Anoetnezza führten, herabgesunken war, so wollten diese gleichwohl ihre Heimat nicht verlassen, sondern blieben im Kloster und machten im Dorf die Krankenpflegerinnen. Eines Abends im Hochsommer hatten sie einen solchen Gang zu tun; zwar stand ein furchtbares Gewitter am Himmel, allein sie ließen sich nicht abhalten, machten sich auf und gingen unter furchtbaren Donnerschlägen nach dem Dorfe. Als sie aber an jene Stelle kamen, wo später die Kreuzsteine zum Andenken gesetzt worden sind, fuhr ein fürchterlicher Blitz herab und erschlug sie beide. In der herrschaftlichen Kapelle befinden sich heute noch zwei Bilder, welche ihre Gesichtszüge darstellen.

J.G.Th. Grässe 1874, II. Anhang, Nr. 26 u. 27

Der Ursprung derer von Reußen

In einer alten Handschrift des Klosters Bose vor Zeitz steht folgende Geschichte, welche besagt, warum die Fürsten Reuß den Namen Reuß von Plauen, Gera und Weida führen.

Als im Jahre 1228 Kaiser Friedrich II. mit König Andreas von Ungarn, König Primislaus von Böhmen, Erzherzog Leopold von Östreich und andern Fürsten und Herrn eine große Heerfahrt wider die Sarazenen unternommen, ist auch Landgraf Ludwig IV. von Thüringen, der hl. Elisabeth Gemahl, mitgezogen und hat einen Herrn von Gera oder Plauen, dessen Name aber sonst nicht weiter angegeben wird, bei sich gehabt. Zwar ist der Landgraf zu Brundisium Todes verblichen, allein nichtsdestoweniger sind seine Ritter unter ihren Obersten mit weiter gezogen, aber nachmals in einem harten Scharmützel vor Ptolemais der Herr von Gera und der Graf von Gleichen von den Sarazenen gefangen und in ferne Örter verschickt worden, bis nach zwölf Jahren ersterer durch einen reußischen (russischen) Kaufmann losgekauft und als leibeigener Sklave nach Rußland geführt, der Graf von Gleichen aber durch eines sarazenischen Herrn Tochter auf gleiche Weise befreit worden, so daß beide wiederum wunderbarerweise heim zu den Ihrigen gekommen sind. Nachdem nun der Herr von Gera lange als Sklave in Rußland gehalten worden und viel Ungemach hat ausstehen müssen, ist von dem Großfürsten ein eiliges Aufgebot wegen des Tartareneinfalls (1232) ergangen, und jener hat auch mit ins Feld ziehen müssen; es sind jedoch die Russen überwältigt worden und ihn haben die Tartaren, da er ihre Aufmerksamkeit durch seinen ritterlichen Widerstand erregt, nicht getötet, sondern zu einem ihrer obersten Fürsten, Hoccata genannt, gebracht. Der hat ihn gut gehalten, und mit ihm hat er gen Schlesien ziehen müssen; als die Tartaren aber, nachdem sie den frommen Herzog

Oben: Burg Lobenstein, bis 1601 die Residenz der Herren von Reuß, in deren Besitz das gleichnamige Städtchen bis 1918 verblieb; nur der Bergfried und ein Wallturm sind von der Burg erhalten. Unten: Gera mit Rathaus und barocker Salvatorkirche, beide nach dem Stadtbrand 1780 neu errichtet. Gera erhielt im 13. Jahrh. Stadtrecht und stand erst unter der Herrschaft der Wettiner, später Böhmens (bis 1806). Die Tuchmacherstadt ist heute, mit fast 125.000 Einwohnern, zweitgrößte Stadt Thüringens.
Stahlstiche 1863, nach Zeichnungen von Ludwig Rohbock.

Heinrich erschlagen und die Stadt Liegnitz in Brand gesteckt, wieder umkehrten, hat er, weil er beim Nachzug gewesen, seinen Vorteil abgesehen und sich davon gemacht, ist auch bald mit Gottes Hilfe zu bekannten Freunden gekommen und hat sich in seinem russischen Habit an den Hof des Kaisers Friedrich II. begeben. Hier ist er eine Zeitlang geblieben und hat sich besonders durch seine Geschicklichkeit in ritterlichen Spielen, im Ringen und Springen, so damals in Deutschland noch nicht so allgemein gewesen, ausgezeichnet. Darum hat der Kaiser großen Gefallen an ihm gefunden und ihn sehr geehrt, hat ihn auch oft, weil er fremde Sprachen fertig und gut hat sprechen können, an seine Tafel gezogen und sich von seinen Reisen und Schicksalen erzählen lassen. Weil er aber vor allen Hofleuten sich durch seine Länge ausgezeichnet, hat der Kaiser die Gewohnheit gehabt, ihn, wenn er ihn rufen ließ, immer den langen Reußen zu nennen, und dieser Zuname ist ihm so gemein geworden, daß er sich selbst in Briefen und Titeln: Heinrich von Gera der Reuße genannt, geschrieben und diesen Namen für alle Zeiten angenommen hat.

J.G.Th. Grässe 1874, I. Nr. 248

Die Weiße Frau in Gera

Wenn in der weitverzweigten Familie des fürstlich reußischen Regentenhauses ein Todesfall bevorsteht, sieht man eine hohe weiße Frauengestalt durch die Räume des fürstlichen Palais am Johannisplatz schreiten. Die Diener der alten Hoheit, der Witwe Heinrichs XXX., haben die Ahnfrau oft gesehen und auch das Rauschen ihres seidenen Kleides deutlich hören können, die alte Hoheit aber hat dann immer gesagt: sie wisse das längst, es brauche sich aber niemand darüber zu ängstigen. Einmal ist das Gespenst sogar vor den Augen einer bei der Hoheit versammelten zahlreichen Abendgesellschaft erschienen und ist hernach durch ein Zimmer verschwunden, welches ohne Ausgang war. Man will wissen, daß es ehedem eine Gräfin von Orlamünde gewesen.

R. Eisel 1871, Nr. 254

Der Bruderkrieg

Anno 1450 im Bruderkrieg richteten die Böhmen bei der Erstürmung Geras ein entsetzliches Blutbad an und wenn man dort noch heute links an der Innenseite des Badertores eine eiserne Elle befestigt sieht, so soll dies Wahrzeichen anzeigen, daß hier, wo die Böhmen zuerst die Mauern erstiegen hatten, das Blut der Erschlagenen ellenhoch zum Tore hinausgeflossen ist. Ein eingehauenes Schwert hat früherhin den Stand des Blutes dort angezeigt, ist aber durch die viele Passage abgestoßen worden.

Der Besitzer des Eckhauses zwischen der Kirch- und der Schloßgasse hatte sich während des Blutbades im Höhler verborgen gehabt und versuchte endlich, nachdem das Haus brennend zusammengefallen, sich vom Kellerloch aus auf die Straße herauszuarbeiten. Da führte ein böhmischer Soldat, der eben noch vorübergeht, einen so gewaltigen Schwertstreich nach ihm, daß der Bürger mitten durchgehauen wurde und der eine Teil seines Leibes in den Keller zurückfiel, während der andere auf der Straße liegenblieb. Lange Zeit noch sah

Das alte Rathaus in Greiz – vor 1918 die Hauptstadt des Fürstentums Reuß (Ältere Linie). Stahlstich 1863, nach Zeichnung von L. Rohbock.

man an jenem Haus zum Andenken eine halbe Mannsfigur in Stein angebracht, und erst beim letzten großen Brand von 1780 ist sie nicht wieder erneuert worden.

Die Böhmen haben überhaupt damals ganz Gera ausgemordet und nur einer ist verschont geblieben: der Türmer nämlich, der hatte sich in die Glocke verkrochen gehabt.

R. Eisel 1871, Nr. 712

Tilly war beileibe kein Brabanter

Im Dreißigjährigen Krieg ließ Tilly die Stadt Weida zerstören, wo er selbst vom nahen Tilgenberg aus dem Schauspiel zusah. Schon war der größte Teil der Stadt in Flammen aufgegangen, da sandten die Bewohner ihre Kinder, weiß gekleidet, an den Feldherrn und ließen um Schonung bitten; und wirklich hat hierauf Tilly den Rest verschonen lassen. Tilly aber ist ein geborener Weidaer gewesen und war als Kind entlaufen, weil man ihn wegen eines Obstdiebstahls derb gezüchtigt hatte. Das war auch der Grund gewesen, warum er seine Vaterstadt Weida zerstören ließ.

R. Eisel 1871, Nr. 714

Zu riskant

Das Greizer Schloß enthält aus der Zeit, wo es Kloster war, eine Braupfanne voll Goldes, über der ein Geist Wache hält. Der foppte lange die Wachtposten, besonders die am sogenannten Lehmtor, und erschien ihnen nachts elf Uhr in Gestalt einer runden feurigen Kugel. Ein Soldat hat einmal Feuer darauf gegeben, am Morgen aber war er verschwunden, und alles, was von ihm wieder aufgefunden worden ist, war sein gänzlich zusammengedrehtes Gewehr. Der betreffende Posten wird seitdem nicht mehr bezogen.

R. Eisel 1871, Nr. 462

SACHSEN-ANHALT
Vom Harz bis zur Altmark

Land Sachsen-Anhalt
1952–1990 aus zwei Bezirken bestehend: Halle und Magdeburg. Gebietsveränderungen 1990: Kreis Jessen (bisher Bezirk Cottbus) wird Sachsen-Anhalt zugeordnet, Kreis Artern (bisher Bezirk Halle) fällt an Thüringen.

Kleine Landeskunde

Unter den mitteldeutschen Ländern ist Sachsen-Anhalt territorial besonders bunt zusammengewürfelt und dem Namen nach das jüngste. Der Chef der sowjetischen Militäradministration bestimmte es am 5. Juli 1945 als neue Verwaltungseinheit.

Es buchstabiert sich aus Sachsen, hauptsächlich der preußischen *Provinz Sachsen* (1816–1944), die zum größten Teil aus altpreußischen Gebieten (Altmark, Magdeburg-Halle, Halberstadt), aus ehemals kursächsischen Landesteilen (Wittenberg, Torgau, Merseburg, Naumburg und Nordthüringen), außerdem aus den Gebieten Erfurt und Eichsfeld, die vordem zum Erzstift Mainz gehörten, zusammengesetzt worden war – ein Kunstprodukt des Wiener Friedens. Es buchstabiert sich auch aus dem Fürstentum *Anhalt*, das 1815 noch aus drei Herzogtümern bestand (Anhalt-Dessau, Anhalt-Köthen, Anhalt-Bernburg), die als souveräne Staaten dem Deutschen Bund beitraten: ein Gebiet von insgesamt 48 Quadratmeilen mit 118.000 Einwohnern, das gleichwohl die Provinz Sachsen in zwei Hälften trennte. 1863 wurden alle anhaltischen Lande vereinigt, 1918 dankte der Fürst ab; der dann gebildete Freistaat Anhalt (1919–45) umfaßte 2.300 qkm mit 430.000 Einwohnern, seine Hauptstadt war Dessau. Die Provinz Sachsen wiederum hatte 130 Jahre lang Magdeburg als Kapitale und wurde noch 1944 umstrukturiert. Der Regierungsbezirk Erfurt kam wieder zum Land Thüringen, der Regierungsbezirk Magdeburg wurde eine gleichnamige Provinz, und der Regierungsbezirk Merseburg wurde unter dem Namen Halle-Merseburg ebenfalls selbständige Provinz.

Die Verwaltungseinheit Sachsen-Anhalt fügte 1945 also dreierlei zusammen: die Provinz Magdeburg, die Provinz Halle-Merseburg und den Freistaat Anhalt. Damals ernannten die Sowjets – nach dem Rückzug der amerikanischen und britischen Truppen aus den westelbischen Gebieten jetzt für das Land zuständig – Erwin Hübner (LDP) zum ersten Ministerpräsidenten. Nachdem sich am 21.7.1947 das Land Sachsen-Anhalt konstituiert hatte, wurde Werner Bruschke (SED) sein Nachfolger. Wie die anderen DDR-Länder wurde Sachsen-Anhalt 1952 aufgelöst, zwei Bezirke traten an seine Stelle: Magdeburg und Halle. Die östlichen Teile des ehemals preußischen Regierungsbezirks Merseburg hat man seinerzeit den neuen Bezirken Cottbus (Brandenburg) und Leipzig (Sachsen) zugeschlagen.

So schwierig und kompliziert auch die letzten zweihundert Jahre verliefen, so kann sich das Land doch auf eine glanzvolle, kaiserliche Tradition berufen. Man kann es nämlich als eine Summe der Städte- und Bistumsgründungen Otto des Großen ansehen. Denn er war es, der das Erzstift Magdeburg begründete (936), das Hochstift Havelberg (948), das Bistum Merseburg (962/968). Schon vor ihm existierten das Bistum Halberstadt (827 oder früher) und das Stift Quedlinburg. Was unter Ottos Vorgänger Heinrich I. begonnen hatte, der Vorstoß nach Osten, die Landnahme der slawisch besiedelten Gebiete östlich von Elbe und Saale, die Errichtung von Burg und Bistum Meißen als Stützpunkt frisch errungener deutscher Herrschaft im Mittelelbegebiet, das führte Otto I. planvoll weiter. Beide deutsche Kaiser starben in ihrer Pfalz Memleben a.d. Unstrut (unweit Eckartsberga); beide liegen in ihren »Mausoleen« begraben: Heinrich in der von ihm begründeten Quedlinburger Stiftskirche, Otto und seine Gemahlin Editha in der Krypta des Magdeburger Doms, dessen Bau (955 ff.) er als eine Lebensaufgabe angesehen hatte. Dem Magdeburger Erzbischof hat er die Bistümer Havelberg und Brandenburg (gegr. 948) sowie Meißen, Merseburg und Zeitz unterstellt. In diese Zeit gehört auch Markgraf Gero, ein bedeutender Oststratege; das ihm unterstellte Gebiet wurde nach seinem Tod 965 in drei Marken geteilt, später Nordmark, Mark Lausitz und Mark Meißen genannt. Bezeichnenderweise ist auch Gero vor dem Hauptaltar der St. Cyriakus-Kirche (des von ihm gestifteten Kanonissenstifts Gernrode) beigesetzt.

Zwei kulturell in sich geschlossene und an Sagen besonders reiche Regionen weist Sachsen-Anhalt auf: die *Altmark*, ein Herzstück des alten Kurbrandenburg, identisch mit der früheren Nordmark; und den *Ostharz* mit dem Brocken-Gebiet (die Grafschaften Stolberg und Wernigerode). Das älteste und zugleich beunruhigendste Sagenbuch stammt von dort, »Blockes-Berges Verrichtung« aus dem Jahr 1668. Der aus der Altmark gebürtige Johann Praetorius hat es verfaßt und mit einem Schlage den Brocken, die mit 1142 m höchste Erhebung des Landes, zur makabren Kultstätte gemacht. Vor wie auch nach Praetorius haben Frauen und Mädchen auf der Folter ihre lustvoll-teuflische Walpurgisreise zum Brokken gestanden. Der Harzgipfel wurde ein gesamtdeutsches Hexenphänomen; im Erzgebirge waren Brocken oder Blocksberge plötzlich ebenso zu finden wie im sanft hügeligen Mecklenburg; Abwehrzauber, Pflanzenrezepte, lokale Bräuche, Neckverse, schönste Erzählvarianten – all das kam mit »Blockes-Berges Verrichtung« auf.

Markante Örtlichkeiten im Harz, der Hexentanzplatz bei Thale, die Teufelsmauer, der Ilsenstein, haben ihrerseits zur Sagenbildung beigetragen. J.K.C. Nachtigal hat solche Harzsagen unter dem Pseudonym Otmar schon im Jahr 1800 veröffentlicht, und die Brüder Grimm haben, was diesen Part betrifft, sich völlig auf ihn gestützt.

Auch der zweite Mythenberg Deutschlands ist in Sachsen-Anhalt zu finden, der Kyffhäuser bei Bad Frankenhausen. Hier residiert Barbarossa, Kaiser Friedrich I., bald als schlafender Riese von Gnomen umgeben, bald mit zwei Raben, Attributen Wotans, versehen.

Genau 800 Jahre sind vergangen, seit Friedrich I. im Saleph (Anatolien) ertrank. Erst in der »Wahrhafftigen History von dem Kayser Friderich« (1519), dann ausgeformt in Behrens' »Hercynia curiosa« (1703) erscheint er – anstelle des Staufers Friedrich II., der schon 1421 mit dem Kyffhäuser in Verbindung gebracht wurde – als der schlummernde Kaiser, der tief unter dem Berg auf die Erneuerung des Reiches wartet. Diese Version, in J. G. Büschings »Volks-Sagen, Märchen und Legenden« 1812 aufgegriffen, inspirierte Rückert zu seinem berühmten Gedicht »Kaiser Friedrich im Kyffhäuser« (1817), das einen wahren Barbarossa-Kult auslöste.

Doch der Kyffhäuser ist mehrschichtig. Frau Holle zeigt sich mit dem deutschen Kaiser im Bunde, auch Prinzessinnen bewirtschaften den Berg, Schatzsucher kommen auf ihre Kosten oder auch nicht, Bergentrückungen bzw. Zeitreisen sind keine Seltenheit; bloß der reale Bauernkrieg, der sich 1524/25 in der Nähe des Kyffhäusers abspielte, spielt selten hinein.

Doch hat das bewegte 16. Jahrhundert viel Erzählphantasie in Gang gesetzt, vor allem, was Martin Luther betrifft und seine Lebensstationen Eisleben, Halle, Wittenberg. Das gilt auch für Tetzel, Melanchthon, die früh reformierten sächsischen Kurfürsten; nur Thomas Müntzer galt den Chronisten als ausgemachte Negativfigur und wurde entsprechend abgehandelt.

Von Sagen umgeben sind die beiden Hauptflüsse des Landes, Elbe und Saale, und wer nach Stadtsagen sucht, wird wiederum in Magdeburg und Halle, die sich zur Zeit um den Sitz der Hauptstadt eines neu begründeten Sachsen-Anhalt bewerben, fündig.

Altthüringer Land

Friedrich Rotbart auf dem Kyffhäuser

Von diesem Kaiser gehen viele Sagen im Schwange. Er soll noch nicht tot sein, sondern bis zum jüngsten Tage leben, auch kein rechter Kaiser nach ihm mehr aufgekommen. Bis dahin sitzt er verhohlen in dem Berg Kyffhausen und wann er hervorkommt, wird er seinen Schild hängen an einen dürren Baum, davon wird der Baum grünen und eine bessre Zeit werden. Zuweilen redet er mit den Leuten, die in den Berg kommen, zuweilen läßt er sich auswärts sehen. Gewöhnlich sitzt er auf der Bank an dem runden steinernen Tisch, hält den Kopf in der Hand und schläft, mit dem Haupt nickt er stetig und zwinkert mit den Augen. Der Bart ist ihm groß gewachsen, nach einigen durch den

Links: Höhenburg im Kyffhäusergebirge bei Bad Frankenhausen, unweit der 1300 m langen Barbarossa-Höhle: Thüringens alter Mythenberg. Stahlstich 1838, nach Zeichnung von Otto Wagner. Rechts: Der schlafende Kaiser im Kyffhäuser, von zwei Raben umflogen – wie Gott Wotan von den Raben Hugin und Munin. Holzstich um 1880, nach Zeichnung von August von Heyden.

steinernen Tisch, nach andern um den Tisch herum, dergestalt, daß er dreimal um die Rundung reichen muß bis zu seinem Aufwachen, jetzt aber geht er erst zweimal darum.

Ein Bauer, der 1669 aus dem Dorf Reblingen Korn nach Nordhausen fahren wollte, wurde von einem kleinen Männchen in den Berg geführt, mußte sein Korn ausschütten und sich dafür die Säcke mit Gold füllen. Dieser sah nun den Kaiser sitzen, aber ganz unbeweglich.

Auch einen Schäfer führte ein Zwerg hinein, da stand der Kaiser auf und fragte: »Fliegen die Raben noch um den Berg?« Und auf die Bejahung des Schäfers rief er: »Nun muß ich noch hundert Jahre länger schlafen.« *Brüder Grimm 1816, Nr. 23*

Der Zwerg und die Wunderblume

Ein junger armer Schäfer aus Sittendorf, an der südlichen Seite des Harzes in der goldnen Aue gelegen, trieb einst am Fuß des Kyffhäusers und stieg immer trauriger den Berg hinan. Auf der Höhe fand er eine wunderschöne Blume, dergleichen er noch nie gesehen, pflückte und steckte sie an den Hut, seiner Braut ein Geschenk damit zu machen. Wie er so weiter ging, fand er oben auf der alten Burg ein Gewölbe offenstehen, bloß der Eingang war etwas verschüttet. Er trat hinein, sah viel kleine glänzende Steine auf der Erde liegen und steckte seine Taschen ganz voll damit. Nun wollte er wieder ins Freie, als eine dumpfe Stimme erscholl: »Vergiß das Beste nicht!« Er wußte aber nicht, wie ihm geschah und wie er herauskam aus dem Gewölbe. Kaum sah er die Sonne und seine Herde wieder, schlug die Tür, die er vorher gar nicht wahrgenommen, hinter ihm zu. Als der Schäfer nach seinem Hut faßte, war ihm die Blume abgefallen beim Stolpern. Urplötzlich stand ein Zwerg vor ihm: »Wo hast du die Wunderblume, welche du fandest?« – »Verloren«, sagte betrübt der Schäfer. »Dir war sie bestimmt«, sprach der Zwerg, »und sie ist mehr wert denn die ganze Rothenburg.« Wie der Schäfer zu Haus in seine Taschen griff, waren die glimmernden Steine lauter Goldstücke.

Die Blume ist verschwunden und wird von den Bergleuten bis auf heutigen Tag gesucht, in den Gewölben des Kyffhäusers nicht allein, sondern auch auf der Questenburg und selbst auf der Nordseite des Harzes, weil verborgene Schätze rucken.

Brüder Grimm 1816, Nr. 303

Paradies oder Teufelsblendwerk

In den Kyffhäuser ist Kaiser Friedrich der Rotbart verwünscht, der sitzt mit all seinen Rittern und Knappen um einen großen Tisch, durch den sein Bart hindurch gewachsen ist. Unten im Berg ist's herrlich und alles strahlt von Gold und Edelstein, und ob's auch eine unterirdische Höhle ist, so ist's doch hell drin wie am sonnigsten Tage; die prächtigsten Bäume und Sträucher stehen da und mitten durch dies Paradies fließt ein Bach, wenn man aus dem eine Hand voll Schlamm nimmt, so wird er sogleich pures Gold. Hier jagt nun ein Reiter zu Pferde fortwährend auf und ab; andere aber sagen, er sitze auf einem Hahn und möge wohl der Böse selber sein, der alles dies verzaubert habe. *A. Kuhn und W. Schwartz 1848, Nr. 247/1*

Das alte Brautpaar

Das Beispiel einer Bergentrückung tat sich kund an einem jungen Brautpaar aus Tilleda, das Hochzeit feiern wollte, aber nicht einmal so viele Gerätschaften besaß, um einigen geladenen Gästen das Essen auftischen zu können. Da sprach der Vater der Braut halb im Scherz zu den Brautleuten: »Ei, geht doch hinauf auf den Kyffhäuser und borgt euch was von der verzauberten Prinzessin.« Und die jungen Leute gingen wirklich hinauf und oben trafen sie auch schon die Prinzessin an, als habe sie ihrer geharrt; sie winkte beiden, ihr in den Berg zu folgen. Da bekamen sie so viel Gutes an Essen und Trinken vorgesetzt, daß das reichste Hochzeitsmahl in Tilleda nicht stattlicher hätte ausgerichtet werden können, und wurden beladen mit so viel Hausrat, daß sie ordentlich schwer davon zu tragen hatten, als sie frohen Herzens den Berg verließen und wieder herunter nach Tilleda stiegen. Aber gar seltsam erging es ihnen da. Der Ort war ganz verändert, so daß sie meinten, sich in ein fremdes Dorf verirrt zu haben. Das Häuschen des Brautvaters stand nicht mehr, an seine Stelle war ein großes Ökonomiegutshaus erbaut. Die Leute hatten ganz andere Tracht und staunten sie ob ihrer seltsam uraltmodischen Tracht an. Da kam auch der Geistliche des Ortes und fragte sie, woher sie denn kämen. Das Brautpaar sagte ihm, daß es ja erst heute Nachmittag hinauf zum alten Friedrich spazieren gegangen, und sie wüßten nicht, warum alles in Tilleda so anders wäre und lauter fremde Menschen? – Der Pfarrer hieß beide mit ihm gehen und schlug nach im Kirchenbuch, und da stand es, daß vor 200 Jahren ein junges Brautpaar hinauf auf den Kyffhäuser gegangen und niemals zurückgekehrt. Da weinten die so alt Gewordenen und ließen sich vom Pfarrer einsegnen und suchten den Kirchhof auf, wo ihre Verwandtschaft von 200 Jahren ruhte und blieben dort allein, denn das junge Geschlecht scheute sich vor den beiden Alten, und nach drei Tagen fanden sich auf dem Kirchhof die Leiber und Gewänder beider in Asche zerfallen.

L. Bechstein 1858, II. Nr. 389

Die Alte am Berg

Eine Frau geht einmal zum Kyffhäuser hinauf, um Reisig zu holen, und das war im April, da sieht sie eine Alte mit einem Stocke dort sitzen, die Baumwollenknötchens sammelte und einen ganzen Berg davon neben sich liegen hatte. Da man diese nun sonst erst im hohen Sommer zu sammeln pflegte, kam es ihr doch etwas sonderbar vor, und sie fragte die Alte, was sie doch damit wolle, sie wären doch jetzt noch nicht brauchbar. Da antwortete ihr die Alte, sie solle sich nur davon mitnehmen, soviel sie wolle, sie würde sie schon brauchen können. Aber die Frau wollt's doch nicht glauben; da schüttete ihr die Alte die ganze Schürze voll und tat auch davon in die Küpe. Die Frau ging darauf weiter, um Haselreis zu holen, aber als sie die Schürze aufmacht, hat sie lauter Goldstücke drin und ebenso in der Küpe; da ging sie schnell zurück an die Stelle, wo die Alte gesessen, aber sowohl sie wie der Haufe Baumwollenknötchen waren verschwunden.

A. Kuhn und W. Schwartz 1848, Nr. 245/3

Frau Wullen Loch

Am Schlachtberg bei Frankenhausen ist ein Loch im Felsen, das heißt Frau Wullen Loch, denn darin sitzt Frau Wulle und spinnt, und wer sie äfft, der muß hinein und mitspinnen.

A. Kuhn und W. Schwartz 1848, Nr. 246

Kaiser Friedrich, Frau Holle und Napoleon

Im Jahre 1811 kam ein französischer Marschall nach Nordhausen, und als er die Trümmer der Kyffhäuserburg sah und hörte, daß dies ein verwunschenes Schloß sei, auf dem nachts niemand Ruhe hätte, rief er im Übermut: »So will ich die nächste Nacht da oben schlafen.« Er hörte auf keine Warnung und ließ sich sein Feldbett auf dem Kyffhäuser aufschlagen.

Um Mitternacht sandte Kaiser Friedrich Frau Holle, die ihm die Wirtschaft im Berg führte, zu dem Marschall und ließ ihm sagen, er möge seinen Herrn, den Kaiser Napoleon, warnen, nicht nach Rußland zu ziehen; denn von da würde er nur in Schmach und Not wiederkehren. Außerdem sollten die Franzosen sofort Deutschland räumen, sonst würde Napoleon in Jammer und Elend untergehen.

Am andern Morgen eilte der Marschall sofort zu Napoleon und teilte ihm mit, was ihm Kaiser Friedrich durch Frau Holle hatte bestellen lassen, und er und alle Generäle und Soldaten baten den Kaiser, nicht nach Rußland zu ziehen; aber Napoleon lachte sie aus, und das hat er dann büßen müssen.

E. Sommer 1846, Nr. 2

Die Schlacht bei Frankenhausen

Im Bauernkrieg hatten die Aufständigen Lager und Wagenburg auf einem Berg nahe bei Frankenhausen geschlagen, der noch davon der Schlachtberg heißet; aber mit Geschütz und anderen Wehren waren sie übel versehen und mehrenteils gar schlechte, unversuchte Kriegsleute, darum auch die Fürsten zu einem Mitleiden beweget wurden, daß sie zu ihnen schickten und begehrten, sie sollten nur die Hauptführer des Lärmes, die sie bei sich hätten, überantworten und die Wehre von sich legen, so wollte man sie frei und sicher wieder heimziehen lassen und ihnen verzeihen. Aber Müntzer fürchtete der Haut, trat in den Ring, tat eine lange Rede zu den Bauern, in welcher er ihnen widerriet, in der Fürsten Vorschlag zu willigen, und sie vielmehr zum Streit vermahnete und beherzt machen wollte; sagte, sie sollten sich vor der Feinde Geschütz nicht fürchten, er wolle alle Kugeln mit seinen Ärmeln auffangen. Sonderlich macht er sich sehr zu Nutzen in seiner Rede, daß damals ein Regenbogen am Himmel stand, und sie auch einen Regenbogen im Fähnlein führeten. Auf der andern Seite war zwar der Landgraf zu Hessen der jüngste unter den Fürsten, ein Herr von einundzwanzig Jahren; er zeigte sich aber da, als wollte ein Kriegsmann aus ihm werden, reitet um den Haufen, tät

Links: Bildnis des Thomas Müntzer, »Prediger zu Alstet in Duringen«; Kupferstich von Christoph van Sichem 1806. Auf Schloß Allstedt befindet sich heute eine Thomas-Müntzer-Gedenkstätte. – Rechts: Titelholzschnitt zu Martin Luthers Philippika »Wider die mordischen und reubischen Rotten der Bauren«, Nürnberg 1525.

gleich sein erstes Schulrecht, machte die Schlachtordnung, ermahnte die Kriegsleute mit einer tapfern und männlichen Rede, zeigte auch an, wie gar kein Fug und Recht die Bauern hätten, wider sie zu streiten, und daß derowegen sein Sieg bei ihnen sein werde. Es hatten die Fürsten Graf Wolfen von Stolberg, Graf Bodos Sohn, samt noch einem jungen vom Adel, Matern von Gehofen, welcher ein einziger Sohn war, zu den Bauern geschickt. Da haben die unsinnigen Leute den Grafen in die Eisen geschlossen und den Edelmann wider aller Völker Recht durch die Spieße gejaget. Dieses machte, daß das Kriegsvolk viel begierlicher ward, das junge, adlige Blut zu rächen. Nach geschehener Vermahnung des Landgrafen griff man die Bauern an, und läßt das Geschütz unter sie gehen. Von dem Krachen und ungewöhnlichen Wesen, und daß die Kugeln so um sie herumfliegen, wurden die Armen sogar verzagt und erschlagen, daß sie weder fliehen noch sich wehren können, singen immerhin: Nun bitten wir den heiligen Geist, und erwartet der mehrer Teil Hilfe vom Himmel, wie sie Müntzer vertröstet hatte. Wie nun das Geschütz abgegangen und man in die Wagenburg drang, auch hin und wieder viel erstochen wurde, da nahmen erst die Bauern die Flucht den Berg hinab nach Frankenhausen zu. Etliche flohen auf die andere Seite des Berges und wehrten sich im Grunde eine Weile wider etliche Reiter, brachten auch ein oder zwei um. Denn weil die Bauern flohen, jagten ihnen die Reiter, wo ein jeder seine Gelegenheit sah, hin und wieder nach, und kamen so aus der Ordnung, daß ihrer etliche von den Bauern erschlagen wurden, so sich wendeten, dadurch sie mehr ergrimmt, den Bauern viel härter zusetzten, derer den Tag an dem Orte aufs wenigste fünftausend, oder, wie andere setzen, siebentausend erschlagen wurden. Dies ist geschehen den 15. Mai, montags nach Cantate.

P. Quensel 1926, S. 120 ff. nach Binhard, Thüringische Chronica, 1613

Die Eselswiese

Osterdonnerstags, nach gesprochenem Segen, ritt der heilige Bruno († 14. 2. 1009) von seinem Bruder Gebhard weg, willens, nach Preußen zur Bekehrung der Heiden zu ziehen. Als er nun auf den grünen Anger hart vor Querfurt kam, wurde ihm das Maultier oder der Esel stätig, wollte weder vor noch hinter sich, alles Schlagens, Peitschens und Spornens unerachtet. Daraus schlossen Gebhard und andere, die ihn geleitet hatten: es wäre nicht Gottes Wille, daß er diesen Zug tue, und überredeten ihn so lange, bis er wieder mit aufs Schloß Querfurt zog. Die Nacht aber überschlug der Heilige die Sache von neuem, geriet in große Traurigkeit, und sein Herz hatte nicht Ruhe, bis er endlich den Zug doch unternahm und in Preußen von den Heiden (Slawen) gefangen, gepeinigt und getötet wurde.

Auf der Stelle, wo damals das Tier ständig wurde, baute man nach seinem Tode ein Heiltum, genannt die Kapell zu Eselstedt auf den heutigen Tag; und man erteilte da jeden Gründonnerstag sonderlichen Ablaß aus. Darum geschahen große Wallfahrten des Volkes auf die Querfurter Eselswiese, und in späteren Zeiten wurde ein Jahrmarkt daraus, dem von Sonnenauf- bis Sonnenniedergang eine lebendige Menge der umwohnenden Leute zuzuströmen pflegte.

Brüder Grimm 1818, Nr. 572

Landgraf Ludwig baut eine Mauer

Als Kaiser Friedrich Rotbart von einem Kriegszug aus Polen heimkehrte, herbergte er mit seinem Schwager Landgraf Ludwig dem Eisernen auf der Neuenburg an der Unstrut. Daselbst blieb er etliche Tage bei seiner Schwester, und sie waren miteinander fröhlich. Nun behagte ihm das Schloß an seinem herrlichen Gebäude und seiner Gelegenheit gar wohl, und er sprach: »Das ist ein rechtes Fürstenschloß, und ich sehe nicht, daß ihm etwas gebricht, außer daß es keine Mauer um sich hat.« Das hörte Landgraf Ludwig und sprach: »Herr,

Schloß Freyburg a.d. Unstrut – die frühere Neuenburg (11. bis Mitte 16. Jahrh.), neben der Wartburg der bedeutendste Herrschersitz der Landgrafen von Thüringen. Lithographie von C.W. Arldt 1848, nach Zeichnung von Julius Fleischmann.

es sollen nimmer zwei Nächte vergehen, und ich will eine so gute und köstliche Mauer um diese Burg lassen machen, daß in Thüringen ihresgleichen nirgends gefunden wird.« Dieser Rede verwunderte sich der Kaiser.

Am andern Tage besandte der Landgraf alle seine Grafen und Mannen, die er um sich erlangen mochte, daß sie in der Nacht zu ihm kämen, wohl gewappnet und aufs beste geschmückt. Und er stellte sie um die Burg, daß einer an dem andern stund, mit ihren gekrönten Helmen und ihre Knechte davor mit ihren Schilden. Des Morgens, als der Kaiser aufgestanden war, führte ihn sein Schwager um die

Burg und ließ ihn die Mauer beschauen. Da bekannte der Kaiser, daß er keine köstlichere noch festere Mauer gesehen habe.

P. Quensel 1926, S. 44 nach
J. Rothe, Düringische Chronik (1677/78) 1859

Das Naumburger Kirsch-, Kinder- und Hussitenfest

Die Bürger von Naumburg hatten es gewagt, dem wilden Hussitenführer Prokopius zu trotzen. Als aber nach manchem abgeschlagenen Sturm der Hunger sich immer fühlbarer machte, beschlossen sie, eine Gesandtschaft an ihn zu schicken. Die gelobte, die Stadt solle ihm übergeben werden, wenn er gnädig und mild mit ihr verfahren wolle. Doch er schwur, durch den langen Widerstand wütend gemacht, keinen Stein auf dem andern zu lassen und selbst des Säuglings nicht zu schonen. Nun zog die Bürgerschaft hinaus und bat fußfällig um Gnade; die Geistlichkeit beschwor ihn im Namen Jesu, die Stadt nicht zu verderben – aber vergebens. Da griffen die Einwohner zum letzten Mittel: sie zogen den Kindern weiße, mit schwarzen Bändern besetzte Kleider an, und unter Führung eines Viertelsmeisters mit Namen Wolf zogen sie paarweise zur Stadt hinaus, 283 Knaben und 321 Mädchen. Man hatte ihnen eingeprägt, sobald sie ins Lager kämen, zu weinen, die Hände gen Himmel zu heben, niederzufallen und »Gnade, Gnade!« zu schreien. Sollten aber die Feinde grausam sein, so möchten sie willig ihr Hälslein aufmachen und hinhalten. Sie gelangten zum Lagerplatz und wurden von den Offizieren zum Zelte des Prokopius geführt. Der wußte anfangs nicht, was das bedeuten solle. Als aber die Kinder jämmerlich zu schreien und zu weinen anfingen, auf die Knie fielen und »Gnade, Gnade!« riefen, sah er die Umstehenden und die Kinder nacheinander an, befahl ihnen, still zu sein und aufzustehen. Nun beratschlagte er sich mit den übrigen Befehlshabern eine halbe Stunde lang und versicherte danach den Kleinen, daß ihnen kein Leid widerfahren solle. Ließ auch die im Lager befindlichen böhmischen Musikanten kommen und zum Tanz aufspielen. Da die Kinder aber, immer noch voll Furcht, nicht tanzen wollten, so brachte man auf seine Weisung Kirschen, Birnen und Schoten herbei, wodurch sie endlich beherzter wurden. Er selbst ließ für sich und die anderen Befehlshaber Sessel herbeitragen und setzte sich mitten unter die Kinder, welche nun gar fröhlich um ihn herumsprangen. Abends um sieben Uhr befahl er ihnen, stille heimwärts zu ziehen und am Tor zu sagen, die Stadt hätte Gnade, er wolle ihr kein Huhn nehmen, und morgen werde kein Hussit mehr zu sehen sein. Er hat Wort gehalten. Um drei Uhr in der Frühe des andern Tags war das Heer abgezogen und die Stadt befreit.

Deswegen um Jakobi jährlich noch von denen Knaben auf einen Montag, und Donnerstag darauf von denen Mägdlein, ein Schulfest, sonst das Kirschfest genannt, bei der Vogelstange gehalten wird.

P. Quensel 1926, S. 90f. und
Alte und neue Thüringische Chronika, 1729

Die lachende Braut und der weinende Bräutigam

Im Dom zu Naumburg findet man zwei Personen ausgehauen, von welchen die eine weint, die andere aber lacht. Das sollen zwei Verlobte sein. Der Bräutigam war mit fröhlichem Mut in fremde Länder verreist und hatte sich durch kein Bitten, Warnen und Flehen seiner Braut davon abhalten lassen. Inzwischen begab sich die herzlich betrübte Braut ins Kloster, ließ den Dom bauen und verlachte hernachmals den wiederkommenden herzlich betrübten Bräutigam mit gleicher Beständigkeit.

Eine geschriebene Naumburgische Chronik erzählt die Sache folgendermaßen. Eine Braut habe, als ihr Bräutigam in der Fremde gewesen, unterdessen ihre Güter und auch von des Bräutigams Gütern, die sie in Verwaltung gehabt, zur Aufrichtung des Doms hergegeben und sich selbst als eine geistliche Braut Christi dem Nonnenstand gewidmet. Als nun der Bräutigam wieder heimkam und der Braut zusprach, warum sie das getan habe, hat sie gelacht und gesagt, sie sei nun nicht mehr seine Braut, sondern Gottes Braut; und obwohl sie von seinem Gut etwas Gott zu Ehren angewendet habe, so möchte er sich das nicht mißfallen lassen, es sei zu seiner Seligkeit geschehen, auch hätte sie ihm noch so viel übrig gelassen, daß er sich seinem Stande gemäß halten könnte. Da hat es der junge Mann geschehen lassen, auch selbst noch mehr dazugetan, damit der Bau des Doms vollführt würde.

A. Witzschel 1866, Nr. 249

Oben: Dom St. Peter und Paul zu Naumburg, mit drei seiner vier charakteristischen Türme. Der südwestliche Turm wurde später vollendet; Zinnenkranz und spitze Haube beider Westtürme entstanden um 1895. Stahlstich 1838, nach Zeichnung von Otto Wagner. – Unten: Die Rudelsburg, 1171 erstmalig als »Rutheles-burch« erwähnt, 1348 durch Bischof und Stadt Naumburg belagert und geschleift. Lithographie von C. W. Arldt 1848, nach Zeichnung von Julius Fleischmann.

Der Strudel bei der Rudelsburg

Dicht unter dem Felsen, worauf die Rudelsburg liegt, bildet die Saale einen Strudel, davon erzählt man folgende Sage.

Die Besitzer der Rudelsburg und der Krainburg am jenseitigen Ufer der Saale lebten in guter Nachbarschaft und waren einander treue Freunde. Der schmale Fluß trennte ihre Besitzungen, aber auch dieser war unter sie geteilt, denn die Fischerei war beiden gemeinschaftlich. Der Herr der Krainburg hatte einen einzigen Sohn und der Besitzer der Rudelsburg eine Tochter, und beide Väter wünschten ihre Kinder einst miteinander zu vermählen. Diese gute Nachbarschaft hatte zwischen den beiden Burgherrn lange Zeit bestanden. Da geschah es, daß der Rudelsburger, angereizt durch den Bischof in Naumburg, der dem Ritter der Krainburg übel wollte, uneingedenk des alten Vertrags und der guten Freundschaft sich die Fischerei in der Saale allein und ausschließlich anmaßte. Die frühere Freundschaft ging in bittere Zwietracht über und den liebenden Kindern wurde jede Vereinigung von den feindlichen Vätern streng untersagt. Sie konnten sich fortan nur heimlich sehen und sprechen. Ein leichter Fischerkahn trug gewöhnlich des Nachts den Jüngling hinüber über die Saale.

Einst sollte bei einem heftigen Gewitter das Schiffchen den Geliebten an das jenseitige Ufer bringen. Schon befand sich der Kahn in der Mitte des Stroms, da erhob sich ein furchtbarer Sturm, hoch schäumte die Saale empor und zog den Nachen in die Tiefe – der Jüngling landete nimmer. Vergeblich harrte die Geliebte die Nacht hindurch des Ersehnten und angstvoll eilte sie am Morgen den Burgpfad hinab an den Strand der Saale. Da gewahrte sie nahe am Ufer in dem Strom einen roten Streif, den der Morgenwind auf den Wellen ihr zutrieb. Sie bückt sich hinab in den Fluß, den Streif zu erfassen und siehe, da hält sie die Feldbinde des Geliebten, die sie ihm selbst gestickt, in ihrer Hand und sinkt hinab in die Tiefe des Flusses. An der Stelle aber, wo die beiden Liebenden ihr Grab fanden, bemerkt man noch jetzt einen Strudel. *A. Witzschel 1866, Nr. 248*

Der unfromme Bischof

Der Rudelsburg gegenüber und durch eine tiefe Felsschlucht von ihr getrennt liegen die Ruinen des Schlosses Saaleck, welches angeblich

Karl der Große selbst erbaut haben soll. Von ihm sind jetzt nur noch zwei hohe runde Türme übrig, auf deren einem, nach Morgen gelegenen, man aus einem noch erhaltenen Zimmer eine prächtige Aussicht genießt. Diese Burg ward später von den Schenken von Saaleck, ihren Herren, an den Bischof Witigo von Naumburg verkauft und von da ab von den dortigen Bischöfen als eine Domäne betrachtet, wo sie ihre Feste veranstalteten. Nun bestieg im Jahre 1347 der Bischof Johannes I. aus dem Geschlechte derer von Miltitz den bischöflichen Stuhl. Dies war ein allen Lastern ergebener Mann, dessen Hof zu Naumburg, wie der Chronist sagt, eine Grundsuppe der Hölle war und dessen Hofstaat nur aus erzgottlosen Bösewichtern und Kindern des Teufels bestand, welche vor keiner Sünde zurückschreckten. Seine ganze Regierung über tat er nichts als »Fressen, Saufen, Huren, Buben, Reiten, Fahren und Jagen, so als ob kein Gott im Himmel wäre«. Er hatte eine offenkundige Kebsfrau, Kunigunde von Bibra, dann aber hielt er es auch ohne Scheu noch mit einigen adligen Nonnen zu Raspenburg. Seine größten und meisten Schandtaten aber beging er auf dem Schlosse Saaleck, wo er einen förmlichen Harem angelegt hatte.

So beschloß er denn auch am Johannistag des Jahres 1380 hier seinen Namenstag durch ein großes Bankett und Tanzfest zu feiern und hatte dazu eine Rotte von 14–15 Gauklern aus Nürnberg verschrieben, welche die Gäste belustigen sollten. Nach aufgehobener Tafel sind an 200 Personen beiderlei Geschlechts in den großen Saal getreten, um einen Tanz zu machen, und der Bischof Johannes, der als Wirt den Vortritt machen wollte, nahm die Ehefrauen der Ritter von Berbisdorf und von Madel, die eine bei seiner rechten, die andere bei seiner linken Hand, um den Anfang zu machen; indem er nun, wie gewöhnlich, das rechte Bein in die Höhe heben will, zittert er auf einmal am ganzen Leib und fällt wie ein Bleistück zu Boden und bleibt trotz alles Schüttelns, Reibens und aller angewendeten Mittel tot, die Hand Gottes hatte ihn gerührt und der Teufel seine gottlose Seele mitten unter seinen Kumpanen entführt.

J.G.Th. Grässe 1868, Nr. 441

Die Saale von Weißenfels bis Bernburg

Die Weißenfelser Fron

Das Schloß Neu-Augustusburg zu Weißenfels hatte ursprünglich nur Ziegeln zur Bedachung. Nach einiger Zeit aber wollte der Schloßherr die Dächer mit Schiefer decken lassen und bot eine Menge Fronbauern zu dem Bau auf. Wider Erwarten arbeiteten die Fröner, die sich sonst immer zum Werk treiben ließen, so emsig, daß nur die Hälfte der Zeit gebraucht wurde, die man veranschlagt hatte. Das machte den Schloßherrn stutzig, und er hatte auch bald heraus, warum die Leute gar so fleißig waren. Die Bauern hatten nämlich immer gesagt:

Tod Gustav Adolfs in der Schlacht bei Lützen (16. 11. 1632), in der die Schweden Wallensteins Truppen besiegten. Gelände des heutigen Karl-Marzsch-Parks, 16 km nordöstlich von Weißenfels. Zeitgen. Kupferstich von Matthaeus Merian.

»Wir müssen so lange frönen, wie noch ein Ziegel auf dem Schloßdach ist!« Nun hielten sie die Zeit der Befreiung für gekommen. Aber der Herr machte ihnen einen Strich durch die Rechnung. Auf einem Seitengebäude ließ er das Ziegeldach stehen. Da mußten die Bauern freilich weiter fronen. Und so kommt es, daß nicht alle Dächer auf dem Weißenfelser Schloß Schiefer haben.

H. Größler 1887, Nr. 77

Der Merseburger Dom

Als der Merseburger Dom gebaut wurde, fiel allemal über Nacht wieder ein, was bei Tage gebaut war, so daß man zuletzt meinte, das sei der Teufel, der den Bau der Kirche nicht leiden wolle. Allein man untersuchte doch alles erst genau noch einmal und siehe da! man fand unten im Fundament zwei ungeheure Schildkröten; diese nahm man

Saalebrücke mit Blick auf die vier Türme des Merseburger Doms und das davorliegende Schloß im Stil der Spätrenaissance; auf seinen Grundmauern stand einst die unter Heinrich I. gegründete Kaiserpfalz. Stahlstich 1863, nach Zeichnung von C. Würbs.

heraus, und der Bau wurde nun glücklich vollendet. Die Schalen dieser Tiere hing man aber zum ewigen Andenken im Dom auf und da hangen sie noch

A. Kuhn und W. Schwartz 1848, Nr. 229

Die heilige Kunigundis

Es hat der Kaiser Heinrich II. oder der Lahme seine Gemahlin, die Kaiserin Kunigundis, des Ehebruchs beschuldigt. Diese hat aber ihre Keuschheit mit dem Tragen von glühenden Pflugscharen bewiesen, indem sie sagte: »Ebenso unschuldig ich Eures Leibes bin, ebenso unschuldig bin ich auch an allen anderen Männern und beweise meine Unschuld mit den glühenden Pflugscharen, die sollen meinem Leibe nicht schaden.« Darauf hat sie eine glühende Pflugschar nach der andern mit bloßen Händen aus dem Feuer genommen und sie in Gegenwart des Kaisers, wie auch seiner Hofbedienten und vielen Volkes, glühend bei Seite getragen, so ihr im geringsten nicht geschadet, durch welches Mirakel der Kaiser bewogen worden ist, ihr auf den Knien eine Abbitte zu tun. Diese Historie ist zu Merseburg in der Domkirche am Eingang unter dem Glockenturm zur rechten Hand oder an der Seite gegen Mittag in Stein gehauen zu sehen.

J.G.Th. Grässe 1868, Nr. 376

Der Merseburger Rabe

Beim Dom zu Merseburg wird beständig ein lebendiger Rabe gehalten. Einen solchen Raben hielt zu seinem Vergnügen Thilo von Trotha, Bischof von Merseburg. Der Rabe stahl nach Rabenart und schleppte auch einen kostbaren Goldring des Bischofs mit edlem Stein in sein nahes Nest auf dem Schloßturm. Der Bischof, ein jähzorniger Herr, hatte seinen Kammerknecht im Verdacht des Diebstahls, ließ diesen, da er leugnete, foltern, und da er durch die Folter gezwungen, endlich gestand, hinrichten. Der arme alte Diener hob flehend seine Arme zum Himmel und rief Gott an, seine Unschuld zu offenbaren. Bald nach Vollziehung des grausamen Urteils warf ein Wind das Rabennest vom Turm, da fand sich neben vielen glänzenden Kleinodien und auch Tand des Bischofs Ring. Darauf erfaßte den Bischof tiefe Reue. Er änderte sein Wappen und setzte einen Raben mit dem Ring im Schnabel in das Schild und auf den Helm, auf letzteren daneben noch zwei zum Himmel erhobene Arme und Hände; dann machte er eine Stiftung, daß fort und fort ein lebender Rabe solle gehalten werden, ihn und seine Nachfolger an die Unglückstat zu erinnern – und überall wurde das neue Wappen angebracht, selbst auf des Bischofs ehernem prächtigen Grabmal – und ein Rabe wird noch immer gehalten.

L. Bechstein 1858, II. Nr. 382

Die Erbauung von Halle

In alter Zeit standen dort, wo nun die Stadt Halle erbaut ist, nur 96 Hütten aus Stroh und Holz, und darin wohnten die ältesten Halloren und sotten ihr Salz. Sie waren adligen Geschlechts. Aus jener Zeit stammt noch das Adelswappen, das beim »Pfingstbier« vor dem Zug

der Halloren hergetragen wird. Als sie nun eines Mittags vor ihren Hütten saßen, kam der Bischof vorbei, dem das ganze Land gehörte und der zu Giebichenstein seinen Sitz hatte. Da baten sie ihn um Erlaubnis, an dieser Stelle eine Stadt bauen zu dürfen. Der Bischof lachte und fragte sie, ob sie einen guten Käufer für ihre Lumpen gefunden hätten, daß sie davon Städte bauen wollten. Denn sie sahen sehr ärmlich aus. Sie aber antworteten: »Han wir hüte Water und Holt, so han wir morne Silber und Gold.« – »Nun so baut in Gottes Namen mit Wasser und Holz«, rief der Bischof, »und es leuchte Euch Sonne, Mond und Sterne.«

Zum Andenken an jenen Ausspruch stehen noch jetzt im Wappen der Stadt Sonne, Mond und Sterne. Und als ein Jahr darauf der Bischof wieder des Weges kam, sah er die schöne Stadt Halle an der Stelle jener Hütten stehen, und die Halloren eilten ihm entgegen und dankten ihm fußfällig, daß er ihnen erlaubt hatte, die Stadt auf seinem Grunde zu bauen. Und weil das Gedränge so groß ward, setzte man den Bischof auf einen Esel, den ersten Esel, der nach Halle kam, und vor ihm her streute man, um den Bischof zu ehren, lauter Rosen. Zum Andenken daran ist noch heute das Wahrzeichen von Halle ein Esel, der auf Rosen geht.

J.G.Th. Grässe 1868, Nr. 349

Links: Die Salinen in Halle. Salzproduktion und Salzhandel waren bis ins 18. Jahrh. das wirtschaftliche Fundament der Hansestadt. Kupferstich von Johann Friedrich Nagel 1789.
Zeitgleich das städtische Leben auf dem Marktplatz von Halle mit seinen »fünf Türmen«: den vier der Marktkirche Unser Lieben Frauen und dem 84 m hohen Roten Turm. Kupferstich um 1760.

Hunger-Quelle

Zu Halle auf dem Markt an dem roten Turm ist ein Quellbrunnen, der an der Mitternachtsseite zu Tag ausfließet und für eine Hungerquelle ausgegeben wird, indem aus dessen starkem oder schwachem Überlaufen der gemeine Mann Teuerung oder wohlfeile Zeit weissagt.

Brüder Grimm 1816, Nr. 104

Schellenmoritz

In der Moritzkirche zu Halle steht das Bild des heiligen Mauritius, ihres Schutzherrn, in Stein gehauen. Es ist 1411 von Konrad von Eimbeck gearbeitet, und nach der Sitte der Zeit ist das Gewand des Heiligen mit Schellen besetzt. Das Volk nennt ihn darum Schellenmoritz, und es knüpft folgende Sache an ihn:

Moritz war der Erbauer der Moritzkirche, und er war so jähzornig, daß er, wenn er auf den Bauplatz kam und ein Arbeiter eben ausruhte, ihn gleich totschlug. Nachträglich bereute er den Mord stets, und um

Kirchen in Halle. Links: Die spätgotische Moritzkirche, deren Baumeister und Bildhauer Conrad von Einbeck war, Baubeginn 1388.
Rechts: Blick über die Saale auf den Dom, eine frühgotische dreischiffige Hallenkirche, deren Architektur Lyonel Feininger zu 12 Bildfolgen inspirierte (1931); heute stark restaurierungsbedürftig.
Stahlstiche 1859, nach Zeichnungen von C. Würbs.

sich ferner von solchem Unrecht zu schützen, ließ er sich einen Rock mit Schellen machen und bat die Arbeiter, wenn sie an den Schellen hörten, daß er komme, und gerade feierten, gleich an die Arbeit zu gehen, damit er keinen von ihnen zu strafen brauche.

E. Sommer 1846, Nr. 64

Die acht bösen Männer

Vor vielen Jahren ging ein Hallor zu Halle in die Kirche. Da sah er, wie ein kleiner blauer Dunst immer vor ihm herschwebte und endlich in ein Kellerloch neben der Kirche schlüpfte. Er beschloß, nach der Predigt nachzusehen, was dies gewesen sei, und verstopfte das Loch mit seinem Taschentuch. Als die Kirche aus war, ging er hin, zog das Tuch heraus und wollte in den Keller sehen; doch kaum war das Loch wieder offen, so fuhr der blaue Dunst heraus und dem Halloren grade ins Gesicht. Da sank er um und war tot. Und nun brach eine furchtbare Pest in Halle aus, an der alle Menschen starben bis auf acht Halloren. Diese begruben die übrigen und wurden die acht bösen Männer genannt.

Und seit der Zeit werden die meisten Leichen in Halle von acht Halloren zu Grabe getragen und nur wenige auf dem Leichenwagen gefahren.

E. Sommer 1846, Nr. 63

Die Hallische Zwietracht

Am Tage Lamberti des Jahres 1478 entstand zwischen den Pfänern oder Salzjunkern an einem und den Innungen, Gemeinheiten und dem Rat zu Halle am andern Teil eine gefährliche schädliche Uneinigkeit wegen der Lehngelder, so die Pfänner dem Erzbischof zu geben hatten und wider der Gemeine Willen vom Rathaus nehmen wollten. Über diesem Streit wurde Hans Scholtbach, ein Ratskämmerer, erschlagen und ungeachtet der Städte Magdeburg und Braunschweig Unterhandlung dem Erzbischof Ernestus, der damals zu Giebichenstein war, die Schlüssel der Stadt übergeben. Der nun hat sich am Tage Mauritii oder am Abend Matthäi ihrer bemächtigt, ihre Freiheiten beschnitten, viel Personen in das Gefängnis gelegt und, damit er sie fortwährend im Zaum halten könne, hernach im folgenden Jahr das Schloß, die Moritzburg, samt einer schönen Kapelle und Hofhaltung aufgebaut und den vierten Teil vom Salzwesen oder Talgut sowie den fünften von andern Gütern bekommen.

Es finden sich darüber in alten Büchern folgende Reime: Ein Rincke von einer Fuhrmanns-Tasche / Vier Öhre von einer Bier-Flasche / Und ein halber Galgen empor / Zwei Burgundische Kreuze davor / Ein Sparr aufwärts, drei Säulen dazu/Brachten Hall in Müh und Unruh. Anno domini 1478.

J.G.Th. Grässe 1868, Nr. 338

Martinstag in Halle

Am Martinstag stellen die Kinder der Halloren Krüge mit Wasser in die Saline. Die Eltern gießen heimlich das Wasser aus und füllen die Krüge mit Most, legen auf jeden ein Martinshorn (Buttergebäck in Form eines Horns), verstecken sie und heißen die Kinder den »lieben Martin« bitten, daß er ihr Wasser in Wein verwandle. Dann gehen die Kinder abends in die Saline und suchen die Krüge, indem sie rufen: »Marteine, Marteine, mach das Wasser zu Weine.«

E. Sommer 1846, S. 161 f.

Die goldene Gans

An verschiedenen Orten in Sachsen sitzen goldene Gänse oder Enten unter der Erde und brüten auf goldenen Eiern. Solch eine Gans mit zehn, zwölf oder fünfzehn Eiern sitzt unter dem Petersberg bei Halle in dem jetzt verschütteten Gang, der von da nach Krosigk führte. In der Kirche auf dem Petersberg aber, links vom Eingang, steht die Bildsäule des heiligen Petrus, welcher der Arm fehlt. Mit diesem Arm wies sie nach der Stelle, wo die goldene Gans sitzt; doch weil der Arm abgebrochen ist, findet man den Platz nicht mehr.

E. Sommer 1846, Nr. 56

Ludwig der Springer

Man findet in den alten Historien, daß auf Giebichenstein einige vornehme Standespersonen ehedem gefangen gesessen, als erster ein Herzog von Lothringen so um das Jahr 1045, der lange Zeit hier Arrest

Das Kloster auf dem Petersberg bei Halle; Holzschnitt 1794.
Die ehem. Augustiner-Chorherren-Stiftskirche, vom Wettiner Dedo IV. 1124 gegründet, verfiel im 17./18. Jahrh.; Friedrich v. Quast besorgte 1853–57 eine gründliche, wenn auch historisierende Restaurierung; eine zweite, behutsamere, erfolgte 1958.

hat halten müssen. Ebenso als Graf Ludwig von Thüringen den Pfalzgraf Friedrich von Sachsen unweit Weißenburg an der Unstrut auf der Jagd anno 1065 erstach oder, wie andere melden, erstechen ließ, und des Entleibten Bruder die Sache bei Kaiser Heinrich IV. klagbar anbrachte, hat man den Grafen gefangen und auf dieses Schloß gebracht, wo er über zwei Jahre hat sitzen müssen. Und weil er verspürte, daß es ihm das Leben kosten würde, wenn der Kaiser aus Italien wieder nach Deutschland käme, betete er fleißig zu Gott und gelobte, eine Kirche zu St. Ulrichs Ehren zu erbauen, wenn er loskommen würde. Er gab darauf vor, sich bei sehr schwacher Gesundheit zu befinden und deshalb sein Testament machen zu wollen. Als ihm nun bewilligt wurde, daß einer seiner treuen Diener zu ihm käme, machte er mit diesem ab, er solle zu einer bestimmten Zeit mit zwei Pferden in die Nähe des Schlosses kommen und mit einem Fischerkahn auf der Saale seiner warten.

Nun waren jederzeit sechs Männer bei ihm auf Wache, die seiner hüteten. Die spielten, als die festgesetzte Zeit heranrückte, aus Langeweile miteinander am Brett, so daß sie gar nicht so genau acht auf ihn hatten. Dazu gab er vor, wie sehr ihn friere, weshalb er viele Kleider anlegte, darunter einen weiten langen Rock, den er sich dafür hat machen lassen. So angetan, ging er gemächlich im Zimmer auf und ab, bis er seines Dieners am jenseitigen Saaleufer mit zwei Pferden gewahr wurde. Da säumte er nicht lange, sondern tat gleich einen Sprung zum Fenster hinaus in die Saale; und weil der Wind sich in die weiten Kleider legte, fiel er nicht gefährlich oder allzu hart aufs Wasser, obwohl das Schloß ziemlich hoch auf dem Felsen liegt. Von den unten haltenden Fischern, die aus Weißenfels gewesen sein sollen, wurde er gleich in den Kahn genommen und auf die andere Seite des Stromes gebracht, wo er die nassen Kleider abwarf, sich eilends auf sein weißes Pferd, der Schwan genannt, setzte und mit dem Diener der Stadt Sangerhausen, die sein eigen war, zujagte; und dort hat er, seinem Gelübde gemäß, hernach eine Kirche zu St. Ulrichs Ehre erbauet. Von diesem Sprunge heißt er Ludwig der Springer.

Alte und Neue Thüringische Chronika, 1729

Burg Giebichenstein, laut Schenkungsurkunde Ottos I. 961 den Erzbischöfen von Magdeburg vermacht, die hier ab 968 residierten, bis Erzbischof Ernst die Residenz in die eroberte Stadt Halle, d.h. in die dort 1484–1503 erbaute Moritzburg verlegte. Auf Giebichenstein soll der Begründer der thüringischen Ludowinger, Ludwig der Springer, inhaftiert gewesen sein. Lithographie von C.W. Arldt 1848, nach Zeichnung von Julius Fleischmann.

Mansfeld

Der Stammherr der Grafen von Mansfeld gewann dem Kaiser, seinem Herrn, viele Schlachten in Italien. Aus Freude darüber erlaubte ihm der Kaiser, sich eine Gnade auszubitten, und der Graf bat um so viel Land, als er mit einem Scheffel Gerste umsäen könne.

Das gewährte der Kaiser gern, und der Graf fuhr mit einem kaiserlichen Rat nach Wallhausen und fing dort an zu säen. Er hieß seinen Kutscher langsam fahren und zettelte eine Handvoll Gerste nach der anderen dünn über das Feld. Sie fuhren im Kreise um zweihundert und zwei Dörfer, und so entstand die jetzige Grafschaft Mansfeld. Der kaiserliche Rat aber glaubte, sein Herr, der Kaiser, sei betrogen und verklagte den Grafen bei ihm, daß er des Kaisers Gnade mißbraucht habe. Da lachte der Kaiser und sprach: »Gesagt ist gesagt. Kaiserliches Wort muß wahr bleiben, wie man es auch deutet. Das ist des Mannes Feld!«

Darum heißt die Grafschaft bis auf den heutigen Tag Mansfeld, und die Grafen führen Gerstenkörner im Wappen.

E. Sommer 1846, Nr. 69

Sankt Georg

Ehe es Grafen von Mansfeld gab, hauste ein Ritter namens Georg auf dem Mansfelder Schloß. Einen Berg vor der Stadt aber, auf der Seite nach Eisleben zu, der noch heute der Lindberg heißt, hatte sich ein Lindwurm zur Wohnstatt gewählt, und diesem mußten die Bewohner von Mansfeld jeden Tag ein Mädchen als Zoll geben, damit er sie leben ließ. In dem kleinen Städtchen war bald keine Jungfrau mehr zu finden, und nun forderte der Wurm die Tochter des Ritters. Da zog der Ritter selbst am kommenden Morgen gegen den Drachen, erlegte ihn und befreite die Stadt; und er hieß seitdem nicht mehr Georg, sondern Sankt Georg, und zum Andenken wurde sein Bild, wie er den Drachen tötet, über der Kirchentür zu Mansfeld in Stein gehauen und ist noch jetzt zu sehen. *E. Sommer 1846, Nr. 70*

Kornengel

Um Wettin, Halle, Eisleben, Eilenburg und wohl in ganz Sachsen warnt man die Kinder, wenn das Getreide reift und sie Kornblumen pflücken wollen, nicht zu tief ins Korn hineinzugehen, weil sonst der Kornengel komme und sie forttrage. Wer von ihm geraubt wird, kehrt nie wieder zu den Menschen zurück.

E. Sommer 1846, Nr. 21

Der erste Wettiner

Tymo, ein Graf von Wettin, soll um das Jahr 1100 als erster die Würde eines Fürsten vom Kaiser erhalten haben, und zwar auf diese Weise. Tymo, dessen Vater frühzeitig starb, wuchs unter der Obhut der Mutter auf. Einstmals am Ostertag ritt er nach altem Brauch mit seinen Altersgenossen um die Wette über die grünenden Saaten. Da überholte ihn ein Begleiter, packte den jungen Grafen und gab ihm im vollen Rennen eine schallende Ohrfeige. Tymo kam weinend nach Haus und beklagte sich über die erlittene Schmach. Die Mutter tröstete ihn: »Sei ruhig, lieber Sohn. Übers Jahr werde ich dir ein besseres Pferd rüsten lassen, da kannst du Gleiches mit Gleichem vergelten.« Und die Mutter hielt ihr Versprechen. Im folgenden Jahr, wieder am heiligen Ostertag, überholte der junge Graf Tymo auf einem sehr schnellen Pferd seinen Beleidiger, und die Ohrfeige brannte ihm wohl noch, denn mit dem Schwert, mit dem er umgürtet war, schlug er ihn nieder.

Wettin, die Stammburg der für die sächsische und thüringische Landesgeschichte so bedeutsamen Wettiner (11. Jahrh. bis 1485, danach Teilung in die Ernestinische und die Albertinische Linie). Die rudimentär erhaltene Burg wurde im 19. Jahrh. zu Wohnzwecken umgebaut; sie wird z.Z. auch als Fachschule genutzt. Lithographie von C.W. Arldt 1848, nach Zeichnung von Julius Fleischmann.

Dieses Mordes wegen konnte die Mutter den jungen Grafen nicht länger in der Heimat lassen. Sie schickte ihn zum Dienst an den kaiserlichen Hof. Dort tat sich Tymo bald so hervor in männlicher Tüchtigkeit, daß er zum kaiserlichen Hofmeister ernannt wurde. Dann erhob ihn der Kaiser zum Fürsten und belehnte ihn schließlich mit der Mark Meißen.

Fr. Sieber 1926, S. 33 f.

Der Tanz zu Kölbigk

In der Klosterkirche zu Kölbigk bei Bernau ist von dem Mirakel zu lesen, das sich im Jahre 1021 in der Christnacht dort zugetragen hat: »Han sich etliche Bauers-Leute zusammen gethan und allda gesungen und gesprungen auf dem Kirch-Hofe zu Kölbigk, dermaßen, daß der Priester sein Amt nicht vor ihnen hat verbringen können, hat sie aber höchlich vermahnet, umb Gottes-Willen von solch Fürnehmen abzustehen, jedoch hat alles nicht seyn wollen. Der Bauern aber seind gewesen funfzehen, zwei Frauen und eine Jungfrau, ist gewesen des Kirchners Schwester. Als nun des Priesters Vermahnen an ihnen nichts verfährt, hat er gesagt, ey nun geben Gott und St. Magnus, daß ihr ein gantz Jahr also singen und tantzen müßt. Also hat obgedachter Kirchner seine Schwester vom Tantze wollen reißen bei einem Arm, hat ihm der Arm erschröcklicher Weise von ihrem Leibe gefolget, so haben sie darnach ein gantz Jahr all umbgetantzet, und biß unter ihre Gürtel Kulen in die Erde getantzet, und ihre Kleider seind nicht veraltet, ihre Schuhe nicht zerrissen, Haar und Bart unversehret blieben, auch weder Regen noch Schnee auf sie gefallen. Als das Jahr verschließen, seind kommen hieher gen Kölbigk die heiligen zweene Bischoffe, der von Cölln und Hildesheim, mit andern andächtigen Vätern und haben Gott mit Ernst angerufen und gebeten, daß Gott der Allmächtige diß Miracul von diesen geplagten Menschen wollt gnädig abwenden. Also hat sie Gott durch dieser heiligen Väter Gebet entledigt von solcher Strafe und erschrecklicher Plage, darnach nach ihrer Entledigung seind sie kommen vor den Hohen Altar, haben nieder gekniet und alle entschlafen drey Tage und drey Nächte, und seind ihrer vier gestorben, die andern aufgestanden und Gott den Allmächtigen gepreiset und Dancksagung gethan.«

Otmar 1800, S. 29

Schloß Bernburg unweit der Saalemündung. Die ehem. Grafenburg der Askanier wurde um 1540–70 zum Renaissanceschloß umgebaut und erweitert; es diente den Fürsten von Anhalt-Bernburg bis 1863 als Residenz. Lithographie von C.W. Arldt 1848, nach Zeichnung von Julius Fleischmann.

Brocken und Unterharz

Ursprung der Sachsen

Nach einer alten Volkssage sind die Sachsen mit Aschanes (Askanius), ihrem ersten König, aus den Harzfelsen mitten im grünen Wald bei einem süßen Springbrünnlein herausgewachsen. Unter den Handwerkern hat sich noch heutzutage der Reim erhalten:

Darauf so bin ich gegangen nach Sachsen,
wo die schönen Mägdlein auf den Bäumen wachsen;
hätt ich daran gedacht,
so hätt ich mir eins davon mitgebracht;

und Aventin leitet schon merkwürdig den Namen der Germanen von *germinare,* auswachsen ab, weil die Deutschen auf den Bäumen gewachsen sein sollen.

Brüder Grimm 1818, Nr. 408

Der Brocken

In der Walpurgisnacht (Nacht vom 30. April zum 1. Mai) kommen die Hexen auf dem Brocken zusammen; sie reiten auf Besen, Mistgabeln oder schwarzen Böcken. Nachdem sie sich im Hexenwaschbecken, einer Vertiefung in einem Felsen, in der das Wasser nie austrocknet, gesäubert haben, hält ihnen der Teufel von der Teufelskanzel oder dem Hexenaltar herab eine Predigt, worauf Essen und Tanz folgen.

Als Kaiser Karl der Große im Jahre 780 die Sachsen - die nach Ansicht alter Geschichtsschreiber nicht geboren, sondern auf den Bäumen des Harzes gewachsen sein sollen - zur Annahme des Christentums zwang, zogen sich die Unentwegten in die Berge zurück, um dort heidnische Gottesdienste abzuhalten. So wurde in der Walpurgisnacht der Göttin Herta auf dem Brocken geopfert. Als Karl das erfuhr, stellte er Schildwachen auf der Brockenkuppe aus; da versuchten die Heiden, die Posten durch abenteuerliche Aufzüge zu erschrecken. Später aber drang das Christentum allenthalben durch; doch machen noch manche Leute in der Umgegend des Brockens in

Hexenzusammenkunft auf dem Blocksberg. »Hie sicht man alte Weiber stahn / Die tod Kinder in Körben han / Mißbrauchen unzeitig Geburt. Ein andre mit dem Teuffel huhrt / Die dritte frißt und säufft sich voll / Wird von Höllischem Tranck gantz toll ...« Kupferstich von Michael Herr 1620.

der Walpurgisnacht zur Abwehr der vorüberziehenden Hexen drei Kreuze auf der Schwelle ihres Hauses.

G. Kahlo, Niedersächs. 1923, Nr. 61

Hexengeständnisse

Am 10. März 1570 hat Magdalena, Joachim Hermes' Frau, in Quedlinburg in Güte bekannt: In der Walpurgisnacht hätte sie sich mit zehn anderen Hexen vor der Tür einer Frau in Wernigerode einen Besenstiel zwischen die Füße genommen, und wenn sie auf ein gegebenes Zeichen der Frau allesamt aus vollem Halse gerufen »Ich fahre! ich fahre!«, so wäre die Reise in vollem Fluge nach dem Brocken gegangen, und neben ihnen wäre ein Knecht mit einem braunen Rock und einer Sackpfeife hergefahren und hätte den Spielmann abgegeben. Auf dem Brocken würde in ansehnlicher Gesellschaft getanzt, und wenn der Reigen ausgewesen, hätten sich die Hexen untereinander mit Schwingen, Milchfässern und Mangelhölzern geschlagen.

Am 10. September 1603 bekannte Härmen Strohmeyer aus Gandersheim nach peinlicher Befragung gütlich: durch eine ihm zugeführte Teufelin verführt, sei er alle Jahre etliche Male auf dem Brocken gewesen. Seine Buhlin habe ihn auf einem schwarzen Pferd, das lange, große Ohren gehabt, und auf dem er sich den Hintern durchgeritten, dahin geführt. Auf dem Brocken hätten sie getanzt, der Spielmann sei ein kleiner Kerl gewesen mit einem Spielwerk, das hätte gebrummt wie eine Laute. Im Tanzen wäre er einstmals über die Bracken (die Baumstrünke) geschleift, davon wäre er ganz lahm geworden.

Fr. Sieber 1928, S. 266 f.

Die andere Schalmei

Ein preußischer Soldat aus Wernigerode kam nach Flandern. Im Quartier wurde er gefragt, wo er her sei. Er sagte: »Ich bin am Blocksberg zu Hause.« Da sagte jemand: »Nun, im Drübeckschen ist ein Pfeiler, daran steht mein und meines Bruders Namen. Wir hüteten als Jungen die Schafe und unterhielten uns oft, wieviel Hexen es in unserm Ort wohl geben möchte. Am 12. Mai, von welchem Tag an die Hirten am Harz ins Gebirge treiben und nicht mehr auf den Wiesen hüten dürfen, und der der Walpurgistag am Harz ist, machten wir einen Kreis von Drachenschwanz oder Schlangenkraut, auch Hörnkenkraut genannt, um uns her. Um elf Uhr aber kamen die Hexen auf Besen, Heugabeln usw. an, zuletzt aber fuhr unsere Nachbarin auf einem Fuder Heu ohne Pferde daher. ›Nawersche, nehmt uns midde!‹, riefen wir. ›Ja, Jungens sett üch op!‹, rief sie. Das taten wir, nahmen aber den Kranz mit auf das Fuder und steckten ihn um uns her. ›Jungens‹, sagte sie, ›nu sett üch wisse (fest)‹, und da geht's davon als wie ein Vogel fliegen tut. Als wir wieder zur Besinnung kamen, waren wir auf einem hohen Berg, da waren große Feuer, viele Gäste auf Gabeln und Ziegenböcken, und es wurde getanzt und war allda die schönste Musik. Einer, der der Satan war, hatte zwei große Hörner auf dem Kopf, ordnete die Tänze an und danach spielte er selbst mit. Die Alte war abgestiegen, wir Jungen aber zogen auf dem Heuwagen unsre Schalmei heraus und spielten auch mit. Nun kam der mit den Hörnern zu uns und sprach: ›Jungens, ihr könnt ja prächtig spielen, ich will euch ein besseres Instrument leihen.‹ Da warf er uns eine andre

Schalmei in den Kreis, die ging nun aber ganz prächtig, da huckten die alten Hexen wie die Stube hoch und freuten sich ordentlich. Als wir nun so eine halbe Stunde gespielt hatten, winkte er, und wir mußten Halt machen. Da knieten alle vor dem Hexenaltar, dann nahm der mit den Hörnern aus dem Hexenbrunnen Wasser, goß auch zwei Eimer in das Hexenwaschbecken, daraus mußten sie sich alle waschen und wurden auch von ihm damit besprengt. Dann ging der Tanz wieder an und um zwölf war alles verschwunden, wir Jungen aber saßen in unserm Kranz von Kraut auf der platten Erde. Da kam der Anführer und fragte, was wir für unser Spielen haben wollten, wir aber baten nur um die Schalmei. ›Die sollt ihr behalten‹, sagte er.

Am andern Morgen aber sahen wir, daß es eine alte Katze war, das Mundstück war der Schwanz, den hatten wir kurz und klein gekaut. Jetzt gingen wir herunter und kamen erst nach Drübeck, wo wir unsre Namen an die Säule schrieben. Meinen Bruder tötete die Hexe, weil er in unser Dorf zurückkehrte. Ich aber hütete mich vor ihr und ging hierher.«

H. Pröhle 1856, Nr. 311

Des Teufels Tanzplatz

Auf dem nördlichen Harz, zwischen Blankenburg und Quedlinburg, sieht man südwärts vom Dorfe Thale eine Felsenfläche, die das Volk des Teufels Tanzplatz nennt, und nicht weit davon Trümmer einer alten Mauer, denen gegenüber nordwärts vom Dorf sich ein großes Felsenriff erhebt. Jene Trümmer und dieses Riff nennt das Volk Teufelsmauer.

Der Teufel stritt lange mit dem lieben Gott um die Herrschaft der Erde. Endlich wurde eine Teilung des damals bewohnten Landes verabredet. Die Felsen, wo jetzt der Tanzplatz ist, sollten die Grenze scheiden, und der Teufel erbaute unter lautem Jubeltanz seine Mauer. Aber bald erhob der Nimmersatte neuen Zank, der damit endigte, daß ihm noch das am Fuße jenes Felsens belegene Tal zugegeben wurde. Darauf türmte er noch eine zweite Teufelsmauer.

Brüder Grimm 1816, Nr. 189

Die Roßtrappe

Im Bodetal wird berichtet, wie vor Alters ein König auf den da herum gelegenen alten Schlössern gewohnet, der eine sehr schöne Tochter gehabt, welche einstmals ein Verliebter mit Hilfe der schwarzen Kunst auf einem Pferd hat entführen wollen, wobei es sich zugetragen, daß das Pferd mit einem Fuß auf den Felsen gesprungen und mit dem Hufeisen dieses Wahrzeichen eingeschlagen habe.

Sonst ist in diesem Flusse (der Bode) unter dem Roß-Trapp ein tiefes und fast unergründliches Loch vorhanden, welches von den Einwohnern der Creful genennet wird, und von dem erzählt der ge-

Blick von der Roßtrappe in die Bodeschlucht. Stahlstich 1838, nach Zeichnung von Ludwig Richter.

meine Mann: wie vormals eines Hünenkönigs Tochter eine Wette angestellet habe, mit ihrem Pferd an gedachtem Ort dreimal von einem Felsen zum andern zu springen, welches sie zweimal glücklich verrichtet hätte, zum drittenmal aber sei das Roß rückwärts übergeschlagen und mit ihr in den Creful gestürzt, worinnen sie sich auch noch befinde, maßen solche einmal von einem Taucher, einigen zu Gefallen, um ein Trinkgeld so weit außer Wasser gebracht worden, daß man etwas von der Krone hat sehen können; als aber derselbe solches zum drittenmal hat tun sollen, hätte er anfänglich nicht gewollt, endlich aber dasselbe gewagt und dabei vermeldet: daß, wenn aus dem Wasser ein Blutstrahl aufstiege, er alsdenn von der Jungfrau umgebracht sein würde und die Zuschauer geschwind davoneilen möchten, sonst sie ebenfalls in Lebensgefahr kämen, welches alles denn besagtermaßen erfolget sei.

Mündlich wird jetzt die Sage vom Roßtrappfelsen auf vielerlei Art erzählt. Man berichtet, eine Prinzessin sei von sieben Brüdern verfolgt und habe ein verwünschtes Pferd geritten, das sie über den Abgrund geführt und seinen Huf in den Felsen eingeschlagen habe. Die Prinzessin selbst sitze aber jetzt am Bodekessel, der keinen Grund hat, weil er verwünscht ist.

Die Krone habe sie während des Sprunges zu Roß verloren, und sie sei in den Kronensumpf, Chresol oder »Cranal« gefallen. Dort habe eine Wassernixe sie gesucht, aber nicht gefunden und sei nicht wieder zum Vorschein gekommen. Nach einigen Erzählungen liegt in diesem Sumpf ein Bär und ein Löwe, auch ein Drache soll sich dort befinden.

G.H. Behrens 1703 und H. Pröhle 1856, Nr. 4

Die Jungfrau von Elend

Im Elendstal bei Schierke ist eine große Klippe, darin wohnt eine Jungfer, die zeigt sich zwischen elf und zwölf mit einem silbernen Schlüssel, wer daran rührte, bekam eine Ohrfeige. Einem Hüttenmann schenkte sie Knöpfe, er schüttete sie auf dem Schierke ins Wasser, da klimperte es und war Gold. Bei der Höhle oder dem Keller, worin sie wohnt, ist Wasser, in ihrem Keller Gold. Sie winkt und will erlöst sein.

Wem die Jungfer von Elend ihren silbernen Schlüssel hinhielt, der sollte ihn mit einem Stock hinnehmen. Das tat ein Köhler, da öffneten sich durch den Schlüssel drei Türen, dann kam er in eine Höhle, da standen gesattelte Rosse, dahinter lag Pferdemist. Er mußte sich davon mitnehmen, als er aber über eine Brücke ging, schüttelte er ihn ins Wasser, da klingelte er und war Gold. Nach andern hieß der Köhler »Hanmichel« und die Jungfer legte sich zu ihm auf die Bank.

H. Pröhle 1856, Nr. 360 u. 361

Links: »Die Schnarcher«, zwei Granitfelsen bei Schierke; nach der Natur gezeichnet und lithographiert von Ph. Ganz, um 1840. Rechts: Die Teufelsbrücke im Bodetal; Stahlstich von Joh. Poppel 1861, nach Zeichnung von Ludwig Rohbock.

Prinzessin Ilse

Auf dem Ilsenstein lebte vor langen Jahren ein Ritter, der hatte eine wunderschöne Tochter namens Ilse, die liebte den Ritter, der in der Burg auf dem gegenüberliegenden Westerberg wohnte. Damals aber waren die beiden Berge noch nicht durch das jetzt dazwischenliegende Tal getrennt. Der Vater der Prinzessin Ilse wollte nun aber eine Heirat zwischen den beiden nicht zugeben, und da sie sich dessen ungeachtet beide fast täglich sahen, schlug er, der ein gewaltiger Riese war, die Felsen mitten durch, daß das Tal entstand.

Da stürzte sich Ilse verzweiflungsvoll hinab in den unten brausenden Fluß und gab ihm den Namen, und seitdem erscheint sie nun oft in langem weißen Gewand mit breitem schwarzen Hut und man heißt sie nur schlechthin die Jungfer. In früherer Zeit sah man sie jeden Morgen zu einem Stein bei der zweiten Ilsebrücke hinabsteigen, in dem war eine große Vertiefung, in welcher auch beim trockensten Wetter Wasser stand, und darin wusch sie sich. Jetzt ist der Stein aber fortgeschafft, und da erscheint sie denn auch nicht mehr im Tal.

Der Ilsenstein (473 m), in der Walpurgisnachtszene im »Faust« verewigt; gezeichnet und in Stahl gestochen von E. Henne, um 1840.

Zum letztenmal soll sie sich vor dreihundert Jahren, und zwar an einem Himmelfahrtstag, haben sehen lassen, darum hat man auch lange Zeit an diesem Tag dort ein Fest gefeiert, zu dem die Leute weit und breit aus der ganzen Umgebung zusammengekommen sind, wobei denn zugleich ein Markt gehalten wurde. Es sind auch dabei zwei Musikchöre auf den Ilsenstein und auf den Westerberg, in dem der verzauberte Prinz sitzt, gezogen, die haben dort schöne Musik gemacht; jetzt aber ist das Fest mehr und mehr in Abnahme gekommen, und man musiziert nur noch an diesem Tag im Gasthof Zu den Forellen. Allgemein aber glaubt man, daß die Prinzessin an einem Himmelfahrtstag gen Himmel fahren werde, und noch vor wenigen Jahren haben die Bauern von Stunde zu Stunde darauf geharrt.

A. Kuhn und W. Schwartz 1848, Nr. 200

Sterngucker

Im Harz betrachten es gewisse arme Gebirgsdörfer als ein Privilegium, daß von ihnen aus die Heiligen Drei Könige, beim Volk auch Sterngucker genannt, weit ins Land hinausziehen. Namentlich sendet das Dorf Schierke hoch oben am Brocken, wo die Männer das ganze

Jahr hindurch weißleinene Kittel tragen und sich daher leicht auf die übliche Art als die Weisen des Morgenlandes verkleiden können, viele Sterngucker aus. Sie legen Bärte, Flachsperücken und Kronen an, haben die Gesichter geschwärzt und sind in purpurrote Mäntel mit weißem Überwurf gekleidet. Mindestens einer von ihnen hat einen Zepter und Degen, und auf den Schultern tragen sie den sog. Herodeskasten, in dem die Drahtpuppe des Herodes sitzt und mit dem Kopfe zum Fenster hinausnickt. Dieser Kasten ist mit Tannenzweigen schön geschmückt, und über ihm ist der Stern befestigt, welcher die drei Weisen geführt hat und der, während die Heiligen Drei Könige ihr Lied absingen, beständig gedreht wird.

O.v. Reinsberg-Düringsfeld 1863, S. 25

Der Name von Wernigerode

Vor alter Zeit haben auf dem Schloß zu Wernigerode drei Brüder gehaust, deren einer Wolfgang geheißen, die sind Raubgrafen gewesen

Der Marktplatz von Wernigerode mit dem Rathaus, dem ehem. Spiel- und Tanzhaus der Stadt (1498 bis Mitte 16. Jahrh.) – einer der schönsten mittelalterlichen Holzfachwerkbauten. Stahlstich 1861, nach Zeichnung von J. Pozzi.

und in der ganzen Gegend weit und breit gefürchtet worden. Nun gingen sie aber gewöhnlich rot gekleidet, so daß es bald eine allgemeine Rede im Lande wurde, wenn einer in jene Gegend gehen wollte, daß man ihm sagte: »Ik werne jü vör de roden«, und daraus ist allmählich der Name Wernigerode entstanden.

Das Wernigeroder Schloß hat übrigens nicht immer an seiner gegenwärtigen Stelle gestanden, sondern ehmals befand es sich auf dem Kapitelsberg, von wo es jedoch in einer Nacht auf den jetzigen Schloßberg fortgerückt ist, und darum nennen sich auch die Grafen mit ihrem vollen Namen Wernigerode-Rockefort oder Rutschefort.

A. Kuhn und W. Schwartz 1848, Nr. 198

Der Wunderdoktor von Stolberg

War ein Hirte zu Stolberg, welcher viele schwarze Künste von seiner alten Mutter gelernet. Unter anderm konnte er wissen, wo eine Kuh zurückblieb und des Abends nicht nach Hause kam, daß man dem Bürger sagen konnte den Ort, wo solche Kuh geblieben war. Man verlor dazumal keine Kühe, und der Hirte konnte alle Krankheiten derselben leicht heilen. Letztlich ist man es gewahr worden, daß es durch des Teufels Betrug, List und Macht zugegangen. Ist er darauf gesetzt und durch allerhand Tortur mit Feuer, Schwefel und allerlei unglaublicher Marter versucht worden, aber man hat nichts aus ihm bringen können, sondern er hat solches alles verlacht und dabei allzeit gesagt: »Ihr Brüderken (denn er war ein Niedersachse), fahrt fort, wie sanfte tut mick dat.« Ist letztlich im Gefängnis gestorben und unter dem Galgen begraben worden.

J.A. Zeitfuchs, Stolbergische Kirchen- und Stadthistorie, 1717

Markgraf Gero tötet dreißig Wendenfürsten

Als Kaiser Otto den Markgrafen Gero zum Oberbefehlshaber seiner Heere gegen die Wenden gemacht hatte, beratschlagten die Vagrier, Heveller, Obotriten, Uchern und Zusiker miteinander, wie sie ihn umbringen möchten, da er allen Heiden wegen seiner ausgezeichneten Tapferkeit sowohl wie seines Kriegsglücks furchtbar war. Es hatte aber Kaiser Otto einen leiblichen Bruder namens Heinrich, der es mit den Widersachern hielt, sich zu den Sorben tat und sie in ihren Vorsätzen stärkte. Hierauf beschlossen dreißig Fürsten, mit vereinten Kräften und einer großen Anzahl von Kriegern den Markgrafen Gero anzugreifen und niederzuhauen. Aber Gero hatte von ihrer Ankunft Kunde erhalten, stellte sich, als wäre ihm der Anschlag unbekannt und ließ sie zu sich zu Tafel laden. Aus angeborener Frechheit und übermütiger Sicherheit folgten die feindlichen Fürsten der Einladung. Gero ließ sie dann durch einen Hinterhalt bei der Tafel überfallen und töten. Über diese Niederlage der Heidenfürsten haben sich folgende Volksreime erhalten:

»Zu Lausnitz ein Fürst war ich,
Dreißig wendische Herren tötete ich,
Stiftete Gernrode von eigener Hab,
Daselbst man sieht noch heut mein Grab.«

Und es ward eine große Schlacht geschlagen im Lande Lausitz, wo Markgraf Gero mit den Wendenfürsten kämpfte; er focht mit Verzweiflung, die Krieger traten auf die Körper ihrer gefallenen Mitstreiter, und die Schwerverwundeten selbst verteidigten noch, auf ihre Schilder gelehnt, den letzten Teil des vaterländischen Bodens. Gero selbst wurde schwer verletzt und büßte die Tapfersten seiner Schar, eine ungeheure Anzahl der edelsten Ritter und seinen einzigen Sohn Siegfried ein, einen erst kürzlich verheirateten jungen Mann von achtzehn Jahren. Dieser Verlust beugte ihn so sehr, daß er seiner Würde entsagte, nach Rom wallfahrtete, seine Waffen auf den Altar der Peterskirche niederlegte und dem Papst Johann XII. seine Sünden beichtete.

K. Haupt 1863, II. Nr. 18

Falkenstein

Der Pirnaische Mönch berichtet: Falkenstein, ein Schloß am Harz bei Armeslöwe zu Sachsen, da hat zu Zeiten einmal ein Herr einem Grafen von Anhalt ein Haar vom Bart abgewonnen beim Spiel, das hat er ihm nach dem Tode ausgerauft. Daselbst ist (1519) bei Nacht ein Herr aus seiner Schlafkammer, die fest verschlossen, geworfen worden.

J.B. Mencke 1728, II. Sp. 1616

Quedl das Hündlein

Mathild, die schöne Kaisertochter Heinrichs I., war so anmutig, daß sich ihr Vater in sie verliebte. Da flehte sie zu Gott und betete inbrünstig, daß er sie häßlich werden ließe, damit ihres Vaters Herz sich abwende. Aber Gott erhörte sie nicht. Da erschien ihr der böse Feind und bot sich an, mit dem Beding, daß sie ihm angehöre, so solle des Kaisers Neigung und Liebe gewandelt werden in Haß und Zorn. Und sie ging es ein, doch bedang sie sich aus: Erst dann solle sie sein eigen sein, wenn er sie in drei Nächten nacheinander schlafend fände; bliebe sie aber wachen, so dürfe er ihr nichts anhaben. Also webte sie ein köstliches Tuch und stickte dran die lange Nacht, das erhielt ihren Geist munter; auch hatte sie ein treues Hündlein bei sich namens Quedl oder Wedl, das bellte laut und wedelte mit dem Schwanz, wenn ihr die Augen vor Schlaf wollten zunicken. Wie nun der Teufel die drei Nächte hintereinander kam und sie immer noch wach und munter fand, da zürnte er und griff ihr mit der Kralle ins Angesicht, daß er ihr die Nase platt drückte, den Mund schlitzte und ein Auge ausstieß. Da war sie scheel, großmäulig und platschnasig geworden, daß sie ihr Vater nicht weiter leiden konnte und seine sündliche Liebe verlor. Sie aber führte ein geistliches Leben und erbaute eine Abtei zu Ehren des Hündleins, genannt Quedlinburg.

Brüder Grimm 1818, Nr. 483

Das wilde Wasser auf dem Münzenberg

Im Jahre 1333 eröffnete sich auf dem Münzenberg eine Quelle, die solche Wassermassen spendete, daß man die Vernichtung der ganzen Stadt Quedlinburg fürchtete. Alle angewandten Mittel, den Born zu dämpfen, blieben fruchtlos. Da endlich warf die auf dem Schloßberg wohnende Prinzessin ihr Deckbett und ihr Reitpferd, einen Schimmel, in das Wasser, und sogleich wurde es gestillt. Die Quedlinburger gelobten nun, alljährlich den Armen eine reiche Geldspende zu geben, und noch vor 67 Jahren wurde ein Hut voll Geld am Jahrestage unter die versammelten Armen geworfen. Dabei geschah aber mancher Unfug, so daß man die Spende auf Neujahr und in das Rathaus verlegte.

G. Kahlo, Harz 1923, Nr. 83 nach
A. Gillwald, Die Sagen des Harzes

Oben: Quedlinburg mit seinem alten Wahrzeichen, dem Burgberg mit der Stiftskirche St. Servatius und dem Renaissanceschloß. Unten: Der Marktplatz von Halberstadt, mit den ungleich hohen Turmhelmen der St.-Martini-Kirche, seit dem 14. Jahrh. ein Wahrzeichen dieser Stadt. Beide im Harzvorland gelegenen Städte sind kaiser- wie kirchengeschichtlich bedeutend.
Stahlstiche 1861, nach Zeichnungen von Ludwig Rohbock.

Was bedeutet Aschersleben?

Die Geschichtsschreiber sagen, Aschersleben habe seinen Namen von den Askaniern, die früher dort regierten. Dagegen behaupten andere, der Name käme von den Ziegeln her; diese sind nämlich mit der Hohlform nach oben gelegt und mit grauweißem Gips ausgestrichen, so daß es aussieht, als ob ein Aschenregen auf die Dächer niedergegangen sei. Wieder andere sagen, Aschersleben sei so genannt worden, weil es im Dreißigjährigen Kriege in Asche gelegen hat.

G. Kahlo, Niedersächs. 1923, Nr. 267

Der Lügenstein

Auf dem Domplatz zu Halberstadt liegt ein runder Fels von ziemlichem Umfang, den das Volk den Lügenstein nennt. Der Vater der Lügen hatte, als der tiefe Grund zu der Domkirche gelegt wurde, große Felsen hinzugetragen, weil er hoffte, hier ein Haus für sein Reich entstehen zu sehen. Aber als das Gebäude aufstieg und er merkte, daß es eine christliche Kirche werden würde, da beschloß er, es wieder zu zerstören. Mit einem ungeheuren Felsstein schwebte er herab, Gerüst und Mauer zu zerschmettern. Allein man besänftigte ihn schnell durch das Versprechen, ein Weinhaus dicht neben die Kirche zu bauen. Da wendete er den Stein, so daß er neben dem Dom auf dem geebneten Platz niederfiel. Noch sieht man daran die Höhle, die der glühende Daumen seiner Hand beim Tragen eindrückte.

Brüder Grimm 1816, Nr. 200

Der Feuerberg

Einige Stunden von Halberstadt liegt ein ehemals kahler, jetzt mit hohen Tannen und Eichen bewachsener Berg, der von vielen der Feuerberg genannt wird. In seinen Tiefen soll der Teufel sein Wesen treiben und alles in hellen Flammen brennen. Vor alten Zeiten wohnte in der Gegend von Halberstadt ein Graf, der bös und raubgierig war und die Bewohner des Landes ringsherum drückte, wo er nur konnte. Einem Schäfer war er viel Geld seit langen Jahren schuldig, jedesmal aber, wenn dieser kam und darum mahnte, gab er ihm schnöde und abweisende Antworten. Auf einmal verschwand der Graf, und es hieß, er wär' gestorben in fernen Landen.

Der Schäfer ging betrübt zu Felde und klagte über seinen Verlust, denn die Erben und Hinterlassenen des Grafen wollten von seiner Forderung nichts wissen und jagten ihn, als er sich meldete, die Burg hinab. Da geschah es, daß, als er zu einer Zeit im Walde war, eine Gestalt zu ihm trat und sprach: »Willst du deinen alten Schuldner sehen, so folge mir nach.« Der Schäfer folgte und ward durch den Wald geführt bis zu einem hohen, nackten Berg, der sich alsbald vor beiden mit Getöse öffnete, sie aufnahm und sich wieder schloß. Innen war alles ein Feuer. Der zitternde Schäfer erblickte den Grafen, sitzend auf einem Stuhl, um den sich, wie an den glühenden Wänden und auf dem Boden, tausend Flammen wälzten. Der Sünder schrie: »Willst du Geld haben, Schäfer, so nimm dieses Tuch und bringe es den Meinigen; sage ihnen, wie du mich im Höllenfeuer sitzen gesehen, in dem ich bis in Ewigkeit leiden muß.« Hierauf riß er ein Tuch von seinem Haupt und gab es dem Schäfer, und aus seinen Augen und Händen sprühten Funken.

Der Schäfer eilte mit schwankenden Füßen, von seinem Führer geleitet, zurück, der Berg tat sich wieder auf und verschloß sich hinter ihm. Mit dem Tuch ging er dann auf des Grafen Burg, zeigte es und erzählte, was er gesehen; worauf sie ihm gern sein Geld gaben.

Brüder Grimm 1816, Nr. 282

Der unverbrannte Luther in Eisleben

In der Langen Gasse zu Eisleben steht Luthers Geburtshaus in einer Ecke; ob nun wohl selbige Gasse vielmals abgebrannt ist, ist doch dieses Haus allemal stehen geblieben und hat das Feuer hier haltgemacht, ja als am 9. August 1689 der allergrößte Teil der Stadt in Rauch aufging, brannte auch nur der obere Teil aus, der untere hingegen, wo Luther geboren ist, blieb unversehrt. In dem obern Stockwerk befindet sich auch der sogenannte unverbrannte Luther, ein Bildnis desselben auf Holz gemalt, zwei Fuß hoch und einen Fuß breit, mit dem Heiland zur Rechten und mit Luthers Petschaft zur Linken, ein rotes Herz mit einem schwarzen Kreuz in einer weißen Rose, über dessen Bedeutung sich bekanntlich Luther selbst in dem Brief an Lazarus Spengler in Nürnberg unter dem 8. Julius 1530 erklärt hat. Unten steht »Anno 1483 ist Dr. Martinus Luther in diesem Hause geboren und zu St. Peter getauft«.

Links: Luthers Geburtshaus in Eisleben. In dieser Stadt kam er, als Sohn eines Bergmanns, zur Welt, und hier starb er auch, mit 63 Jahren. Stahlstich 1863, nach Zeichnung von C. Würbs. Rechts: »Eygentlich Bildnuß Herrn Doctor Martin Luthers« in seiner Studierstube. Einblattdruck zum 150. Todestag. Holzschnitt von Johann Philipp Steudner 1696.

Dieses Bild hat sich beim letzten Brand in der Oberstube befunden; als man, nachdem das Feuer gelöscht war, die Brandstelle durchsuchte, fand man es in dem ausgebrannten obern Stock gänzlich unversehrt und von keinem Feuer berührt. Übrigens ist allein dieses Haus, wenn die Pest in Eisleben grassierte und kein Haus davon befreit blieb, unangesteckt geblieben.

J.G.Th. Grässe 1868, Nr. 449

Die Elbe von Wittenberg bis Magdeburg

Der Ring zu Dessau

Die Fürstin von Anhalt ließ einmal die Brocken, die nach dem Essen auf dem Tischtuch liegengeblieben waren, aus dem Fenster ihres Schlosses zu Dessau schütten. Da kam eine Kröte und verzehrte die Krümel. Einige Zeit später kam eine unbekannte Frau zu der Fürstin, als sie nachts im Bett lag, und sagte zu ihr, ihre Frau Kröte danke sehr für die Brocken und schicke in dankbarer Erinnerung diesen Ring, den die Fürstin immer tragen möge; dann werde der Stamm nie aussterben. Auch möge sie in der Christnacht auf das Feuer achten, daß kein Brand entstünde.

Seitdem wurde in den fürstlichen Gemächern am Christabend sorgfältig auf das Feuer geachtet, und der Hausmeister mußte die

Das Residenzschloß zu Dessau, bis 1863 Residenz des Fürstentums Anhalt-Dessau, dann die des Herzogtums anhalt (bis 1918). Erhalten ist nur noch der Westflügel, d.h. der 1531–35 errichtete Johannbau. Gezeichnet und lithographiert von R. Bürger 1845.

ganze Nacht durch wachen und acht geben, daß nirgends Feuer ausbräche. Dieser Brauch hat noch bis zum Jahre 1757 bestanden.

G. Kahlo, Niedersächs. 1923, Nr. 310

Meister Knoche

Herzog Heinrich von Sachsen-Weißenfels, dem das Elbstädtchen Barby gehörte, konnte einen Spaß vertragen. Einmal hatten seine Arbeiter unwissentlich den Garten des Schmiedemeisters Johann Gottfried Knoche in Barby umgearbeitet. Der gekränkte Besitzer machte sich, wie er war, in Pantoffeln, Lederschürze und Samtkäppchen, auf nach Dessau, wo sich Herzog Heinrich gerade aufhielt. Die Wachen wollten ihn nicht ins Schloß lassen, doch zufällig sah Heinrich aus dem Fenster, und da er ihn kannte, winkte er ihm, heraufzukommen. Der Meister klagte ihm, was für Unrecht ihm geschehen sei. Der Fürst versprach, ihn zu entschädigen; er solle sich selbst ein Land auf der »Weidenbleiche« aussuchen. Das tat Meister Knoche auch voll und ganz. Als der Herzog einige Zeit darauf in Barby weilte, sah er, daß das ausgesuchte Gartenstück doch etwas zu groß ausgefallen war. Er stellte also den Meister zur Rede. »Tja, Herr Herzog«, sagte der, »der Flikken muß größer sein als das Loch, sonst hält er nicht!« Da lächelte Heinrich und schwieg.

G. Kahlo, Niedersächs. 1923, Nr. 291

Doktor Faust und Melanchthon zu Wittenberg

Faust ist allerdings in Wittenberg gewesen, ist dort auch eine Zeit lang geduldet worden, bis er es zu grob machte, wo man ihn dann gefänglich einziehen wollte, er sich aber auf und davon machte. Er kam dort einmal zu Philipp Melanchthon, der las ihm den Text, schalt und vermahnte ihn, daß er von seinen bösen Dingen beizeiten abstehen möchte, es werde sonst ein böses Ende nehmen, wie auch geschehen ist. Er aber kehrte sich nicht daran. Nun war es einmal um zehn Uhr, daß der Herr Philippus aus seinem Studierstüblein herunter zu Tische ging und der Faust bei ihm war, den er heftig gescholten hatte; da spricht er zu ihm: »Herr Philippus, Ihr fahret mich allemal mit rauhen Worten an, ich will es einmal machen, wenn Ihr zu Tische gehet, daß alle Töpfe in der Küche zum Schornstein hinausfliegen, so daß Ihr

Luther schreibt mit überlanger Feder seine Thesen an die Schloßtür zu Wittenberg und stößt dabei dem Papst Leo X. die Tiara vom Kopf; die auf dem Scheiterhaufen verbrennende Gans symbolisiert Johannes Huß, von ihr sind gleichsam die Schreibfedern entnommen. Einblattdruck zur 100jährigen Wiederkehr des Thesenanschlags. Holzschnitt 1617.

mit Euren Gästen nichts zu essen haben werdet.« Darauf Philippus: »Das sollst du wohl bleiben lassen, ich scheiß in deine Kunst.« Und der Doktor Faust ließ es.

J.G.Th. Grässe 1868, Nr. 453

Das Christusbild zu Wittenberg

Zu Wittenberg soll sich ein Christusbild befinden, welches die wunderbare Eigenschaft hat, daß es immer einen Zoll größer ist als der, welcher davor steht und es anschaut; es mag nun der größte oder der kleinste Mensch sein.

Brüder Grimm 1816, Nr. 346

Friedrich des Weisen Tod

Am Palmsonntag 1525 ließ der Kurfürst von Sachsen zum ersten Mal auf seinem Wittenberger Schloß den neuen evangelischen Gottesdienst halten, und am zweiten Sonntag nach Ostern hat man ihn zum letzten Mal zur Predigt getragen. »Wir hatten Luther bestellt«, notierte Spalatin, »er war aber nicht daheim, sondern am Harz, denn der

Die großen sächsischen Kurfürsten. Links: Friedrich der Weise (1463–1525). Rechts: Johann Friderich der Großmütige (1503–1554). Sie traten als erste »Regierende« zum Protestantismus über. Friedrichs des Weisen zeitgenössische Porträts von Albrecht Dürer und Lucas Cranach d.Ä. sind bekannt; diese Holzschnitte sind Thietmars Chronik von Merseburg, Leipzig 1606, entnommen.

Bauern Aufruhr war eben im Schwang.« Am Freitag nach Misericordias starb Friedrich der Weise. Es war am 5. Mai, zehn Tage vor der Bauernnot bei Frankenhausen.

Luther sandte die Todesnachricht an den Mansfelder Ratsherrn Johannes Rühel mit den Worten: »Das Zeichen seines Todes war ein

Regenbogen, den wir, Philippus (Melanchthon) und ich, sahen in der Nacht über der Lochau, und ein Kind allhie zu Wittenberg ohne Haupt geboren und noch eins mit umgekehrten Füßen.«

Nach E. Borkowsky, Friedrich der Weise, 1929

Fest gemacht

Meister Peter, Bartscherer zu Wittenberg, hatte einen Schwiegersohn, der Landsknecht im Krieg gewesen. Er hatte die Kunst verstanden, sich sicher und unverwundbar zu machen. Ferner hat er auch seinen Tod vorher gesehen und gesagt: »Mein Schwäher solls tun.« Desgleichen soll er denselben Tag zu seinem Weib gesagt haben: »Kauf ein, du wirst heute Gäste bekommen, das heißt: Zuseher.« Welches also geschah, denn da ihn sein Schwager erstach, lief jedermann in des Bartscherers Haus und wollt den toten Menschen sehen.

Brüder Grimm 1816, Nr. 255

Der Heck- oder Brotpfennig

Im Dorfe Pantschdorf bei Wittenberg hat es sich begeben, daß der Rat der Stadt ein altes Weib daselbst gefangen nehmen ließ, die einen sogenannten Heck- oder Brotpfennig hatte. Ihre Zauberei ward aber auf folgende Weise offenbar. Als sie einmal notwendig aus dem Hause gehen mußte, befahl sie ihrer Magd, wenn sie melken werde, so solle sie die Milch von der ersten Kuh, ehe sie die andern Kühe melke, nehmen, aufsieden und auf Weißbrot, welches in der Schüssel kleingeschnitten stand, gießen und in einen gewissen Kasten, den sie ihr zeigte, setzen. Die gute Magd vergaß aber diesen Befehl oder meinte vielleicht auch, daß es gleichviel wäre, ob sie die Milch vor oder nach dem Melken der anderen Kuh koche, deshalb verrichtete sie erst ihre ganze Arbeit, ehe sie dem Befehl ihrer Frau nachkam. Als sie nun den Topf mit der gesottenen Milch in der einen Hand hatte und mit der andern den Kasten aufmachen wollte, ehe sie die Milch auf das Weißbrot goß, sah sie unvermutet darin ein pechschwarzes Kalb, das den Mund erschrecklich aufsperrte. Ihr Schrecken war so groß, daß sie in diesem Entsetzen den Topf mit der siedenden Milch in den aufgesperrten Rachen des Kalbes oder vielmehr Teufelsgespenstes goß, darauf allerdings dieses höllische Tier hinwegfloh, aber auch das

Der Marktplatz von Wittenberg, mit dem von einem Baldachin überfangenen Standbild Luthers (1821); das entsprechende Standbild Philipp Melanchthons kam erst 1860 hinzu. Lithographie von R. Bürger 1845, nach Zeichnung von C.W. Arldt.

Haus in Brand steckte. Hierauf wurden beide, die Frau und die Magd, gefangengenommen und befragt; die Magd offenbarte der Obrigkeit alles, und darauf hat die Frau, nachdem man ihr Gnade versprochen, den ganzen Handel mit dem Heckpfennig bekannt, und den Pfennig haben die Bauern des Dorfes nachher noch lange in ihrem Gemeindekasten aufgehoben.

J.G.Th. Grässe 1868, Nr. 459

Der changierte Glaube

Es hat einen Herzog von Köthen gegeben, von dem man erzählt, daß er in Paris mal sein Land verspielt habe und nur vom König von Preußen wieder ausgelöst worden sei. Als er nun zurückgekommen, haben ihn die Bürger dessen ungeachtet feierlich empfangen wollen und sind ihm mit Fackeln entgegengezogen, aber da hat sich ein Teil der Brücke, über die ihr Weg führte, gesenkt und viele, viele sind zu Schaden gekommen. Das ist aber geschehen, weil der Herzog seinen

Glauben geändert, und daher ist es auch gekommen, daß, als er hat eine Kirche bauen wollen, er sie nicht hat unter Dach bringen können, denn jedesmal, wenn es soweit war, ist über Nacht wieder ein großes Stück davon eingestürzt, und so ist der Herzog endlich darüber hingestorben. *A. Kuhn und W. Schwartz 1848, Nr. 163*

Die Butterjungfer in Zerbst

Man erzählt, daß die Butterfrauen früher nicht nach Zerbst hineinkamen, um ihre Waren zu verkaufen, sondern sich auf dem sogenannten Butterdamm, eine halbe Stunde vor der Stadt, niederließen, weil sie die hohen Zölle am Stadttor nicht bezahlen konnten. Da mußten nun die Zerbster Hausfrauen immer erst hinauslaufen, wenn sie Butter kaufen wollten. Um ihnen das zu ersparen, erbot sich ein reiches Mädchen, der Stadt die Zollfreiheit zu erkaufen. Sie erlangte sie für Zerbst dadurch, daß sie den Weg vom Butterdamm bis zum Markt mit Talern pflasterte. Ihr zu Ehren errichteten dann die dankbaren Zerbster im 14. Jahrhundert vor dem Rathaus das Standbild der Butterjungfer.

Der Marktplatz von Zerbst, auf dem seit 1647 die vergoldete Säulenfigur der »Butterjungfer« steht. Stahlstich 1863, nach Zeichnung von J. Pozzi.

In schönen Sommernächten soll, so behaupten manche, die es gesehen haben wollen, die Butterjungfer mit dem Roland, der auch auf dem Marktplatz steht, spazierengehen.

G. Kahlo, Niedersächs. 1923, Nr. 172 II.

Die Elbjungfer

Zu Magdeburg weiß man von der schönen Elbjungfer, die zuweilen aus dem Fluß heraufkam, um an dem Fleischermarkt einzukaufen. Sie trug sich bürgerlich, aber sehr reinlich und sauber, hatte einen Korb in der Hand und war von sittsamer Gebärde. Man konnte sie in nichts von andern Mädchen unterscheiden, außer wer genau acht gab und es wußte, der eine Zipfel ihrer schloßen-weißen Schürze war immer naß, zum Zeichen ihrer Abkunft aus dem Fluß. Ein junger Fleischergesell verliebte sich in sie und ging ihr nach, bis er wußte, woher sie kam und wohin sie zurückkehrte, endlich stieg er mit ins Wasser hinab. Einem Fischer, der dem Geliebten beistand und oben am Ufer wartete, hatte sie gesagt, wenn ein hölzerner Teller mit einem Apfel aus dem Strom hervorkomme, seis gut, sonst aber nicht. Bald aber schoß ein roter Strahl herauf, zum Beweis, daß den Verwandten der Elbjungfer der Bräutigam mißfallen und sie ihn getötet.

Brüder Grimm 1816, Nr. 60

Magdeburger Nixen

Zu Magdeburg an einer Stelle der Elbe ließ sich oft die Nixe sehen, zog die überschwimmenden Leute hinab und ersäufte sie. Kurz vor der Verstörung der Stadt durch Tilly schwamm ein hurtiger Schwimmer um ein Stück Geld hinüber, als er aber herüber wollte und an den Ort geriet, wurde er festgehalten und hinuntergerissen. Niemand konnte ihn retten und zuletzt schwomm sein Leichnam ans Ufer. Zuweilen soll sich das Meerwunder am hellen Tag und bei scheinender Sonne zeigen, sich ans Ufer setzen oder auf die Äste anstehender Bäume und wie schöne Jungfrauen lange, goldgelbe Haare kämmen. Wenn aber Leute nahen, hüpft es ins Wasser. Einmal, weil das Brunnenwasser hart zu kochen ist, das Elbwasser aber weit und mühselig in die Stadt getragen werden muß, wollte die Bürgerschaft eine Wasserleitung bauen lassen. Man fing an, große Pfähle in den Fluß zu

Beschießung Magdeburgs durch Tilly. Der von Pappenheim befehligte Sturm führte am 20. 5. 1631 zur Einnahme der Stadt, worauf ein furchtbares Plündern und Morden anhob; Brände legten ganze Stadtteile in Asche, nur der Dom blieb verschont. Kupferstich von Daniel Manasser 1631.

schlagen, konnte aber bald nicht weit vorrücken. Denn man sah einen nackenden Mann in der Flut stehen, der mit Macht alle eingesetzten Pfähle ausriß und zerstreute, so daß man den vorgenommenen Bau wieder einstellen mußte.

Brüder Grimm 1816, Nr. 57

Fest hängen

Zu Magdeburg war zu einer Zeit ein seltsamer Zauberer, welcher in Gegenwart einer Menge Zuschauern, von denen er ein großes Geld gehoben, ein wunderkleines Rößlein, das im Ring herumtanzte, zeigte und, wenn sich das Spiel dem Ende näherte, klagte, wie er bei der undankbaren Welt so gar nichts Nutzes schaffen könnte, dieweil jedermann so karg wäre, daß er sich Bettelns kaum erwehren möge. Deshalb wollte er von ihnen Urlaub nehmen und den allernächsten Weg gen Himmel, ob vielleicht seine Sache daselbst besser würde, fahren. Und als er diese Worte gesprochen, warf er ein Seil in die Höhe, welchem das Rößlein ohne allen Verzug stracks nachfuhr, der Zauberer erwischte es beim Wadel, seine Frau ihn bei den Füßen, die Magd die Frau bei den Kleidern, so daß sie alle, als wären sie zu-

Allegorie auf die Gründung Magdeburgs durch Otto I. Holzsch. aus C. Botho, Cronecken der Sassen, Mainz 1492.

sammengeschmiedet, nacheinander ob sich dahinfuhren. Als nun das Volk dastand, das Maul offen hatte und dieser Sache, wie wohl zu gedenken, erstaunt war, kam ohn alle Gefähr ein Bürger daher, welchem, als er fragte, was die da stünden, geantwortet ward, der Gaukler wäre mit dem Rößlein in die Luft gefahren. Darauf er berichtete, er habe ihn eben in Nähe seiner Herberge dahergehn gesehen.

Brüder Grimm 1816, Nr. 253

Das Holen der Burg

Zu Pfingsten wurde früher in Magdeburg folgender festlicher Brauch geübt: Der neugewählte Rat der Stadt zog zusammen mit dem alten und dem »oberalten« (dem vom vorvorigen Jahr), gefolgt von einer unabsehbaren Menge Volkes, nach dem Dom. Der ganze Weg vom Rathaus bis zum Dom war mit grünen Maien geschmückt, und alle

Musiker aus sämtlichen Stadtteilen und Vororten mußten aufspielen. Am Dom übergaben dann die Domherren dem neuen Rat ein Backwerk aus feinstem Weizenmehl in Form einer Burg, genau der Stadt Magdeburg nachgebildet. Diese Burg wurde aufs Rathaus gebracht und dort fand dann zum Abschluß ein Schmaus statt. Damit war die Regierung an den neuen Rat übergeben.

G. Kahlo, Niedersächs. 1923, Nr. 259 nach F. Hülße 1886

Die Magdeburger Messe

Der heilige Moritz, der Schutzheilige des Magdeburger Doms, hat am 22. September seinen Gedenktag. An diesem Tage wurde eine feierliche Messe im Dom abgehalten. Dazu kamen von nah und fern die Leute herbeigeströmt, und das benutzten findige Kaufleute dazu, vor den Toren des Doms, auf dem heutigen Domplatz (den die alten Leute auch »Neuen Markt« nennen), Kaufstände einzurichten und Lebensmittel, Heiligenbilder und dergleichen Dinge, deren die Wallfahrer bedurften, feilzuhalten. Später wurde das noch erweitert, und es wurden auch Schaustellungen, Sehenswürdigkeiten usw. auf dem Domplatz dargeboten. Dieser Brauch hat sich erhalten, auch als nach der Reformation die eigentliche Messe (der katholische Gottesdienst) aufhörte, und noch heute wird vierzehn Tage lang die »Magdeburger Messe« abgehalten. Gestiftet haben soll die Messe der dritte Erzbischof von Magdeburg, Tagino.

W. Leinung und R. Stummvoll 1894

Verkündigung des Verderbens

Als die Magdeburger im Jahr 1550 am 22. September mit dem Herzog Georg von Mecklenburg Schlacht halten sollten, ist ihnen bei ihrem Auszug vor dem Dorf Barleben eine Meile Wegs von der Stadt ein langer, ansehnlicher, alter Mann, der Kleidung nach einem Bauersmann nicht unähnlich, begegnet und hat gefragt, wo sie mit dem Kriegsvolk und der Kriegsrüstung hinausgedächten. Und als ihm von ihrem Vorgehen berichtet worden, hat er sie gleich mit aufgehobenen Händen herzlich gebeten und gewarnt, von ihrem Vorsatz abzustehen, wieder heimzukehren, ihre Stadt in achtzunehmen und ja des Orts und sonderlich in dieser Zeit nichts zu beginnen, weil eben auch vor zweihundert Jahren die Magdeburger auf den St. Moritz-Tag und an demselben Ort, an dem Wasser Ohra, geschlagen worden; wie ein jeder, der es wüßte, in der Tafel der St. Johannes-Kirche zu Magdeburg lesen könne. Und würde ihnen, wofern sie fortführen, gewiß auch diesmal glücklicher nicht ergehen.

Ob nun wohl etliche sich über das Wesen und die Rede des Mannes verwunderten, so haben doch ihrer sehr viel ihn gespottet und die Warnung höhnisch verlacht, von welchen Spöttern hernach doch keiner in der Schlacht unerschlagen oder ungefangen geblieben sein soll. Man sagt, er sei als ein gar alter eisgrauer Mann erschienen, aber solches schönen, holdseligen, rötlichen und jungen Angesichts, daß es zu verwundern gewesen. Und demnach es leider gefolgt, wie er geweissagt, hat man allenthalben Nachforschung nach solchem Manne gehabt, aber niemand erfahren können, der ihn zuvor oder nachher gesehen hätte. *Brüder Grimm 1816, Nr. 144*

Oben: Der Magdeburger Dom St. Moritz und St. Katharina, ursprünglich ein ottonischer Bau, 955 begonnen, 1207 abgebrannt. Der gotische Neubau wurde als erster nach dem Vorbild französischer Kathedralen errichtet (1209–1520!) und gilt als der bedeutendste Kirchenbau Mitteldeutschlands. Bei der Zerstörung Magdeburgs 1631 wurde er von Tillys Truppen verschont; bei der Bombardierung im

Das blutige Brot

Im Jahre 1551 ist die Stadt Magdeburg vom Churfürsten Moritz von Sachsen sowie vom Churfürsten Joachim von Brandenburg, dessen Vetter, dem Markgrafen Albrecht von Brandenburg und dem Grafen Hans Georg von Mansfeld hart belagert worden. In deren Lager ging es wüst und schlimm her. Nun haben am 30. Juli die Magdeburger einen Ausfall gemacht und den Churfürstlichen ein Scharmützel geliefert, das drei Stunden dauerte; ihnen sind nur an die 22 Leute beschädigt worden, während jene 50 Mann und an die hundert Pferde verloren. Die Gefangenen erzählten nun den Magdeburgern, es sei kürzlich folgendes Mirakel bei ihnen passiert: einige hätten sich im Lager Brot, das man ihnen zugeführt, gekauft, und nachdem sie es angeschnitten, sei Blut herausgekommen; darüber seien die Soldaten heftig erschrocken und es sei davon eine Krankheit ausgebrochen, infolge der viele wahnsinnig geworden seien.

Januar 1945 erhielt er 12 Treffer; die Restaurierung dauerte bis 1957. Rechts: Alter Markt mit dem Rathaus, 1691–98 errichtet; davor unter einem Baldachin das Bronzestandbild des »Magdeburger Reiters« aus der Zeit um 1240 (das Original befindet sich heute im Kulturhist. Museum). Stahlstiche 1861, nach Zeichnungen von Ludwig Rohbock.

So war Magdeburg gerettet, und der Churfürst Moritz von Sachsen und dessen Bundesgenossen, die die Stadt im Namen des deutschen Kaisers gewaltsam zum Katholizismus zurückbringen sollten, mußten unverrichteter Dinge abziehen. Ebenso erging es den kaiserlichen Truppen auch mit der Stadt Metz, und so entstand damals in deutschen Landen das Wort: Die Matze und die Magd / Haben dem Kaiser den Tanz versagt. *J.G.Th. Grässe 1868, Nr. 281 und 283*

Hungersnot in Magdeburg

An dem Hause Katharinenstraße 5 in Magdeburg ist in der Mitte zwischen den zehn Fenstern des ersten Stockwerkes ein goldener Männerkopf zu sehen. Mit diesem hat es folgende Bewandtnis:

Erzbischof Albrecht III. lag mit der Stadt Magdeburg in Streit; er entsagte schließlich der erzbischöflichen Würde und wollte nach Böhmen zurückkehren. Bei dieser Gelegenheit nahm er viele Kostbarkeiten aus dem Dom mit, unter andern auch ein goldenes Kreuz, in dem ein Splitter aus dem Kreuze Christi war. Er reiste als Kaufmann; an der Grenze erkannte ihn aber der Magdeburger Kornhändler Haupt und zwang ihn zur Herausgabe des Goldkreuzes. Dieses bot Haupt nun in Magdeburg den Domherrn zum Rückkauf an; allein, da teure Zeit war, wollten diese es nicht. Da ließ sich Haupt daraus einen goldenen Kopf machen, seinem eigenen ähnlich, und ließ ihn – zugleich mit Anspielung auf seinen Namen – als Hausmarke an seinem Hause anbringen. Die Arbeit hatte ein gegenüber wohnender Goldschmied übernommen, der als Lohn dafür den Splitter vom Kreuze Christi verlangte, aus dem er ein Anhängsel für sein kleines Töchterlein Minka machte.

Als die Teuerung immer höher stieg, rotteten sich eines Tages die Leute vor dem Hause des reichen Haupt zusammen, dessen Goldkopf die Volksmenge reizte; außerdem wußten sie, daß Haupt auf dem Hofe große Scheuern voll Korn hatte, und daraus wollte sich das Volk Getreide holen zur Stillung des Hungers. Bei dem Auflauf und dem Handgemenge, das sich dabei entspann, wurde Haupt hart bedrängt und schließlich aus dem Fenster gestürzt, so daß er sich auf dem harten Pflaster zu Tode fiel. Sein Sohn Paul rettete sich durch eine Hintertür. *G. Kahlo, Niedersächs. 1923, Nr. 228*

Die Altmark

Der neue Adel in der Altmark

Es war im Jahre 926, als Kaiser Heinrich der Vogler anfing, sich in der Altmark ernstlich gegen die Wenden zu rüsten. Diese vernahmen das und merkten wohl, daß es ihnen gelten werde. Sie befestigten sich daher in der Mark Brandenburg, und weil es zornige, hastige Leute waren, so ließ ihr König Mstislaw Kaiser Heinrichen entsagen mit seinen Legaten, die er zu ihm nach Stendal schickte. Kaiser Heinrich gab den Legaten zwar demütige Antwort, aber er ließ einen alten Hund herbringen und stäupen und an einen Baum hängen, daraus die Legaten ihre eigentliche Antwort abnehmen konnten. Darauf beschrieb der Kaiser Heinrich der Finkler einen Landtag zu Stendal, berief sei-

Heinrich der Städtebauer. Stahlstich von W. Pobuda 1841.

ne Sachsen und Thüringer, Bünder und Märker, zeigte ihnen seine Not an und begehrte Hilfe.

Weil ihm aber immer noch mehr Leute vonnöten, besonders getreute Leute, die ihm zum Kriege dienstlich, so fing er an auf dem Landtag, in Gegenwart vieler Fürsten, Grafen, Herren und Alten von Adel, und machte alle seine Hofdiener, Handwerksleute zu Hofe, gemeine Amtleute und Kriegsleute zu eitel Edelleuten, sprechend: »Adel, Edel, Eid, Halt!«

Er gab ihnen Sturm und Kriegsrüstung zu Waffen und Helmenzeichen, wie solches der Edelleute Waffen vielfältig mit sich bringen. Das ist auch die Ursache, warum vornehmlich in der alten Mark so viele von Adel sind, nämlich über fünfzig Geschlechter.

Als darauf nun der Kaiser seine Kriegsleute gemustert und seine neuen Edelleute vermahnet, sie sollten ihren Adel bedenken und mit adeligen Taten beweisen, da rückte er mit den Haufen stracks über die Elbe. Sein Oberster war Johannes, Heinrichs des Kahlen Sohn, Markgraf zu Stade, ein junger aber feuriger Kriegsmann und ein rechter Held. Dieweil nun ein harter Winter plötzlich kam, rückte er anno 927 vor Brandenburg, schlug sein Zelt auf dem Eise auf, stürmte und gewann Brandenburg, würgte die Wenden, Heruler, Obotriten und was darinnen lag, besetzte das Land stark mit Sachsen und vielen von Adel, von welchem noch viele Geschlechter über die Elbe übrig sind und sich in der Mittelmark, Neumark, Uckermark, Prignitz, Mecklenburg usw. verteilet haben.

J.D.H. Temme 1839, Nr. 69

Osterfeuer

Einige ganz besondere Gebräuche haben sich in der Altmark erhalten, in welcher unsere Vorfahren den Mond verehrten, den sie Ostera, Ostra nannten, woher wahrscheinlich auch unser Osterfest diesen Namen erhalten hat. Bekannt ist es namentlich, wie von den alten Sachsen der Göttin Ostra zu Ehren am Harz die Osterfeuer gezündet wurden. So geschieht ein Ähnliches noch jetzt in den Dörfern bei Salzwedel.

In der Osternacht wird nämlich auf einer Anhöhe neben dem Dorf ein großes Freudenfeuer angezündet, um welches die jungen Burschen, so lange es brennt, unter lautem Singen herumtanzen. Wo viel

Holz ist, besteht dieses Feuer aus einem großen Scheiterhaufen; an anderen Orten wird ein leerer Bienenkorb dazu genommen, der inwendig mit Werg gefüllt und auswendig mit Teer bestrichen ist und an einer hohen Stange aufgerichtet wird; an der Stange hängen zuweilen noch einige Teerbütten. Man hat den Glauben, daß, soweit der Schein von diesem Feuer reiche, in diesem Jahr keine Feuersbrunst entstehen werde. In der Regel muß alles, was zu solchen Osterfeuern gebraucht wird, entwendet sein, damit die Wirkung des Feuers desto sicherer eintrete.

J.D.H. Temme 1839, S. 75 f.

Das Haus des Kaisers zu Stendal

Die Stadt Stendal, welche früher die Hauptstadt der Altmark war, ist erbaut von Kaiser Heinrich dem Finkler oder Vogelfänger, welcher sie zum Schutze gegen die heidnischen Wenden anlegte. Der Name kommt davon her, daß sie in einem steinigen Tal, Steintal, liegt. Der

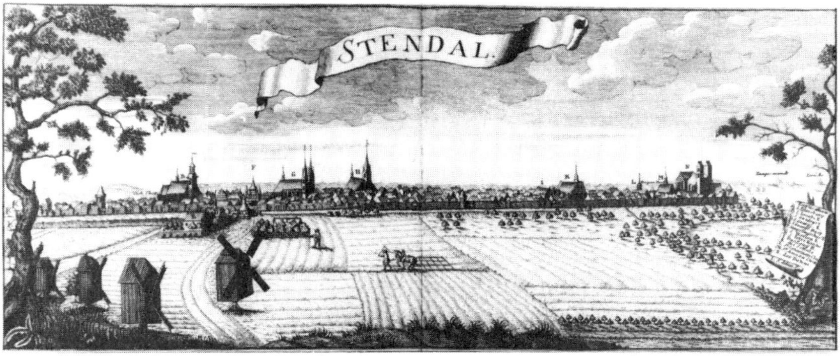

Stendal. Kupferstich (Ausschnitt) aus Johann Christoph Bekmann, Historische Beschreibung der Chur und Mark Brandenburg, Berlin 1753.

genannte Kaiser hat sich in der von ihm erbauten Stadt viel aufgehalten und zum öfteren darin residiert. Seine Wohnung hat er alsdann gehabt in einem Haus, welches noch jetzt gezeigt wird, obgleich es nun ganz anders gebaut ist. Es steht an der Ecke der Jacobi-Kirche, nach dem sogenannten alten Dorf hin, dem ältesten Teil der Stadt. Es ist zum ewigen Wahrzeichen, daß der Kaiser Heinrich darin gewohnt, kenntlich daran, daß oben in seiner Giebelwand nach der Jacobi-Kirche hin ein pechschwarzer Mohrenkopf eingemauert ist.

J.D.H. Temme 1839, Nr. 1

Der verschwundene Tambour

Der Dom zu Stendal hat zwei hohe, schöne Türme. Aber nur in einem von ihnen hängen Glocken. In dem andern ist nichts; darum heißt er auch der wüste Turm. Ebenso hat die Marienkirche zu Stendal zwei Türme, von denen der eine gleichfalls, weil keine Glocken in ihm hängen, der wüste Turm genannt wird. Von jedem dieser beiden wüsten Türme geht tief in die Erde hinein ein unterirdischer Gang. Der Sage nach soll es nur ein und derselbe Gang sein, der unter dem Domhof, der Hallstraße und dem Markt hergeht und so beide Türme miteinander in Verbindung setzt. Unter der Hallstraße hallt es auch wirklich dumpf, als wenn es hohl darunter wäre. Daher soll sie auch ihren Namen haben. Vor vielen Jahren wollte man näher untersuchen, ob der Gang wirklich von dem einen Turm zu dem anderen führe. Man hatte damals einen armen Sünder sitzen, der zum Tode verurteilt war. Diesem, ein Tambour seines Zeichens, ließ man die Wahl, ob er den Gang untersuchen oder gehangen sein wolle. Er wählte gern das Erste. Man ließ ihn von dem wüsten Turm des Doms aus in den Gang hineinsteigen und befahl ihm zu trommeln, damit man, wenn er auch nicht wiederkomme, oben auf der Erde immer hören könne, wie weit er gekommen sei. Der Tambour trommelte munter und lustig unter dem ganzen Domhof weg bis mitten unter die Hallstraße. Da verstummte aber auf einmal die Trommel, und man hat von dem Tambour nie wieder etwas gesehen oder gehört.

J.D.H. Temme 1839, Nr. 4

Die Rolandssäule und der Alte Dessauer

In Stendal steht der Roland vor dem Rathaus, so daß er den ganzen Markt übersieht. Er ist ungeheuer groß und verhältnismäßig stark; seine Waden sind so dick wie der Leib des stärksten Mannes in der Stadt. Er hat einen roten Federbusch auf dem Helm und trägt ein Schwert in der Hand, das zwölf Ellen lang ist und einen vergoldeten Knopf und Bügel hat. Das Schwert hält er drohend gezückt, so wie er überhaupt ein sehr ernstes, beinahe griesgramiges Gesicht hat. Die linke Hand hat er auf dem märkischen Adler ruhen; hinter ihm befindet sich das Stendaler Stadtwappen, und an dem Unterteil seines Rükkens sieht man ein lachendes Narrenbild, oder, wie die Leute sagen, den Eulenspiegel.

In der Zeit, als der Alte Dessauer, damals aber noch ein junger Offizier und ein übermütiger Prinz, zu Stendal in Garnison lag, soll er sich öfters das Vergnügen gemacht haben, aus einem gegenüberliegenden Weinhaus, wo er zu zechen gepflegt, nach dem ernsten alten Ritter wie nach einer Scheibe zu schießen, und es ist gewiß, daß dem Roland sein Kinn lange Zeit gefehlt hat. Im Jahre 1837 aber hat ein Verein, der sich in Stendal zur Verschönerung der Stadt und ihrer Umgebung bildete, das Kinn geschickt wiederherstellen und sonstige Gebrechen, welche der Lauf der Zeiten an der Säule hervorgebracht, ausbessern sowie ihm ein neues Schwert geben lassen, da das alte, von Holz, ganz von der Luft und vom Wetter zerstört war. Der alte ritterliche Vetter des großen Kaisers Karl sieht jetzt wieder ganz frisch und wie neugeboren aus.

J.D.H. Temme 1839, Nr. 3

Die Wahrzeichen an der Stephanskirche

Bei dem Bau der Stephanskirche zu Tangermünde halfen ganz vorzüglich zwei Gewerke, das der Huf- und Waffenschmiede und das der Schuhmacher. Zum ewigen Andenken hiervon findet man außerhalb an der Südseite der Kirche ein Hufeisen und eine Schuhsohle von Eisen eingemauert. Das Hufeisen zeigt an, daß bis so hoch die Schmiede die Kirche gebaut haben, und die Schuhsohle, daß bis dahin von dem Hufeisen an die Arbeit der Schuhmacher reicht.

J.D.H. Temme 1839, Nr. 17

Jungfer Lorenz

In Tangermünde sind einmal sehr reiche Leute gewesen, die haben ein einziges Kind gehabt, ein Mädchen, und haben Lorenz geheißen. Wie es nun einmal an einem Frühlingstag so recht schönes Wetter war, da ist die Kleine ganz allein hinausgegangen in den Wald, um Kräuter zu suchen. Aber da der Wald sehr groß war, hat sie sich verlaufen und konnte nimmer wieder herausfinden, und wie sie so dachte, daß sie hier würde verschmachten müssen, setzte sie sich hin und fing bitterlich zu weinen an. Sie hatte aber nicht lange gesessen, so kam ein großer Hirsch mit gewaltigem Geweih auf sie zu, nahm sie auf seinen Rücken und führte sie unversehrt nach der Stadt. Dort ist er dann bis an sein Lebensende gepflegt worden, und als er tot war, hat man sein Geweih in der Nikolaikirche aufgehängt und auf demselben zum Andenken an die wunderbare Errettung das Bild der Jungfer Lorenz, aus Holz geschnitzt, angebracht. Der Wald aber, in dem dies geschehen, ist jetzt verschwunden, jedoch führen die an seiner Stelle gelegenen Äcker noch den Namen des Lorenzfeldes.

Das Geweih mit dem Bild hat lange Jahre in der Nikolaikirche gehangen, denn man erzählte, daß Jungfer Lorenz verordnet habe, es solle darin bleiben, solange noch ein Stein auf dem anderen sitze. Deshalb nahm man es auch, sobald in der Kirche gebaut wurde, nicht heraus, da es jedesmal einen gewaltigen Lärm erregte, wenn es angerührt wurde, und ließ es auch in der Kirche, als sie zu einem Lazarett umgewandelt wurde. Seit dem Jahr 1831 jedoch ist es nach der Stephanskirche gebracht worden, wo es nun ruhig in der Nähe des Altars hängt.

A. Kuhn 1843, Nr. 7

Das Morden in Havelberg

Havelberg, auf acht Hügeln gelegen und von der Havel umflossen, liegt 14 km oberhalb ihrer Einmündung in die Elbe.

Im Jahre 946 stand hier, außer einem Tempel des slawischen Götzen Herovit, ein Schloß, welches Otto der Große am 9. Mai jenes Jahres, als er zur Ausbreitung des Christentums das Bistum Havelberg gründete, zum Sitz der Stiftskirche bestimmte. Eine Zeitlang ging auch alles recht gut, und das Christentum machte Fortschritte unter den Wenden, bis der Stolz und die Härte des Markgrafen Gero, mit anderen Bedrückungen von Seiten der Deutschen, unter den Wenden in der Nordmark einen Aufruhr erregte. Sie verweigerten zuerst den auferlegten Tribut, sagten sich dann vom Christentum los, stellten nicht nur den Götzendienst wieder her, sondern wüteten auch gegen alles, was Christ hieß und an das Christentum erinnerte.

Die allgemeine Empörung kam jedoch erst 982 zum Ausbruch, als

Havelberg mit dem Dom St. Marien (vor 1150 begonnen, 1170 geweiht). Das ursprüngliche Domgebäude, 948 von Otto I. gegründet, wurde im Slawenaufstand 983 dem Erdboden gleichgemacht; auch ein zweiter Bau, nach der Wiedererrichtung des Bistums 1131 begonnen, hielt sich nur kurze Zeit. Bei einer Restaurierung 1908 wurde die dreischiffige Basilika um ein weiteres Geschoß erhöht, wodurch ihr wehrhaftes Äußeres gemildert wurde.
Zu Zeiten der Hanse blühte hier der Getreidehandel. 1799 begründete Friedrich der Große in Havelberg die Königl. Schiffbau-Werft. Zeichnung und Lithographie von R. Bürger 1845.

der Obotritenfürst Mistewoi mit einem Heer von 30000 Mann, alles mit Feuer und Schwert verheerend, gegen die Deutschen zog, die Festung Havelberg eroberte, die kaiserliche Besatzung niedermachte, den Mönchen die Kopfhaut kreuzweise aufschlitzte und sie ihnen bei lebendigem Leibe herunterriß; sodann die Domkirche in einen Schutthaufen verwandelte und jede Spur des Christentums tilgte. Erst Albrecht dem Bären gelang es, das Verlorene wieder zu erobern und die Slawen völlig zu unterwerfen.

K.H.W. Münnich 1845, S. 251

Bischof Wepelitz

In der Mitte des Havelberger Doms sieht man einen marmornen Sarkophag und auf ihm die Gestalt eines Bischofs, zu dessen Füßen eine zusammengekauerte Tiergestalt liegt. Man erzählt, dieser Bischof sei der bekannte Wepelitz oder Wopelisse gewesen, der viel für die Verschönerung der Stadt und des Doms getan habe, auch besonders den Hochaltar mit zwei Leuchtern schmückte, an denen sich jeweils zwei Figuren befinden: zwei männliche und zwei weibliche; jene beiden sollen die seines Kochs und Kellermeisters, diese die seiner beiden liebsten Hofdamen (!) sein. Dieser Bischof hat auch das Vorwerk Wepelitz angelegt und sich gern dort aufgehalten; da geschah es einst, daß er sich zum Schlafen im dortigen Gebüsch hinlegte, als plötzlich ein Lindwurm daherstürzte und ihn in den Kopf stach, worauf er seinen Geist aufgeben mußte. Dieses Ungetüm hat man daher zu Füßen des Bildes im Dom abgebildet, und an seinem Kopf gewahrt man auch das von dem Stiche des Tieres herrührende Loch.

Bischof Wepelitz soll auch die nach dem Vorwerk seines Namens führende Eichenallee angelegt haben, die den Namen Brautallee führt. Diesen soll sie daher haben, daß er verordnete, jede Braut solle, ehe sie zum Altar ginge, dort eine Eiche pflanzen.

A. Kuhn 1843, Nr. 223

Arendsee

Von dem Arendsee in der Altmark wird folgendes erzählt: An der Stelle, wo jetzt der See und der Ort dieses Namens liegt, stand vor alters ein großes Schloß. Dieses ging urplötzlich unter, und nicht mehr kam davon als ein Mann und ein Weib. Wie die beiden nun fortgingen, sah sich das Weib ungefähr um und ward der schleunigen Veränderung inne. Verwundert brach sie in die Worte aus: »Arend see!« (Arend sieh! denn jenes war ihres Mannes Name), und darum gab man nachher dem Städtlein die Benennung, das an dem See auferbaut wurde. In diesem See ragt der feinste, weiße Streusand hervor und wann die Sonne hell scheint, soll man noch alle Mauern und Gebäude des versunkenen Schlosses sehen. Einige haben einmal vorgehabt, das Wasser zu ergründen und ein Seil eingelassen; wie sie das herauszogen, fand sich ein Zettel dran mit dem Gebot: lasset ab von euerem Unternehmen, sonst wird euerm Orte widerfahren, was diesem geschehen ist.

Brüder Grimm 1816, Nr. 111

Die Altmark. Kupferstich aus: Johann Christoph Bekmann, Historische Beschreibung der Chur und Mark Brandenburg, Berlin 1753.

Salzwedel

Die Stadt Salzwedel ist eine der ältesten Städte in der Altmark. Der Name soll von dem lateinischen Wort Sol, die Sonne, herkommen, und von dem deutschen Wort Welle, welches so viel bedeutet als Haus, wie man z. B. noch spricht: Wellenwand. Der Sage nach ist sie schon von Julius Cäsar, der zu Ehren der sieben Planeten in Deutschland sieben Städte errichtete, dem vierten Planeten als der Sonne zu Ehren erbaut, und sie soll daher auch ihren gedachten Namen Sonnenstadt erhalten haben. Von der Zeit soll sie auch noch einen Sonnentempel, den indes einige dem Drusus zuschreiben, und darin ein Bildnis der Sonne gehabt haben, welches alles Karl der Große später zerstört hat.

In Salzwedel stand früher die Stammburg Albrechts des Bären, des berühmten Markgrafen, der mit Heinrich dem Löwen und Friedrich Barbarossa zusammen vom Volk als Held verehrt wurde, wie aus dem Spruch hervorgeht:

»Hinnerk de Löw un Albrecht de Bar,
Darto Frederik mit dat rode Haar,
Dat wassen drie Hären,
De künnen de ganze Welt verkehren.«

Heute steht von Albrechts Burg in Salzwedel nur noch der große Turm im Burggarten, dessen Mauern zwölf Fuß dick sind.

J.D.H. Temme 1839, I. Nr. 32 und A. Pohlmann 1901

Das Stadtholz

Die Stadt Salzwedel besitzt ein ansehnliches Gehölz, welches einen Flächeninhalt von mehr als 9000 Morgen hat. Vor Zeiten war es noch bedeutend größer und ist erst durch folgende Begebenheit kleiner geworden: Es hatte nämlich vor vielen hundert Jahren ein Markgraf seinen Fürstensitz in Salzwedel; der hatte eine Liebschaft mit der Frau des Freischulzen in Briez, welches Dorf nahe an dem Stadtholz liegt. Als er nun eines Tages bei dieser Frau zu Besuch war, da kam, ihm sehr ungelegen, der Schulz nach Hause. Der Markgraf daher, um ihn loszuwerden, versprach ihm einen solchen Strich von dem Stadtholz abzutreten, als er in einer Viertelstunde umgehen werde. Das ließ sich der Schulz nicht zweimal sagen, und er eilte flugs in das Stadtholz, schritt auch seine Viertelstunde lang rüstig zu. Als er aber nach Verlauf derselben zurückkehrte, kam er dem Markgrafen noch zu früh, und dieser versprach ihm daher noch einen solchen Strich, als er in einer zweiten Viertelstunde umgehen werde. Auch dieses ließ der Schulz sich gefallen, und es kam auf solche Weise ein großer und schöner Teil von dem Stadtholz auf ewige Zeiten fort und an die Erben des Schulzen zu Briez, die ihn noch jetzt besitzen.

J.D.H. Temme 1839, Nr. 33

Tetzel verliert seinen Ablaßkasten

Als Tetzel, der Ablaßkrämer, mit seinem Kasten im deutschen Land umherzog, kam er auch nach der Altmark und in ein Dorf bei Salzwedel, das Flechtingen heißt, und schlug seinen Kram auf, predigte von den Sündenstrafen, dem Fegefeuer und der Höllenpein und rühmte die Kraft des Ablasses. Nun saß zu Flechtingen ein Edelmann, Herr Bernard von Schenk genannt, der hörte auch andächtig zu und nahm sich's absonderlich zu Herzen, daß einer nicht nur für begangene, sondern auch für vorhabende und zukünftige Sünden, sie bestehen aus welcher Tat sie wollen, sich Ablaß kaufen könne aus dem Fegefeuer und bleibe sündenlos noch drei Tage nach der aschgrauen Ewigkeit. Das alles malte der Ablaßprediger mit feurigen und beredten Worten aus, und der Ritter trat auch hinzu und kaufte sich einen recht schönen Brief auf Pergament gedruckt, und Tetzel mußte seinen, des Ritters Namen und das Datum hineinschreiben, auch ein Siegel wurde nicht vergessen, und die nachbarlichen Edeln kauften auch, und der Kasten wurde schier voll Ortstaler und Goldgülden, und Tetzel zog mit seinem Kasten wohlgemut von dannen. Wie er nun so durch den Flechtinger Forst zog, siehe, da harrte seiner schon, ihm vorausgeeilt, Herr Bernard von Schenk und sagte: »Pfaff, tue mir die Freundschaft und gib mir – meinen Segen.« – »O frommer Sohn, den sollst du haben!« unterbrach ihn Tetzel und hob die Hände zum Segnen. »Nein, deinen Kasten, den Segen laß ich dir!« erwiderte der

Ablaßhandel zu Luthers Zeiten: der geldeinnehmende Sekretarius zur Linken, in der Mitte der Petschier, der Wachssiegel für die Ablaßbriefe fertigt, rechts ein Geistlicher, der die ablaßgewährende päpstliche Bulle verliest, gefolgt von einem Kardinal zu Pferde und Mönchsbegleiter. Zeitgenössischer Holzschnitt.

Ritter. Des erschrak Tetzel mächtig und sprach: »Solch ein edler Ritter wird nicht so ehrlos sein, das Gut der Kirche anzutasten, das sie zu frommen Werken und zur Wiederherstellung gebrechlicher Gotteshäuser gar notwendig braucht. Kirchenraub ist ja der sträflichste Raub und neben dem Vater- und Muttermord die größte und schwerste Sünde!«

Da zog Herr Bernard von Schenk den kurz zuvor erst gekauften Ablaßbrief hervor, hielt ihn Tetzel vor Augen und sagte: »Mag es eine Sünde sein, hier ist mein Ablaß dafür, von Euch selbst, ehrwürdiger Vater, mir erteilt, daher zieht mit Gott und laßt den Kasten mit mir ziehen und empfangt auch meinen Segen. So Ihr es wollt, könnt Ihr auch den Heiligen Vater zu Rom von mir grüßen.«

L. Bechstein 1853, S. 287

Die beste Religion

In der Altmark, nicht gar weit von Salzwedel, liegt das Kloster Diesdorf, welches eines der ältesten Klöster ist und schon im Jahre 1161 bei Lebzeiten Markgraf Albrechts des Bären gestiftet ward. Nun sind um das Jahr 1540 zwei Klosterjungfrauen und Schwestern hier gewesen, Elisabeth und Ursula von Ritzbüttel, welche sich nicht entschließen konnten, das Papsttum zu verlassen, aber sich endlich doch beredeten, daß, wenn eine von ihnen sterben und Bericht der anderen tun würde, welches die beste Religion sei, so wolle die andere sich dann zu derselben halten. Und als hierauf Elisabeth mit Tode abging, so hat sich ein Geist in ihrer Gestalt bei der Ursula eingefunden und auf Befragen, ob sie selig worden sei, geantwortet: »Kuhm, kuhm«, d.h. kaum, kaum, worauf denn die Ursula sich fest vorgenommen hat, die Religion zu verändern. Wie sie aber zur Kirche hat gehen wollen, um ihr Glaubensbekenntnis öffentlich abzulegen, und bis in die sogenannte Kluft und in den etwas finstern Eingang aus dem Kloster zur Kirche gekommen, ist sie von einer kalten Hand mit einer derben Maulschelle bewillkommnet worden, worauf sie jedoch versetzt hat: »Ich lasse mich nicht irren«, sondern ging fort und nahm die evangelische Religion an.

J.G.Th. Grässe 1868, Nr. 208

SACHSEN
Industrie und Elbflorenz

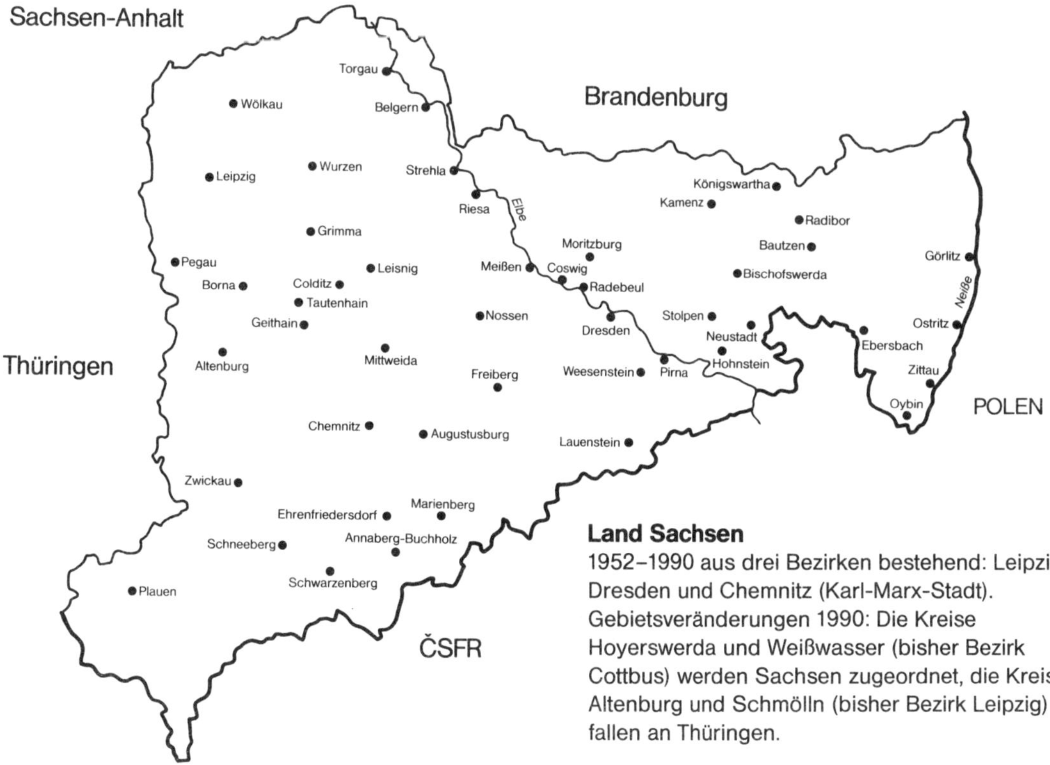

Land Sachsen
1952–1990 aus drei Bezirken bestehend: Leipzig, Dresden und Chemnitz (Karl-Marx-Stadt). Gebietsveränderungen 1990: Die Kreise Hoyerswerda und Weißwasser (bisher Bezirk Cottbus) werden Sachsen zugeordnet, die Kreise Altenburg und Schmölln (bisher Bezirk Leipzig) fallen an Thüringen.

Kleine Landeskunde

Nicht zu Unrecht haben alte Geschichtsschreiber die Ansicht vertreten, die Sachsen seien nicht geboren wie jedermann, sondern auf den Bäumen des Harzes gewachsen. Nehmen wir die drei größten Städte des Landes, Leipzig (weit über 500.000 Einwohner), Dresden (ca. 500.000) und Chemnitz (300.000): Mögen sie heute wuchernde Industriestädte sein, ihre Namen leiten sich ab von Naturgegebenheiten. Leipzig etwa wurde mit dem wendischen *Lipa*, Lindenbusch, in Verbindung gebracht, der Pirnaische Mönch berichtet von Lyptz als einem Dorf mit schönem Lindenbaum inmitten; das muß vor über tausend Jahren gewesen sein, denn eine *urbs Lipzi* ist bereits 1015 bezeugt. Dresden wiederum geht eindeutig auf das slawische *Drezd'ane*, Waldbewohner, zurück; sein erster Städteplaner war Markgraf Dietrich (Konzept 1216), doch brachte es das Wald- und Elbstromstädtchen bis 1500 nur zu 6.000 Einwohnern; man ermesse daran die Funktion des Barockfürsten August des Starken als eines gewaltigen Kulturbringers. Chemnitz schließlich ist aus einem Benediktinerkloster gleichen Namens, um 1140 gegründet, hervorgegangen: es leitet sich von slaw.-mittellat. *Camenizi*, Steinfluß, ab.

Schlüsselgestalten der sächsischen Frühgeschichte sind Heinrich I., der 929 die Burg Misni (Meißen) anlegte, zur Stützung der soeben errungenen deutschen Herrschaft im Mittelelbegebiet; sie war dann seit 1046 Sitz der Markgrafen von Meißen. Dann der Kriegsheld, Diplomat und Besiedlungsstratege Wiprecht von Groitzsch, der ein Jahr, bevor er als Benediktinermönch starb, mit den Marken Meißen und Lausitz belehnt wurde (1123). Schließlich Markgraf Konrad, Sohn des Grafen Thimo von Wettin, der eigentliche Begründer des wettinischen Territorialstaates, ebenfalls endend als Mönch (1157).

Daß »Sachsen« sich von germ. *sahsa*, »das Schwert, das Messer«, ableitet, bekommt im Laufe seiner Geschichte Bedeutung. Herrschernamen wie Markgraf Dietrich der Bedrängte, Friedrich der Freidige, Friedrich der Streitbare (der 1423 als erster die Kurwürde erlangte) stehen dafür ein. Doch kaum war das Kurfürstentum Sachsen etabliert, sänftigten sich die Attribute der Regierenden; Friedrich der Sanftmütige hieß es fortan, Albrecht der Beherzte, Friedrich der Weise und – letzter seines Zeichens – Johann Friedrich der Großmütige. Die Kurfürsten von Sachsen, jener »Weise« und dieser »Großmütige«, sind mit der Kirchenrevolution Luthers so eng verbunden wie kein anderes deutsches Fürstenhaus.

Nach ihnen kamen unruhige Zeiten, wo der Glaube oftmals »changieret« wurde; August der Starke ist ein Beispiel davon, doch wäre es ihm anders kaum möglich gewesen, auch noch König von Polen zu werden. Der preußisch-österreichische Hegemonialkampf (Schlesischer Krieg, Siebenjähriger Krieg) sah das mit Habsburg verbündete Sachsen oftmals in der Bredouille. Und hatte man einmal auf die preußische Karte gesetzt, wie 1806, so kam dieser Napoleon dampfwalzengleich über Mitteleuropa, und es wurde wieder umentschieden. Für das Bündnis mit Napoleon winkte nochmals ein Königstitel, doch ließ sich Friedrich August, als König von Sachsen »der Erste«, weder als Imperialistenknecht noch als Wendehals beschimpfen. Er blieb, trotz der verheerenden Niederlage in der Leipziger Völkerschlacht (1813), auf Seiten der Franzosen und mußte auf dem Wiener Kongreß dafür bluten. Sein Königreich verlor den ganzen Norden, das waren 42 Prozent der Landesfläche und 58 Prozent der Einwohner, an Preußen: die Ostoberlausitz wurde der preußischen Provinz Schlesien einverleibt, die Niederlausitz und Kreis Cottbus der Provinz Brandenburg, etliches andere wurde der preußischen *Provinz Sachsen* zugeteilt. Dafür blieb Sachsen ein Königreich und konnte sich, ungehindert seiner monarchischen Verfassung, als Industriestaat zügig entwickeln. Der letzte König, Friedrich August III., verzichtete erst im November 1918, als Arbeiter- und Soldatenräte in Dresden die *Republik Sachsen* ausriefen, auf den Thron. Zwei Jahre später wurde die Landesverfassung des *Freistaates Sachsen* in Kraft gesetzt, sie hielt de facto bis 1933. Der zunächst von amerikanischen Truppen besetzte Westen Sachsens (so auch Leipzig) kam 1945 zur Sowjetischen Besatzungszone. Dem *Land Sachsen* wurden die westlich der Oder-Neiße liegenden Gebiete der bisher preußischen Provinz Niederschlesien zugeschlagen, man erließ auch eine Landesverfassung (1947), setzte den SED-Politiker Max Seydewitz als Ministerpräsidenten ein – doch nach Gründung der DDR wurde das föderative System fallengelassen, das Land Sachsen aufgelöst (am 25.7.1952) und in die Bezirke Leipzig, Chemnitz (Karl-Marx-Stadt) und Dresden gedrittelt.

Seither sind die ehedem thüringischen Landkreise Altenburg und Schmölln wieder »sächsisch«, ebenfalls die Landkreise Delitzsch, Eilenburg und Torgau, die 1946–52 zu Sachsen-Anhalt gehörten. Wenn sich im Herbst 1990 das Land Sachsen neu konstituiert, hat Dresden alle Chancen, Landeshauptstadt zu werden – und Altenburg wie auch Schmölln fallen voraussichtlich wieder an Thüringen.

Kaum ein anderes Land Mitteldeutschlands weist eine solche Fülle eigenständiger Regionen auf: das Erzgebirge etwa, in dem Silberschürfung und Städtebau einst einhergingen; oder das sächsische Vogtland, das freilich mit dem thüringischen und dem bayerischen Vogtland eine Kulturlandschaft bildet. Ausgeprägt sind die Erzählregionen Lausitzer Bergland und Zittauer Gebirge sowie das Elbsandsteingebirge (Sächsische Schweiz). Zwar sind Sachsens Berge allesamt nicht hoch – der Fichtelberg im Erzgebirge ist mit 1214 m noch der höchste, höher auch als der Brocken oder die Spitzen des Thüringer Waldes –, doch sind sie wie in den anderen vier Ländern ein Nährboden für Volksglauben und Volksliteratur. Um die sächsischen Erzählregionen haben sich im 19. Jahrhundert Sammler und Forscher wie Karl Haupt (Lausitz), J.A.E. Köhler (Vogtland, Erzgebirge) und Kompilatoren wie J.G.Th. Grässe (Königreich Sachsen) verdient gemacht, wie vor ihnen vielleicht nur einige wenige Chronisten, die »große sächsische Geschichte« schrieben: Thietmar von Merseburg, der Pirnaische Mönch und Matthaeus Dresser.

Leipzig und seine Umgebung

Leipzig und seine Linden

Die Stadt Leipzig soll nach einigen ihren Namen daher haben, daß Lybonothes, ein Kriegsfürst jenes Arminius, der den Varus schlug, hier sein stetiges Hoflager gehalten und im Schlosse Aldenburg, nahe dem Ranstädtischen Tor gelegen, da wo die Pleiße und Parthe zusammenkommen, residiert habe; nach diesem habe es erst den Namen Libonitz, aus dem dann durch Zusammenziehung Lyptz ward, geführt. Weil aber dies in wendischer Sprache einen Lindenbusch bedeutet, so haben andere, wie der Pirnaische Mönch, berichtet, daß an dem Ort, wo jetzt die Stadt liege, ursprünglich ein Dorf gewesen und hier unter einem schönen Lindenbaum mit weit ausgebreiteten Ästen ein Abgott der Sorben-Wenden gestanden habe, so von schrecklicher Gestalt war. Solchen Abgott hat der heilige Bonifatius im Jahre 728, als er unter den Sorben das Christentum gepredigt, abgeschafft und mit Hilfe frommer Herzen ein Kloster errichtet. Dieses Kloster, so neben Rochlitz in diesem Lande das erste gewesen, war dem heiligen Jakobus geweiht, und Erasmus Stella erzählt, daß es an dem Zusammenfluß der Pleiße und Parthe gestanden habe und zu seiner Zeit noch einige Mauern davon zu sehen gewesen. Obwohl die Heiden, nachdem der heilige Bonifatius und seine Jünger den Rükken gewendet, alles wieder zerstört haben, ist der Ort gleichwohl von Tag zu Tag gewachsen und von Markgraf Konrad mit Mauern umgeben worden. Seitdem ist der Brauch aufgekommen, daß, wo Kirchen aufgerichtet wurden, man auch gemeiniglich eine oder zwei Linden daneben pflanzte und aufzog und man selbigen Baum fast für heilig und es für eine Sünde hielt, wenn man ihn im geringsten beschädigte.

J.G.Th. Grässe 1874, I. Nr. 400

Die Wahrzeichen von Leipzig

Die alten Wahrzeichen der Stadt Leipzig waren ehemals die zwei vor und über dem Gewölbe der Communitätsküche im Paulinum gemalten Bratwürste (oder Hechte), das große eingemauerte Hufeisen an der Nikolaikirche unten an der Erde, in einem kleinen viereckig ausgemauerten vergittertem Löchlein, der Esel mit dem Sack an der Wasserkunst beim Ranstädter Tor, dann der Umstand, daß man von dem Paulinum oder dem Torweg des Gewandgäßchens die Türme der Nikolai- und Thomaskirche zugleich erblickte, während man anderswo in der Stadt, man mochte sein wo man wollte, immer nur einen sehen konnte, so wie das den leichtsinnigen Bankerottierern oder den dort nach dem Hochgericht hinausgeführten armen Sündern zum Spott errichtete steinerne Bild am Grimmaischen Tor in der Pauliner Wand unter dem Leiterhäuslein (wo jetzt das dritte Haus von Felsches Caffeehaus her steht), das sogenannte Poenitere oder Pöntermännel. Es war dieses ein steinernes Männchen, in einen Trauersack gehüllt und sich in den Kopf kratzend, als bereue es etwas oder als sei ihm etwas mißglückt. *J.G.Th. Grässe 1874, I. Nr. 401*

Dietrich der Bedrängte

Albrecht, ein Sohn Ottos des Reichen, hatte sich an dem Silberschatz seines Vaters vergriffen; er konnte es nicht verwinden, daß sein jüngerer Bruder Dietrich die Mark Meißen als Erbteil erhalten sollte. 3000 Silbermark, die den Mönchen von Altzella überantwortet waren, hatte Albrecht aus dem Schrein der Hl. Maria entwendet. Doch sein Frevel blieb nicht ungestraft. Bald starb er kinderlos zu Leipzig und schrecklich war sein Tod. Alle Freunde flohen ihn, denn er stank bestialisch. Und als er im Sarg lag, wohl vergossen und verspündet, war niemand, der ihn heben mochte.

Als Albrecht der Stolze 1195 zu Leipzig starb, war sein jüngerer Bruder Dietrich im heiligen Land. Da aber Kaiser Heinrich die Hand ausstreckte, um Meißen als erledigtes Reichslehen einzuziehen, wagte Dietrich nicht, von den Nachstellungen des Kaisers verfolgt, öffentlich ein Schiff zu besteigen. Da ließ er sich von seinen Getreuen in ein Faß verspünden und so zum Schiffe tragen, und in dem Fasse hielt er sich verborgen, bis sie die Höhe des Meeres gewonnen hatten. So kam er aus der Heidschaft heim in sein Land.

Als Landesherr lag Dietrich in schweren Kämpfen mit Leipzigs trotziger Bürgerschaft. Als er mit Friedrich II., dem Kaiser, vor den Toren der Stadt stand, ließen die Bürger ihren Herrn nur mit wenigen

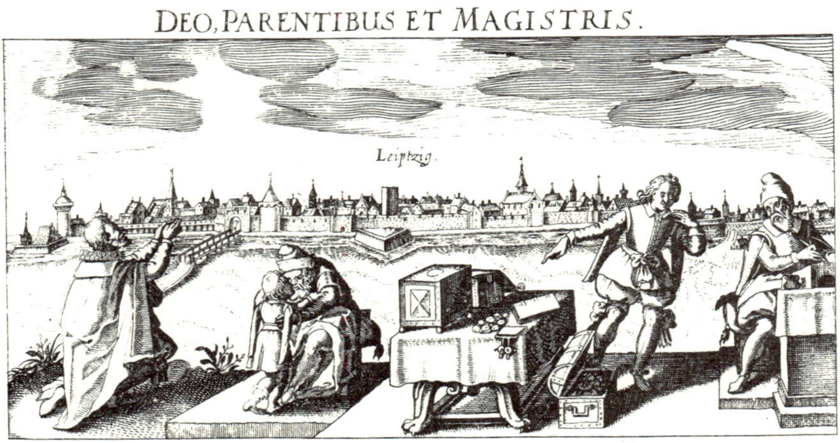

Leipziger Stadtpanorama um 1600 – zugleich eine Allegorie auf die Emsigkeit der Leipziger, gefördert durch Gott, durch Eltern und fleißige Lehrmeister, und wie sich diese Tugend in klingende Münze verwandelt.
Kupferstich aus Daniel Meisners »Politisch Schatzkästlein«, Frankfurt a.M. 1625.

Begleitern ein. Da half sich Dietrich mit alter List. Lässig und unauffällig zogen einzelne Soldaten bald durch dieses, bald durch jenes Tor und verteilten sich in die Häuser der Stadt. Es hatten aber damals in der Zeit wilder Kriegsläufte die Bürger einen Sammelplatz eingerichtet, und dorthin eilte die Wehrschaft, wenn die Schelle tönte. Da ließ Dietrich heimlich die Glocke entfernen. Dann ließ er die Drommeten blasen mit dröhnender Kraft, und bei diesem Zeichen stürzte sich jeder seiner Soldaten auf seinen Wirt, nahm ihn gefangen und bemächtigte sich seiner Güter. So ward Dietrich Herr der Stadt Leipzig, des rechten Auges seines Landes.

Aber Dietrichs Gegner ruhten nicht, verschworen sich aufs neue und bestachen seinen Arzt mit hundert Silbermark, zahlten ihm fünfzig, sagten: »Bringe deinen Herrn um!« Da trank sich Dietrich im Gifttrunk den Tod. Und als der Arzt, nein, der Giftmischer, den Rest des Geldes von denen verlangte, die ihn zur Tat verleitet hatten, antworteten sie: »Geh zum Teufel, Galgenstrick. Scher dich fort, Verräter, der du deinen Herrn um Geld getötet hast. Wenn wir nicht deine Ehre schonten, müßten wir dich hängen wie einen Verbrecher!«

Fr. Sieber 1926, S. 39 f.

Die Brüder Diezmann und Friedrich der Gebissene

Diezmann, Markgraf zu Thüringen und Sachsen, und Friedrich der Gebissene, sein älterer Bruder, wurden von Philipp von Nassau, dem Feldherrn des kaiserlichen Heeres in Thüringen, insgeheim verfolgt, da dieser durch der Brüder ruhmreiche Waffentaten seine Hoffnung schwinden sah, in den Besitz ihrer vom Kaiser Albrecht ihm versprochenen Länder zu gelangen. Dem edlen Diezmann, der ihn mehrfach schimpflich aus dem Feld geschlagen, stellte er zunächst nach; indes stand diesem ein entschlossener, krieggeübter Schildknappe namens Stephan stets wachend zur Seite. Markgraf Diezmann hatte die Lande Lausitz an den Markgrafen von Brandenburg abgetreten und sich im Dezember 1307 nach Leipzig auf die Pleißenburg begeben, um hier die Weihnachtszeit zu vollbringen. Die Feiertage nahten, da wurde ihm zur Büßung eines Fehltritts von seinem Beichtvater der Besuch dreier Messen auferlegt. Vergeblich war das Bedenken seiner Umgebung gegen diese Buße. Der edle Fürst, furchtlos und keine Gefahr ahnend, verfügte sich ohne alle Begleitung nach dem Gotteshaus, der auferlegten Pflicht Genüge zu tun. Er hatte die Haintorkapelle sowie die Paulinerkirche bereits verlassen und den Weg nach der Thomaskirche eingeschlagen, als er im Morgengrauen einen vermummten Ritter hinter sich sah. Ihm zu entgehen, spornt er sein Roß mächtiger, so daß eins der Hufeisen bis zur Nikolaikirche fliegt; er gelangt in die menschenerfüllte Kirche, wo er auf den Stufen des Altars niedersinkt. Der ihm zu Fuß nacheilende Schildknappe kommt nicht mehr in seine Nähe. Kaum hat nun der Lobgesang: »Benedictus, qui venit in nomine Domini!« begonnen und die Kerzen sind ausgetan, als ein raschgeführter Dolchstich seines Verfolgers ihn zu Boden streckt. Diezmann starb einige Tage darauf, standhaft und fromm in seinem 37. Jahr, und wurde in der Paulinerkirche fürstlich beigesetzt.

Von dem auf die Folter gelegten Mörder war indes weder zu erfahren, wer er sei, noch wer ihn gedungen. Man hielt ihn für den der kaiserlichen Partei ergebenen Abt von Pegau, dessen Kloster die Diezmannschen Truppen eingeäschert hatten. Er wurde mit glühenden Zangen zerrissen und gerädert.

Philipp den Nassauer traf die wütende Hand Markgraf Friedrichs, der ihn erschlug, im Gefecht zu Borna. Des heldenmütigen Knappen, der nach dem Fall seines Herrn den Tod suchte, gedenkt die Sage nur in wenigen Zügen, doch meldet sie, daß, nachdem er siegend im Tref-

Oben: Die Leipziger Nikolaikirche, deren spätgotisches dreischiffiges Langhaus 1523–25 entstand; Innenrestaurierung ab 1970. Seit 1980 fanden hier jede Woche Friedensgebete statt, im Oktober 1989 einmündend in die Montagsdemonstrationen auf dem Karl-Marx-Platz: Deutschlands friedfertigste und wirksamste Revolution. Unten: Die ebenfalls spätgotische dreischiffige Thomaskirche (1482–96),

die auf ein 1212 gegründetes Augustiner-Chorherren-Stift zurückgeht; seit 1212 existiert auch die Thomasschule mit dem Thomanerchor (ursprünglich auf 12 Knaben begrenzt). Joh. Seb. Bach wirkte hier als Kantor 1723–50; seine Gebeine wurden 1950 von der im Krieg zerstörten Johanniskirche in den Chor der Thomaskirche überführt. Stahlstiche 1861, nach Zeichnungen von Ludwig Rohbock.

fen bei Großenhain gefallen, Friedrich der Gebissene selbst ihm einen Stein gelegt und zwei Eichen auf sein Grab gepflanzt habe. Diezmanns Grabmal, öfters zerstört, zuletzt durch die Franzosen im Jahre 1813, wurde in späterer Zeit wieder würdig hergestellt; das Hufeisen aber, das des Markgrafen Pferd in der Ritterstraße nach der Nikolaikirche schleuderte, hängt noch jetzt dort an der Mauer befestigt. *J.G.Th. Grässe 1874, I. Nr. 410*

Das Mönchsbild in der Paulinerkirche

Der rechte Flügel oder Lied des dem heiligen Paulus geweihten Altars in der Leipziger Paulinerkirche zeigt den Märtyrertod des am 25. März 1253 kanonisierten Dominikaners Peter von Verona; das Volk aber glaubt, es stelle den Mönch dar, der der Sage nach anstatt des Markgrafen Diezmann im Rosental ermordet ward und noch sterbend das Glaubensbekenntnis mit seinem Finger, den er in sein eigenes Blut getaucht hatte, auf die Erde geschrieben haben soll.

J.G.Th. Grässe 1874, I. Nr. 450

Der Grabstein des Ritters Harras in der Thomaskirche

Als ein Wahrzeichen Leipzigs galt sonst in der Thomaskirche der Grabstein des Ritters Hermann von Harras, eines Kriegsobersten Kurfürst Friedrichs II., der im Bruderkrieg aus Rache gegen die Vitztume an einem Tage 60 Dörfer in Thüringen mit Feuer verheert hatte und deshalb der Brandmeister hieß. Er stellt ihn ganz geharnischt auf einem gebeugten Löwen stehend dar und gibt seinen Todestag als Lichtmeß 1450 an. Man erzählt nun folgende Ursache des Löwenattributs. Harras war in fremde Lande in den Krieg gezogen, während dessen hatte sich seine Braut mit einem andern verlobt, und der Teufel soll ihn davon unterrichtet und versprochen haben, daß, wenn er sich ihm zu eigen geben wolle, er ihn noch vor Vollziehung der Ehe nach Leipzig schaffen werde. Harras willigte ein, unter der Bedingung, daß auch sein getreuer Löwe ihn begleiten dürfe; er legte sich darauf auf dem Tier zum Schlafen nieder, und in Leipzig angelangt, weckte ihn der Löwe durch sein Gebrüll, so daß er die Heirat noch verhindern und seine Braut selbst heimführen konnte.

J.G.Th. Grässe 1874, I. Nr. 449

Die weiße Frau in der Pfarrwohnung zu St. Thomas

Bei den Verfolgungen der calvinistisch gesinnten Anhänger des bekannten Kanzlers Krell ward auch der Pastor Gundermann zu Leipzig am 15. November 1591 eingezogen und auf die Pleißenburg gebracht. Seine hochschwangere Frau sah, wie sich der Pöbel auf der Straße um ihn drängte und ihn mißhandelte. Dadurch ward sie tiefsinnig und erhängte sich am 24. Januar 1592 in der Pfarrwohnung zu St. Thomas an

Belagerung der Pleißenburg 1632. Kupferstich aus einem zeitgenöss. Flugblatt. Anstelle der 1897 abgebrochenen Pleißenburg wurde Leipzigs Neues Rathaus errichtet (1899–1905), den früheren Burgturm erhöhte man auf 114 m.

einem Bratenwender. Seit dieser Zeit soll nun jedesmal, wenn der dortige Pfarrer sterben soll, zuvor eine weiße Frau sich in dem Hause sehen lassen; namentlich hat man dies in den Jahren 1736–50 bemerken wollen, wo mehrere Geistliche hintereinander starben.

J.G.Th. Grässe 1874, I. Nr. 407

Feurige Drachen zu Leipzig

An feurigen Drachen war ehedem in Leipzig kein Mangel; vorzüglich im Jahre 1533 sah man deren viele: die meisten waren einen Finger lang, hatten Kronen auf dem Haupte, zwei Flügel und Saurüssel, und sollen derer oft 2 bis 400 Stück auf einmal beieinander gewesen sein. Am 23. November 1606 zündete ein Drache dem Kohlenträger Gregorius in Leipzig das Haus über dem Kopfe an, weil dieser angeblich den höllischen Gast auf dem Boden, wo er seinen Sitz hatte, mit einem schlechten Traktement abgespeist hatte.

Wer einen Drachen hat, der muß gut für ihn sorgen. Er frißt gern Semmelmilch, Hirsebrei mit viel Butter drauf, und mancher hält sich Bienenstöcke, daß er dem Tier Honig geben kann. Meist ist es das Gesinde, das mit dem Drachen nicht umzugehen weiß. Die Mägde sind naschhaft, und wenn sie das schöne Essen sehen, langen sie auch mal rein. Aber das läßt sich der Drache nicht gefallen. Eine Bäuerin setzte die Semmelmilch oder die Eier auf Butter gebraten immer aufs Hausschränkel. Die Magd dachte: »Aha, die hat einen Kebsmann, der soll einen Dreck bekommen«, und sie räumte täglich den Teller ab. Des Hungerns war der Drache überdrüssig. Eines Tages brannte er die ganze Wirtschaft ab. *J.G.Th. Grässe 1874, I. Nr. 413 und Fr. Sieber 1926, S. 270*

Der Ritt aus Auerbachs Keller

Kam Doktor Faustus auch mit seinen Studenten gen Leipzig. Als sie nun dort hin und wieder spaziereten, die Universität, die Stadt und die Messe besahen, gingen sie von ohngefähr vor einem Weinkeller vorüber. Da waren etliche Schröter über einem großen Weinfaß. Das fassete etwa sechzehn bis achtzehn Eimer, und sie wollten es aus dem Keller schroten, konnten es aber nicht herfürbringen. Das sah Doktor Faustus und sprach: »Wie stellt ihr euch so läppisch; euer sind so viele und einer allein könnte das Faß herfürbringen, wenn er sich recht dazu zu schicken wüßte.« Die Schröter wurden solcher Rede unwillig und warfen mit unnützen Worten um sich, weil sie ihn nicht kannten. Als aber der Herr des Weins solchen Zank vernahm, sprach er zu Fausto und seinen Gesellen: »Wohlan, welcher von euch das Faß allein herausbringt, dem soll es sein.« Da ging Faustus alsbald in den Keller, setzte sich auf das Faß wie auf ein Pferd und ritt es also schnell aus dem Keller, worüber sich jedermann verwunderte. Des erschrak der Weinherr, mußte aber doch dem Fausto das Faß mit Wein überlassen. Der gab es seinen Wandergesellen zum besten: Die luden ihre

Leipziger Messegeschehen im 17. und 18. Jahrhundert. Oben: Auerbachs Hof, der dem Dekan der medizinischen Fakultät Heinrich Stromer gehört hat, er besaß auch die Schanklizenz zu »Auerbachs Keller«. Kupferstich J. A. Rosmäsler 1778. Unten: Der Marktplatz mit dem Alten Rathaus (ganz rechts), als prächtiger Renaissancebau 1556 flugs zwischen zwei Messen errichtet. Stahlstich 1861.

guten Freunde dazu und hatten etliche Tage lang einen guten Schlampamp davon und wußten von Glück in Leipzig zu sagen. »Doktor Faust zu dieser Frist / Aus Auerbachs Keller geritten ist / Auf einem Faß mit Wein geschwind / Welches gesehen viel Menschen Kind. / Solches durch subtil Kunst getan / Und des Teufels Lohn empfing davon.«

Fr. Sieber 1926, Seite 220 f. nach Vogel, Leipzigisches Geschichtsbuch 1714

Kobolde käuflich

In Auerbachs Hof zu Leipzig bekommt man Kobolde zu kaufen; doch muß man sich vorsehen, daß man nicht betrogen wird. Es gibt nämlich arme und reiche Kobolde. Die reichen bringen ihrem Gebieter Geld und Speisen und was er sonst von ihnen verlangt; die armen aber besitzen selbst nichts und können darum auch nichts geben; sie zehren vielmehr nur von der Habe ihres Herrn und sind darum eine große Last, zumal da man sie nicht los werden kann, wenn man sie einmal hat.

E. Sommer 1846, Nr. 29

Luther und Eck

Gegen Tetzel ist Martin Luther aufgestanden. Er hatte in Leipzig 1519 mit dem Dr. Eck einen gar scharfen Redestreit über die neue Lehre. Da war auch Georg der Bärtige anwesend. Er hatte seinen einäugigen Hofnarren mit. Der verstand kein Wort von dem lateinischen Gerede und fragte, worüber sich denn die gelehrten Herren so stritten. Da antwortete ihm einer der Hofleute: »Es ist die Rede davon, ob du mit deinem einen Auge eine Frau nehmen darfst oder nicht. Luther ist dafür, Eck dagegen!« Nun war der Narr ganz erbost auf den Eck und zeigte ihm deutlich seinen Unwillen. Als das der Dr. Eck wahr kriegte, hielt er sich mit einem Finger ein Auge zu. Das brachte den Narren ganz in Wut, er redete von Schelmen und Spitzbuben und verließ voll Zorn den Saal.

Dr. Luther saß während des Redestreites gelassen und ruhig, roch zur Erquickung an einem Blumensträußchen, sah gleich alle Schlingen, die sein eifriger Gegner ihm legte, und gab schlagfertig Bescheid.

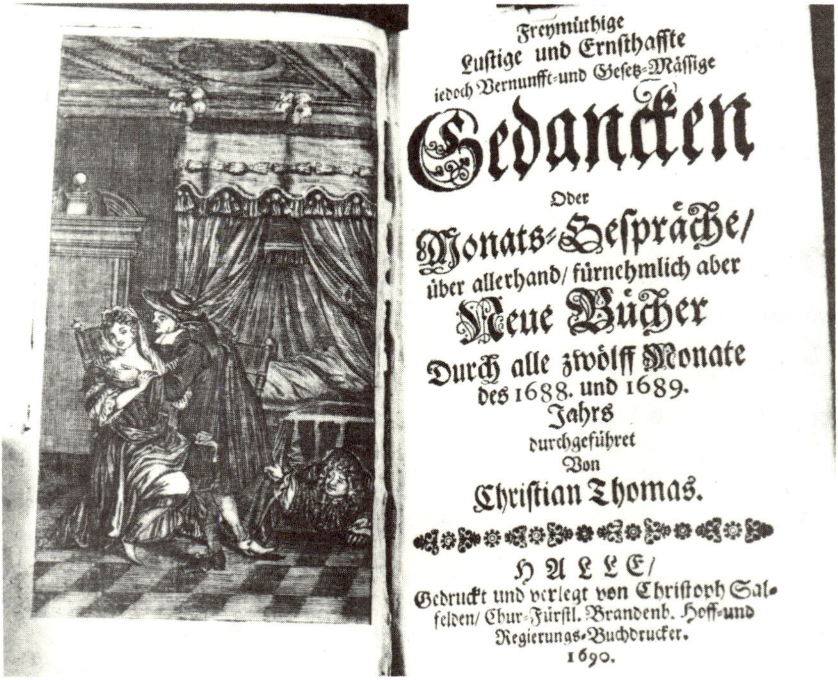

Titelkupfer zu den »Freymüthigen, Lustigen und Ernsthafften Gedancken« des Christian Thomasius, der als erster Gelehrter seine Vorlesungen auf Deutsch hielt (1687) und mit den aufklärenden »Monats-Gesprächen« (1688/89) zum Begründer des deutschen Journalismus wurde. Nur hat dies in Leipzig, wo er zudem eine Disputation »Ob Ketzerei ein strafwürdiges Verbrechen sei« veröffentlichte, nicht gefruchtet: »Auf Betreiben der Geistlichkeit, unter beträchtlicher Mithilfe kochender Kollegen, wurde Thomasius 1690 aus Leipzig entfernt« (Ernst Bloch). 1694 half er die Universität Halle zu begründen, erlangte als erster Jurist dort Einsicht in Hexenprozeßakte und schlug mit seinen Gutachten Alarm.

Da merkte der Eck, daß er seinen Gegner nicht überwinden könne, und er schrieb dem Kurfürsten: Der Luther trägt an seinem Mittelfinger einen Kapselring. Dahinein hat er einen Kobold (spiritum familiarem) gebannt. Wenn ich wieder mit ihm disputieren soll, so befiehl ihm, daß er den Ring mit dem hilfreichen Geist ablegt.

Fr. Sieber 1926, S. 81 f. nach
Karl Große, Geschichte der Stadt Leipzig. 1842, II., S. 31

Der Ursprung des Namens Übelessen

Bei der hartnäckigen Belagerung, welche der Kurfürst Johann Friedrich im Januar des Jahres 1547 über das seinem Vetter Herzog Moritz gehörige Leipzig verhängte, hielt der Kurfürst eines Tages auf dem jetzt sogenannten Tonberg seine Mittagstafel. Da flog eine aus der Stadt abgeschossene Kanonenkugel gerade in die Schüssel hinein; er stand auf und soll gesagt haben: »Hier ist übel essen.« Von selbiger Zeit ist das Vorwerk Übelessen genannt worden. Bei dieser Gelegenheit ist auch das Sprichwort: »Leipzig liegt vor Leipzig« entstanden, weil man sagte: der Kurfürst habe die Stadt wohl erobern können, wenn seine Kriegsobersten ihre Schuldigkeit getan hätten, von denen hätten aber die meisten ihre Frauen und besseren Sachen in der Stadt gehabt.

J.G.Th. Grässe 1874, I. Nr. 429

Die große Völkerschlacht bei Leipzig

Am Abend des 18. Oktober bildete die Linie der Verbündeten das furchtbare Schauspiel einer ununterbrochenen Batterie, deren nach einem Mittelpunkt laufenden Schüsse den Tod in die feindlichen Massen säten; zum erstenmal sah sich Napoleon in der Waffe überboten, auf deren Gebrauch er am liebsten die Entscheidung seiner Schlachten baute. Auf dem linken Flügel gingen zu den Verbündeten die bisher auf französischer Seite gestandenen Sachsen und Württemberger über, und das machte der Franzosen Lage besonders gefährlich, da sie diese Seite zuvor schon am schwächsten besetzt hatten; Blücher drang trotz der verzweiflungsvollen Verteidigung der Feinde vor und warf sie mit Einbruch der Nacht nach Reudnitz zurück.

In der Nacht vom 18. zum 19. Oktober 1813 begann der Rückzug der Napoleonischen Truppen. Rings um die innere Stadt und in den Alleen brannten Wachfeuer, und außer dem ungeheuren Flammengürtel auf allen nahen und fernen Höhen stiegen Feuersäulen aus den in Brand geschossenen Dörfern empor. Leipzig wurde gestürmt.

Anderntags trafen auf dem Markt die Monarchen und Heerführer zusammen, von der einen Seite der Kaiser von Rußland, der König von Preußen und der Fürst von Schwarzenberg (Kaiser Franz folgte erst zwei Stunden später); von der anderen Seite der Kronprinz von

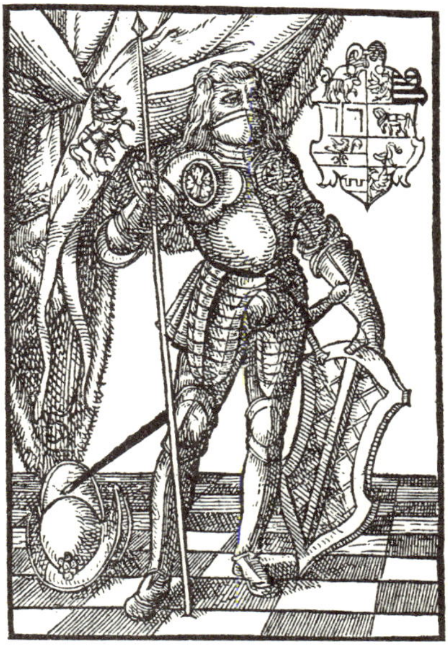

Links: Wiprecht von Groitzsch (um 1050–1124), von dessen Taten Bischof Thietmar in der Merseburger Chronik und Petrus Albinus in der Meißenschen Chronik berichten; sein Grabmal befindet sich in der Laurentiuskirche in Pegau. Holzschnitt 1589. – Rechts: Die drei verbündeten Heere, d.h. die Böhmische Armee unter General Schwarzenberg, die Schlesische Armee unter Blücher und die Nordarmee unter Bernadotte, gebieten Napoleon Einhalt – in der Völkerschlacht bei Leipzig, 18./19. Oktober 1813. Stahlstich 1842.

Schweden, Blücher und Bennigsen, und nacheinander alle die Feldherren, welche den beispiellosen Sieg erfochten hatten. Es war ein Tag, wie die Sonne vielleicht nicht in Jahrhunderten wieder einen über die Erde heraufführen wird.

Scheible's Historisch-biograph. Universum, Jg. 1842, S. 60 ff.

Wasserrecht

Bei Leipzig, wo die Elster in die Pleiße fällt, pflegt im Sommer das junge Volk zu baden, aber das Wasser hat da einen betrüglichen Lauf, zuweilen Untiefen, zuweilen Sandbänke, besonders an einem Ort, welcher das Studentenbad genannt wird. Davon, wie von andern Flüssen, ist gemeine Sage, daß es alle Jahre einen Menschen haben

Leipziger Vergnügungen im 18. Jahrhundert. Oben: Promenade vor dem St. Thomastor; Kupferstich von J.A. Rosmäsler 1777. Unten: Fischerstechen auf der Pleiße – zuerst zur Feier des Geburtstags von König Friedrich August am 12. Mai 1714, dann auf den 24. August verlegt. Holzstich 1863.

müsse, wie auch fast jeden Sommer ein Mensch darin ertrinkt, und daher wird geglaubt, daß die Wasser-Nixe einen hinunterziehe.

Brüder Grimm 1816, Nr. 61

Wie die Babuschen nach Groitzsch gekommen sind

Bei Leipzig liegt das kleine Städtchen Groitzsch, dessen Hauptnahrungszweig in dem Anfertigen von sogenannten Babuschen und Pantoffeln von Korduanleder besteht. Die Kunst, diese ursprünglich türkische Fußbekleidung zu verarbeiten, soll von einem Schuhmachergesellen aus Groitzsch namens Meyer um das Jahr 1617 in seine Vaterstadt gebracht worden sein, und erzählt man, jener sei auf seiner Wanderung in der Fremde in die Hände eines algerischen Korsaren geraten und von diesem nach Konstantinopel verkauft worden; dort sei er als Gärtnerknecht in die Gärten des großherrlichen Serail gekommen und habe da mit einer Türkin Bekanntschaft gemacht, sie entführt und mit in sein Vaterland genommen. Da er nun aber keine Schätze mitgebracht hatte, so kam er auf den Gedanken, solche Pantoffeln zu verfertigen, wie er sie in der Türkei von Männern wie von Frauen hatte tragen sehen. Und da er überdies im Ausland auch die Bereitung des Korduanleders gelernt hatte, so gelang ihm diese Spekulation so gut, daß er nicht bloß selbst dadurch reich ward, sondern daß auch seine Vaterstadt von da an fast ganz Europa mit dergleichen Schuhwerk versah. *J.G.Th. Grässe 1874, I. Nr. 461*

Wiprecht von Groitzsch

Die kleine Industriestadt Groitzsch und auch das frühere Benediktinerkloster Pegau erinnern an den hochberühmten Grafen Wiprecht, über dessen Leben Thietmar in seiner Merseburger Chronik berichtet. Im Jahre 1113 war er beim Kaiser in Ungnade gefallen. Heinrich IV. hoffte, mit Hilfe des böhmischen Herzogs Ladislas und sogar auch mit der des jungen Wiprecht, der sich davon Naumburg als Lehen versprach, die Stadt Groitzsch zu bezwingen. Doch Ladislas verlor bei der Belagerung mehr als 500 Mann, Kaiser Heinrich zog ab und belehnte einen seiner geheimen Räte mit der Stadt Naumburg – »derwegen der junge Wiprecht von ihm abgefallen und zog wiederumb zum Vater.«

Im Jahre darauf sorgte sich Graf Wiprecht, der Kaiser würde ihn aufs neue überziehen. Er verbündete sich deshalb mit Pfalzgraf Siegfried von Orlamünde und Landgraf Ludwig von Thüringen, und diese drei Herren verabredeten sich zu einem Gespräch in Wahrenstedt. Dies erfuhr Graf Hoyer von Mansfeld und mitten in ihren Beratschlagungen wider den Kaiser überfiel er sie unversehens mit 300 Mann. Nun vermochten sie keinen Widerstand zu tun, weil übermannt mit Volk und Rüstung; Landgraf Ludwig machte sich in der Flucht davon, die anderen beiden Herren wehrten sich noch eine Weile, doch Pfalzgraf Siegfried mußte sein Leben drüber lassen. Graf Wiprecht ward bis in den Tod verwundet und gefangen gen Leisnig geführt. Dort blieb er in Verwahrung, bis man ihn auf einem Reichstag zu Würzburg dem Kaiser und anderen Reichsfürsten vorgeführt. Die verurteilten ihn zum Tode, und einem des Namens Konrad von der Pleiße wurde befohlen, er solle ihn enthaupten lassen. Nun wollte der mit einem solchen Befehl nicht eilen: ob sich der Kaiser nicht eines andern besinnen möchte? Inzwischen gaben alle Fürsten dem jungen Wiprecht den Rat, er solle die Grafschaft Groitzsch samt allem Zubehör dem Kaiser übergeben, damit dieser hierdurch erweicht würde, das gesprochene Halsurteil über seinen Herrn Vater zu widerrufen.

Dies geschah, und obwohl hierdurch Graf Wiprecht beim Leben erhalten blieb, wurde er doch drei Jahre lang in einer gar festen Stadt gefangen gehalten. Als dies der junge Wiprecht und sein Bruder Heinrich erfuhren, sind sie beide zu den Sachsen gezogen. Sie wurden deshalb mit Landgraf Ludwig in die Acht erklärt und mußten die ganzen drei Jahre, die ihr Herr Vater gefangen gewesen, mit den Ihren sich heimlich in den Wäldern verstecken – »allda sie gleich wie das wilde Vieh ohn allen menschlichen Trost sich aufgehalten.«

Thietmar 1606, S. 332 f.

Des kleinen Volks Hochzeit-Fest

Das kleine Volk auf der Eilenburg in Sachsen (bei Wurzen) wollte einmal Hochzeit halten und zog daher in der Nacht durch das Schlüsselloch und die Fensterritzen in den Saal, und sie sprangen hinab auf den glatten Fußboden, wie Erbsen auf die Tenne geschüttet werden. Davon erwachte der alte Graf, der im hohen Himmelbett in dem Saal schlief und verwunderte sich über die vielen kleinen Gesellen. Da trat

Das Schloß zu Wurzen, errichtet 1491–97; der Ort an der Mulde ist schon 961 bezeugt. Stahlstich 1840.

einer von ihnen, geschmückt wie ein Herold, zu ihm heran und lud ihn in ziemenden Worten gar höflich ein, an ihrem Fest teilzunehmen. »Doch um eines bitten wir«, setzte er hinzu, »Ihr allein sollt zugegen sein, keiner von Euerm Hofgesinde darf sich unterstehen, das Fest mit anzuschauen, auch nicht mit einem einzigen Blick.« Der alte Graf antwortete freundlich: »Weil ihr mich im Schlaf gestört, so will ich auch mit euch sein.« Nun ward ihm ein kleines Weiblein zugeführt, kleine Lampenträger stellten sich auf und eine Heimchen-Musik hob an. Der Graf hatte Mühe, das Weiblein beim Tanz nicht zu verlieren, das ihm so leicht daher sprang und endlich so im Wirbel umdrehte, daß er kaum zu Atem kommen konnte. Mitten in dem lustigen Tanz aber stand auf einmal alles still, die Musik hörte auf und der ganze Haufe eilte nach den Türspalten, Mauslöchern und wo sonst ein Schlupfwinkel war. Das Brautpaar aber, die Herolde und Tänzer schauten aufwärts nach einer Öffnung, die sich oben in der Decke des Saales befand, und entdeckten dort das Gesicht der alten Gräfin, welche vorwitzig nach der lustigen Wirtschaft herabschaute. Darauf neigten sie sich vor dem Grafen und der, der ihn eingeladen, trat wieder hervor und dankte ihm für die erzeigte Gastfreundschaft.

»Weil aber«, sagte er dann, »unsere Freude und unsere Hochzeit also ist gestört worden, daß noch ein anderes menschliches Auge darauf geblickt, so soll fortan Euer Geschlecht nie mehr als sieben Eulenburgs zählen.« Darauf drängten sie nacheinander schnell hinaus, bald war es still und der alte Graf wieder allein im finstern Saal. Die Verwünschung ist bis auf gegenwärtige Zeit eingetroffen und immer einer von den sechs lebenden Rittern von Eilenburg gestorben ist, ehe der siebente geboren war.

Brüder Grimm 1816, Nr. 31

Der Marktplatz in Altenburg mit Rathaus und Waage. Das 1562–64 erbaute Rathaus mit dem hochragenden achteckigen Turm, Runderkern, Reliefs an Erkern und Portalen – den für Thüringen und Sachsen so beliebten »Gaffköpfen« – gehört zu den gelungensten Profanbauten Mitteldeutschlands im 16. Jahrh. Stahlstich von G.M. Kurz 1855, nach Zeichnung von Ludwig Rohbock.

Pleißnerland und sächsisches Vogtland

Das Wappen der Stadt Altenburg

Als im Jahre 1306 Markgraf Friedrich der Gebissene einige Zeit sein Hoflager in Altenburg hielt, waren von der kaiserlichen Partei Mörder gedungen, die dem Markgrafen bei einem Gastmahl im Schwarzen Bären auf dem Markt den Garaus machen sollten. Den Schimpf, den damals ein altadeliges Geschlecht auf sich lud, machte ein Altenburger Bürger namens Kornschreiber nach dem Bericht des Pirnaischen Mönches war es ein Freiburger Bürger, der sich für den Markgrafen in Stücke hauen ließ, mit seinem Blute gut. In dem Augenblick nämlich, als einer der Verräter einen Streich nach des Markgrafen Kopf tat, wurde er von dem Altenburger aufgefangen, so daß diesem zwar die Hand abgehauen ward, Herr Friedrich aber unversehrt aus dem Gedränge kam. Die abgehauene Hand aber nebst dem Roß, dem eigentlichen fürstlichen Wappen, führt die Stadt noch bis heute.

J.G.Th. Grässe 1874, II. Anhang Nr. 1

Die roten Spitzen

Als einmal der deutsche Kaiser Friedrich der Rotbart in Altenburg gewesen ist, hat er gesehen, daß die Stadt nur wenige Türme gehabt. Hätte gern ein paar gebaut, fand aber keinen Baumeister und Steinmetzen, einen rechten Plan zu machen. Da fiel ihm ein, daß sein roter Bart mit einer längeren und etwas kürzeren Spitze wohl geeignet sei, daß man zwei Türme danach errichte. Und so geschah es. Unten wurden sie durch einen Zwischenbau verbunden; oben ragten sie, aus roten Ziegeln gefügt, beide heraus, der rechte etwas länger als der linke, gerade wie die Bartspitzen. Und sind heute noch ein Wahrzeichen Altenburgs mit Namen die Roten Spitzen.

P. Quensel 1926, S. 95

Die Wahrzeichen der Stadt Chemnitz

Als Wahrzeichen der Stadt Chemnitz zeigte man sonst das Bächlein, welches mitten über den Markt floß, und den ausgehauenen weiblichen Kopf am Pfortentor rechts bei dem äußern Eingang. Der Kopf soll anzeigen, daß vor vielen hundert Jahren hier eine Nonne eingemauert oder hingerichtet wurde, die einen unnatürlichen Frevel mit einem Hunde verübt hatte (nach andern hätte sie als Strafe fünf Mauertürme vom Nikolaitor bis zur Pforte anbauen müssen, nach einer Sage wäre es eine vornehme Chemnitzerin namens Hofmann gewesen und die Sache 1415 geschehen). Ein anderes Wahrzeichen war bis 1617 das Bild des sogenannten Grütznickels, eines Stadtoriginals, der früher hier mit Grützmehl hausieren ging und in einen Schafpelz gekleidet war, an dem Rathausturm. Nach dem Brand von 1617 ward jedoch bei der Wiederherstellung des Turmes (1619) dies Bild nicht erneuert.

J.G.Th. Grässe 1874, I. Nr. 468

Die Schloßkirche zu Chemnitz

Auf dem Pflaster der Schloßkirche zu Chemnitz sieht man einen dunklen Fleck, der daher rührt, daß einst ein Mönch, der sich bei einer dort gehaltenen Himmelfahrtskomödie an der Maschine, die zum Hinaufziehen in ein oben befindliches Gewölbe oder zum Herablassen aus diesem diente, hinaufziehen ließ und im Herabfallen zu Tode stürzte. In dieser Kirche befindet sich auch das Bild des Abtei Hilarius, der sie etliche Jahre vor der Vertreibung der Mönche hatte reparieren lassen. Dieses Bild darf von niemandem geneckt oder von seinem Ort weggenommen werden, wenn dem Täter kein Unglück begegnen soll, wogegen es einst einer Hausmagd, die es hübsch gesäubert, diesen Dienst mit einem alten Taler gelohnt hat.

J.G.Th. Grässe 1874, I. Nr. 467

Die Kirche zu St. Jakob

Der Ort, wo die Kirche zu St. Jakob in Chemnitz steht, soll ehedem sehr sumpfig und morastig gewesen sein, daher die Kirche auf der einen Seite, gleichwie auch der Turm, auf eingerammelten Pfählen steht. Der Baumeister, der zuerst diese Kirche erbaut, soll, nachdem

Chemnitz, das »sächsische Manchester«, Mitte des 19. Jahrhunderts. Oben: Das Stadtpanorama erstreckt sich von Spinnereien, Färbereien bis zur Schloßkirche, dem von Kaiser Lothar 1136 gegründeten Benediktinerkloster zugehörig. Unten: Der frühere Marktplatz mit dem Hohen Turm, der Burg des Stadtvogts (12. Jahrh., mehrfach umgebaut und 1945 stark beschädigt). Stahlstiche 1863, nach Zeichnungen von L. Rohbock.

er mit dem ganzen Bau fertig gewesen, sich von oben herabgestürzt und so den Bau mit seinem Blute versiegelt haben.

Auch wird erzählt, daß Kaiser Otto I., unter dem die anfängliche, viel kleinere Kirche erbaut wurde, den ersten Grundstein gelegt hat, nebst einer Münze und dem Bildnisse St. Jakobs darunter.

Er schenkte auch der Kirche das Bildnis der heiligen Maria; das soll viel Zeichen und Wunder getan haben, weshalb nicht weniger Zulauf von Wallfahrern dahin gewesen als nach Aachen oder Santiago de Compostela in Spanien. *A. Meiche 1903, Nr. 1143 nach Richter, Chronik von Chemnitz I., 1767*

Krieg und Frieden

Im Jahr 1644 am 18. August zog Kurfürst Johann Georg der Erste an der Stadt Chemnitz vorbei. Da fingen seine Leute in dem Gehölz der Gegend ein wildes Weiblein, das nur eine Elle groß, sonst aber recht menschlich gestaltet war. Angesicht, Hände und Füße waren glatt, aber der übrige Leib rauh. Es fing an zu reden und sagte: »Ich verkündige und bringe den Frieden im Lande.« Der Kurfürst befahl, man solle es wieder frei gehen lassen, weil vor etwa fünfundzwanzig Jahren auch ein Männlein von gleicher Gestalt gefangen worden, welches den Unfrieden und Krieg verkündiget.

Brüder Grimm 1816, Nr. 168

Verzwickter Stadtname

Die Zwickauer, die so stolz den Schwan im Wappen tragen und sich ihrer Abkunft von Schwanhildis rühmen, ihre Stadt die Schwanenstadt nennen und ihren eigentlichen Namen gern unterdrücken, die sollen nun den wahrhaften Ursprung ihres Stadtnamens erfahren. Da lagen ursprünglich bei dem längst zerbrochenen Schlosse, dem Zwakker auf dem Zwackerberg, nur etliche Höfe und Häuser. Die waren ganz ineinandergebaut, und deswegen ging gemeiniglich das Sprichwort: Schauet, welcher Weis die Häuser sind zusammengezwickt. Und die Zwickauer Bürger trugen große Bärte über den Lippen. Die hießen bei den Leuten die Zwickbärte.

Fr. Sieber 1926, S. 111f.
nach J.B. Mencke 1729, II., Sp. 1540

Die Wahrzeichen von Zwickau

Als Wahrzeichen der Stadt galt vordem für die reisenden Handwerker eine große Brille, die am obersten Giebel des Kaufhauses in Stein gehauen zu sehen war. Ein zweites Zeichen war der in der Marienkirche (zweimal inwendig und einmal auswendig) angebrachte Kopf mit drei Gesichtern, von dem einige annehmen, er stamme noch aus der Heidenzeit, während andere darunter das Geheimnis der Dreieinigkeit verstanden wissen wollen. Sonst hatte man ein Sprichwort von der Stadt, welches hieß, daß die Zwickauer im Meißner Lande sterben und im Vogtland begraben werden, und noch heute sagt man hier von einem, der begraben wird, er wird ins Vogtland getragen.

J.A.E. Köhler 1867, Nr. 292

Zwickauer Wirtschaftswunder

Ein Zwickauer Bürger zog mit einem Würzladen durchs Land und verdiente sich so seine Nahrung. Da kam er am Schneeberg in einen alten Schurf. Dort war eine schöne Gilb und Bräune in der Dammerde. Darum stellte er zwei Arbeiter an, die für ihn gruben, lohnte sie

Zwickau an der Mulde, mit der die Stadt beherrschenden Marienkirche (Dom, 13. Jahrh.) und der Katharinenkirche; Stahlstich 1863, nach Zeichnung von Ludwig Rohbock.

alle vier Wochen ab und zog indessen mit seinem Kram herum. Die Arbeiter fanden bald eine »gänßkötige« Bergart (die ist grünlich von Farbe, dem Gänsekot gleich), und brachten am Lohntage ihrem Herrn etliche Handstücke gen Zwickau. Der ließ sie bei einem Goldschmied probieren. Der Goldschmied sagte: »Bring mir mehr von den Dingern, so will ich dir schöne silberne Becher daraus machen.« Nun schlossen sich mehrere Bürger von Zwickau und anderen Orten zusammen und bauten weiter. Da wurde das Erz so mächtig, daß sie das Silber nicht mehr vermünzen konnten, sondern kuchenweis oder in ganzen Blöcken austeilen mußten. Nun wurden Hütten neben den Zechen gebaut, und wo die Hütte hinkam, wurde das Holz geschlagen. »So hat denn mein lieber Vater selig in einem solchen Haus gewohnet, dessen Stubenholz auf demselben Ort gewachsen war«, erzählt der kursächsische Sekretär Petrus Albinus.

Nach P. Albinus, Meißnische Berg-Chronika 1590

Die Herren von Römer

Zu den angesehensten Bergherren gehörten die Herren von Römer in Zwickau. Ihr Ahnherr war ein armer Eselstreiber. Dem war das Glück hold, und bald wurde er also mächtig reich, daß in seinem Hause die Silberkuchen wie Stücke Blei übereinanderlagen und täglich immer neue auf Schleifen auf der Silberstraße nach Zwickau geführt wurden. Zu jener Zeit stand in Zwickau eine Münze, und täglich wurde dort gemünzt. Weil aber des Silbers damals zu viel gewesen, hat dieser Römer (war ein gar kleines Männlein) zu sich gesagt: »Wohl ist ein reicher Mann wohl auch ein armer Mann, weil ich mein Silber nicht einmal gemünzt haben kann.« Darum ist er bei sich darüber zu Rat gegangen und hat drei Lastwagen mit Silberkuchen beladen und beschlossen, diese nach Nürnberg zu führen, wo ein sehr reicher Rat sein sollte. Dort ist ihm nach einigem Hin und Her für so viele Zentner Silbers, als er gehabt, ebensoviel gemünztes Geld zugewogen, man hat ihn zu Gast geladen und herrlich traktiert und für einen gnädigen Herrn tituliert. Als er nun seine Ware losgeworden, ist er mit seinen drei Wagen mit Gelde beladen wieder nach Zwickau gekommen.

Darauf hat Herzog Albrecht von Sachsen zu ihm geschickt, ob er ihm auf seiner weiten Reise zum heiligen Grab mit etlichen tausend Gulden dienen könne, worauf er zurückgemeldet hat, sofern es seiner fürstlichen Gnaden gefällig, wolle er selbst mit. Und das ist auch geschehen, hat dieser Römer seinen Fürsten mit 150 Pferden bis zum heiligen Grabe und dann wieder anheim freigehalten, und diese Reise wird ohne Zweifel eine stattliche Summe Geldes gekostet haben. Darum ist er beim heiligen Grab zum Ritter geschlagen und er und die Seinen edel gemacht worden. Zum Zeugnis führen die Römer, so in Zwickau wohnen, eine Eselspeitsche (nach andern einen Pilgerstab) im Wappen. Auch hat dieser Römer ein gewaltiges Haus am Markt eine Gasse lang nach der Mulde zu und das Kaufhaus am Markt nebst dem Kornhaus am Schlosse gebaut, hat das Kaufhaus dem Rat und das Kornhaus dem Fürsten geschenkt hat, hat dem Rat noch viele andere Güter gegeben und sonst noch etliche tausend Gulden, sollten von den Zinsen Söhne seines Geschlechtes, die in die Schule gehen und studieren würden, erhalten werden, damit es ihren Eltern nichts koste, sie möchten studieren, wo sie wollten.

J.G.Th. Grässe 1874, II. Nr. 612

Der große Topf zu Penig

Die Stadt Penig war früher durch feine Töpferarbeiten weit und breit berühmt. Einst haben nun die geschicktesten Meister dort gemeinschaftlich einen großen Topf gebrannt, der 15 Eimer Wein gefaßt haben soll. Dieses neue Weltwunder zog nun viele Reisende an, und so kam denn auch einmal der spätere Kurfürst Friedrich der Weise als junger Prinz dahin, um sich den Topf anzuschauen. Da fiel es dem Prinzen ein, hineinzusteigen; er ließ eine Leiter bringen und stieg auf den Boden hinab. Kaum war er unten angelangt, so ließ der ihm von seinem Vater beigegebene Hofjunker, ein Herr von Schönberg, die Leiter herausziehen und hoffte nun, der Prinz werde sich aufs Bitten legen, um herauszukommen. Dieser aber besann sich kurz, schlug mit der Faust an die Wand des Riesentopfes und spazierte so wie zu einer Türe hinaus. Um nun die Peniger Töpfer für den Verlust ihres Kunstwerkes zu entschädigen, erbat er sich von seinem Vater Abgabefreiheit für sie.

Übrigens formten die Töpfer bald wieder einen anderen ähnlichen Riesentopf, auf dem davon so genannten Topfanger, und errichteten ein Häuschen darüber, wo er lange noch zu sehen war.

J.G.Th. Grässe 1874, I. Nr. 383

Der große Topf zu Penig. Kupferstich von Albrecht Schmid um 1720.

Das wunderbare Bild zu Rochlitz

Von der Stadt Rochlitz sagt eine alte handschriftliche Chronik, es sei die älteste Stadt an der Mulde und habe schon etliche Jahre vor Christi Geburt bestanden.

Früher stand auf dem Saal unter dem breiten Turm des Rochlitzer Schlosses, die Wochenstube genannt, der Flußseite zu ein Bild auf Holz geleimt, auf dem zwei Verliebte, allem Anschein nach vornehme Personen, die miteinander Ringe wechseln, zu sehen waren. Es soll dies eine Gräfin von Rochlitz sein, die mit einem Abt aus dem Kloster Zschillen einen Liebeshandel unterhielt, ihn hernach aber in die Mulde stürzen ließ, damit ihre Liebe nicht bekannt werden sollte. Von diesem Bild wird erzählt, es dürfe nicht von der Stelle verrückt werden, wenn es nicht im Schlosse umgehen oder spuken solle.

J.G.Th. Grässe 1874, I. Nr. 376

Der Ruf von Meerane

Die Stadt Meerane hat ehemals in ziemlich schlechtem Ruf gestanden, vielleicht, weil in seiner Nähe der slawische Götze Crodo (Wotan) in dem Talgrund, in dem die Dörfer Götzental, Crotenleide und

Hainichen lagen, hoch verehrt wurde. Später allerdings lag der Grund darin, daß es dreierlei Gerichten untertan war, was zur Folge hatte, daß Strolche sich leicht aus einer Gerichtsbarkeit in die andere salvieren konnten. So entstand nach und nach die Sitte, einen liederlichen Menschen einen Meeraner zu nennen. Einst reiste der dortige Pastor Mag. Sigismund Stolze zur Leipziger Messe; als er nun mit seinem Wagen in Leipzig an das Tor kam, wurde er gefragt, woher er käme und wer er sei. Auf die Antwort »der Pastor von Meerane« mußte er wieder umkehren, weil man von einer so übel beleumundeten Stadt niemanden einlassen wollte. Der gute Mann half sich nur dadurch, daß er unter einem anderen Namen zu einem anderen Tor wieder hereinfuhr.

J.G.Th. Grässe 1874, II. Nr. 623

Die Otternkrone

In einem Dorf des sächsischen Vogtlandes hatte eine arme Viehmagd eine Otter aus den Milchnäpfen saufen sehen, und weil sie das nicht leiden mochte, stellte sie dem Tier eine besondere Schüssel hin. Das machte sie mehrere Jahre hindurch. Als das Mädchen heiratete, kam die Otter, lang wie ein Rechenstiel, in die Hochzeitsstube. Die Gäste erschraken, die Braut aber erkannte ihre alte Bekannte und ließ es zu, daß sie sich ihr auf den Schoß legte. Als die Otter das Zimmer wieder verläßt und die Braut aufsteht, fällt etwas von ihrem Schoß, und siehe, es war eine Otternkrone. August dem Starken, der davon hörte, kam die Lust an, die Krone zu erwerben. Lange wollte die junge Frau nichts davon hören, und sie trennte sich auch nicht eher von dem Andenken, bis ihr ein Rittergut dafür geboten wurde. Nun lebte sie herrlich und in Freuden. Im Grünen Gewölbe zu Dresden aber wird ein goldenes Ei aufbewahrt, in dem man beim Öffnen eine kleine mit Diamanten besetzte Goldkrone findet. Das soll die Krone des Otternkönigs sein.

Fr. Sieber 1926, S. 195

Der Bieresel

Im Vogtland ist früher der Bieresel gewesen. Die Schlesier sagen: Gastwirte, die schlechtes Maß schenkten, müssen als Bieresel gehen.

Doch davon wissen die Sachsen nichts. Im Vogtland geht der Bieresel in die Wirtshäuser, setzt sich mitten unter die Gäste und trinkt ihnen das Bier aus. Wird er nicht geneckt, tut er niemandem etwas zu Leide und geht wieder ruhig seines Weges. Wenn ein Kind sehr laut lacht, sagen die Vogtländer: »du lachst wie ein Bieresel.«

Fr. Sieber 1926, S. 301

Blau ist eine schöne Farbe

Reußenland, das ehedem viel umfangreicher war als gegenwärtig und unter anderem auch Plauen besaß, ist unter dem Burggrafen Heinrich V. auch um dieses Besitztum gekommen. Es wird erzählt, der Burggraf habe es an den Kurfürsten von Sachsen im Spiel verloren. Der Kurfürst sei nun sehr heiterer Laune gewesen und durchaus geneigt, das Spiel nicht gelten zu lassen; ja, es habe sogar die Kurfürstin selbst dem Burggrafen einen Wink gegeben, eine Bitte werde ihm nicht abgeschlagen und Blau sei eine schöne Farbe. Leider mißverstand der Burggraf diesen wohlgemeinten Rat. Er hatte unter anderem auch seine blauseidene Feldbinde mit verspielt gehabt und glaubte, diese blaue Binde sei gemeint: er erbat und erhielt sie, Plauen aber blieb fortan bei Sachsen. *R. Eisel 1871, Nr. 768*

Das Blutbad auf dem Schlosse zu Plauen

Als die Hussiten sich der Stadt Plauen näherten, flohen alle Bürger auf das alte feste Schloß, weil sie sich dort oben sicher fühlten. Und in der Tat gelang es den anstürmenden Feinden nicht, es einzunehmen. Da bestach der Anführer – es soll Prokop gewesen sein – den Türhüter des Schlosses und versprach ihm einen Hut voll Dukaten, wenn er die Pforte öffnen würde. Der Hüter ging auch darauf ein; als aber die Hussiten eindrangen, wurde ihm statt des Hutes voll Dukaten von den Feinden der Kopf abgeschlagen. Die Hussiten richteten nun in der Burg ein schreckliches Blutbad an; keiner sollte ihren Schwertern entrinnen, und das Blut floß in Strömen beim unteren Turm herab. Nur zwei Bürger, welche sich in dem Brunnen versteckt hatten, kamen mit dem Leben davon; der eine hieß Loth, der andere Pfund. Als nun die Feinde abgezogen waren, kamen sie hervor und einer redete den andern an: »Nun, Löthele, bist du denn auch noch da?« – »Ja, Pfündele«,

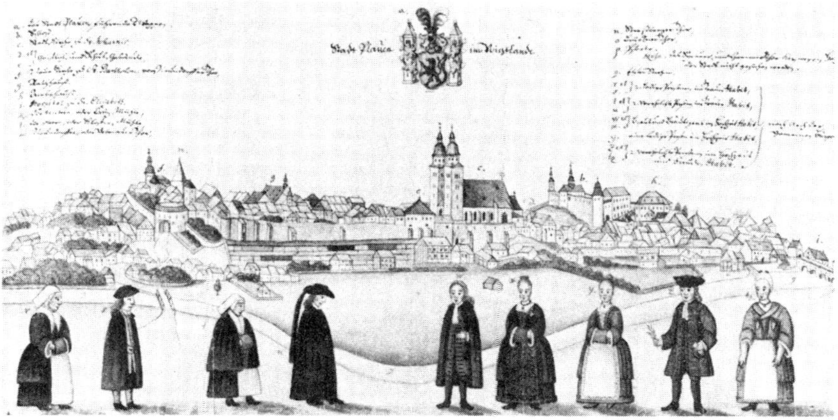

Bürger von Plauen in verschiedenartigem Habit; in der Hintergrundmitte die Stadtkirche St. Johannis, nach dem großen Brand 1548 als dreischiffige Hallenkirche neu errichtet, 1945 fast zerstört; Restaurierung 1951–58. Farbige Zeichnung von J.A. Richter, um 1720.

sagte der andere. Darauf sind diese Namen, Löthele und Pfündele, den Familien geblieben, und noch im 19. Jahrhundert haben Leute, welche diesen Namen führten, in Plauen gelebt.

J.G.Th. Grässe 1874, II. Nr. 651

Die Klagemutter

Wenn in Plauen jemand sterben will, sieht man vor dem Hause ein Schaf liegen; das ist die Klagemutter. Oft kollert es fort, oft aber richtet es sich auf über Menschenlänge und fällt dann wieder zusammen. In Schöneck hauste die Winselmutter ebenfalls in Schafsgestalt in alten Häuserluken nahe dem Felsen. Sie ließ sich auch vor Feuersbrünsten sehen. Wurde sie geneckt, wuchs sie riesengroß auf, daß sie bis ins zweite Stock sehen konnte. In Brunn liegt sie vor dem Sterbehause auf der Gasse als Kalb mit roten Augen. Hängt sie den Kopf, so stirbt jemand, trägt sie ihn hoch, bedeutet es Feuer. Sie wohnt in einer Scheune bei der Schule. In Reichenbach an Schladebachs Bergel geht sie wieder als Schaf mit roten Augen um. Manchmal wälzt sie sich in Gestalt eines großen, weißen Ballen auf der Gasse fort.

R. Eisel 1871, Nr. 319

Erzgebirge

Entdeckung der Freiberger Silbererze

Auf eine Zeit ist ein Goslarer oder, wie etliche vermuten, ein sächsischer Fuhrmann zu Halle durchgefahren und hat Salz ins Land zu Böhmen führen wollen, weil dieses Land bis auf den heutigen Tag aller Ding die Fülle, allein kein Salz hat. Dieser Salzführer, als er fast an die Grenzen des böhmischen Gebirges, in die Gegend, wo jetzt Freiberg steht, gekommen ist, hat ein Geschiebe von ungefähr einem gediegenen Glanz oder Bleierz in einem Wagengleis gefunden; hat's dann, weil es schön gleißend und schwer gewesen, auf den Wagen geworfen und im Wiederkehren mit sich nach Goslar gebracht. Nachdem es von den Bergleuten probiert und im Silber viel reicher als das Goslarer Glanz und Bleischweif befunden wurde, haben sich die Sachsen zum Teil alsbald aufgemacht, sind auf Nachrichtung des Fuhrmannes dorthin gezogen, wo er das Geschiebe gefunden hatte, haben Gänge ausgerichtet, eingeschlagen und geschürft, und da es ein gut Ansehen genommen, getrost Kübel und Seil eingeworfen, in Eil etliche Rößchen getrieben, damit sie die Gebirge etwas verstollen und das Wasser verschroten, auf daß sie ohne Hindernis bauen mögen, und haben also in Summa die Sachsen das Bergwerk im Lande zu Meißen erst rechtschaffen rege gemacht.

J.A.E. Köhler 1886, Nr. 494 nach P. Albinus,
Meißnische Bergk Chronika, 1590

Die Kanzel im Freiberger Dom

Die Freiberger Bergwerke gaben reiche Ausbeute. Da kam solcher Glanz und Reichtum in die Stadt, daß unsre Urväter sagten: »Wenn Leipzig mein wäre, so wollt ich's zu Freiberg verzehren.« Von diesem Glanze legt die große Kunst der Goldenen Pforte am Freiberger Dom heute noch lebendiges Zeugnis ab. Als die Freiberger den Dom mit Kunstwerken zierten, trat ein Meister mit seinem Gesellen in einen Wettbewerb, wer die kunstreichste Kanzel ersänne. Und sieh, der Ge-

Oben: »Prospect der Stadt Freyberg in Meisen«, bis zum Dreißigjährigen Krieg die wirtschaftlich bedeutendste, lange Zeit auch größte Stadt Sachsens. Kupferstich von Schletterlan († 1782). Unten: Schloß Freudenstein zu Freiberg, 1566–79 erbaut, 1784–1805 als Militärmagazin umfunktioniert, heute Jugendklubheim. Kupferstich von Wagler, um 1780.

sell übertraf den Meister. Der wurde zornig und erschlug seinen geschickten Gehilfen. Die Kanzel des Gesellen steht heute noch im Freiberger Dom, kunstreich als Tulpe gestaltet.

Fr. Sieber 1926, S. 58 f.

Markgraf Friedrich löst seine Leute mit Land aus

König Adolf von Nassau trug hitzige Begier zur reichen Bergfahrt in Freiberg. So kam er mit einem großen Haufen vor die Stadt und hatte viele Schleudern und Mauerbrecher bei sich. Damit belagerte er Freiberg ein Jahr und vier Monate und konnte es nicht erobern. Sein Volk erfror und verdarb vor Hunger. Ein Obrist versank mit seiner Abteilung in einem unterwühlten Berg vor dem Donatstor. Endlich aber übte ein ungeraten Kind der Stadt Verrat und sagte dem König, daß er durch den Münzbach in die Stadt eindringen könne. Da stürmte Adolf das Schloß Freudenstein und nahm die Stadt. Und weil er viele Bürger aus namhaften Geschlechtern enthaupten lassen wollte (mit einem Teil hat er's getan), übergab Markgraf Friedrich dem König alle seine Länder und Schlösser, daß damit seine Getreuen möchten gelöset werden, ritt ins Elend und ward genannt Markgraf ohne Land.

Fr. Sieber 1926, S. 43

Der treue Haberberger von Freiberg

Als Markgraf Friedrich der Freidige, vom Kaiser Adolf besiegt, elend im Lande umherzog, kam er, von einem einzigen Diener begleitet und unerkannt in eine Schmelzhütte, in der ein Freiberger Bürger namens Haberberger einen starken Blick Silber abtrieb. Als er nun gefragt, wem so viel Silber zustände, und ihm darüber berichtet wurde, hat er den Haberberger allein vor die Hütte geführt, sich zu erkennen gegeben und ihn um das Silber angesprochen. Haberberger hat ihm dies nicht allein willig zugestellt, sondern ihm auch versprochen, daß er ihm nach wenigen Tagen, wenn er es geschmolzen, noch mehreres geben wolle. Markgraf Friedrich nahm es mit Dank an, und da ihm noch mehrere reiche Bürger heimlich von ihren Ausbeuten zuschickten, warb er neues Kriegsvolk an, mit dem es ihm gelang, in seinem Land wieder festen Fuß zu fassen. Er konnte sich um so mehr darin behaupten, als bald darauf der Kaiser abgesetzt wurde und in einer Schlacht mit seinem Gegenkaiser sein Leben einbüßte. Haberberger aber wurde reichlich beschenkt und erhielt mancherlei Freiheiten.

J.A.E. Köhler 1882, Nr. 745

Das Mönchskalb zu Freiberg

Den 29. Juli 1523 ist zu Freiberg im öffentlichen Kuttelhof in einer geschlachteten Kuh, so einem Bauern zu Klein-Waltersdorf zugehörte, das sogenannte Mönchskalb gefunden worden. Dieses Kalb hat einen runden, ungestalteten Kopf gehabt und oben darauf eine Platte wie ein Pfaffe, samt zwei großen Warzen wie kleine Hörner; mit dem Untermaul ist es einem Menschen, mit dem obern und der Nase einem Kalb gleich, sonst aber ganz glatt am Leibe gewesen, es hat die Zunge lang aus dem Maul herausgestreckt; die Haut am Halse und Rücken herunter hat wie eine gewundene Mönchskutte ausgesehen, an den Seiten aber vorn und an den Beinen ist es voller Ritze und Schnitte gewesen, als wenn die Kutte zerhauen oder zerschnitten wäre. Solches Ungeheuer ist von Doktor Martin Luther in seinen Schriften, wo es auch abgebildet wird, neben der Beschreibung des Papstesels, den man 1496 zu Rom gefangen, gedeutet worden. Melanchthon aber meinte, daß durch dieses Kalb die Verderbnis der Lutherischen Lehre in fleischliche und verderbliche Meinungen, wie sie zu selbiger Zeit im Schwunge gewesen, angezeigt worden, inmaßen auch bald hierauf ein Schwein zu Halle in den Osterfeiertagen ein Ferklein geworden, welches einem Pfaffen in Gestalt des damaligen Habits ganz ähnlich

Das Mönchskalb, 1523 zu Freiberg in Meißen gefunden, und der Papstesel. Holzschnitte aus Johannes Wolf, Lectiones memorabiles, Lauingen 1608.

gesehen. Es hat aber gedachtes Mönchskalb die Autorität der Geistlichen, so dem Papst zugetan gewesen, sehr verringert, also daß auch die Bergleute ein besonders schimpfliches Lied davon gedichtet und es den Mönchen und Pfaffen zu Spott und Hohn lange Zeit allhier gesungen, mit Bezug darauf, daß der Fleischer mit Vorbedacht und Willen das Fleisch von der Kuh, in der man das besagte Mönchskalb gefunden, niemandem als den Canonicis, Mönchen und anderen Geistlichen gelassen und solche dieses unbewußt verzehrt haben.

J.G.Th. Grässe 1874, I. Nr. 279

Der Berggeist am Donat

Vor Zeiten arbeitete auf dem Donat ein Bergknecht Hans, welcher so arm war, daß er manchmal hätte verzweifeln mögen. Er weinte oft stundenlang in der Grube, und eines Tages, als er sich keinen Rat mehr wußte, brach er in laute Klagen aus. Da zerteilte sich der Felsen und aus dem steinernen Tor trat ein kleines Männchen hervor. Das war der Berggeist, der sagte: »Armer Hans, ich will dir helfen, aber du mußt mir jede Schicht dafür ein Pfennigbrot und ein Pfenniglicht geben und ewiges Schweigen geloben!« Hans, welcher sich bald von seinem Schrecken erholt hatte, versprach alles mit Freuden. Darauf verschwand der Berggeist wieder und ließ ihm des Silbers in Menge zurück. Nun war Hans ein gemachter Mann, der schon ein paar Groschen aufgehen lassen konnte. Niemand konnte begreifen, woher er das Geld hatte, und er nahm sich wohl in acht, davon zu plaudern. Aber da kam das Stollnbier, wo das Bergvolk sich der Freude hinzugeben pflegt. Hans war diesmal vorzüglich auf dem Zeug und sprach dem Glase wacker zu. Bald war er berauscht und konnte in der Lust des Herzens das Geheimnis nicht länger verschweigen. Als aber am andern Tage sein Taumel verflogen war und die Freunde ihm erzählten, was er geplaudert habe, da erschrak er und fuhr mit Zittern und Zagen an. Sein Geschäft war, den Knechten, welche am Haspel standen, das Zeichen zu geben. Diese warteten lange vergeblich, er gab kein Zeichen, sie riefen ihn, er antwortete nicht. Da plötzlich zuckte es rasch am Seil, und ein helles Licht erglänzte in der Teufe. Die Haspelknechte wußten nicht, was das zu bedeuten habe, drehten aber den Rundbaum mit Eile banger Erwartung, und bald war der Kübel zu Tage gefördert. Rings um dessen Rand brannten Pfenniglichte, und drinnen lag der arme Hans tot, mit blauem Antlitz, wie ein Erdrosselter, und auf ihm das letzte Pfennigbrot. Der grausame Berggeist hatte ihn umgebracht.

J.A.E. Köhler 1882, Nr. 154

Der Pielberg

Bei Annaberg in Meißen liegt vor der Stadt ein hoher Berg, der Pielberg genannt, darauf soll vor Zeiten eine schöne Jungfrau verbannt und verwünscht sein, die sich noch öfters um Mittag, weshalb sich dann niemand dort darf sehen lassen, in köstlicher Gestalt, mit prächtigen, gelben, hinter sich geschlagenen Haaren zeigt.

Brüder Grimm 1816, Nr. 11

Der Anfang des Bergwerks am Schreckenberg

In dem Dorfe Frohnau wohnte ein Bergmann, welchen die alte geschriebene Stadtchronika von Annaberg Kaspar Nietzel oder Nitzelt nennt. Dieser schürfte an dem Schreckenberg und entdeckte dort am 27. Oktober 1492 in der Dammerde einen lettigen Gang, welcher im Zentner zwei Lot Silber hielt. Dieser Bergmann nahm den Letten, trug ihn am Abend Simonis Judä nach Geyer zu einem Schmelzer, der Martin Pflugk oder Pfennig geheißen, und ließ es probieren. Als aber der Schmelzer diesem Nietzel es nicht glauben wollte, daß er zu Tage aus einen solchen herrlichen Gang gefunden, so gab er ihm etliche verständige Bergleute mit, welche die Sache in Augenschein nehmen sollten; und diese, als sie den Gang wirklich so gefunden, hatten dem Nietzel hernach geraten, daß er den Gang von Herrn Johann Fischern, Bergmeister zu Freiberg, aufnehmen sollte. Das allerälteste geschriebene Chronikon aber, welches noch vorhanden ist, sagt, daß Hans Heintze und Martin Pflugk, der Schmelzer in Geyer, das Lehngeld geleget und den Gang bei Hans Fischer, Bergmeister in Freiberg, haben aufnehmen lassen. Als sich nun beim Abteufen der Gang veredelt, der Gehalt gebessert und das Geschrei ins Oberamt nach Freiberg geschollen, so hat der Bergmeister daselbst etliche abgeordnet, das neue Gebäude zu befahren und an dem nahe dabei liegenden Schottenberg einen Stollen zu treiben anfangen lassen. Dies ist anno 1492 geschehen, in welchem Jahre dieser wüste und wilde Ort das Glück hatte, daß er bekannt geworden. Von diesem Jahre an rechnen nun etliche den Anfang der Stadt St. Annaberg.

J.A.E. Köhler 1882, Nr. 501 nach Richter, Chronica der freyen Bergstadt Annaberg, 1746

Der Berggeist erscheint in Roßgestalt

Zu Annaberg war eine Grube, genannt »der Rosenkranz«, darinnen arbeiteten zwölf Knappen. Die schwatzten miteinander possenhaft, wollten sich gegenseitig mit dem Berggeist fürchten machen und leugneten ihn als einen lächerlichen Popanz. Da mit einem Mal sahen sie eine Roßgestalt mit langem Hals und mit feurigen Augen an der Stirn und erschraken zum Tode. Dann ward aus der Roßgestalt die wahre Gestalt des Bergmönchs, die trat ihnen schweigend nahe und hauchte jeden nur an. Sein Atem aber war wie ein böses Wetter; sie sanken tot nieder von des Geistes Anhauch, und nur einer kam wieder zu sich, gewann mit Mühe den Ausgang und sagte, was sich zugetragen. Dann starb auch er. Darauf ist die silberreiche Grube »der Rosenkranz« zum Erliegen gekommen und nicht mehr angebaut worden. *J.A.E. Köhler 1882, Nr. 159*

Erfindung des Spitzenklöppelns

Allgemein setzt man die Erfindung des Spitzenklöppelns durch Barbara Uttmann in das Jahr 1561. Wahrscheinlich war in jener Zeit die neue Kunst schon weit vervollkommnet, denn als 1568 eine bösartige Krankheit in Annaberg herrschte, sollen allein in dieser Stadt gegen 800 Spitzenklöpplerinnen gestorben sein. Die Sage erzählt nun:

Ein junger Mann aus der damals berühmten Familie Uttmann, die durch den Bergbau große Schätze erlangt hatte, sah Barbara, verliebte sich in sie und wurde, als er ihr die Gefühle seines Herzens entdeckte, durch das Geständnis der Gegenliebe beglückt. Die Eltern der jungen Liebenden hatten gegen die Verbindung nichts einzuwenden, und die Zeit der Vermählung wurde festgesetzt. Die Männer trugen zu jener Zeit breite gestickte Hemdkragen, und Barbara wünschte ihren Bräutigam am Hochzeitsfest mit einem selbstgefertigten Spitzenkragen zu überraschen. Sie sann und grübelte deshalb noch eifriger als sonst über die neue Art der Spitzenbereitung, mit der sie sich schon

Oben: Annaberg mit der mächtigen Stadtkirche St. Annen (1499–1525 erbaut); bemerkenswert der 1521 aufgestellte Bergaltar mit Darstellung der Legende des Bergmannpatrons Daniel sowie Berg- und Hüttenwesen. Unten: Schloß Schwarzenberg, 24 km südwestlich von Annaberg-Buchholz, heute als Museum für Erzgebirgisches Eisen und Zinn eingerichtet; literarisch bekanntgeworden ist der Ort durch Stefan Heyms Utopie einer freien deutschen Republik: »Schwarzenberg« (1984). Tatsächlich blieben Stadt und Landkreis nach Kriegsende 1945 sechs Wochen lang unbesetzt. – Stahlstiche 1863, nach Zeichnungen von L. Rohbock.

lange beschäftigt hatte; sie versuchte wohl tausenderlei, steckte Nadeln fest, schlang um sie die Fäden und endlich brachte sie auf diese Weise glücklich ein Gewebe zustande, dem sie mit der Nadel die letzte Vollendung gab. So soll die erste geklöppelte Spitze entstanden sein, die der Bräutigam der Erfinderin, Christoph Uttmann, an seinem Hochzeitstag als Halskragen trug.

Eine andere Sage erzählt, daß Barbara in der Kunst des Spitzenklöppelns von einer Magd unterrichtet wurde, die aus Brabant entflohen war und in dem Hause des Herrn von Elterlein eine Zuflucht gefunden hatte.

J.A.E. Köhler 1882, Nr. 759

Vom Namen der Stadt Marienberg

Das Gebiet der Stadt Marienberg wurde am 29. April 1521 von Dr. Ulrich Rülein von Kalbe, Bürgermeister zu Freiberg, der im Jahre 1497 Annaberg hatte messen helfen, abgesteckt. Es soll nun Herzog Heinrich die neue Stadt deshalb Marienberg genannt haben, weil sie gleichsam wie eine Tochter aus den Annabergischen Bergwerken entsprungen wäre, oder weil sich bei neulichen Zeiten der Jungfrau Maria Eltern, Anna und Joachim, sehr wohl und reich im Bergbau dieser Gegend zu St. Annaberg und in Joachimstal bezeiget, habe er als sol-

Marienberg mit der Stadtkirche St. Marien (1558–1564 errichtet). Kupferstich von Glassy 1714.

ches zum guten Glück getan und gemeint, die Tochter werde nicht minder als die Eltern sich wohl lösen.

J.A.E. Köhler 1882, Nr. 527

Hexen im Erzgebirge

Im Jahre 1080 war Böhmen voller Zauberer, Hexen, Wahrsager und Beschwörer, wider die Herzog Ulrich inquirierte und deren 107 in einem Jahr hinrichten ließ. Die andern zerstreuten sich, gingen nach Mähren und ins Erzgebirge. Um Klostergrab und Ossegg behexten sie die Leute, besonders die Schwangeren, daß sie krank wurden.

Im Hexenloch, nicht weit von der Johanneskapelle bei Joachimstal, trieben sie sich herum. In der Walpurgisnacht führten sie ihre Tänze auf, aßen und tranken und spielten Karten um die Seele von Selbstmördern.

J.A.E. Köhler 1882, Nr. 261 u. 262

Die Müllerin geht als Sau um

Im Jahre 1674 wohnte in Brand, einem gebirgischen Dorf unter Joachimstal, eine Müllerin, die Mühl-Adelin genannt, welche die armen Bergleute und Zinnseifner auf Gottesgabe mit Brot verlegte, dasselbe aber so armselig buk und gab, daß es fast eitel Spreu und Kleie war und in der Suppe zerschwamm. Da ihre Arbeiter sich beklagten und über das ärmliche Brot beschwerten, sagte sie mit Trotz: »Ei, meine Gottesgäber Säue können's schon fressen!« Als endlich diese Mühl- und Geldhamsterin gestorben, ist sie nachher oft wiedergekommen, hat den Mann geplagt, und so oft der Müller seine Säue gefüttert, ist allezeit eine fremde gespenstische Sau mit zugelaufen und hat samt den anderen aus dem Trog gefressen.

A. Meiche 1903, Nr. 55

Harras der kühne Springer

Zwischen Frankenberg und Lichtenwalde an der Zschopau befindet sich ein hoher Fels, der Haustein genannt. Am 28. Mai des Jahres 1499 ist der Ritter von Harras, Besitzer von Lichtenwalde, in einer Fehde von seinen Feinden in der Nähe dieses Felsens überfallen und so ver-

Schloß Lichtenwalde (erbaut 1722–26, nach einem Brand 1905 verändert) und der sagenhafte Harrassprung an der Zschopau. Stahlstich 1863, nach Zeichnung von Ludwig Rohbock.

folgt worden, daß ihm kein anderer Weg zur Rettung übrigblieb, als mit seinem Roß von der Felskante in den unten vorbeiströmenden Zschopaufluß zu springen. Dieser kühne Sprung von einer Höhe von mehr als hundert Ellen ist ihm auch geglückt, und da er eine Tiefe von zehn Ellen Wasser im Flusse angetroffen, kamen weder er noch sein Roß zu Schaden; beide haben das gegenüberliegende Ufer glücklich erreicht und später im Schlosse zu Lichtenwalde Schutz gefunden.

Der Ritter aber hat nach der Kapelle zu Ebersdorf und dem dort befindlichen Gnadenbild eine Wallfahrt gemacht und zum Andenken ein großes silbernes Hufeisen hinterlassen, welches in der Kapelle aufgehangen, aber um 1529 gegen ein eisernes vertauscht worden ist. Im Mai des Jahres 1801 ist am Rande der Zschopau dem Haustein gegenüber bei einer sehr alten Eiche ein Denkstein mit der Inschrift »Dem tapferen Springer, Ritter von Harras« errichtet worden, auf dessen Nebenseiten ein Sporn und ein Hufeisen abgebildet wurden.

J.G.Th. Grässe 1874, II. Nr. 327

Was der Name Wismut bedeutet

Es halten etliche dafür, weil Wismut seine Blüte und mancherlei Farben hat und siehet weiß, braun, rot, gesprenglich durcheinander aus, so habens die alten Bergleute Wismut genannt, das blühe wie eine schöne Wiese. Albinus schreibt in seiner Meißnischen Bergchronik, daß die Bergleute der Meinung seien, Silber bilde sich aus Wismut, wie man bei Halden gefunden, auf die man Wismut gestürzt und in denen man dann nach Jahren Silber gefunden habe. Sie nennen es auch des Silbererzes Mutter oder des Silbers Dach, da dieses öfters darunterliegt. Auch sprechen die Bergleute, sie kommen zu früh, wenn sie Wismut finden, und bekennen, wenn diese Bergart länger im Bergfeuer gestanden hätte, so wäre gut Silber daraus geworden.

J.A.E. Köhler 1882, Nr. 791

Spuk beim Schatzheben

Einst gingen im Erzgebirge viere, um den Schatz am Ranzenschacht zu heben. Hoch und heilig hatten sie sich verschworen, kein Wort zu sprechen. Zwei Leitern, Schaufeln, Winde, Seil und Kübel (Hasp'l-zeig) nahmen sie mit. Die Wünschelrute zeigte ihnen den Fleck, wo sie einhauen mußten. Bald stießen sie auf eine eiserne Platte. Da sausten zwei Reiter vorüber. Eine Kutsche folgte, ganz dicht an der Winde vorbei. Dann kam eine alte Frau angekeucht. Die nahm eine Prise Tabak und sagte: »Hatt ihr ka Kutsch do gesah? Mei Suh is d'r Kutscher, der fihr mich e Schtick!« Doch die viere achteten ihrer nicht. Sie wuchteten im Schacht, die Platte zu heben. Da standen plötzlich zwei Männer oben am Schachtloch, ein kleiner und ein großer. Die ließen das Windeseil nieder. Das kam wie eine Otter auf den Anführer zugeschwungen und wand sich um seinen Hals. Und oben die Männer rüsteten sich, die Last mit der Winde raufzuziehen. Da konnte sich der Schatzgräber nicht mehr beherrschen. Laut schrie er: »Helft mir, sist bi ich v'rlohrn!« Da krachte und donnerte der Stollen zusammen. Ein höhnisches Gelächter erklang. Die Männer oben waren weg, aber auch von dem Schatz war nichts mehr zu sehen.

Aberglauben im Erzgebirge vor fünfzig Jahren, 1894

Oberlausitz

Von der Entstehung des Namens Budissin

Die Sage erzählt, daß zur Zeit der Erbauung der Stadt Bautzen oder Budissin (958) eine böhmische Herzogin durch den Ort gereist und in einem nahen Dorf entbunden worden sei. Als nun ihr Gemahl, Burggraf Wetzlaw, der gerade beim Bau des Fleckens zugegen war, die ihm zugesandten Böhmen hastig auf böhmisch gefragt habe: »Budeli ssen?« (»Ist's ein Sohn?«), so habe seine Umgebung aus Schmeichelei den Ort nach der Frage des Herzogs »Budesin« benannt, woraus in der Folge Budissin geworden sei.

J.G.Th. Grässe 1874, II. Nr. 732

Der Dutschmann in Bautzen

Auf dem am Markt bei der Ratswaage befindlichen Wassertrog steht ein steinernes Standbild. Es stellt einen bewaffneten Mann in Römertracht mit einem starken Bart vor, welcher in der rechten Hand eine

Bautzen, Hauptort der Oberlausitz und bis ins 19. Jahrh. als Budussin bekannt, hat sein mittelalterliches Gepräge bewahrt. Linke Seite: Ganz links die Ortenburg, seit 1144 Grenzfeste der Markgrafen von Meißen, dann die Michaeliskirche und inmitten der Dom St. Peter (1293–1497, seit 1921 Kathedrale des Bistums Meißen). Das Bild oben zeigt über der Spree die Ortenburg, an deren Ost- und Südostseite sich die spätere Stadt entwickelt hat; der heutige Bau entstand 1483–86 im Auftrag des damaligen Landesherrn, des ungarischen Königs Matthias Corvinus. Stahlstiche 1863, nach Zeichnungen von Ludwig Rohbock.

Fahne hält, in dem linken Arm einen Schild mit dem Budissiner Stadtwappen trägt und an der Seite mit einem kurzen Schwert bewaffnet ist. Unter Deutschen und Wenden heißt diese Figur der Dutschmann. Sie sagen, es sei einmal ein wendischer Fürst gewesen, der habe mit seinem Pferd über den Wasserkasten hinwegsetzen wollen, sei aber samt diesem hineingestürzt und ertrunken. So sagen die Deutschen. Die Wenden dagegen behaupten, er sei nicht ertrunken, sondern habe über den Kasten hinweggesetzt und zur Erinnerung habe man sein Standbild dort aufgestellt. Alte Chroniken erzählen jedoch, es sei Held Roland, der zu Karls des Großen Zeiten die Heiden und Wenden besiegt und bekehrt habe.

H.G. Gräve 1839, Nr. XLIII

Der Kopf des Verräters

Als im Jahre 1429 die Hussiten das erste Mal Bautzen belagerten, befand sich dort der Stadtschreiber Peter Prischwitz, ein geachteter Mann, dem seine Mitbürger ihr Zutrauen schon dadurch bewiesen hatten, daß sie ihn als Abgeordneten nach Breslau zur Huldigung des Königs Sigismund sandten. Dieser, aus Groll, daß man ihm nicht ein höheres Amt anvertraut hatte, hielt es heimlich mit dem Feind. Er verdarb das Pulver, schoß während der Belagerung mit Papier umwickelte Pfeile ins feindliche Lager, die den Belagerern von allem, was in der Stadt vorging, Nachricht gaben, und versprach für hundert Schock bares Geld und Zusicherung eines jährlichen Ruhegehalts von zehn Schock, während des Feuerlärms die Tore zu öffnen, indem er sein Haus (um vor der Plünderung geschützt zu sein) durch einen unter jedes Fenster eingemauerten Ziegelstein bemerklich gemacht hatte. Doch nach abgeschlagenem Sturm und Abzug der Hussiten wurde diese abscheuliche Tat von dem Stadtkommandant Thimo von Kolditz entdeckt, der Verräter am 6. Dezember gedachten Jahres auf einer Kuhhaut durch die Straßen der Stadt geschleift, ihm der Leib aufgeschnitten, das Herz herausgerissen, sein Körper in vier Teile zerstückt, an die vier Hauptbastionen der Stadtseite, wo der Feind gestürmt hatte, gehangen und sein Kopf in Stein gehauen. Selbiger wurde über die Tore der vier Bastionen eingemauert, wo er noch jetzt an der St. Nikolaipforte zu sehen ist.

H.G. Gräve 1839, Nr. LXXXVIII

Der feurige Hund von Bautzen

Am 2. November des Jahres 1633 hatte Wallenstein die Stadt Bautzen durch einen Akkord mit der sächsischen Besatzung in Besitz genommen, er zog hierauf nach Böhmen weiter und ließ den Obersten Goltz als Stadtkommandanten zurück. Der plagte nun mit seiner rohen Soldateska die armen Bewohner auf das Schauerlichste, und als die Sachsen zu Anfang des Jahres 1634 vor die Stadt rückten, um sie wieder zu erobern, so ließ er die Vorstädte in Brand stecken. Da aber mittlerweile durch Flugfeuer die Stadt an mehreren Stellen in Flammen geriet, so zündeten die Kaiserlichen selbst verschiedene Häuser an. Es dauerte nicht lange, und es brannte in allen Straßen. Niemand durfte löschen, die Kroaten plünderten die Häuser und raubten auch den unglücklichen Bewohnern noch das wenige, was diese aus ihrem brennenden Eigentum gerettet hatten. Von der ganzen Stadt blieb nur ein ganz kleines Haus in Kleinpolen und die Ortenburg stehen. Als nun die Sachsen die arme Stadt brennen sahen, bewilligten sie dem Obersten Goltz freien Abzug, allein als dieser zum Lauentor hinausritt und sich im Umschauen höhnisch äußerte: »Hört ihr, wie die Hunde von Bautzen heulen«, da rührte ihn auf einmal der Schlag, er stürzte vom Rosse herab, und ehe man ihn aufheben konnte, war er schon unter den Hufen der vor den nachdringenden Flammen ängstlich und scheu gewordenen Pferde seiner Begleiter zertreten. Seit dieser Zeit soll sich um die Mitternachtsstunde zuweilen ein feuriger Hund in den Straßen von Bautzen sehen lassen und anzeigen, daß binnen drei Tagen ein Feuer in der Stadt ausbrechen werde.

J.G.Th. Grässe 1874, II. Nr. 737

Das Semperlaufen der Bautzener Frauen

Es ist in alten katholischen Zeiten Sitte gewesen, daß am Donnerstag vor Fastnacht die Weiber in Bautzen, alte und junge, vornehme und geringe, zusammengelaufen und zu den Bürgern in die Häuser gekommen sind, schandbare Lieder gesungen, allerhand unehrbare Possen getrieben und dafür Bratwürste, Fleisch und Brot und andere Gaben gefordert und erhalten haben. Diese Sitte hieß das Semperlaufen oder zum Semper laufen.

Der Bischof von Meißen, Johann Hoffmann, hat diese Gewohnheit als einen unsaubern Überrest aus den heidnischen Wendenzeiten im Jahre 1444 abgeschafft und dagegen ein Marienfest, festum Mariae virginis, inventionis pueri, zu feiern angeordnet.

K. Haupt 1863, II. Nr. 93

Das Todaustreiben in Bautzen

Wie überall in der Lausitz, so wurde auch in Bautzen alljährlich zu Frühlingsanfang, und zwar schon am Abend Petri-Stuhl-Feier, »der Tod ausgetrieben«. Es war ein allgemeines Fest, bei dem der Winter als eine Strohpuppe, aufs abenteuerlichste mit Bändern, Lappen, Kränzen und einer Flachsperücke angeputzt, auf einer Stange durch alle Straßen getragen und schließlich auf dem Protschenberg verbrannt wurde. Am Abend aber wurden etliche Fässer auf dem Markt zusammengetragen und ein Feuer gemacht. Danach ist der Schulrektor mit allen Schülern die Gassen durchgangen und hat das Responsorium »Petre, amas me?« gesungen. Der Stadtrichter mit dem Baumeister nebst dem Stadtdiener sind mit Lichtern in den Händen nachgefolgt. Die Bürger haben Lichter in die Fenster gesteckt und den Schülern Bier zu trinken gegeben.

Als anno 1522, da schon Luthers Lehre im Schwange ging und sonderlich in der Oberlausitz viele Freunde hatte, unter dem Regiment des Bürgermeisters Balthasar Lausnitz diese Zeremonie gehalten wurde, trugen ihrer zwei von den Verkleideten eine Stange, daran viel Ablaß- und Butterbriefe gehangen. Solche boten sie gegen jedermann feil, und da sie niemand kaufen noch annehmen wollte, warfen sie die Stange samt den Briefen ins Feuer, nahmen ihre Flegel und schlugen tapfer darauf, daß die Funken stoben.

K. Haupt 1863, II. Nr. 92

Erbauung der Jakobskirche in Görlitz

Es war zu Anfang des fünfzehnten Jahrhunderts, als ein reicher Görlitzer Bürger (man sagt, er habe Frenzel geheißen, andere nennen ihn Jakob), wegen eines begangenen groben Verbrechens hingerichtet werden sollte. Um nun bei Gott Vergebung seiner Sünden zu erlangen und seine Seele zu retten, bestimmte er einen großen Teil seines Vermögens zur Erbauung einer Kirche auf der Stelle, wo sein Geist den Leib verlassen würde. Damit dies nicht auf dem Richtplatz geschähe, weil an diesem entweihten Orte ein Gotteshaus nicht hätte errichtet werden dürfen, so verordnete er, daß, sobald er enthauptet sein würde, man den Rumpf mit einem Stück Rasen bedecken, von zwei Personen unter die Arme fassen und so weit fortführen lassen sollte, bis er zusammensänke. Dies geschah. Er ward vor dem Frauentor auf dem dortigen freien Platz enthauptet und lief ohne Kopf noch bis dahin, wo jetzt die Jakobskirche steht, die aus dem dazu gewidmeten Legat erbaut ward. Das übrige Vermögen vermachte seine Witwe dann zu der Errichtung des Hospitals. Ein in der Sakristei der Kirche aufbewahrter Stein ist aus dem Rasenstück entstanden, das zur Stillung des Blutes gedient hatte, indem dieser nach und nach verhärtete und versteinerte. Auf einem alten Altartuch ist der von zwei Personen

Görlitz an der Neiße, im Schnittpunkt zweier alter Handelsstraßen gelegen: der Königsstraße (Frankfurt a.M. – Erfurt – Breslau) und der von Stettin über Frankfurt a.d. Oder nach Prag. Neben der Burg, die die Furt schützte, wurde bald nach der Stadtgründung 1220 die mächtige St.-Peter-und-Paul-Kirche angelegt: hier im Bild in ihrer spätgotischen Ausstattung vor dem Brand 1691. Allegorischer Kupferstich 1625.

geführte Hingerichtete mit dem Rasen auf dem geköpften Rumpf in kunstvoller Weberei dargestellt, und an die Familie des Stifters erinnert ein steinernes Standbild der Witwe mit ihren beiden Kindern auf dem Arm.

K. Haupt 1863, II. Nr. 117

Die Petruskirche in Görlitz

An der Morgenseite der Petruskirche, fast über der äußeren Tür der St. Georgen-Kapelle, ist oben unter dem Dach ein in Stein gehauener Mann mit kreuzweis verschränkten Beinen und über sich geschlagenen Händen zu sehen. Die Sage berichtet, dies sei das Bild eines Zimmermannes, der beim Bau der Kirche vom Dach hinuntergefallen sei, aber mitten im Fallen die Kraft und Geistesgegenwart gehabt habe, seine Axt, die er in der Hand hielt, so tief in den Balken zu hauen, daß er sich daran erhalten konnte, bis ihm andere Hülfe kam.

K. Haupt 1863, II. Nr. 116/2

Das heilige Grab zu Görlitz

Im 15. Jahrhundert lebte in Görlitz Herr Georg Emmerich, dessen Vater Bürgermeister der damals gerade in hoher Blüte stehenden Sechsstadt war. Zu Hause ging es streng und ehrbar zu, aber auf seinen vielfältigen Reisen lernte Georg leichte Sitten und rittermäßiges Benehmen. Da er schön war von Gestalt und eine natürliche Beredsamkeit besaß, wurde es ihm nicht schwer, das Herz einer ehrbaren Jungfrau namens Benigna Horschel zu betören und sie um ihre Unschuld zu betrügen. Deren Vater, der Tuchmacherzunft angehörig, verlangte nun, Emmerich solle seine Tochter heiraten und wieder zu Ehren bringen, aber Emmerichs stolze Familie wollte davon nichts wissen. Diese Beschimpfung empörte die ganze Tuchmacherzunft und nährte den längst schon gärenden Haß gegen die übermütigen Geschlechter. Es entstanden Zusammenrottungen, Aufläufe und Revolten. Die Kirche aber strafte die Sünder durch Auferlegung einer Buße, die dem reiselustigen Emmerich gerade recht war: sie gab ihm

Ansicht des Heiligen Grabes und der alten Kreuzkirche in Görlitz, mit einer Nachbildung der Leidensstationen Christi. Kupferstich 1719.

eine Pilgerfahrt nach Jerusalem auf, die er auch im Jahre 1465 antrat und dadurch den heimischen Unruhen entging.

In Jerusalem bemerkte er zu seiner großen Überraschung, daß die Lage des heiligen Grabes und der übrigen heiligen Stätten eine merkwürdige Ähnlichkeit mit der nordwestlichen Gegend von Görlitz habe, und faßte schon damals den Entschluß zur Erbauung eines heiligen Grabes in seiner Vaterstadt. Im Jahre 1476 unternahm er eine zweite Reise nach Jerusalem. Diesmal schloß er sich der Pilgerfahrt des Herzogs Albrecht des Beherzten von Sachsen an und nahm einen Maler und einen Baumeister mit, welche genaue Bilder und Risse des heiligen Grabes aufnahmen. Zum zweiten Mal zurückgekehrt, begann er den Bau, so wie er noch heute zu sehen ist. Es hat sehr viel Geld gekostet, aber Emmerich konnte es aushalten. Er war so reich, daß ihn Luther »den Görlitzer König« zu nennen pflegte und das Volk ihn für einen Goldmacher hielt. 1483 wurde auch er Bürgermeister und scheint das Regiment der Stadt sehr strenge geführt zu haben, denn die Sage berichtet, er habe einmal einen Bürger hinrichten lassen, bloß weil der im umgekehrten Pelz zu Weib und Kindern in die Badestube gegangen sei, um sich mit diesen einen Scherz zu machen.

K. Haupt 1863, II. Nr. 118

Der Brunnen auf dem Kamenzer Marktplatz

Weiß in der Tat nicht, wie es kommen mag, daß über dem im Jahr 1570 an Schlagfluß verstorbenen Bürgermeister, Andreas Günther, so mancherlei nachteilige Gerüchte im Schwunge sind. Rührt es etwa daher, weil er zur Zeit des Pönfalls 1547 bei der Versammlung zu Prag, als der Kommissar versicherte, daß kaiserliche Majestät nicht gesonnen sei, den geistlichen Ämtern etwas zu entziehen, sagte: »Nun, wo der Kornsack geblieben ist, mag auch das Band zum Zubinden bleiben«, wodurch die Dörfer Deutschbaselitz und Gölenau für die Stadt verlorengegangen.

Kurz, man erzählt sich unter anderm, daß ihn wegen eines schweren Vergehens, einer Blutschande gar, das Leben abgesprochen worden sei – welches er nur dadurch gerettet, daß er den auf dem Kamenzer Marktplatz befindlichen Brunnen, in Form eines Galgens, habe auf seine Kosten erbauen lassen müssen.

H.G. Gräve 1839, Nr. LI

Wer den Drachen hat

Viele Frauen in der Lausitz haben den Drachen, er trägt ihnen Milch, Butter, Getreide und Geld zu.

Um ihn in ihre Dienste zu bekommen, müssen sie sich dem Teufel verschreiben. Anno 1709 ward in Bautzen eine Seele von solchem Pakt errettet und aus des Satans Händen gerissen; daher ist auch öffentlich in den Kirchen darum dem gnädigen Gott gedankt worden. Bei den Oberlausitzer Wenden heißt der Drache ton smij, bei den Niederlausitzer ten pljon. Er zieht als eine feurige Lufterscheinung durch den Schornstein in das Haus. Es gibt verschiedene Arten. Der Getreidedrache füllt den Kornboden seines Besitzers; der Milchdrache sorgt für den Milchkeller der Frau Wirtin; der Gelddrache läßt es seinem Herrn niemals an Geld fehlen. Er schleicht sich bei den Menschen auf folgende Weise ein. Irgendwo findet man einen Dreier liegen. Nimmt man diesen zu sich und verwahrt ihn gut, so liegt morgen ein Sechser da, und so wächst nach jedesmaliger Hinwegnahme des Gefundenen der Wert des Geldstücks bis zu einem Speziestaler. Eignet man auch diesen sich zu, so hat man einen Hecktaler und den Drachen am Hals. Jeder Drache will gut abgewartet, gefüttert und mit höflichen Worten behandelt sein.

Als ein Feuergeist hat er seine verborgene Wohnung in der sogenannten Hölle hinter dem Ofen. Er verlangt, daß man ihm gutes Essen auf die Ofenplatte hinsetze, Milchhirse, Fleisch usw., was er verzehrt, wenn alles im Hause schläft.

Läßt es die Wirtin oder der Wirt daran fehlen, steckt er ihnen das Haus über dem Kopf an und geht davon. Um den Gelddrachen auf eine unschädliche Weise los zu werden, gibt es nur das eine Mittel: den Taler zu verkaufen, aber unter seinem Wert, damit es der Käufer merke, daß darunter etwas verborgen liege und alles mit seiner stillschweigenden Einwilligung vollzogen werde.

Wenn einer in seiner Wirtschaft schnell vorwärts kommt, heißt es in der Lausitz allgemein: er hat den Drachen.

K. Haupt 1863, I. Nr. 79

Bern-Dietrich, der Nachtjäger

Wenn ein Lausitzer sich in der Nacht im Walde verirrt hat, hört er oft in der Luft ein wildes Schreien und Toben; es zieht daher wie ein

Sturm mit wütendem Gesause; Hunde kläffen, Rosse schnauben, die Wipfel der Bäume krachen und splittern und dazwischen tönt Jagdgeschrei: Hoho! und Hörnerklang: Tutu! Das ist Bern-Dietrich, der Nachtjäger mit dem wütenden Heer, das schon viele angesehen haben und das schrecklich zu beschreiben ist. Männer mit verdrehtem Kopfe, auch ohne Kopf und Schopf reiten auf Pferden mit Hirschköpfen, andere tragen das Haupt unterm Arm; einer rollt auf dem Rade daher und gräßliche Hundegestalten, Rehe, wilde Eber und anderes Jagdgefolge hinterher und nebenher und so fort, bis alles verschwunden ist. Sein Hauptquartier hat Bern-Dietrich im Dietrichsberg bei Dittersbach, wo auch die Querxe wohnen.

K. Haupt 1863, I. Nr. 135

Der Wassermann und seine Frau

Der Wassermann (wend. *wodny muz*) und seine Gemahlin, die Wasserfrau (*wodna zona*), wohnen in den Flüssen, Seen und Teichen der Lausitz und suchen die Vorübergehenden zum Baden zu verleiten, um sie dann zu ertränken. In den Städten der Oberlausitz hat man bemerkt, daß, wenn ein Mann in einem leinewandnen Kittel, dessen unterer Saum naß ist, auf den Wochenmarkt kommt, Getreide aufkauft und es über den Marktpreis bezahlt, Teuerung erfolgt; verkauft er jedoch und zwar wohlfeiler als andere, so fallen die Getreidepreise. Dieser Mann ist kein anderer als Nykus oder der Wassermann. Seine Frau sieht man oft am Ufer, wie sie in ihren roten Strümpfen dasitzt und spinnt oder Wäsche bleicht. Im letzteren Fall bedeutet es Regenwetter oder großes Wasser. Wie ihr Mann mit Getreide, so handelt sie mit Butter und gibt auf die nämliche Art ein Anzeichen der kommenden Preise.

In der Zittauer Gegend sitzt im ersten und letzten Mondviertel der Wassermann an den Ufern der Flüsse und zwar an Stellen, wo sie langsam fließen, tief sind und nicht rauschen. Sein Aussehen ist häßlich; er ist sehr bleich von Gesicht und hat schwarze, lange, bis auf die Schultern herabhängende Haare. Gekleidet ist er vom Fuß bis zum Kopf in braungelbes Leder, das aus lauter kleinen Fleckchen zusammengesetzt ist. Diese pflegt er beim Mondenschein laut zu zählen, wobei er sich mit den Händen klatschend auf die Beine schlägt. An diesem Ton erkennt man ihn. *K. Haupt 1863, I. Nr. 44*

Die Wasserfrau rächt sich

Oft kam die Wassermannsfrau nach Zittau, um Fleisch einzukaufen. Sie pflegte dabei immer ihren Weg durch ein kleines Pförtchen in der Straßenmauer zu nehmen. Einstmals kam sie auch zu einem Fleischer und wollte ein Stück Fleisch kaufen. Als es ihr der Bursche zurechthacken wollte, hielt sie das andere Ende fest und der Bursche hackte ihr mit seinem Beil aus Unvorsichtigkeit einen Finger ab. Die Wasserfrau schrie laut auf und rief zornig: »Warte nur, dafür sollst du noch mein werden!«, lief wehklagend davon und ließ sich nicht wieder sehen.

Der Meister ließ nun den Burschen drei Monate nicht über Land gehen, um Einkäufe zu machen, damit ihn nicht etwa die Wasserfrau samt dem Vieh mordete. Aber nach dieser Zeit erlaubte er es dem Burschen und schickte ihn aus, um auf einem nahe gelegenen Dorf ein Stück Vieh zu holen. Der Bursche mußte auf seiner Wanderung über einen ganz kleinen Graben, in dem nur ein ganz klein wenig Wasser war. Als er da hinüberging, packte ihn die Wasserfrau, tauchte mit ihm unter und ertränkte ihn in der Pfütze.

K. Haupt 1863, I. Nr. 53

Das Aschenweibchen

In der Neujahrsnacht des Jahres 1756 und um die Mitternachtsstunde der folgenden Tage hat man ein verkrüppeltes und verrunzeltes altes Frauenzimmer in Zittau vor der Johanniskirche und auf vielen Straßen den gerade gefallenen Schnee mit einem Besen zusammenkehren gesehen. Wer sie fragte, was sie da mache und wer sie sei, dem antwortete sie: »Ich bin das Aschenweibchen der Stadt und kehre die Asche überall dort, wo welche liegt; ich habe noch lange zu tun, denn sie liegt bergehoch und auf allen Gassen, doch vor der Johanniskirche zumeist.«

Man konnte sie jede Nacht eifrig kehren sehen, bis am 23. Juli 1757 die mit den Sachsen verbündeten Kaiserlichen die Stadt bombardierten, weil sie von den Preußen besetzt gehalten wurde, und zum großen Teil in Asche legten. Eine der ersten Kugeln schlug in die St. Johanniskirche und zündete, und überall, wo das graue Mütterchen sich früher hatte sehen lassen, waren glühende Kugeln gefallen und hatten die Gebäude in Brand gesteckt. Während des Brandes aber sah man eine graue Gestalt über den glühenden Trümmern schweben und mit einem Besen Wolken von Asche vor sich herfegen.

K. Haupt 1863, I. Nr. 63

Prophetischer Zwerg

Unweit der königlich sächsischen Vierstadt Zittau, beim Dorfe Hörnitz in der Oberlausitz, liegt ein von Porphyr-Schieferstücken wild zusammengeworfener, mittelmäßig hoher Berg, von welchem man sich mit folgender Sage herumträgt:

In der Geisterstunde vom 14. bis 15. Juni, d.i. in der Nacht vor St. Vitus, entsteigt diesem bemoosten Felsen unter Donner und Blitz ein äußerst ungestalteter Zwerg mit dickem Kopf, roten Triefaugen, Säbelbeinen und zwei gewaltigen Höckern auf dem Rücken. In der linken Hand hält er einen mit Edelsteinen reich besetzten goldenen Becher, in der rechten aber einen großen Erdmolch (lacerta Salamandra). Im Falle, daß er ihn in den Kelch taucht und diesem eine blaue Flamme entsteigt, trifft die Umgegend Brandunglück; wenn ihm hingegen Blut entquillt, so ereignet sich in der Gegend eine Mordtat. Der Zwerg dreht übrigens den Kopf bald auf diese, bald auf jene Seite, öffnet den Mund, als wenn er sprechen wollte, stampften mehrere Male mit dem linken Fuß auf eine gewissen Fleck des Berges und verschwindet mit einem tiefen Seufzer unter Donner und Blitz beim ersten Hahnenruf.

H.G. Gräve 1839, Nr. XL

Die Querxe

Die Querxe sind überall in der Oberlausitz, besonders aber in Haynewalde bekannt. Es sind ganz kleine Männchen, die einst dort in den Bergen wohnten und da herum ihr Wesen trieben. Die Eingänge zu ihren Wohnungen nennt man Querxlöcher, und man kann deren noch viele hier und da sehen. In der Oberlausitz findet man eins auf dem Dittersberg bei Schönau auf dem Eigen, desgleichen eins am Fuße des breiten Berges bei Zittau. Dort waren sie besonders zu Hause und man konnte sie einen nach dem andern zu ihrem Querxloch ein- und ausgehen sehen, wenn man sich die Mühe nahm, sie in ihrem Treiben zu belauschen. Ihren Ursprung verdankten sie dem auf jenem Berg noch befindlichen Querxborn, einer klaren, frischen Quelle, aus der beständig welche hervorquollen. Die Querxe konnten sich unsichtbar machen, indem jeder eine Nebelkappe hatte, die sie gewöhnlich aufsetzten, wenn sie in die umliegenden Dörfer gingen, um sich bei den Bauern ihre Speise heimlich zu holen. Sie konnten aber den Kümmel nicht leiden, deshalb buken die Leute dort immer einige Kümmelkörner mit in das Brot. Solches gekümmeltes Brot rührten sie nicht an.

Die Einwohner von Dittersbach erzählen, daß vor der Zeit, ehe die große Glocke ist gegossen worden (welches anno 1514 geschehen), die Querxe oft ins Dorf gekommen sind und sich in die Häuser und Stuben verfügt haben, so daß die Leute ihrer gar gewohnt gewesen. Nachdem aber die Glocke geläutet worden, hat sie der harte Schall des Erzes, welchen sie nicht erdulden können, vertrieben, so daß man nun nichts mehr von ihnen spürt.

Auch die auf dem breiten Berg bei Zittau hausenden Querxe wurden durch das Läuten der Glocken vertrieben. Bei ihrem Abzug preßten sie einen Bauer aus dem nahen Dorfe Haynewalde mit ein Paar Wagen und ließen sich über die böhmische Grenze fahren. Die beiden Wagen wurden gepfropft voll, denn die Zwerge hingen sich darauf und daran, so daß an jeder Latte und an jeder Speiche ein Querxlein hing. Den Bauer belohnten sie sehr reichlich, so daß er dadurch zu einem reichen Mann wurde und alle seine Nachkommen dieses Glückes sich noch heute erfreuen.

Die Querxe sagten beim Abschied: dann würden sie wiederkommen, wenn die Glocken wieder würden abgeschafft sein und »wenn Sachsenland wieder käm' an Böhmerland«. Dann, meinten sie, würden auch bessere Zeiten sein.

K. Haupt 1863, I. Nr. 24 u. 31

Der Schatz auf dem Oybin

Auf der Stelle des Oybin, wo der Jäger Owate bekanntlich seinen greulichen Bären niederstreckte, legten die Herren von Burgberg bei Zittau um das Jahr 1230 – weil rauben leichter ist als arbeiten – ein Raubschloß an, von dem aus sie die vorbeireisenden Kaufleute plünderten und die ganze Gegend beunruhigten, bis endlich Zittaus Bürger, müde dieses Unwesens, vor die Burg zogen und dieses Raub-

Luft- und Erdgeister geben sich im Zittauer Gebirge ein Stelldichein. Links: Das Bergschloß Oybin, ab 1316 erbaut, und darunter das 1365 von Kaiser Karl IV. begründete Cölestiner-Kloster: zwei malerische Ruinen auf zerklüftetem Sandsteinfelsen. Kupferstich 1716. – Rechts: »Zwergschabernack« (Querxe auf einer Bauernhochzeit). Holzstich 1853, nach Zeichnung von Adolph Ehrhardt.

schloß zerstörten; welches jedoch 1312 von einem Herrn von Leippa wieder fester erbaut und das Handwerk noch fleißiger und ernstlicher betrieben wurde. Am 8. Dezember 1343 wurde die Burg erneut von dem wilden Michelsberg erobert und die Geschäfte so lebhaft fortgesetzt, daß der Oybin bald unter die berüchtigsten Raubnester damaliger Zeit gehörte. Als Böhmens Krone Karl IV. zufiel, bedrohte er wegen der vielen Klagen, die bei ihm gegen die Burgherren einliefen, die Raubritter hart; allein diese verlachten seine Drohungen, bis er Ernst brauchte, mit Heeresmacht gegen Zittau zog, den Oybin belagerte und die Burg 1349 nach tapferer Gegenwehr eroberte, die Räuber überwältigte und das Felsennest zerstörte. Im Jahre 1369 wurde ein Cölestinerkloster daselbst errichtet, welches im Jahre 1568 wieder einging.

Leicht läßt sich denken, daß so viele Besitzer dieses Ortes, welche vom Raube lebten, so wie angeblich auch die Klosterbrüder, nicht unbedeutende Schätze anhäuften und sie in der Erde verbargen, um im Fall der Not davon Gebrauch zu machen. Aber da ihre Besitzer entweder starben oder nicht Gelegenheit hatten, sie ans Tageslicht zu bringen, liegen sie noch bis heutigen Tages und werden, da es größtenteils unrechtmäßig erworbenes Gut ist, von bösen Geistern bewacht.

Die Bewohner der Umgegend erzählen wundervolle Geschichten von dem, was sie erzählen gehört oder selbst gesehen haben. Denn, da ertönt oft ein grauenvolles Heulen, Stöhnen und klägliches Gewinsel in der Luft, bald dröhnt es an den Ruinen des Burgturms mit mächtigen Schlägen, Waffengeklirr wird vernehmbar und Geschrei wie von Kämpfenden. Bald schwirren in dunklen Nächten scheußliche Ungeheuer mit glühenden Augen, Flammen aus dem Rachen hauchend, durch die Lüfte, bald erscheinen im falben Lichte des Vollmonds riesige Gestalten in schwarzen Harnischen mit blutroten Helmbüschen, abwechselnd mit Männern in Mönchskutten und Frauen in alter Kleidung, vollgestopfte Wetscher (Mantelsäcke) tragend, die mit grauserregenden Gesichtern, hohlen Augen und widrigen Gebärden einen anglotzen und winken. Bald stürzen wunderbar gefiederte Vögel mit krummen Schnäbeln unter knirschendem Geschrei aus den Wolken, kämpfen hartnäckig gegeneinander und ziehen mit betäubendem Flügelschlag wieder von dannen.

Nie aber hat irgend jemand von den Spukgestalten Geschenke erhalten oder ist ihm ein Schätze bergender Fleck angezeigt worden. Noch also harren die Schätze der durch Zufall begünstigten Hand oder den Kenntnissen eines erfahrenen Geisterbeschwörers, der den Zauber löst.

H.G. Gräve 1839, Nr. III

Dresden und die Sächsische Schweiz

Die Kreuzkirche zu Dresden

Im Jahre 1236, als Markgraf Heinrich von Meißen die Herzogin Constanze von Österreich heiratete, brachte die Braut ein Stück des heiligen Kreuzes mit nach Dresden, wodurch Dresdens Bevölkerung bedeutend wuchs und die Stadt, da auch bei der Marienkirche ein wächsernes wundertätiges Marienbild viel Zulauf verursachte, ganz in den Geruch der Heiligkeit kam.

Endlich ist 1299 ein hölzernes Kreuz die Elbe hinabgeschwommen gekommen und, als es hier gelandet, in jubelreicher Prozession in die Kreuzkirche getragen worden. Später hat die Jungfrau Maria hier unzählige Wunder getan, und Papst Bonifacius IX. hat deshalb einen hunderttägigen Ablaß gewährt (1400).

Zu Luthers Zeiten war unter dem Volk viel die Rede von dem schwarzen Herrgott zu Dresden, und in großer Zahl wallfahrte man zu ihm. Der aber war das große Kruzifix in der Kreuzkirche, das angeblich von einer Menschenhaut überzogen war und von vielen Lichtern, die man ihm zu Ehren vormals angezündet, ganz schwarz aussah. Das Kruzifix hat noch bis zu Anfang des 18. Jahrhunderts an einem besonderen Ort der Kirche gestanden, ist aber dann entfernt worden, ohne daß man erfuhr, wo es hingekommen war.

J.G.Th. Grässe 1874, I. Nr. 90 u. 114

Der Dresdner Mönch

In Dresden soll früher, so oft ein grauer Barfüßermönch sein abgehauenes Haupt unter dem Arm und eine brennende Laterne in der Hand tragend auf dem Wall der Bastei und an der nach der Elbe gelegenen Stelle der früheren Festungswerke, welche die Jungfer oder das grüne Haus genannt ward, sich sehen ließ, dies den Tod eines Angehörigen der kurfürstlich sächsischen Linie angezeigt haben. Dieser Mönch war angeblich früher zweimal am obersten Sims des Hauptturms der alten Kreuzkirche an den zwei Ecken der nach dem Wall zu-

Links: Die Kreuzkirche, älteste Stadtkirche Dresdens, in einer Radierung des Bernardo Bellotto 1757; drei Jahre später, nach der Beschießung durch preußische Truppen, hat er sie als Ruine porträtiert. Erst nach dem Siebenjährigen Krieg erhielt die Kreuzkirche ihre barocke Gestalt; 1945 wurde sie stark beschädigt, als einziges Bauwerk am Altmarkt dann restauriert. Rechts: Die Frauenkirche auf dem Neumarkt, Hauptwerk des Barockarchitekten Georg Bähr; bis zu ihrer Zerstörung am 13. Februar 1945 die bedeutendste protestantische Predigtkirche, und ihr Kuppelbau das Wahrzeichen Dresdens. Heute sind die Stümpfe ihrer Ruine ein Symbol der Friedensbewegung in der DDR, die von beiden Kirchen im Februar 1982 ihren Ausgang nahm. Stahlstich 1861, nach Photographie von H. Krone.

gehenden Seite in Stein gehauen; weil aber auf der Ecke, die der Stadt zugewandt war, das Bildnis Christi gestanden hat, so dachte man sich unter diesen beiden Mönchsgestalten auch den Teufel und seine Großmutter.

J.G.Th. Grässe 1874, I. Nr. 110

Das Gespenst auf der Brühlschen Terrasse

Auch auf der Brühlschen Terrasse soll es sonst umgegangen sein. Man will dort zuweilen eine weißgekleidete Frau aus dem ehemaligen Brühlschen Palast haben kommen sehen, welche nach dem dem Torniamentischen Kaffeehaus gegenüber liegenden Oreillon (Basteivorsprung) zuzugehen und sich über das Geländer ins Wasser zu stürzen pflegte. Das Volk erzählte sich, es sei dies der Geist der Maitresse des Grafen Brühl, Albuzzi (vom Volke die Allputze genannt), welche an jener Stelle einst ihrem Leben ein Ende gemacht habe und nun nicht zur Ruhe kommen könne.

J.G.Th. Grässe 1874, I. Nr. 125

Vom Brückenmännchen zu Dresden

Der Baumeister der steinernen Elbbrücke zu Dresden, Matteo Foccio, ein Italiener, vom Dresdner Volk Matz Votze genannt, hatte sich am fünften Pfeiler der Elbbrücke linker Hand in kauernder Stellung mit untergestemmten Armen und tief in die Augen gezogenem Mützchen abbilden lassen. Dies war das sogenannte Brückenmännchen, ein Wahrzeichen von Dresden. Es flog bei der Sprengung der Dresdner Brücke durch Davoust (19. März 1813) mit in die Luft, fand sich aber, nachdem man nach einer Zeichnung ein neues hatte machen und an die Stelle des alten setzen lassen, unter dem Schutt wieder, und man stellte es dann linker Hand in der Quermauer wieder auf, da wo die Kaitzbach in die Elbe fällt.

J.G.Th. Grässe 1874, I. Nr. 94

Das Recht der Dohnaischen Fleischer zu Dresden

Die Fleischer von Dohna versorgten im Laufe des 15. Jahrhunderts bei großem Fleischmangel die Stadt Dresden freiwillig mit Fleisch, und zum Dank dafür erhielten sie im Jahr 1462 durch ein Privilegium die Freiheit, wöchentlich drei Tage, nämlich mittwochs, donnerstags und sonnabends, in Dresden, wo man sie Lästerer nennt, ihr Fleisch zu verkaufen. Allein sie müssen ihr geschlachtetes Vieh ganz und unzerstückelt auf den Markt bringen. Vor dem Verkauf wird es von den dazu geordneten Meistern des Dresdener Fleischerhandwerks besichtigt und von jeder Sorte das Pfund um einen Pfennig wohlfeiler als das Dresdner taxiert. Beim Verkauf sollten sie die Köpfe nicht als Zulage einhacken und an einen Speisewirt nicht mehr als 40 Pfund auf einmal verkaufen. Auch müssen sie jährlich zu Fastnachten sich auf dem Rathaus einschreiben lassen; und wer am Osterabend nicht in der Residenz schlachtet, hat sein Recht auf ein Jahr lang verloren.

A. Meiche 1903, Nr. 1157

Hinrichtung einer Hexe in Dresden

Im Jahre 1640 ist zu Dresden Elisabeth Hanitzschin hingerichtet worden, weil sie eine gewisse Tischerin dadurch verdorrt hatte, daß sie mit Hilfe des Teufels, der bei ihr den Namen Hauptmann Meden führte, der Tischerin Haar, eine Troddel von der Handquele, ein Stück von der Tischecke, einen Span von der Justiz (Galgen) für drei Pfennig Darant (Enzian), für drei Pfennig Wiederton samt Rindsblut in Teufels Namen in einen Topf getan, aufs Feuer gesetzt und eingerührt und dazu in Teufels Namen gesagt hat, »Hauptmann Meden soll die Tischerin revidieren und mitnehmen«, worauf diese und ihr Mann auch gebrechlich wurden. *J.G.Th. Grässe 1874, I. Nr. 145*

Das Aber zu Dresden

Früher sagte man häufig von Personen, die schlecht bei Kasse waren: »es fehlt ihm an dem Dresdnischen Aber.« Der Ursprung dieses Sprichworts ist folgender. Im Jahre 1617 haben die Kaiser Matthias und der Erzherzog Ferdinand von Österreich den Kurfürsten Johann Georg I. zu Dresden besucht, und jener hat ihnen unter anderen Merkwürdigkeiten seiner Residenz auch das mit Geschützen aller Art und andern zur Kriegsführung nötigen Dingen vollständig ausgerüstete Zeughaus gezeigt. Als er nun den Kaiser fragte, wie ihm das alles gefalle, gab dieser zur Antwort: »Das Zeughaus ist vortrefflich, aber!« Der Kurfürst hat gleich gemerkt, die abgebrochene Rede solle soviel besagen, daß wohl Waffen und Vorräte genug da sei, aber so viel Geld, als zur Erhaltung einer zu diesen im Verhältnis stehenden Armee nötig wäre, sei nicht in Sachsen. Indes hat er auf der Stelle nichts geantwortet, sondern den Kaiser weiter und endlich in die Kurfürstliche Schatzkammer gebracht, wo ihm eine so ungeheure Menge von Silberplatten gezeigt ward, daß er sich nicht genug wundern konnte. Als er nun diese und andere hier nicht vermutete Schätze staunend betrachtete, da sagte der Kurfürst: »Allergnädigster Kaiser, hier ist das Aber!« *J.G.Th. Grässe 1874, I. Nr. 117*

Oben: Die ehem. Katholische Hofkirche am Theaterplatz, erbaut 1739–55. Die dreischiffige Basilika wird durch einen das Mittelschiff umgebenden zweistöckigen Prozessionsumgang akzentuiert: Ritus und Kultus waren so gegen die vorwiegend protestantische Bürgerschaft abgeschirmt. Stahlstich 1837, nach Zeichnung von Otto Wagner. Unten: Der Vorgängerbau des heutigen „Semper-Oper", das 1838–41 von Gottfried Semper erbaute, 1869 niedergebrannte Theater. Die Bauleitung des Neubaus 1871–78 übernahm der Sohn Manfred Semper. Eine originalgetreue Wiederherstellung des 1945 ausgebrannten Theaters wurde 1985 abgeschlossen. Stahlstich 1861 nach Photographie von Hermann Krone.

Das alte markgräfliche Residenzschloß, das später zu einem Komplex zahlreicher Gebäude und mehrerer Höfe heranwuchs; kaum eine Anlage ist so oft abgeändert, so oft auch zerstört worden wie die Residenz der Albertiner – von Herzog Georg dem Bärtigen über Kurfürst Moritz bis zu August dem Starken. Zuletzt besaß sie vier Renaissanceflügel (Umbau 1889–1901), gegenwärtig noch im Ruinenzustand von 1945. Erst 1985 hat sich die Stadt Dresden für den Wiederaufbau entschieden. Kupfer, 17. Jahrh.

Der Drache im königlichen Schloß

Am ersten Weihnachtsfeiertag 1643 war die Abendtafel erst um elf Uhr zu Ende gegangen, und weil man das Silbergeschirr hier nicht abräumen wollte, mußten drei Pagen und ein Hoftrompeter darin zur Wache bleiben. Da haben erstere, die sich auf die Tafel zum Schlafen niedergelegt, einen Blitz durch das Zimmer fahren sehen, dem Trompeter aber, der auf einer Bank gelegen, ist etwas wie ein Mühlstein auf den Leib gefallen, so daß er weder Hand noch Bein rühren, noch den Mund auftun konnte; ihm gegenüber hat aber etwas auf der Tafel gesessen und hat ihn mit großen feurigen Augen wie ein Uhu angeglotzt, das ist der Drache gewesen.

J.G.Th. Grässe 1874, I.Nr. 128

August der Starke

Das ritterliche Vorbild war für die sächsischen Herren des 18. Jahrhunderts Friedrich August I. – König von Polen, Kurfürst von Sachsen und im Volksmund der Starke genannt. In Ungarn zerbrach er Hufeisen, in Krakau köpfte er mit einem Schlag einen polnischen Ochsen, auf der Brühlschen Terrasse in Dresden drückte er in das Eisengeländer seinen Daumen ein.

Nach sächsischer Lesart hatte August der Starke einmal ein Hufeisen für sein Pferd bestellt, und als der Schmied es ihm bringt, fragt er ihn, ob's auch wohl gut halten werde, es scheine ihm nicht stark genug. Iwo, sagte der Schmied, er werde es nicht zerbrechen und sein Pferd es nicht zertreten. Da nahm August der Starke das Hufeisen und brach es in zwei Stücke. Darauf gab er dem Schmied ein Goldstück als Belohnung, der aber sagte, er wolle nun auch einmal sehen, ob das probehaltig sei, nahm den Louisdor und brach ihn entzwei. Da nahm

August der Starke. Links: Als Zwanzigjähriger. Titelkupfer zur »Einleitung zur Historie des Chur-Fürstenthums Sachsen«, Leipzig u. Frankfurt a.M. 1714. Rechts: Im herrscherlichen Ornat als »August II., König von Polen, und Friedrich August I., Kurfürst von Sachsen«. Kupferstich von C.A. Wortmann nach einem Gemälde des Dresdner Hofmalers Louis de Silvestre.

August der Starke einen eiserne Stange und legte sie dem Schmied um den Hals, und da erkannte der, daß der Kurfürst doch stärker sei als er, und bat, daß er ihn wieder lösen möchte, was der dann auch tat.

Ein andermal soll er zwei Trompeter im Schloß zu Wien auf jeder seiner Hände zu einem Fenster hinausgehalten haben, und zwar so lange, bis sie einen Marsch draußen bis zu Ende gespielt hatten. Allein diese gewaltige Körperstärke hat der Fürst nur besessen, so lange er Kurfürst von Sachsen gewesen, denn als er nachher König von Polen geworden, hat er alle Kraft verloren, und das ist darum geschehen, weil er seinen Glauben gechangiert hat und katholisch geworden ist.

Fr. Sieber 1926, S. 100 und
A. Kuhn u. W. Schwartz 1848, Nr. 163

Der Starke aus Sachsen

Die Lausitzer Wenden erzählen von August dem Starken so: Der Kaiser von Österreich war lutherisch, aber er sollte katholisch werden. Die Pfaffen wollten es, und einer wollte ihn dazu bringen. Dieser band sich eine Kuhhaut um und eine Kette und hatte auch Hörner und sah aus wie der Teufel. Er kam zweimal in der Nacht zum Kaiser und sagte, der Kaiser solle katholisch werden, sonst würde er, der Teufel, ihn holen. Nun war in Sachsen so ein Starker, der kam zu Besuch nach Wien, und der Kaiser sagte ihm, daß er ängstlich sei wegen des Teufels. Da sprach der Starke: »Ich habe nicht viel Zeit, aber ich werde so lange bleiben; will sehen, was das für ein Teufel ist«, und legte sich in der Nacht zu dem Kaiser ins Bett. Da kam der Teufel in der Kuhhaut zum drittenmal und wollte den Kaiser holen. Aber der Starke war sofort vom Bette herunter und warf ihn zum Fenster hinaus, drei Stockwerke tief, daß er gleich tot war.

Auch Krabat, der wendische Hexenmeister, konnte es mit dem Herrn aus Dresden. Als Krabat gerade seine Schweineherde hütete, kam August der Starke im Wagen dort vorübergefahren. Da erhoben sich auf einmal sämtliche Schweine auf die Hinterfüße, standen kerzengerade und paradierten wie Grenadiere vor dem König. Das gefiel dem Fürsten. Er nahm Krabat mit nach Dresden und steckte ihn in die Hofküche. Der Hofkoch konnte den Krabat, der alles beschnüffeln mußte, nicht leiden. Da hagelte es oft Ohrfeigen. Warte, dachte Krabat. Mal gab es Nudeln bei den Herrschaften. Als sie anfingen zu essen, waren es Regenwürmerhaufen, und aus den Schüsseln hüpften die gebratenen Hühnchen als Frösche. Zur Strafe wurde Krabat wieder heim nach Eutrich geschickt.

W. von Schulenburg 1880, S. 42 und Fr. Sieber 1925, S. 60

Das Schloß zu Tharand

Als Landgraf Ludwig von Thüringen mit Kaiser Friedrich nach Palästina zog, schickte ihm Gott vom Himmel herab das Panier des Ritters St. Georg seiner Mildtätigkeit und guten Werke halber, und unter diesem stritt er gegen die Ungläubigen und siegte.

Dann ward das Panier zur Wartburg gebracht, danach aber gen Meißen auf ein Schloß, welches der Tharand heißt. Da kam Feuer in dem Schlosse aus (1190), und viele Leute sahen das Panier des Ritters im Feuer zum Fenster hinausfliegen, aber niemand hat erfahren, wo es seitdem geblieben ist.

J.G.Th. Grässe 1874, I. Nr. 263

Der Ursprung von Pirna

Die berühmte Stadt Pirna an der Elbe, unter dem Schlosse Sonnenstein gelegen, ist vor alten Zeiten am Hausberg nahe bei Kriezschwitz gegenüber dem Dorfe Rottwerndorf erbaut gewesen und hat die Mannewitz geheißen. An der Elbe sollen damals nur etliche Häuser gestanden haben, darinnen die Schiffleute, so bisweilen angelegt, geherbergt, und zwar wo jetzt das Schifftor steht. Allda soll ein großer Birnbaum gewesen sein, von dem die Stadt eigentlich ihren Namen überkommen hat.

A. Meiche 1894, Nr. 67

Die Wasserflut zu Pirna

Am Mittwoch nach Mariä Empfängnis des Jahres 1501 hat sich die Elbe so ergossen, daß sie in die Klosterkiche gegangen bis an den roten Strich, so über dem Predigtstuhl gezeichnet ist, kam auch zu allen Toren hereingedrungen. Es ging so hoch, daß man mit Schiffen und Kähnen hat hineinfahren können bis ans Rathaus; es ging auch bis an den Sprengel, der vor dem Kloster an der Kirchtüre stand und halb voll geweihten Wassers war und ein Sprengwedel (Weihwedel) darin lag. Doch berührte das wilde Wasser das geweihte Wasser nicht, und der Sprengwedel blieb im Weihwasser, und obgleich das wilde Elbwasser hart an den Stein schwebte, blieben doch das Weihwasser und der Sprengel darin unversehrt.

J.G.Th. Grässe 1874, I. Nr. 175

Das älteste Veloziped

Im Jahre 1504 unterstand sich ein Bürger zu Pirna, einen Wagen mit Rädern und Schrauben zu machen, der sollte ohne Pferde, so einer darauf säße und die Schrauben zöge, hinfahren, wohin er wollte. Um seine Kunst mit dem Fahren nun zu beweisen, richtete er alles Zeug dazu her und gedachte, nach Dresden zu fahren; er fuhr aber nicht weit, sondern blieb im Dreck stecken, der in der Zeit groß war. Im Trockenen und in der Ebene hätte er es wohl eine ziemliche Ecke praktizieren mögen.

J.G.Th. Grässe 1874, I. Nr. 176

Pirnaische Wallfahrten

Erlen Peter nennt man einen über der Stadt Pirna diesseits der Elbe gelegenen schönen Quell, dessen Wasser durch eine Flasche läuft, welche eine steinerne männliche Figur unter dem Arm hält, mit dem Vers darüber: »Der Erle Peter bin ich genannt / Den armen Leuten wohlbekannt / Wer nicht Geld hat in seiner Tasche / Der trinkt umsonst aus meiner Flasche«. Im Jahre 1549 ist der Quell fast ganz vertrocknet und versunken, und es hat viele Mühe gekostet, daß man ihn nur ein wenig wieder gefunden; denn weil man aus ihm hat Geld lösen wollen, ist das Wasser ausgeblieben. Dafür ist er 1687 mit einem Behältnis verschlossen und mit einem steinernen Gewölbe versehen worden. Um 1670 entstand die Gewohnheit, alljährlich an dem Mittwoch nach Pfingsten zu diesem Brunnen zu ziehen und sich hier mit Musizieren, Tanzen, Singen, Schießen usw. zu belustigen. Unter den Wallfahrenden befanden sich sogar viele Dresdener, und man nannte dies Fest Pirnaische Wallfahrten.

J.G.Th. Grässe 1874, I. Nr. 172

Blick über die Elbe auf Pirna, mit der Marienkirche und zahlreichen Patrizierhäusern aus Renaissance- und Barockzeit. Heute Industriezentrum, mit Gasturbinenbau, Zellstoff- und Kunstseidenwerken. Lithographie von C.W. Arldt 1845, nach Zeichnung von R. Bürger.

Das Pagenbett auf dem Königstein

Auf der weltberühmten Bergfeste Königstein befindet sich hinter der jetzt so genannten Friedrichsburg auf einem schmalen, kaum eine Elle breiten Gesims der äußeren Festungsmauer, so an der Felsenecke zu sehen, das Pagenbett.

Seinen Namen hat es davon, daß Karl Heinrich von Grunau, Leibpage des damals gerade auf der Festung weilenden Kurfürsten Johann Georg II., am 12. August 1675, als jener auf der damaligen Christiansburg (jetzt Friedrichsburg) gespeist, in Trunkenheit zur Nachtzeit zu einer Schießscharte hinter der Christiansburg herausstieg, sich auf dem schmalen Absatz daselbst niederlegte, einschlief und am folgenden Morgen hier noch in tiefem Schlummer gefunden ward. Sogleich wurden Seile um ihn herumgeworfen, um ihn vor dem Herabstürzen zu retten, dann hat man ihn auf Befehl und im Beisein des Kurfürsten durch Trompetengeschmetter und Paukenwirbel aufgeweckt.

Dieser Grunau ist übrigens erst am 9. Dezember 1744 zu Schmölln bei Bautzen, 106 Jahre alt, gestorben, nachdem ihn Gott noch einmal wunderbar vor dem Tode behütet, als sein scheugewordenes Pferd

Die Festung Königstein, ursprünglich für die Könige von Böhmen errichtet (um 1200), diente 1591–1922 als sächsisches Staatsgefängnis: Der Porzellanerfinder Böttger saß ebenso ein wie der Sozialrevolutionär Michail Bakunin, der Sozialdemokrat August Bebel und die »frechen Schöngeister« Frank Wedekind und Th. Th. Heine. Heute militärgeschichtliches Museum und »Kulturstätte«. Stahlstich 1862, nach Zeichnung von Carl Koehler.

mit ihm von der Elbbrücke zu Dresden über das Geländer in die Elbe sprang.

J.G.Th. Grässe 1874, I. Nr. 183

Das Königsteiner Faß

In einem der Felsenkeller unter der Magdalenenburg sah man bis 1838 das wegen seiner Riesengröße berühmte Königsteiner Faß. Es hatte siebzehn Ellen Länge und zwölf Ellen im Durchmesser. Der Straßburger Böttcher Hölbe hatte es von 1721 bis 1725 aus 154 Dauben, 54 Bodenpfosten und 30 eisernen Ringen gebauet. Das Faß konnte 3709 Dresdner Eimer fassen und war also größer als das berühmte Heidelberger Faß, überhaupt das größte bekannte Weinfaß auf der Erde.

K.H.W. Münnich 1845, S. 148

Wie Burggraf Jeschke um die Hauptmannsbestallung gekommen ist

Im Jahre 1397 ist der Burggraf Jeschke von Dohna, ein Vasall des Markgrafen von Meißen, bestallter Hauptmann auf der Feste Königstein gewesen, allein vier Jahre nachher hat er sich bei dem damals noch gebräuchlichen, jährlich um Martini auf dem Rathaus zu Dresden angestellten solennen Adelstanz mit der Gemahlin eines benachbarten von Adel, Rudolf von Körbitz auf Meusegast, allzufrei benommen, daher der letztere aus Eifersucht Burggraf Jeschken während des Tanzes ein Bein untergeschlagen, Jeschke aber dem Körbitz dafür eine Maulschelle gegeben hat. Hierauf haben beide einander heftig befehdet und feindlich angefallen, so daß darüber die Straßen nach Dresden ganz unsicher worden. Als nun hierbei Markgraf Wilhelm Friede gebot, hat der Burggraf seines Herrn Befehl nicht respektiert, ja es haben sogar einige Burgleute auf dem Königstein um ihres Hauptmanns willen dem Markgrafen den Gehorsam aufgesagt, so ist der Markgraf mit seinem Kriegsvolk gegen ihn gezogen und hat ihn erst auf seiner Burg Dohna, und als er von dort entkommen, zu Weesenstein, und als er auch hier entflohen, zu Königstein belagert. Wie jedoch dieser nach vier Wochen auch von Königstein entwischt ist, hat der Markgraf im Jahre 1402 die Burg Dohna gänzlich zerstört, und man hat seitdem gesagt, daß der Burggraf Jeschke seine Burggrafschaft Dohna zu Dresden bei Hofe vertanzt habe.

J.G.Th. Grässe 1874, I. Nr. 195

Jutta von Duba

Über dem Dorfe Rathen in der Nähe der Bastei erblickt man die Burgruine der Feste Altrathen. Diese soll im 10. bis 11. Jahrhundert von den Deutschen durch Sturm ihren sorbischen Bewohnern entrissen worden sein und in der Hitze des Kampfes seien viele Sorben in den nahegelegenen Abgrund, der, weil man in neuerer Zeit hier viele Totenköpfe und Menschengebeine, Pfeilspitzen, Sporne usw. fand, die Martertelle genannt ward, herabgestürzt. Später gehörte diese Burg den Burggrafen von Dohna und soll zuletzt durch Heirat an die von Duba gekommen sein und damals den Namen Riesenstein geführt haben. Einer aus diesem Geschlecht namens Witigo hatte eine sehr schöne Tochter, Jutta, die er mit dem jungen Böhmenkönig Premislaus Ottokar zu vermählen wünschte. Er ließ also einen Maler kommen, um ihr Bildnis zu entwerfen, das er dem jungen König zuzusenden gedachte; allein da jener jung und schön war, entspann sich sehr bald ein Liebesverhältnis zwischen beiden, welches wider Erwarten dadurch zu einem glücklichen Ausgang geführt, weil es dem Maler gelang, bei einer plötzlich durch eine in der Schloßkapelle ausgebrochene Feuersbrunst das dort betende Burgfräulein mit Gefahr

Die Basteifelsen bei Rathen, der bekannteste Aussichtspunkt der Sächsischen Schweiz. Anläßlich der ersten sächsischen Landesvermessung 1592 wurde die vorspringende Felsenrinne »Pastey« genannt; bis 1812 gab es hier weder ein Geländer noch Unterkünfte. 1826 ließ der sächsische Staat als neuer Eigentümer ein eisernes Geländer an der Aussichtsplattform und eine hölzerne Brücke über die sog. Martertelle errichten. Stahlstich 1843.

seines Lebens zu retten; er erhielt sie dafür von ihrem Vater zur Gemahlin. Nach einer andern Erzählung wäre jener Maler jedoch ein verkappter Rittersmann, ein gewisser Bernhard von Kamenz gewesen, der Jutta schon in früher Jugend gekannt hatte und sich ihr jetzt unter dieser Verkleidung zu nähern genötigt war, weil sich zwischen ihren Vätern ein Zwiespalt eingestellt hatte. Allein die Liebenden wurden nicht vereinigt, Jutta nahm den Schleier und Bernhard zog gegen die Ungläubigen, wo er einen ruhmvollen Tod suchte und fand.

J.G.Th. Grässe 1874, I. Nr. 187

Der Nonnenstein bei Weißig

In der Nähe des Dorfes Weißig befindet sich, der Bastei gegenüber, der sog. Nonnenstein, der sich wie ein vierseitiger, mehrere Stock hoher Turm ohne Dach gerade in die Höhe hebt. Er soll seinen Namen davon haben, daß da, wo oben auf seinem Gipfel eine Höhlung, einer Schale oder Schüssel gleich, anzutreffen ist, vor Zeiten eine Nonne an einem ästigen, angefällten Baum diesen Felsen bestiegen und täglich ihr Gebet und Verehrung allda verrichtet haben soll. Noch anno 1691 soll ein alter Mönch, an dem Oberteil des Leibes ganz bloß und nackend, die Kleider nach sich schleppend, dahin gewallfahrtet sein. Das Volk erzählt sich nun, dieser und die Nonne seien ursprünglich ein Liebespaar gewesen, welches aber durch die Eifersucht des Jünglings getrennt worden sei, worauf beide in zwei nahegelegene, nur durch die Elbe getrennte Klöster gegangen wären und jeden Morgen habe nun die Nonne den nach ihr genannten Felsen bestiegen und sehnsüchtig nach einem andern gegenüberliegenden Felsen, den deshalb so genannten Mönchsstein geblickt, weil sie gewiß gewesen, dort ihren früheren Geliebten aus gleicher Ursache zu erblicken. Von beiden Klöstern ist nur noch wenig Gestein übrig, aber noch zu Anfang dieses Jahrhunderts zeigte man die Zelle des Mönchs in den Ruinen.

J.G.Th. Grässe 1874, I. Nr. 190

Vom Kuhstall bei Lichtenhain

In der Nähe des Dorfes Lichtenhain, das eine Stunde von Schandau entfernt ist, befindet sich ein hoher Felsen, früher der Hausberg genannt, welcher eine große, von der Natur gebildete Halle enthält, in welche man durch das zehn Ellen hohe und zwölf Ellen breite Tor tritt, das völlig gerundet und gewölbt ist.

Weil dereinst in Kriegszeiten die Bauern der Umgegend ihr Vieh hineingeflüchtet haben sollen, hat man diese Höhle den Kuhstall genannt. Übrigens sind auch noch mehrere Nebenhöhlen vorhanden, die wohl zum Aufenthalt für die dorthin geflüchteten Landleute gedient haben mögen. Ehe man von Lichtenhain hierher kommt, findet man im Wald eine Art Gesundbrunnen, den man den hellen Fluß nennt, und bei dem in der Zeit des Papsttums verschiedene Wunder sich ereignet haben sollen, nicht weit davon aber einen Felsen, der

Der Kuhstall unterhalb der Felsenburg Wildenstein (15. Jahrh., Ruine): ein höhlenartiges Felsentor von 11 m Höhe und 24 m Tiefe. Stahlstich 1861.

oben eine ungleiche Vertiefung hat und der Taufstein genannt wird, weil da in Kriegszeiten die neugeborenen Kinder der hierher Geflüchteten getauft worden sein sollen. Diesem Hausberg gegenüber ist die sog. Pfaffenklunst, zu der man durch einen engen Weg fast nur mit Lebensgefahr gelangt. Der Ort soll seinen Namen daher haben, daß ein ehemaliger katholischer Pfarrer zu Lichtenhain sich hierher vor seinen hussitisch gewordenen Pfarrkindern geflüchtet und in das Pfaffenloch versteckt hatte, aber von ihnen entdeckt und in den Abgrund herabgestürzt worden sein soll.

J.G.Th. Grässe 1874, I. Nr. 201

Der Schatz auf dem Lilienstein

Der Lilienstein, ein dem Königstein gegenüberliegender hoher Fels, der von ferne gesehen ganz von der Elbe umflossen zu sein scheint, muß früher bewohnt gewesen sein, wie man gewissen Merkmalen noch heute entnehmen kann.

Einst ist eine arme Frau aus Waltersdorf mit ihrem Kinde auf den

Lilienstein in die Beeren gegangen, da bemerkt sie plötzlich am Berge eine offene Tür und sieht in dem Gewölbe, welches diese verschließt, eine Menge Goldhaufen liegen; sie setzt also das Kind auf einen dabei stehenden goldenen Tisch, rafft emsig so viel von den Haufen, als sie in ihrer Schürze fortbringen kann, auf und eilt damit, ihr Kind zurücklassend, nach dem draußen stehenden Korb. Als sie aber umkehrt, findet sie die Tür nicht mehr und muß also auch ihr Kind als verloren ansehen. Nach Verlauf eines Jahres geht sie aber an demselben Tag und zu derselben Stunde wieder an den nämlichen Ort, findet auch die Tür wieder und erhält auch ihr Kind unversehrt, welches auf dem Tisch mit goldenen Äpfeln und Birnen spielt, gleichsam als wäre seitdem nur ein Augenblick verflossen.

J.G.Th. Grässe 1874, I. Nr. 193

Der gute Engel zu Hohnstein

Auf dem alten Schlosse Hohnstein in der Sächsischen Schweiz hat sich zu Anfang der Regierung des Kurfürsten Moritz angeblich der

Burg Hohnstein, bereits 1333 urkundlich erwähnt. 1924–33 befand sich hier die größte Jugendherberge Deutschlands; Umfunktionierung zu einem der ersten Konzentrationslager des NS-Regimes. Heute wieder Jugendherberge – und Gedenkstätte des regionalen antifaschistischen Widerstandes. Stahlstich 1861, nach Zeichnung von Carl Koehler.

Geist des Gebirges häufig sehen lassen. Nämlich ein Mägdlein von acht bis neun Jahren ward von einem andern Mägdlein ihres Alters öfters besucht. Das gab sich für einen Engel aus und half dem Mägdlein allerhand verrichten, brachte ihr Geld und gab ihr allerhand Unterricht und Ratschläge wegen des neuen Glaubens. Diese Erscheinung machte so viel Aufsehen, daß der damalige Amtsschösser (Steuereinnehmer), Johann Schultes, darüber an den Kurfürsten berichtete, der jedoch, nachdem der von ihm deshalb befragte Dresdener Superintendent Daniel Greser in einem Gutachten die Erscheinung entweder für ein Gespenst des Teufels oder für eine Erdichtung des Vaters des Mädchens erklärt hatte, weil er niemals gehört noch gelesen, daß Gott jemandem gemünztes Geld durch ein Gespenst zugeschickt habe, befahl, die Sache auf sich beruhen zu lassen.

J.G.Th. Grässe 1874, I. Nr. 205

Der Drache

Den Drachen, wie man ihn in der Lausitz kennt, gibt es auch in der Sächsischen Schweiz.

Ein Knecht in einem Dorfe bei Hohnstein hatte seine Herrin schon lange im Verdacht, einen Drachen zu besitzen. Eines Abends saß er mit seinem Liebchen auf der Bodentreppe, wo der Kamin vorbeiführte. Da hörte er die Bauersfrau sagen: »Matzel, Matzel, hier steht deine Semmelmilch. Gib die Wurst her.« Aus der Esse aber antwortete der Drache: »Es guckt, es guckt.« Zitternd entflohen die beiden Lauscher. Am andern Tage aber gab es Wurst und Milchbrei zu essen. Der Knecht verließ darauf sofort seinen Dienst. Jene Frau konnte später, wie alle Besitzer von Drachen, nicht »ersterben«. Erst als man ihr etwas Mist unter das Kopfkissen breitete, kam es mit ihr zum Ende.

A. Meiche 1894, Nr. 5

Die Schifferfastnacht

Gleich nach Anfang des neuen Jahres wird in etlichen Dörfern an der Elbe zwei Tage lang die Schifferfastnacht gehalten. Es ist ein Kostümaufzug durch das ganze Dorf, beherrscht von zwei Gruppen, den »Weißen« und den »Schwarzen«.

Die »Weißen« bestehen aus dem Vorläufer, dem Schiffsdoktor mit

Frau, dem Kapitän mit Frau, zwei Hanswürsten und den Jungen, die »das Schiff« tragen. Dieses »Schiff« ist das Modell eines Seeschiffes, gewöhnlich eines Dreimasters; es ist mit vielen bunten Bändern behangen, denn jede junge Frau im Dorf ist gehalten, dem Schiff bei seinem Umzug ein Band zu schenken.

Jeder der »Weißen«, die alle fein gekleidet sind, sagt seinen Spruch, der jedes Jahr gleich lautet und sich von Geschlecht zu Geschlecht fortpflanzt. Die Schiffe sind mitunter achtzig bis hundert Jahre alt.

Was die »Schwarzen« anbelangt, so sind dies junge Burschen, die in komischer Weise die verschiedensten Stände darstellen, ein jeder mit seinen Insignien, aber in etwas defekter Kleidung. Ein Musikchor marschiert an der Spitze. Jeder erhält für seinen Einsatz eine kleine Gabe, für die »Weißen« legt man sie ins Schiff. Ist der Umzug durch das Dorf beendet, so sammelt sich die lustige Fastnachtsgesellschaft auf dem Tanzsaal und hier wird bis zum frühen Morgen getollt.

Am anderen Morgen gibt es von dem eingesammelten Geld ein Festessen, gewöhnlich Reis und Rindfleisch, vorher aber einen großen Kaffee. Nachmittags ist wieder irgend ein Mummenschanz und abends ein zweiter Ball in der Dorfschänke. Die eigentliche Fastnacht geht spurlos vorüber. *A. Meiche 1894, S. 115*

Fang eines 152pfündigen Seehundes in der Elbe »anderthalb Meil unter Dreßden von den Fischern, so sonst ihrer Nahrung nach auff der Elbe gewesen, unversehens ins Netz gebracht und, weil er sich sehr gewehret, von ihnen mit Rudeln und Prügeln erschlagen und also gefangen worden« – am 20. 3. 1634. Zeitgenössisches Flugblatt; Holzschnitt von Wolff Seyffert 1634.

Die Elbe von Meißen bis Torgau

Bischof Ido zu Meißen

Der fromme Bischof Ido, ein geborener Graf zu Rochlitz, starb auf der Rückreise aus Polen, wohin er zur Bekehrung der Heiden gezogen war, anno 1016 zu Leipzig. Er hatte seinen Tod vorausgesagt und verlangt, man solle ihn nicht zu Meißen beerdigen, weil die Stadt noch ganz zerstört werden würde. Gleichwohl hat ihn Markgraf Eckhard dort begraben lassen in der Hoffnung, dadurch das Unglück abzuwenden. Doch ist sein Leichnam von seinem Vetter, Graf Hermann von Rochlitz, nach wenigen Jahren gen Colditz gebracht und dort in der St. Magnus-Kirche beigesetzt worden. Darauf ist 1020 die Pest nach Meißen gekommen und hat schrecklich gewütet.

J.G.Th. Grässe 1874, I. Nr. 33

Die tapferen Weiber von Meißen

Am 13. September des Jahres 1015 hat Mesico, des Herzogs Boleslai in Polen Sohn, die Stadt Meißen belagert, da niemand unter den Markgrafen daheim gewesen. Damals haben die Feinde der Stadt am heftigsten bei der Wasserburg zugesetzt und bereits zween Türme angezündet gehabt, welche die Weiber in Eil und in Mangel des Wassers mit Met gelöschet. Da nun Mesico von einem nahen Berge gesehen, daß sich die Bürger so tapfer gewehret, auch daß viele von den Seinen umgekommen, hat er sie vom Belagern und Stürmen wieder abgerufen; darauf ist die Elbe des Nachts so sehr gewachsen, daß sich die Polen besorget, sie möchten das Ihre oberm Wasser verlieren, sich derowegen davongemacht. Wegen dieser Geschichte und wunderlichen Errettung der Stadt Meißen hat man hernach jährlich den Tag Mariä Geburt feierlich begangen, daß nämlich die Mannspersonen alle aufs Rathaus, die Weiber aber ins Bürgermeisters Haus zusammengekommen, von dannen sie miteinander in die Kirche gegangen sind und Gott und später Unsere Liebe Frau für solche gnädige Abwendung der Feinde Gewalt gedanket und um ferneren Schutz gebeten haben. Mit den ersten Jahren der Reformation hat diese Prozession jedoch wieder aufgehört.

J.G.Th. Grässe 1874, I. Nr. 44

Bischof Benno von Meißen

Der berühmteste aller Bischöfe von Meißen ist der heilige Benno, ein Graf von Wolderburg oder Bultenburg aus Sachsen. Er war mit seinem 18. Jahr zu Hildesheim, wo er im Jahre 1010 geboren war, ins Kloster getreten, ward im 30. zum Priester geweiht, hierauf Abt daselbst, dann zu Goslar zum Propst gewählt und, nachdem er 17 Jahre hier verlebt, durch den Bischof Anno von Köln 1066 zum Bischof von Meißen vorgeschlagen und ist als solcher am 16. Juni 1107 gestorben, auch wegen der von ihm getanen vielen Wunder im Jahre 1523 vom Papst Hadrian VI. kanonisiert worden.

Jeronymus Emser hat »Das heilige Leben und Legend des seligen Vatters Bennois weyland Bischoffen zu Meyssen« im Jahre 1517 »gemacht und in das teutsch gebracht«. Er berichtet von ihm unter ande-

»Hier ist Benno gegangen« – eine Meißener Redensart, die blühende Gefilde umschreibt. Hier der Heilige Benno mit den Schlüsseln der Stadt Meißen. Holzschnitt aus dem »Leben S. Bennonis«, München 1604.

rem: Die Hauptaufgabe des heiligen Mannes war, die heidnischen Slawen und Wenden zum christlichen Glauben zu bekehren, und dazu hatte ihm der Papst besondere Vollmacht erteilt. Er forderte also alle, die da kommen wollten, zu sich in die Stadt Meißen; und als bald ein solcher Zulauf entstand, daß in der Stadt nicht mehr genug Raum und Herberge für sie war, versammelte er das Volk in einem schönen, sonnigen Grunde, ohngefähr tausend Schritte von der Stadt gelegen. Als er nun eines Tages hier predigte und die Sonne sehr heiß schien und die Leute vor Durst fast erstickten, da ließ Gott auf sein Bitten einen Quell aus der Erde entspringen, durch dessen kühles Wasser alle gestärkt und erquickt wurden. Davon heißt der Grund noch jetzt das heilige Tal und die Quelle St. Bennos Brunnen.

Eines Abends wollte der heilige Benno spät von dem heiligen Tale aus nach Meißen zurückkehren. Da fürchtete er, man möge, wenn er weit umginge, die Tore schließen. Er machte also das Kreuz vor sich und ging trockenen Fußes über die Elbe. Ein Müller, der hinter ihm herfuhr, sah das und sagte bei sich: in dem Namen dessen, durch den Bischof Benno hinübergekommen, will ich auch hinüber, und so folgte er ihm mit Pferden und Wagen; als er aber hinüber war, da hat ihn der heilige Mann mit ernsten Worten angeredet und verboten, dies niemals wieder zu tun, solange er lebe.

Der zerbrochene Weinpfahl, dessen er sich bei jenem wunderbaren Übergange über den Strom als Stab bedient haben soll, wurde noch im Anfang des 19. Jahrhunderts in der Domkirche zu Meißen als einzige Reliquie des Heiligen gezeigt.

J.G.Th. Grässe 1874, I. Nr. 30

Ein großer Zauberer

Nach seinem Tode wirkte Benno an seinem Grabmal erst zu Meißen und dann zu München gar viele Wunder. 512 werden in seiner Lebensbeschreibung ausführlich erzählt. Da schreibt der kursächsische Sekretär Petrus Albinus im Zorn: »So ist gewißlich, daß Bischoff Bennoni schuldt gegeben wird / er sey ein großer Zauberer gewesen / dannen her viel seiner Mirakel sein / so in seines Lebens Beschreibung referiert werden.«

Fr. Sieber 1926, S. 23

Oben: Blick auf den Meißener Burgberg – mit der Albrechtsburg, dem ehem. Bischofsschloß, dem Dom, den Domherrenhöfen und dem Kornhaus. Gezeichnet und lithographiert von C.W. Arldt 1845. Unten: Dom und Domplatz zu Meißen. Die Kirche, deren Anfänge auf eine 968 erbaute Kapelle zurückgehen, bildet mit ihrem frühgotisch geschmückten Chor, hochgotischem Langhaus und spätgotischen Türmen ein harmonisches Ganzes. Wie der Burgberg als solcher gehört auch der Dom zu den »elf Merkwürdigkeiten der hochberühmten Stadt Meißen« (J.G.Th. Grässe). Gezeichnet und lithographiert von R. Bürger 1845.

Der falsche Kaiser Friedrich

Schwarzkünstler haben schon vor Faust in Obersachsen ihr Wesen getrieben. Der Pirnaische Mönch erzählt: Ditterich Stol, ein Deutzer, warf sich 1285 auf in Person Kaiser Friedrichs, der seit 36 Jahren tot war, brachte durch Schwarze Kunst und viele Gaben in Art der großen Hanse die Leute in Glauben, sagte, was er im Lande alles getan, geredet und gehandelt, äffte Fürsten und Herrn, schickte nach den Markgrafen Friedrich und Dietrich zu Meißen, seiner Schwester Söhne. Er verzehrte zwanzigtausend Mark Silbers in einem Jahr, ward durch König Rudolf, Bischof zu Köln etc., gefangen, bekannte, Schwarze Kunst sei ihm ein Leichtes und er habe gehofft, dadurch ein mächtiger Herr zu werden.

J.B. Mencke 1729, II. Sp. 1509

Der Dombrand zu Meißen

Am 25. April des Jahres 1547 stimmten die Domherren zu Meißen wegen der Gefangennahme des unglücklichen Kurfürsten Johann Friedrich in Mühlberg den Ambrosianischen Lobgesang an, bei voller Musik und unter dem Geläut aller Glocken. Da schlug bei völlig wolkenleerem Himmel der Blitz in die Domkirche. Der zündende Blitzstrahl fuhr in die vordersten drei hohen prächtigen Haupttürme, durch das Gewölbe der Kirche in die Orgel, von da in die fürstliche Begräbniskapelle und hier wieder heraus auf des Domherrn Dr. Hildebrand Günthers, eines berühmten Arztes, Grab, wo er durch die linke Achsel des auf der messingnen Platte befindlichen Bildnisses eine Öffnung von Speziestalergröße machte und hier erlosch. Nichtsdestoweniger brannten die Türme zusammen, stürzten neben dem Gewölbe herab, die Glocken und die Orgelpfeifen zerschmolzen, und auch das Kirchdach ging in Feuer auf.

Daher kommt es, daß jetzt nur noch ein höckriger Turm statt dreien übrig ist, in den es übrigens, obwohl er ganz durchsichtig ist, nie regnet, denn das Wasser läuft aus den Rachen der Hunde, welche an den Ecken des Turmes stehen, heraus, ohne in den Turm zu fallen.

J.G.Th. Grässe 1874, I. Nr. 46

Die Eisenbahnbrücke bei Riesa – die erste Deutschlands. 1837 ließ sich hier die Sächsisch-Böhmische Dampfschiffahrtsgesellschaft nieder und nahm die Elbe »in Betrieb«. Die Leipzig-Dresdner Eisenbahnlinie wurde 1839 fertiggestellt, 1843 ein Eisenwerk errichtet. Gezeichnet und lithographiert von C.W. Arldt 1845.

Der Schwimmer

In Meißen hat es sich zugetragen, daß etliche Bäckersknechte am Pfingstfest unter der Predigt hinausgegangen sind und oberhalb der Ziegelscheune, gleich dem Baumgarten gegenüber, in der Elbe gebadet haben. Einer unter ihnen, der sich auf seine Fertigkeit im Schwimmen verlassen, hat zu seinen Gesellen gesagt, wofern sie ihm einen Taler aufsetzten, wolle er dreimal nacheinander, unausgeruht, dies Wasser hin und her beschwimmen. Den zwei andern kam das unglaublich vor, und sie willigten ein. Nachdem der verwegene Mensch es zweimal vollbracht und nun zum drittenmal nach dem Sieben-Eichen-Schloß zu hinüberschwimmen wollte, da sprang ein großer Fisch, wie ein Lachs, vor ihm in die Höhe und schlug ihn mit sich ins Wasser hinab, so daß er ertrinken mußte. Man hat ihn noch selbigen Tages gesucht und oberhalb der Brücke gefunden: am ganzen Leibe waren gezwickte Mäler, von Blut unterlaufen, zu sehen und man konnte gar leicht die Narben erkennen, die ihm der Nix oder Wassergeist gemacht.

Brüder Grimm 1816, Nr. 54

Der Kobold zu Pausitz

Zu Pausitz bei Riesa hat sich um 1696 ein Kobold aufgehalten, der in dem Hause des Viertelhüfners Hans Preußiger vielerlei Unfug verübte. Er verschleppte Lebensmittel und Wäsche aus dem Hause und versteckte sie an verschiedenen Orten, Butter ballte er zu Klumpen und vergrub sie unter die Spreu, Mehl- und Getreidesäcke stürzte er um; wenn gebacken werden sollte, verdarb er den Sauerteig durch Erde und Spreu, in der Küche füllte er die Kochtöpfe am Feuer mit Kohlen und Asche, verunreinigte die Speisen und Trinkgeschirre aufs ekelhafteste, machte unsichtbar die Türen auf und zu und riß in der Nacht den Frauen die Betten und Hemden vom Leib. Nur gegen die dreizehnjährige Tochter Preußigers benahm er sich besser, ja er sagte ihr, eine frühere Kinderfrau eines Herrn von Plötz, die Dörschnitzer Anna, habe ihn in einem Korb ins Haus gebracht. Er saß zuweilen in der Ofenhölle in einem weißen Hemd, das am Halse und Ärmeln mit roten Bändern geschmückt war, hatte graue neue Strümpfe und alte Schuhe an, sein mit großen Glotzaugen und im Genick mit einem Busch gelber Haare besetzter Kopf hing hinten über. Er schenkte dem Kinde neue Spindeln und schöne Birnen, als er aber einmal aus einem Milchasch getrunken hatte, und dieser deshalb eingeschlossen ward, stach er die Kühe mit einer Mistgabel in die Beine. Von einem Herrn von Carlowitz mit Prügeln bedroht, verschwand er endlich. *J.G.Th. Grässe 1874, I. Nr. 87*

Links: Strehla an der Elbe. Stahlstich 1861, nach Zeichnung von Ludwig Rohbock. Oben: Torgau mit Schloß Hartenfels (als Torgowe 973 urkundlich erwähnt) und der Stadtkirche St. Marien, in der Luther vor dem Kurfürstlichen Hof zu predigen pflegte; seine Witwe Katharina von Bora liegt dort begraben. Gezeichnet und lithographiert von R. Bürger 1845.

Das Wahrzeichen von Strehla

Früher pflegten die Handwerksburschen, wenn sie über die Stadtzeichen der von ihnen durchwanderten Länder Rede und Antwort geben sollten, gefragt zu werden: »Wo predigt der Pfarrer aus einem Topf?« und sie mußten erwidern: »in Strehla«. Hier hat nämlich im Jahre 1565 ein Töpfer und Bildschnitzer namens Melchior Tatze im 24. Lebensjahr, angeblich als Buße für einen verübten Ehebruch, eine tönerne Kanzel angefertigt, deren einzelne Kacheln er mit schönen Reliefs, die größtenteils der biblischen Geschichte entnommen sind, verzierte.

J.G.Th. Grässe 1874, I. Nr. 70

Das Männlein auf dem Rücken

Als im März 1669 nach Torgau hin ein Seiler seines Weges gewandelt, hat er einen Knaben auf dem Felde angetroffen, der auf der Erde zum Spiel niedergesessen und ein Brett vor sich gehabt. Wie nun der Seiler solches im Überschreiten verrückt, hat das Knäblein gesprochen: »Warum stoßt ihr mir mein Brett fort? mein Vater wirds euch danken!« Der Seiler geht immer weiter und nach hundert Schritten begegnet ihm ein klein Männlein, mit grauem Bart und ziemlichem Alter, von ihm begehrend, daß er es tragen möge, weil es zum Gehen ermüdet sei. Diese Anmaßung verlacht der Seiler, allein es springt auf seine Schultern, so daß er es ins nächste Dorf hocken muß. Nach zehn Tagen stirbt der Seiler. Als darüber sein Sohn kläglich jammert, kommt das kleine Bübchen zu ihm, mit dem Bericht, er solle sich zufrieden geben, es sei dem Vater sehr wohl geschehen. Weiter wolle er ihn, nebst der Mutter, bald nachholen, denn es würde in Meißen eine schlimme Zeit erfolgen.

Brüder Grimm 1816, Nr. 145

Der Teufel ärgert sich über Luthers Predigten

Als Dr. Luther die erste Einweihungspredigt in der neuen Schloßkapelle zu Torgau im Jahre 1544 hielt, hat der Teufel sich sehr darüber geärgert und sein Spiel getrieben. Er hat die Nacht über ein solches Gerumpel über dem Kirchengewölbe angerichtet und sich so laut aufgeführt, auch ein solches Geprassel gemacht, als wenn das ganze Gebäude auseinandergehen wolle. Auch hat sich dazumal ein großer Wind erhoben, daß Dach und Fenster zerschmettert wurden. Darauf hat Luther geweissagt, es werde ein großer Fall an einem großen Herrn geschehen. Wie denn auch darauf geschehen ist und leider diese Lande innegeworden sind; er meinte nämlich das Unglück des Kurfürsten Johann Friedrich bei Mühlberg.

J.G.Th. Grässe 1868, Nr. 465

BRANDENBURG
Kiefern, Sand und Seen

Land Brandenburg
1952–1990 aus drei Bezirken bestehend: Potsdam, Frankfurt a.d. Oder und Cottbus.
Gebietsveränderungen 1990: Die Kreise Prenzlau, Templin (bisher Bezirk Neubrandenburg) und Perleberg (bisher Bezirk Schwerin) werden Brandenburg zugeordnet, die Kreise Hoyerswerda und Weißwasser (bisher Bezirk Cottbus) fallen an Sachsen.

Kleine Landeskunde

Der Name Brandenburg leitet sich ab vom slawischen Brenabor (Brennaburg), einer seit dem 6. Jahrhundert bestehenden slawischen Siedlung am Übergang wichtiger Fernstraßen über die Havel. Sie verbindet sich mit dem Namen Heinrichs I., der den Sitz der Heveller im Winter 928/29 überfallen ließ, dem des Oststrategen Markgraf Gero, dem 931 die Mark Nordsachsen anvertraut wurde, und dem Ottos des Großen, der 948 das Bistum Brandenburg errichtete – das im Slawenaufstand 983 für lange Zeit verlorenging. Eine Schlüsselrolle kommt schließlich dem Askanier Albrecht dem Bären zu, der den durch Erbschaftsvertrag zurückgewonnenen Ort 1157 zur Residenz erhob und zum Vorposten seiner neuen »Mark Brandenburg« machte.

Was die Ludowinger für Thüringen, sind die Askanier für Brandenburg gewesen, jedoch in besonders innovativer Weise: Sie holen neue Siedler ins Land, Bauern, Handwerker, Kaufleute von diesseits und jenseits des Rheins; sie christianisieren planvoll die Urbevölkerung, verbunden mit Bistums- und Klostergründungen (Zinna 1170, Lehnin 1180, Chorin 1258–73); und sie bauen bis Ende des 13. Jahrhunderts an die hundert Städte, darunter Berlin, Bernau, Cölln, Frankfurt/Oder, Fürstenwalde, Jüterbog, Köpenick, Alt- und Neuruppin, Spandau, Stendal, Wusterhausen. Das »goldene Zeitalter« der Brandenburger Askanier dauerte bis 1319, bis zum Tode Waldemars, dann fiel die Mark in die Hand der Wittelsbacher.

Um sich die ständig fluktuierenden Landesgrenzen einzuprägen, ist es nützlich, sich der Landstriche zu erinnern, gebildet durch die von Flüssen durchquerten Urstromtäler: das Havelland zwischen Zehdenick und Havelberg, die Prignitz, die Uckermark, auch Barnim, Lebus, Teltow, Zauche. Das Brandenburg Albrechts des Bären bestand zunächst aus der Altmark (siehe Land Sachsen-Anhalt), dann aus dem Havelland mit dem Herzstück Brandenburg, aus der Prignitz und der Zauche (westliche Mittelmark). Seine Nachfolger erweiterten die Herrschaft durch Krieg und Kauf, Heirat und Erbschaft; sie gewannen Barnim, Lebus, Teltow und die Uckermark hinzu, auch das Land Stargard, die Oberlausitz und Teile der Neumark (östlich der Oder). Sie erlangten überdies 1231 die Lehnshoheit über Pommern – eine angehende Großmacht.

Doch es kam anders. Nach dem Aussterben der Askanier übertrug Kaiser Ludwig der Bayer das Land, vermindert um die Waldemarschen Gebietserwerbungen, seinem achtjährigen Sohn Ludwig als »erledigtes Reichsdarlehen«. Ober- und Niederlausitz gingen im Verlauf der nächsten fünfzig Jahre an Böhmen, die Lehnshoheit über Pommern erlosch. Selbst die Ausstattung Brandenburgs mit der Kurwürde (1156) blieb ohne kräftigende Wirkung. 17 Jahre später band Kaiser Karl IV. die Mark an das Haus Luxemburg, das in Tangermünde residierte, gegen Zahlung von 200.000 Goldgulden. Nach seinem Tod kam es zur Teilung, hier Kurmark, dort Neumark. Sohn Siegmund hatte schließlich beide in Händen, doch veräußerte er die Kurmark an Jobst von Mähren (1397) und die Neumark an den Deutschen Orden (1402).

1411 übernahm ein Hohenzoller die Herrschaft: Burggraf Friedrich VI. von Nürnberg. Zunächst bloß Verweser der Mark, erkaufte er sich nach zwei Jahren für 400.000 Gulden das Kurfürstentum; seinem Sohn gelang es dann 1455, auch die Neumark zurückzukaufen. 1533 kam es erneut zur Teilung des Landes, die Kurmark ging an Joachim II. und die Neumark an Hans von Küstrin. Flächenmäßig war die Kurmark damals definiert durch Altmark (82 Quadratmeilen), Mittelmark (250), Vormark (61) und Uckermark (68). Die 220 Quadratmeilen große Neumark wiederum bestand aus der eigentlichen Neumark nördlich der Warthe, dem Herzogtum Crossen und den Herrschaften Cottbus und Peitz.

Kurfürst Johann Georg (1571–1598) gelang es, das gesamte brandenburgische Gebiet wieder zu vereinigen. Das Herzogtum Preußen, fünfzig Jahre bereits brandenburgisches Lehen – von der polnischen Krone her –, wurde 1618/19 im Erbgang endgültig erworben. Von Litauen bis zu den Niederlanden erstreckte sich nun das Kurfürstentum, ohne jedoch über ein geschlossenes Territorium zu verfügen; von seinen 81.000 qkm gehörten lediglich 30.000 qkm zum Stammland. Friedrich Wilhelm, dem »Großen Kurfürst« (1640–1688), sollte es schließlich gelingen, das vom Dreißigjährigen Krieg verwüstete Land wieder aufzubauen. Mit der Auflösung der althergebrachten ständischen Ordnung auf dem Landtagsrezeß 1653 und mit dem Aufbau eines stehenden Heeres schuf er die Voraussetzungen für einen absolutistischen Staat moderner Prägung: der Aufstieg Brandenburg-Preußens begann.

1701 wurde in Königsberg, der Hauptstadt des nicht zum Reich gehörenden Herzogtums Preußen, das »Königreich Preußen« ausgerufen. Das Land expandierte weiter; im Breslauer Frieden 1742 kamen die böhmischen Besitzungen Cottbus, Krossen, Peitz, Starkow, Beeskow, Teupitz und Zossen, im Hubertusburger Frieden 1763 das schlesische Schwiebus hinzu. Die siebenjährige Napoleonzeit setzte Preußens Gloria vorläufig ein Ende: 1807 mußte die Altmark an das französische Königreich Westphalen abgetreten werden, Cottbus und Peitz an das Königreich Sachsen. Doch 1815 war Preußen, im Inneren gestärkt durch die Agrarreform, durch die Steinsche Städteordnung und Scharnhorsts Heeresreform, wieder obenauf. Seine Neugliederung war ein Ergebnis des Wiener Kongresses; aus der Mark wurde damals die Provinz Brandenburg, bestehend aus den Regierungsbezirken Potsdam und Frankfurt/Oder, erweitert um beträchtliche sächsische Gebietsabtretungen; völlig neu geschaffen wurde die preußische Provinz Sachsen, die die vordem brandenburgische Altmark in sich aufnahm (siehe Land Sachsen-Anhalt). Brandenburg blieb bis 1945 eine preußische Provinz. Das Land westlich der Oder wurde dann der Sowjetischen Besatzungszone zugeschlagen, das Land östlich der Oder kam unter polnische Verwaltung. Flächenmäßig schrumpfte das Gebiet von 38.000 qkm auf knapp 23.000 qkm. Um jeden preußischen Anstrich zu tilgen, wurde im Juli 1945 die Provinzialverwaltung »Mark Brandenburg« geschaffen, unter dem Präsidium Karl Steinhoffs (SPD). Am 6.2.1947 trat eine neue Landesverfassung in Kraft; Potsdam wurde Hauptstadt. Ministerpräsident Steinhoff wurde 1949 durch Rudi Jahn (SED) abgelöst. Wie die anderen DDR-Länder wurde auch Brandenburg per Dekret am 23.7.1952 abgeschafft, an seine Stelle traten die zentral verwalteten Bezirke Potsdam, Frankfurt/Oder und Cottbus; die uckermärkischen Kreise Templin und Prenzlau wurden dem mecklenburgischen Bezirk Neubrandenburg zugeschlagen, der Kreis Perleberg kam zum Bezirk Schwerin. Ost-Berlin, seit 1949 Hauptstadt der DDR, bekam 1952 zusätzlich die Funktion eines Bezirks.

Vor einer Neuordnung der Länder 1990 hat die Bevölkerung der drei vorgenannten Kreise wieder für Brandenburg optiert. Voraussichtlich wird Gesamt-Berlin nicht Teil des neuumrissenen Landes Brandenburg (mit der Hauptstadt Potsdam), sondern erhält später eigenen Landesstatus.

Die Mittelmark mit Havelland

Riesen und Erdwürmer

In Rietz bei Brandenburg war einmal eine Hündin, der waren die Schweine auf der Weide gar weit auseinander gelaufen, und alles Rufen war vergebens, sie konnte sie nicht wieder zusammentreiben; da riß sie endlich einen gewaltigen Eichbaum aus, kam damit hergestürmt, trieb sie glücklich zusammen und kehrte nach Hause zurück. Unterwegs sah sie zu ihrer großen Verwunderung einen Menschen, der pflügte, nahm ihn alsbald auf und packte ihn samt Ochsen und Pflug in ihre Schürze. Damit kam sie nun zu ihrer Mutter gelaufen und sagte: »Sieh, Mutter, was ich da für Erdwürmer gefunden habe!« Die Mutter aber sprach: »Geh' eilends zurück, mein Kind, und trage alles an seinen Ort, denn das sind unsere Vertreiber, die nach uns kommen!« Und alsobald packte das Hünenmädchen alles wieder zusammen, ging zurück nach der Gegend von Brandenburg zu, wo sie den Pflüger gefunden, und setzte alles wieder an seinen Ort. Darauf schüttete sie den Rietzer Berg auf, damit die Vertreiber nicht allzuschnell nach Rietz kommen könnten, und der liegt noch bis auf den heutigen Tag da.

A. Kuhn und W. Schwartz 1848, Nr. 107

Die Erbauung des Klosters Lehnin

Der Markgraf Otto I. von Brandenburg jagte einst in Gesellschaft seiner Edelleute in der Gegend, wo jetzt das Kloster Lehnin steht. Von der Jagd ermüdet, legte er sich unter eine Eiche, um auszuruhen. Hier schlief er ein und träumte, daß ein Hirsch auf ihn eindrang und mit dem Geweih ihn aufspießen wollte; er wehrte sich tapfer mit seinem Jagdspieß gegen diesen Feind, konnte ihm aber nichts anhaben, vielmehr drang der Hirsch immer hitziger gegen ihn an. In dieser Gefahr rief der Markgraf Gott um Beistand an, und kaum war das geschehen, da verschwand der Hirsch und er erwachte.

Er erzählte hierauf seinen Begleitern diesen Traum, und da er

Das Zisterzienserkloster Lehnin, 1180 von Markgraf Otto I. gegründet: das Hauskloster der ottonischen Linie der Askanier. Die romanisch begonnene, frühgotisch beendete Klosterkirche ist eines der frühesten Beispiele norddeutscher Backsteinarchitektur. Holzstich 1881.

schon längst den Vorsatz gefaßt hatte, aus Dankbarkeit gegen die Vorsehung, die ihn bisher in Gefahren gnädig beschützt hatte, und um sich der göttlichen Gnade noch mehr zu versichern, ein Kloster zu stiften, auch seine Begleiter den Traum so auslegten, daß sie meinten, der Hirsch, der erst bei Anrufung des göttlichen Namens von ihm gewichen, sei niemand als der Teufel selber gewesen, rief er aus: »An diesem Ort will ich eine Veste bauen, aus welcher die höllischen Feinde durch die Stimmen heiliger Männer vertrieben werden sollen, und in welcher ich den Jüngsten Tag ruhig erwarten will!« Darauf legte er auch sogleich Hand ans Werk, ließ aus dem Kloster Sittchenbach (oder Sevekenbecke) im Mansfeldischen Zisterzienser-Mönche kommen und baute das Kloster, das er wegen der noch dem Christentum sehr abgeneigten slawischen Umwohner mit Befestigungen versah, von denen noch Spuren vorhanden sind. Weil aber ein Hirsch den Anlaß zur Erbauung des Klosters gegeben hatte und dieser in der alten slawischen Sprache den Namen Lanie führte, so nannte er es

Lehnin. In der Kirche zeigt man noch bis auf den heutigen Tag den Stumpf der Eiche, unter welcher der Markgraf den Traum gehabt, und hat ihn zum ewigen Andenken an den Stufen vor dem Altar eingemauert.

A. Kuhn 1843, Nr. 73

Die Prophezeiung des Bruders Hermann

Im Kloster Lehnin lebte zwischen 1272 und 1339 ein durch seinen heiligen Wandel und durch seine Gelehrsamkeit hochberühmter Mönch namens Hermann, der in schlichten lateinischen Reimversen die künftigen Schicksale seines Klosters und dabei natürlich auch das Schicksal aller folgenden preußischen Fürsten mit berührte. Eine Sage erzählt, diese Prophezeiung sei in den letzten Jahren des Kurfürsten Friedrich Wilhelm (der Große Kurfürst, 1620–1688), als dieser einst in das an der Stelle des verfallenen Klosters erbaute Schloß gekommen, um sich in der Umgegend mit der Reiherbeitze zu belustigen, dort in einer alten Mauer aufgefunden worden. Aus dieser Handschrift ist die Prophezeiung, mit einer deutschen metrischen Übersetzung begleitet, von einem gewissen Zoroaster unter folgendem Titel herausgegeben worden:

Der Preußische Wahrsager, das ist: Bruder Hermanns von Lehnin wundersame Propheceyungen von den Regenten des Chur-Fürstlichen Hauses Brandenburg und Königreichs Preußen, und deren Besteigung des Kayserlichen Thrones ... der curieusen Welt zur Beurtheilung getreulich mitgetheilt von Zoroaster. o.O. 1741, im Quartband.

Einige jener Prophezeiungen sind ganz erstaunlich. So heißt es: »Nun hebt sich bald drauf an die höchstbetrübte Stunde / Darin Ottonis Stamm auch gänzlich geht zu Grunde / Dieweil kein einzger Sohn von selbem überbleibt« – tatsächlich starb Johann IV., der letzte Kurfürst aus dem Askanischen Stamm, im Jahre 1322 ohne Erben, kaum daß er drei Wochen regiert hatte.

Auch die Reformationszeit wird geweissagt: »Dann aber wird ein Weib dem Land viel Unglück schaffen / Ein Weib, das abgesteckt durch neues Schlangengift / Nun kommet der herfür, der dich, Lehnin, sehr haßt . . .« Mit dem Weib ist wohl die dänische Prinzessin Elisabeth, Mutter des Kurfürsten Joachims II., gemeint: Sie nahm 1525

Links: Porträt des brandenburgischen Kurfürsten Joachim II., der 1539 zur Reformation übertrat. Kupferstich von Franz Friedrich 1572. Rechts: Der inhaftierte Kronprinz Friedrich (später: der Große), der die Hinrichtung seines Freundes Katte nicht verhindern kann. Kupferstich 1788.

öffentlich den lutherischen Glauben an, mußte aber nach Sachsen flüchten, weil ihr Gemahl sie einmauern lassen wollte. Joachim II. war dann der erste Kurfürst von Brandenburg, der sich zu Luther bekannte (1539). – Von einem späteren Herrscher heißt es: »Dann kommen, welche sich von dreien Burgen nennen / Und unterm großen Herrn wächst der schon weite Staat.« Das muß auf den Großen Kurfürst gemünzt sein, war er doch zugleich Kurfürst von Brandenburg, Burggraf zu Nürnberg und Herzog zu Magdeburg.

J.G.Th. Grässe 1868, Nr. 1

Der Rabe am Rathenower Tor zu Brandenburg

Auf der Spitze des Rathenower Tors zu Brandenburg sieht man einen Raben, in dessen Schnabel ein Ring mit daran befindlicher Kette sichtbar ist. Das Wahrzeichen hat folgende Bedeutung:

Als das Land noch katholisch war, kam einem der Brandenburger Bischöfe einst ein Ring weg; so viel er auch hin und her sann, wer ihn

Das Rathenower Tor in Brandenburg, Teil der Stadtmauer (15. Jahrh.), wie auch das Plauer Tor, das Mühlen- und Steintor. Stahlstich 1861, nach Zeichnung von Ludwig Rohbock.

genommen haben könnte, lenkte sich doch sein Verdacht immer wieder auf einen Diener, der allein in seinem Zimmer gewesen war, und er befahl, daß dieser wegen des Diebstahls mit dem Tode bestraft werde. Der Befehl wurde auch sogleich vollzogen. Darauf vergingen einige Jahre. Da wurde an dem Dache eines der Kirchtürme etwas gebessert, und man fand viele Rabennester und wunderbarerweise in einem derselben den Ring, um dessentwillen der arme Diener hingerichtet worden war.

Da hat der Bischof jenes Wahrzeichen machen lassen, daß es für ewige Zeiten zur Warnung diene.

H. Lohre 1921, Nr. 246 nach W. Schwartz 1871

Der Schmied von Jüterbog

Im Jahre 1279 soll ein frommer und gegen Arme und Pilger sehr guttätiger Mann, ein Schmied namens Hans Poltermann, gelebt haben.

Dem soll einst der Teufel den Antrag gemacht haben, ihn zu besuchen. Das hat er auch angenommen, sich aber ausbedungen, jener müsse durch das Schlüsselloch des verschlossenen Schmiedetors hereinkommen. Als der Teufel dies tat, hat er ihn in einem ledernen Sack aufgefangen, ihn zugeschnürt, auf den Amboß gelegt und nun durch seine Gesellen kräftig zerhämmern lassen.

J.G.Th. Grässe 1871, Nr. 299

Das rote Meer zu Jüterbog

Am 6. Januar 1626 hat der Herzog Albrecht von Lauenburg, Reitergeneral Wallensteins, die zu Jüterbog stehenden erzbischöflichen Truppen überfallen, einen Teil in die sogenannte Lüttichbochoer Mark, ein Torfmoor, gedrängt, den andern Teil in die Stadt getrieben, wo sie von den nacheilenden Kroaten in einem Gäßchen unweit des vormaligen Amtskornhauses von beiden Seiten abgesperrt und ihrer an die 400 niedergehauen worden sind. Von dem dabei geflossenen vielen Blut erhielt das Gäßchen den Namen »Rotes Meer«, und noch jetzt können die dortigen Bürger fast täglich trockenen Fußes durch das rote Meer gehen.

J.G.Th. Grässe 1871, Nr. 297

Die ältesten Märker

Ehemals trieben die Kipper und Wipper in der Mark Brandenburg ihr Unwesen. Es waren das Betrüger, die das Geld verfälschten, selber Münzen schlugen und ihnen soviel billiges Metall zusetzten, daß das Geld immer mehr an Wert verlor.

Da konnte man noch eher zu den früher gebräuchlichen Brandenburgischen Groschen Vertrauen haben. Und so zogen denn Kaufleute durch die Städte im Lande und suchten alte Groschen, die sogenannten alten Märker, zu ergattern, um mit ihnen ihren Handel zu treiben. Dabei erzählten sie den Leuten, die alten Groschen seien ja längst außer Kurs und hätten eigentlich gar keinen Wert mehr. So war es ihnen leicht, für wenig Geld und viele gute Worte in den Besitz der alten Groschen zu kommen.

Einmal trafen zwei solcher Schacherer in Trebbin auf Hans Clauert, und hier waren sie vor die rechte Schmiede gekommen.

Die Münzverschlechterer: Rechts: Einschmelzen und Schlagen der »Kippermünze«. Links: Das Geldwechseln mittels Münzbuch und Waage. Flugblatt aus dem 17. Jahrh., betitelt »Epitaphium, oder des guten Geldes Grabschrift«.

Denn als sie Clauert fragten, ob er wüßte, wo es hier alte Märker gäbe, erbot sich der sogleich, sie hinzuführen, wo an die tausend alte Märker lägen, die ältesten, die man hierorts finden könne. Die Kaufleute, begierig auf ein gutes Geschäft, rieben sich schon die Hände. Sie ließen Essen und Trinken auftragen und hätten gern gleich erfahren, wo denn ein solcher Schatz zu finden wäre. Aber Clauert bedeutete ihnen, er würde es ihnen schon zeigen. Erst einmal langte er tüchtig zu. Dann, als er satt war, stand er auf, und die beiden folgten ihm eilends. Clauert führte sie nun durch ein paar Gassen und stand plötzlich mit ihnen auf dem Friedhof. »Hier«, sagte er, »liegen die ältesten Märker, ältere werdet Ihr zu Trebbin nicht finden.« Und er ging davon und ließ die Schacherer stehen.

J. Bobrowski 1956 nach O.L.B. Wolff 1848, S. 44 f.

Das älteste Haus in Potsdam

In der ersten Hälfte des 16. Jahrhunderts bestand Potsdam fast nur aus vier Straßen, in deren Mitte auf einer kleinen Erhöhung des Bodens die mit einem Begräbnisplatz umgebene Kirche und unweit davon ein kleines Rathaus stand; so hatte sie auch nur zwei Tore, das eine, das Brandenburger, führte durch den Wall in der Gegend des neuen Marktes, das andere, in der Gegend der grünen Brücke, hieß das Berliner, und war nur zum Teil durch eine Mauer, größtenteils aber durch einen Graben und ein festes Pfahlwerk mit dem ersteren verbunden. Von dem Berliner Tor längs der Havel hin bis über die jetzige Burg und Heiligegeiststraße lag eine doppelte Reihe von Fischerhäusern, der Platz an der Havel aber, auf dem jetzt die Heiligegeist-Kirche steht, war durch einen breiten Graben zur Insel gemacht, auf der Landseite geschützt durch Mauer und Wall, auf der andern durch den breiten Fluß. Hier stand die Burg, das sogenannte alte Haus Potsdams, ein viereckiges steinernes Gebäude mit spitzen Giebeln und einem runden Turm an jeder Ecke. Da wo jetzt das Schloß sich erhebt, war durch Joachim ein kleines Lustschloß errichtet, unweit der hölzernen Brücke, welche Friedrich I. statt der Fähre 1406 über die Havel hatte erbauen lassen. Unterhalb der Stadt, dem Tornow gegenüber und von ihm durch einen dichten Eichenwald getrennt, lag der Kiez, ein Fischerdorf, dessen wendische Bewohner unter einem Schulzen lebten.

Dieser Schulze war schon zum drittenmal Witwer. Er hatte ein bildschönes schwarzäugiges Mädchen von kaum 16 Jahren zum Mündel. Als die jungen Burschen im Dorf ihr nachstellten, hielt er um ihre Hand an und bekam sie am Osterfest 1536 zur Frau. Die junge Frau Schulzin verliebte sich jedoch in den Kurfürsten Joachim II., als sie ihm einmal im nahen Eichenwald begegnete und er sich ihr gegenüber für einen Beutner (Bienenvater) ausgab. Als im Herbst darauf die Havel über ihre Ufer stieg und das Dorf Kiez überschwemmte, zudem eine Feuersbrunst ausbrach, die auch das Haus des Schulzen verzehrte, da starb der alte Schulze vor Gram; seine Frau aber blieb seit dem Tag verschwunden. Nach einigen Monaten bezog der neue Kurfürst sein neues Jagschloß im Eichenwald und man sah ihn dort im Garten oft mit einer jungen schönen Frau lustwandeln, die große Ähnlichkeit mit der verschollenen Frau Schulzin hatte. Zwanzig Jahre nachher brannte das ganze damalige Potsdam ab, und nur das Jagdschloß im Eichenwald beim Kiez blieb von allen Gebäuden aus früherer Zeit übrig, wurde aber vom Kurfürsten Friedrich Wilhelm auf den Wunsch seiner frommen Gemahlin zu einem Witwenhaus eingerichtet. In den dreißiger Jahren dieses Jahrhunderts wurde es zwar niedergerissen, allein das neu aufgebaute Predigerwitwenhaus steht genau auf den Grundmauern des alten Jagdschlosses, ist also streng genommen das älteste Haus der Stadt Potsdam.

J.G.Th. Grässe 1868, Nr. 124

Das Straßenpflaster von Potsdam

Um 1540 war das Pflaster in den Straßen Potsdams in einen unleidlichen Zustand geraten: Kein Wagen, kein Reiter kam mehr glatt hindurch, die Fußgänger kollerten gegeneinander und bedachten sich dann ausgiebig mit freien Titeln, die sie vorzugsweise aus dem Reich der Vierfüßler wählten. So war Potsdam berühmt geworden durch sein schlechtes Pflaster und sein vieles Schimpfen. Da fand der Magistrat ein Mittel, um ohne Kosten beiden Übeln gleich zu steuern: Er erließ eine Verordnung, nach welcher jeder, der einen Mitbürger einen Schafskopf nannte, zwei Ruten ins Geviert zu pflastern hatte. Der »Ochse« wurde mit drei Ruten neuem Pflaster gesühnt, der »Esel« mit vier, und so hatte jedes Tierlein seine Taxe. Die Stadtknechte paßten brav auf und hatten bald so viele Übertreter gefaßt, daß die Plätze bei der Kirche und beim Rathaus ihr neues Pflaster bekamen, und mit der Zeit konnten auch die anderen Straßen alle herankommen. Zugleich wurde der Ton des Verkehrs um vieles freundlicher und zuletzt fast anmutig.

H. Lohre 1921, Nr. 214 nach E. Handtmann 1890

Froschpalais

Vor einem Menschenalter und wohl schon länger nannte man in Potsdam das Hofbauersche Haus im Volksmund schlechthin das »Froschpalais«. Der Name gründet sich auf die folgende Sage.

Als Albrecht der Bär den Fürsten Jazco von Köpenick besiegt und zum Christen gemacht hatte, da war mit vielen anderen wendischen Edlen auch der Sohn des Hevellerkrolen über die Insel Potsdam im Kampf gefallen. Dessen greiser Vater aber unterwarf sich nur äußerlich; von einem Glaubenswechsel wollte er nichts hören. »Auf meiner Väter Grund mag ich lieber Frösche und Unken hören als fremder Mönche Plärren!« rief er. Der neue Landesherr entschied: »Dein

Potsdam um 1850. Oben: Havelpartie, unten die Nikolaikirche mit dem ehem. Rathaus und dem Knobelsdorffhaus (Stadtpalais) zur Rechten. Alle drei Bauten wurden 1945 stark beschädigt: Kuppel und Portikus der Nikolaikirche waren total zerstört; vom Rathaus blieb nur die Dachfigur, der vergoldete Atlas, fast unversehrt (Restaurierung 1956–66; danach Kulturhaus); auch das Stadtpalais mußte erneuert werden. Stahlstiche 1858, nach Zeichnungen von Ludwig Rohbock bzw. E.A. Borchel.

Wille soll dir werden!« Dem Greis verblieb am Havelrand unfern der Burg des neuen Fürsten ein ausgedehnter Bruchlandrest, auf dem er sich nach Fischerart häuslich einrichtete. In lauen Mainächten soll noch heute durch das Froschgequak jener Gegend leises Menschenstöhnen klingen. *H. Lohre 1921, Nr. 210 nach E. Handtmann, Potsdamer Sagen und Märchen, NA 1921*

Der Schimmel auf dem Wall zu Potsdam

König Friedrich Wilhelm I. hatte auf dem linken Ufer der Havel, von der Mündung der Nuthe bis zur Mitte der langen Brücke, einen breiten und tiefen Graben ziehen und längs desselben einen Damm aufwerfen lassen, der an seinem obern Ende durch eine hölzerne Brücke mit dem Kirchhof der Heiligegeist-Kirche verbunden war. Dieser Kanal, der im Winter von den Fischern frei von Eis gehalten werden mußte, sollte namentlich dazu dienen, das Desertieren der Soldaten zu verhindern; darum war er im Osten, Norden und Westen mit einer hohen Mauer umgeben, und längs dem Kiez an der Havel erstreckte sich eine dichte Reihe von Pallisaden. Früher war es nämlich vielen Deserteuren gelungen, die Havel zu durchschwimmen und sich nach der damals nur wenige Stunden entfernten sächsischen Grenze zu retten. Da trug es sich zu, daß ein Predigersohn aus Baruth von Werbern in eine Schenke gelockt und im Rausch veranlaßt worden war, Handgeld zu nehmen. Vergeblich war alles Protestieren, als er aus seiner Trunkenheit erwacht war, er mußte mit nach Potsdam und ward hier unter ein Reiterregiment gesteckt. Hier mußte er zwei lange Jahre aushalten, ohne daß es ihm gelang, auch nur einen Schimmer von Hoffnung zu erblicken, sich aus dieser schrecklichen Gefangenschaft zu erlösen.

Endlich machte er den Plan, in der nächsten Nacht vom Sonntag zum Montag, wo kein Mondschein war und wo er die Stallwache hatte, durch die Havel zu schwimmen, leise zwischen den Posten auf dem Wall hindurchzukriechen und dann zu suchen, längs dem Ufer der Nuthe fortzukommen oder sich im Schilf bis zur nächsten Nacht zu verbergen. Am Abend hatte er seinen Kameraden tüchtig zugetrunken und es war ihm gelungen, die Wachtmannschaft im Stall zu bezechen. Eine Stunde nach Mitternacht machte er sich auf den Weg, nachdem er Gott auf den Knien um Beistand zu seinem Unternehmen angefleht und von seinem treuen Schimmel, dem einzigen, von welchem die Trennung schwer wurde, Abschied genommen hatte. Glücklich kam er durch die öden Straßen, unhörbar schwamm er über den Strom, als er hinter sich laut plätschern und schnauben hörte. Als darüber der Ruf der Wachen erscholl, barg er sich ängstlich auf dem Boden, da rauschte es hinter ihm, eine weiße Gestalt erhob sich schüttelnd aus dem Wasser, und der arme Flüchtling erkannte seinen Schimmel, der sich losgerissen hatte und ihm nachgeschwommen

Oben: Schloß Sanssouci, die 1745–47 von G.W. v. Knobelsdorff erbaute Sommerresidenz Friedrichs des Großen – mit Rokokofassade, Freitreppe und Gartenterrassen. Kupferstich um 1760. Unten: Flötenkonzert im Musikzimmer von Sanssouci – eine friderizische »Ikone«, vergleichbar der Tafelrunde im Marmorsaal, die Adolph Menzel gezeichnet hat. Kupferstich von P. Haas.

war. Eilig lief er über die Wiese und den Wall, der Schimmel dicht hinterher; weil aber auf das wiederholte Anrufen der Wachen keine Antwort erfolgte, so schoß man von allen Seiten nach ihm und bald stürzten Mann und Roß von Schüssen durchbohrt zu Boden.

Seit dieser Zeit sind nun aber die Posten auf dem Wall in den Nächten, wo kein Mondschein ist, nach Mitternacht oft durch ein Plätschern im Wasser erschreckt worden, dann sahen sie einen Schimmel, der nach der Behauptung vieler keinen Kopf haben soll, auf der Wiese hin- und herlaufen, ohne daß man seinen Hufschlag vernahm.

J.G.Th. Grässe 1868, Nr. 125

Der Alte Fritz geht um

Die Potsdamer Garnisonskirche, in deren Gruft der Alte Fritz begraben liegt, wird manchmal um Mitternacht ganz hell im Innern, Orgelspiel ertönt, es öffnen sich die Türen weit, und der Alte Fritz kommt hoch zu Roß herausgeritten. Die Schildwachen haben den König deutlich erkannt und vor ihm präsentiert; aber das Pferd des Königs ist ohne Kopf gewesen. Er reitet nun durch die nächtliche Stadt bis hinaus nach Sanssouci, kehrt auf gleichem Weg zurück und betritt wieder die Kirche, deren Türen sich dann schließen. Das Reiterstandbild im Park von Sanssouci aber soll sich jedesmal umwenden, wenn der König die Gruft verläßt.

P. Kunzendorf 1911, Nr. 16

Was sich vor der Schlacht von Fehrbellin zugetragen

In der Stadt Berlin und Umgegend hat sich am 8. Januar des Jahres 1675 während der Nacht bis an den lichten Morgen eine Reiterei von vielen Regimentern in der Luft sehen lassen, die so augenscheinlich gegeneinander stritten, daß man deutlich das Handgemenge erkennen, die Degen klingen hören und das Feuer der gelösten Karabiner und Pistolen deutlich sehen, wenn auch keinen Knall hat hören können. Dabei wird berichtet, es sei solcher Spuk zuletzt gar bis an die Torwachen gekommen und drei Reitern auf den Leib gedrungen, hätte auch diese sogar angerührt. Anfangs hat man es nicht glauben wollen, als es aber acht ganze Tage gedauert und nachmals nicht allein verschiedene Reiter, welche die Wache gehabt, sondern auch ihre

Der Große Kurfürst in der Schlacht bei Fehrbellin (18. 6. 1675). Lithographie nach einer Zeichnung von Oskar Pletsch.

Offiziere, die es mit ansehen und bezeugt, gesprochen, hat man nicht mehr an der Sache gezweifelt. Dies hat die Schlacht bei Fehrbellin bedeutet, welche am 18. Juni desselben Jahres geschlagen worden ist.

Als der Kurfürst vor der Schlacht durch ein Dorf ritt, das in der Nacht zuvor von den flüchtigen Bewohnern verlassen worden war, soll er bemerkt haben, wie vor einem der verödeten Häuser ein Kind saß, das die Eltern in der Eile der Flucht vergessen hatten. Der Kurfürst befahl, daß es vor ihn auf das Pferd gehoben werde, und mit diesem Kinde vor sich hat er den Sieg gewonnen.

J.G.Th. Grässe 1868, Nr. 259

Der Birnbaum auf dem Kirchhof zu Ribbeck

Auf dem Kirchhof zu Ribbeck steht auf der südwestlichen Seite der Kirche ein gewaltiger wilder Birnbaum, ein Knödelbaum, wie die Leute einen solchen in der Mark nennen; der ist aus einem Grab herausgewachsen. Das soll nämlich so zusammenhängen: Der alte Herr von Ribbeck, der da begraben liegt, war ein großer Kinderfreund und hatte immer etwas für die Kinder in der Tasche. Besonders liebte er Birnen, und wenn diese reif waren, ging kein Junge oder Mädchen bei ihm unbeschenkt vorbei.

Als er nun starb, da dauerte es nicht lange, so kam ein Reis eines Birnbaumes aus seinem Grab hervor, das wurde bald zu einem stattlichen Baum, der reichlich Früchte trug. Man glaubte allgemein, der alte Herr habe noch, wie er begraben worden, eine Birne in der Tasche gehabt, und ein Kern derselben habe so wunderbar Wurzeln getrieben, damit es der Dorfjugend auch nach seinem Tode nicht an Birnen fehle.

W. Schwartz 1871, Nr. 28

Die Wundertaten des Priors Wichmann

Der Mitbegründer und erste Prior des Dominikaner-Mönchsklosters zu Neuruppin, Wichmann von Arnstein, führte ein frommes und gottseliges Leben und erhielt daher zuletzt dadurch die Kraft, große Wunderwerke auszuführen. So befand er sich eines Tages in seinem hohen Alter zur Besorgung von Geschäften seines Convents jenseits des Ruppiner Sees und war durch die Anstrengung des Weges, den er zurückgelegt hatte, sehr hungrig geworden, zumal es ihm überhaupt sehr schwer erträglich war, über die gewohnte Zeit des Essens hinaus nüchtern zu bleiben. Während er nun auf der entgegengesetzten Seite des Sees die Klosterglocke bereits das Zeichen zum Mittagsmahl geben hört, fühlt er sich vor Hunger und Durst schon zu entkräftet, um den langen Umweg um den See noch zurücklegen zu können. In dieser Verlegenheit stärkte er sich mit dem Zeichen des Kreuzes, rief seinem Begleiter zu: »Mein Sohn, folge mir mutig!« und ging geradezu über den See, und siehe!, Gott schickte es, daß das Wasser fest und gangbar wurde und er glücklich und wohlbehalten im Kloster ankam und die Brüder in den Speisesaal führte, während sein Begleiter, den sicheren Landweg vorziehend, erst eine Stunde später eintraf.

Ein anderes Mal kehrten mehrere Klosterbrüder aus entfernten Orten im Kloster zu Neuruppin ein, und ihre Zahl war so groß, daß es an Speise mangelte. Da klagte der Bruder Nicolaus, der die Küche besorgte, dem Prior seine Not, und dieser gebot ihm, zum See hinabzu-

Neuruppin, die Stadt Karl Friedrich Schinkels und Theodor Fontanes – und die der populären »Neuruppiner Bilderbogen«.
Stahlstich um 1860, nach Zeichnung von J. Gottheil.

gehn und dort den Fischen in seinem Namen zu gebieten, daß einer von ihnen herauskäme und den Brüdern zur Sättigung diente. Bruder Nicolaus tat, wie ihm geheißen war, und, siehe! alsbald kam ein großer Wels ans Ufer geschwommen, der ließ sich von dem Mönch greifen und diente nun der hungrigen Menge zur reichlichen Suppe. – Ein Bild mit der Unterschrift: »Frater Nicolaus de Ruppino«, welches diesen, einen großen Wels in der Hand haltend, darstellte, hing noch am Anfang des vorigen Jahrhunderts im Speisesaal des Dominikanerklosters zu Köln am Rhein.

A. Kuhn 1843, Nr. 153

Das vermauerte Tor zu Gransee

In vielen Städten der Mark Brandenburg, nur nicht in der Altmark, findet man etwas, das man nur sehr selten in anderen Ländern antrifft. Neben dem gewöhnlichen Stadttor ist nämlich noch ein zweites, zugemauertes Tor. Nach allem muß man annehmen, daß dieses das allererste gewesen, weil es mit dem Bau der Mauer, in der es sich befindet, übereinstimmt, und weil es auch gerade auf die Straße zugeht, wogegen das jetzige offene Tor schräge in die Stadt hineinführt. Welche Bedeutung die zugemauerten Tore gehabt haben, und aus welcher Veranlassung sie vermauert sind, das suchen unsere Geschichtsschreiber vergeblich zu erforschen. Es finden sich dergleichen vermauerte Tore in Kyritz, in Wittstock, zu Wusterhausen im Ruppinschen, zwei zu Gransee, drei zu Soldin, zwei zu Friedeberg, zwei zu Mohrin, zwei zu Berlinchen, zwei zu Königsberg, zwei zu Schönfließ, desgl. zu Landsberg an der Warthe, zu Beerwalde, zu Woldenberg, zu Bernau, zu Fürstenwalde und zu Mittenwalde.

Von den beiden Toren zu Gransee hat man zwei verschiedene Sagen. Einige nämlich geben vor, es sei einst ein Kaiser durch die Stadt gereist, dem zu Ehren man beide Tore, durch die er gekommen, zugemauert, damit niemand mehr hindurchreisen solle. Andere dagegen behaupten, da bekanntlich in Gransee früher Wenden gewohnt, daß diese von den einwandernden Deutschen vertrieben seien, und nun diese letzteren die Tore, durch welche die Wenden ausgegangen, nicht würdig erachtet, auch von ihnen gebraucht zu werden, weshalb sie diese dann zugemauert und für sich nebenan neue Tore haben machen lassen. Hiermit stimmt es überein, daß in den Dörfern auf dem Land, wo noch Deutsche und Wenden zusammenwohnten, die Deutschen sich der gewöhnlichen Kirchentüren bedienten, dieses aber nicht den Wenden gestatteten, die durch eine kleine, besonders angelegte Tür in die Kirche gehen mußten.

C.E. Haase 1887, Nr. 54

Das Grab bei Rheinsberg

In dem See nahe bei der Stadt Rheinsberg liegt eine kleine Insel. Als man vor Zeiten dort einmal beschäftigt war, einen Graben zu ziehen, fand man auf einmal tief unten in der Erde viele Menschenknochen von ganz ungewöhnlicher Größe und zugleich ein altes Grab, welches aus zwei Steinen bestand, von denen der eine etwas kleiner, der andere aber größer und von schönem Marmor war. Dieser letztere war drei viertel Ellen lang, eine halbe Elle breit und eine viertel Elle dick; auf seiner einen Seite waren sechs Vögel zu sehen, die man für Habichte erkannte; auf der anderen Seite war eine Aufschrift, deren Buchstaben aber vom Alter so sehr ausgezehrt waren, daß sie sich nicht mehr wollten lesen lassen. Weil man nun alsbald bemerkte, daß dieses Grab römischen Ursprungs sein müsse, so wie man überhaupt in der Gegend von Rheinsberg mehr römische als deutsche Altertümer von jeher gefunden hat, so ist man auch klar darüber geworden,

Schloß Rheinsberg, Wohnsitz des Kronprinzen Friedrich (1734–40), der es von J.G. Kemmeter und G.W. v. Knobelsdorff umgestalten ließ; bekannt auch durch Tucholskys Erstlingswerk »Rheinsberg – Ein Bilderbuch für Verliebte« (1912). Kupferstich von J.C. Krüger, um 1780.

daß dieses das Grab des Remus sei, des Bruders von Romulus, dem ersten König von Rom; und daß dieser Remus nicht von seinem Bruder auf den Mauern Roms umgebracht, sondern über die Alpen entflohen, und auch nun nicht, wie andere von ihm berichten, die Stadt Reims in Frankreich gegründet habe, sondern die Stadt Rheinsberg in der Mark. Wobei es denn auch wohl zu beachten ist, daß diese Stadt schon in alten Zeiten zu öftern Remus- oder Remsberg genannt wurde. Und jene Insel, auf der man das Grab gefunden, hat von Alters her bis auf den heutigen Tag bei den Einwohnern den Namen Remus-Burgwall.

J.D.H. Temme 1839, III. Nr. 10

Die Luftfahrt

Der Alte Dessauer war ein General, und der Kronprinz saß im Arrest. Zu ihm kam der Alte Dessauer immer durch die verschlossene Tür und sagte einmal: »Heute ist in England Konzert; wie wäre es, wollen wir nicht auch dahin gehen?« Der Kronprinz meinte: »Wie wollen wir heute nach England kommen, wenn heute das Konzert ist?« – »Wenn du nur willst«, sagte der Alte Dessauer. »Ich will schon.« Da zog der sein Taschentuch heraus, breitete es auf dem Boden aus und sagte zum Kronprinzen: »Nun tritt du auf die eine Seite, ich werde auf die andere treten.« Da traten sie alle beide auf das Tuch; rutsch, auf einmal waren sie in England, in der Stadt London.

Wie sie nun angekommen waren, meldete der Alte Dessauer, ein paar fremde Gäste seien da, wollten auch mitmachen. Ja, das könnten sie. Bei dem Konzert sagte der Alte Dessauer zum Kronprinzen: »Erkennen werden wir uns nicht lassen. Laß du aber dein Taschenmesser hier, dann werden sie sehen, wer die fremden Gäste gewesen sind. Das Messer werden sie uns schon wieder schicken.« Nach einigen Tagen kam auch das Messer an, aber in eine Kiste verwahrt und ein Brief dazu, alles mit der richtigen Aufschrift: an den Kronprinzen – und der Kronprinz hatte auch die Kiste bei sich im Arrest. Der Alte Dessauer hatte schon gewußt, daß eine Kiste kommen würde, und hatte ihm gesagt, er solle die Kiste nicht allein aufmachen. So wartete er, bis der Alte Dessauer kam. Der kam, wie gewöhnlich, durch die verschlossene Tür. »Ich habe mit Verlangen gewartet«, sagte der Kronprinz. »Das habe ich schon gewußt. Recht so, daß du die Kiste nicht aufgemacht hast, sonst wäre etwas passiert. Die Kiste soll zubleiben, bis einer da ist, der geköpft werden soll; der kann die Kiste aufschließen.« Gerade war einer da, der geköpft werden sollte, den ließen sie die Kiste aufmachen. Wie der die Kiste aufgeschlossen hatte, sprang der Deckel auf, und auf einmal gingen vier Pistolen los, zwei Schuß ihm in den Kopf, zwei in die Brust, und der Mann war tot.

W. von Schulenburg 1880, S. 41

Die wilde Jagd bei Wusterhausen

Eine Bauernschaft holte zur Nachtzeit fünf Klafter Holz bei Mondenschein für ihre Herrschaft aus dem Forst bei Wusterhausen. Mitternachts standen die Schlitten zum Aufladen bereit. Als sie sich eben eine Pfeife stopften, glaubte der Schulze, einen Jagdhund anschlagen zu hören: Hau, hau! Andere meinten, ein Fuchs locke andere Füchse zu einem Hasenbau, weil die Füchse gern gemeinschaftlich Jagd auf Wildpret machen. Aber das Bellen kam immer näher und scholl von verschiedenen Punkten. Da hörte man ein Hifthorn, und ein Hase, weiß wie Mondenschein, wurde von Jägern und Hunden gerade auf Jürgens Schlitten zu gehetzt. Jürgen wurde bange um sein Gespann, darum ergriff er den Hasen und warf ihn vor die Hunde. Diese zerfleischten den Hasen. Der wilde Jäger aber reichte Jürgen die Hand, dankte ihm und sprach: »300 Jahre jagte ich den Hasen, nun bin ich durch dich von der wilden Jagd befreit.«

J.G.Th. Grässe 1868, Nr. 260

Das Wunderkind zu Kehrberg

Nach dem Jahre 1730 ist nach Kehrberg bei Pritzwalk ein Schenk Johann Hohenstein gezogen, dem ist ein siebenter Sohn (ohne daß Töchter dazwischen waren) geboren und er deshalb als ein Glückskind angesehen worden. Bei der Taufe hat der Kleine seine Hand aus dem Bettchen gezogen und mit einem sonderbaren Gesicht dem Prediger gereicht. Einst hatte sich seine Mutter mit einem Beil in die Hand gehauen, nach einiger Zeit geht die Wunde wieder auf und fängt an zu bluten; sie bestreicht mit des Kindes Hand den Schaden

Das Wunderkind aus Kehrberg in der Prignitz. Titelkupfer zu A. Spies, »Umständliche und wahrhaffte Nachricht von dem so genanndten erstaunenswürdigen Kehrbergischen Wunder-Kinde«, Berlin 1734.

und siehe, er heilt sofort. Dasselbe geschieht einer andern Frau, welche Schaden an den Brüsten gehabt, die auf gleiche Weise schnell heil wurden, und einem Mädchen aus Wittstock, die vom Schlage gerührt worden war und durch das Bestreichen jenes Wunderkindes wieder gehen lernte. In Folge davon ist ein solcher Zulauf von Menschen in jenes Dorf erfolgt, daß man kurz vor Pfingsten 1734 an 30.000 Menschen gezählt, welche teils der Genesung halber, teils aus Neugierde dahin gewallfahret. Das Wunderkind hat nun auch viele durch Streicheln, Anblasen und Zupfen geheilt. Andere sind auch gesund geworden, indem sie das Wasser, worin es seine Hände wusch, tranken. Allein wie gewöhnlich wurden die Ärzte, die ihren Broterwerb gefährdet sahen, neidisch und brachten es dahin, daß der Knabe nach Berlin gebracht, wo er in das Friedrichshospital gesteckt wurde, natürlich keine Wunder mehr tun konnte und bald darauf starb.

J.G.Th. Grässe 1868, Nr. 243

Von Bernau bis zur Oder

Die Glocke von Bernau

Die Bernauer schenkten einst dem Kurfürsten eine große Glocke, die auf Rollen nach Berlin gebracht und dort im Dom aufgehängt wurde. Jeder Berliner kannte sie unter dem Namen »Die Bernauerin«. Der Wagen mit der Glocke, so erzählt man, sei auf der Straße bei dem Rathaus gebrochen, und die Glocke hätte durch ihren Fall eine ziemliche Lücke in die Erde gemacht. Das Loch sei zwar oft zugedämmt worden, allein es sei die Erde mit den Dämmsteinen allemal wieder gesunken, woraus man dann die Meinung schöpfte, Gott habe es nicht gewollt, daß die schöne Glocke von dem Bernauischen Gotteshaus entwendet werden sollte.

Auf der Bernauer Grenze, am Gehrenberg, bis wohin der scheidenden Glocke viele Bernauer Bürger das Geleit gaben, sank das Gefährt von neuem ein, wobei die Glocke einen Ton vernehmen ließ, der wie eine tiefe Klage klang und die Zugtiere erbeben ließ, so daß sie nicht weiter wollten, und neue Zugtiere, an die zehn Ochsen, vorgespannt werden mußten. Von Dorf zu Dorf soll während des Transports der Glocke, welche zuletzt von 20 Ochsen gezogen wurde, mit allen Glokken geläutet worden sein.

R. Schmidt 1909, S. 17

Das Bernauische Bier

In der Mittelmark ist das Bernauische Bier wegen seines guten und aromatischen Geschmackes von vielen Jahren her in sonderlicher Achtung gewesen und daher durch die ganze Mark und Pommern häufig verführt und bei großen Ausrichtungen zum Ehrentrunk gebraucht worden. An jedem Brautag wurde in einer Bernauer Schenkstube folgende Probe dieses Bieres veranstaltet. Es erschienen einige zur Prüfung eingeladene Brauherren in ledernen Beinkleidern mit einer Kanne ihres frisch gebrauten Bieres, von welchem einer dem andern zu trinken gab. Fand das Bier nun gegenseitig Beifall, so war

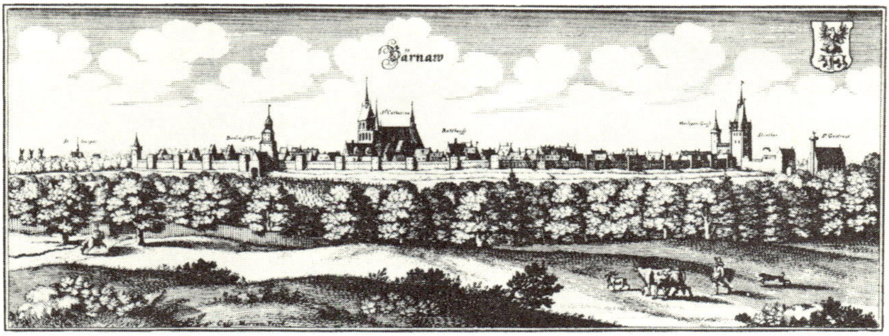

Bernau, 1230 von den Askanieren gegründet; die historische Altstadt steht heute unter Denkmalschutz. Kupferstich von Matthaeus Merian 1652 (Teilansicht).

dies noch lange nicht genug. Die Knechte bestrichen die Schemel der Brauherren, welche in einem Kreis standen, mit ihrem Bier, und nur derjenige, der mit seinen Beinkleidern an dem Schemel kleben blieb, konnte sein Bier gut nennen, gelang dies nicht, so wurde es für schlecht erkannt.

J.G.Th. Grässe 1868, Nr. 44

Bärens' Kirchhof

In der Mittelmark liegt das alte, von den Anhaltischen Markgrafen gebaute Jagdschloß Grimnitz am Werbelliner See. Hier sollte einst eine Schweinejagd abgehalten werden, und drei Tage vorher hat sich der damalige Heidereuter namens Bärens auf den Boden begeben, den der Kurfürst hat stellen lassen, um die Schweine zu körnen und zu beobachten. Nach zwölf Uhr nachts hat er eine Stimme gehört, welche fragte: »Ist der Stumpfschwanz da?« und hat auch Antwort gegeben: »Der soll dem Heidereuter Bärens das Leben nehmen.« Jene Stimme hat er die folgende Nacht wieder gehört und es dem Kurfürsten erzählt, dabei die Vermutung geäußert, daß es Hofbedienten wären, die ihm einen Schreck einjagen wollten. Der Kurfürst aber hat ihm befohlen, niemandem etwas zu sagen und die folgende Nacht zu Hause zu bleiben. Des Kurfürsten Büchsenspanner hat nun auf jenem Boden sitzen und körnen müssen und hat auch diese Stimme gehört. Als in der folgenden Nacht der Boden zugemacht und die Jagd anderntags abgehalten worden ist, hat der Heidereuter zu Hause bleiben müssen, ist aber nach geendigter Jagd doch hingeritten und wirklich eines Stumpfschwanzes unter den getöteten Sauen gewahr geworden. Und als dieser aufgeladen, ist er hingegangen mit den Worten: »Du sollst mir das Leben nehmen und bist eher tot als ich?«

Inzwischen war er hinzugetreten, um das Schwein so lange zu halten, bis die Bauern die andere Leiter vom Wagen vorgeschoben, daß es nicht herunterfallen konnte; aber des Schweines oder Stumpfschwanzes Kopf fiel doch herunter und hat dem Heidereuter mit dem Gewehr den Leib aufgeschlagen, woran er auch bald gestorben ist. Der Platz dort wird bis zur Stunde Bärens' Kirchhof genannt.

J.G.Th. Grässe 1868, Nr. 17

Die versunkene Stadt im Werbellinsee

Vor alter Zeit hat dort, wo sich jetzt der Werbellinsee befindet, eine Stadt namens Werbelow gestanden, die ist untergegangen, und das soll so gekommen sein.

Mitten in der Stadt lag ein Schloß, das war rings mit Wasser umgeben, und nur eine einzige Zugbrücke führte hinüber; der Herr des Schlosses war aber ein böser Zauberer und ließ nur sehr selten einen Fremden zu sich ein. Da kam eines Tages auch eine alte Frau, die wollte ins Schloß hinein, und wie der Herr sie erblickte, rief er ihr zu, sie solle zurückgehn. Das tat sie auch, sagte aber zu gleicher Zeit: »Ich will zurückgehn, aber du sollst untergehn!« Und das hat sie wohl wahrgemacht, denn sie wußte noch stärkeren Zauber als der Herr selber. Nun befand sich zu dieser Zeit aber ein Fremder in der Stadt, der war ein gottesfürchtiger Mann, weshalb sie seinen Untergang nicht auch herbeiführen wollte; sie ging daher zu ihm und sagte, er solle eilig die Stadt verlasse, denn sie würde binnen kurzer Frist untergehen. Da packte er schnell seine Sachen zusammen und ging mit seinem Bedienten, den er bei sich hatte, davon. Als sie so eine Strecke fort waren und auf dem Berg ankamen, der unweit der Stadt lag, bemerkte er, daß sie in der Eile sein Felleisen mitzunehmen vergessen hätten. Da schickt er seinen Diener zurück, aber der kehrte nach kurzer Zeit wieder und sagte, die Stadt und das Schloß seien spurlos verschwunden, und an ihrer Stelle sei ein großer See entstanden.

Im Werbellinsee, sagt man auch, müsse alle Jahr einer ertrinken, und zwar geschehen vorher allerhand Wahrzeichen, namentlich hört es sich dann oft so an, als wenn einer laut in die Hände klatsche, und da währt's denn immer nur kurze Zeit, so ertrinkt auch einer im See.

A. Kuhn 1843, Nr. 207

Der Wunderkreis auf dem Hausberg

Auf dem Hausberg bei Neustadt hat ehemals eine alte Burg gestanden, deren Gemäuer noch vor mehreren Jahren sichtbar gewesen, später aber zum Bau der Kirchhofsmauer benutzt worden ist. Hier läßt sich öfter eine weiße Frau mit einem großen Bund Schlüssel sehen, die sich auch zuweilen in einen großen schwarzen Hund verwandelt und so die Gegend durchstreift.

Jetzt ist der Hausberg oben ganz geebnet und nur der sogenannte Wunderkreis befindet sich dort; das ist ein aus vielen Kreisen bestehender, durch Rasenstücke geschaffner Gang, der so in- und durcheinander läuft, daß, wenn man ihn zu Ende geht, man an derselben Stelle wieder ankommt, wo man hineingegangen ist. Früher wurde er von den Kindern zu Ostern ausgelaufen, das heißt, derjenige Junge, der ihn am schnellsten durchlief, erhielt eine Belohnung von Ostereiern, aber jetzt wird er nicht mehr beachtet, da die alte Sitte nicht mehr gepflegt wird. Diesen Kreis, sagt man, habe ein alter Schäfer gemacht, der sich dadurch vom Tod gerettet, denn man hatte ihm versprochen, ihm unter der Bedingung das Leben zu schenken, daß er einen solchen Wunderkreis schaffe, was er denn auch glücklich ausgeführt. Andere sagen, ein Schäfer hätte hingerichtet werden sollen und habe noch kurz vor seinem Tod gebeten, daß ihm gestattet werde, noch einmal die herrliche Aussicht auf das Tal vom Hausberg aus genießen zu dürfen. Das wurde ihm gewährt, und wie er nun so auf dem Berg umherging, schleifte sein Stock hinter ihm im Sand nach und bildete so den Wunderkreis. *A. Kuhn 1843, Nr. 169*

Die Ratzen in Neustadt-Eberswalde

Eine besondere Merkwürdigkeit ist es, daß sich in der Stadt Neustadt-Eberswalde gar keine Ratzen finden. Dieses hat folgenden Grund: In den früheren Zeiten waren allda sehr viele Ratzen, besonders in der städtischen Kornmühle, wo sie viel Schaden taten. Da trug es sich um das Jahr 1607 oder 1608 zu, daß sich ein gewisser Mann bei dem Rat meldete und sich erbot, dieses Ungeziefer wegzuschaffen, so daß sie fortan, so lange die Mühle stehen werde, nimmermehr eine Ratze sich darin halten sollte. Er begehrte aber keinen Groschen, bis ein Jahr hernach, wann er seine Probe getan und das Ungeziefer fortgeschafft habe; wofür er denn zehn Taler gefordert, welche ihm auch versprochen wurden, und worauf der Magistrat zwei Taler sofort bezahlen ließ. Darauf legte der Mann etwas in die Mühle, versteckte auch sonst noch etwas an einen verborgenen Ort. Da war es dann am folgenden Tage mit Verwunderung anzusehen, wie die Ratzen sich haufenweise aus der Mühle fortmachten und den nahegelegenen Fluß, die Finow, hinunterschwammen, so daß keine einzige zurückblieb. Nach Verfließung des Jahres kam der Mann wieder, um die übrigen ihm versprochenen acht Taler zu holen, die ihm auch bezahlt wurden. Nach der Zeit sind keine Ratzen, weder in der Stadt noch in der Mühle, mehr zu spüren gewesen.

J.D.H. Temme 1839, III. Nr. 31

Das Kloster Chorin

Das Kloster Chorin hat nicht immer an der Stelle gestanden, wo man noch jetzt die schönen Ruinen desselben sieht, sondern es hat ehe-

Die Ruine des Zisterzienserklosters Chorin (einer Filiation des Klosters Lehnin); seit 1828 wird die Ruine systematisch gesichert. Holzstich 1881.

mals in der Nähe des großen Paarsteinschen Sees auf dem Rosmarinberg gestanden; warum man es aber von dort fortgebracht, weiß man nicht. Als nun das neue Kloster an dem Mariensee gebaut wurde, da haben sieben Baumeister lange Jahre daran gearbeitet, bis sie endlich das herrliche Werk vollendeten; es war aber auch eine sehr schwere Arbeit, da sie zudem noch einen weiten unterirdischen Gang nach dem Kloster zu Angermünde, in dem die Choriner Mönche zu den dortigen Nonnen gingen, sowie einen von da nach Streifenberg bauten. So hat es denn lange Zeit gestanden in seiner Pracht, bis es endlich mit allen Gebäuden, die darum und daran sind, auf ewige Zeiten verwünscht worden ist. Von da an sind die Unterirdischen darin eingezogen, die kommen bald hier, bald da in ihrer grauen Kleidung und mit dreieckigem Hut zum Vorschein, aber nicht jeder kann sie sehen, sondern nur Sonntagskinder und andere Begabte.

A. Kuhn 1843, Nr. 188

Der Bötticher bei den Unterirdischen

Öfter hat es schon des Nachts Leute in der Nähe des Klosters Chorin gerufen, daß sie dahin kommen sollen, aber nicht alle haben diese Stimme beachtet und sind darum auch nicht so glücklich gewesen wie der Bötticher, der vor mehreren Jahren in einem der Tagelöhnerhäuser bei Chorin wohnte. Der hörte auch einmal in der Nacht die Stimme, die rief ganz laut seinen Namen, als wenn jemand in der Stube wäre, und gab ihm einen Ort im Kloster an, wo er sich einfinden solle, aber er tat, als höre er's nicht und drehte sich um. Das rief es zum zweiten und endlich zum dritten Mal; nun stand er auf, nahm all sein Handwerkszeug, Messer, Beil, Hammer und Reifen, wie es ihm die Stimme geheißen hatte, mit sich und ging nach dem bestimmten Ort. Hier fand er ein kleines Männchen, das grüßte ihn und war sehr freundlich, sagte ihm aber, er müsse sich die Augen verbinden lassen, denn anders könne er nicht mit ihm gehen, fügte auch hinzu, daß ihm kein Leid geschehen solle. Da ließ es denn der Bötticher geschehen, und das Männlein führte ihn nun eine ganze Strecke, bis es ihm endlich die Binde abnahm und er sich in einem geräumigen Keller sah, wo er noch eine große Menge ebensolcher Männlein wie seinen Begleiter erblickte, die mit verschiedenen Dingen beschäftigt waren, aber kein Wort sprachen. Jetzt hieß das graue Männchen den Bötticher um zwölf große Fässer, die dort standen, neue Bänder legen; er führte diese Arbeit zur Zufriedenheit aus und erhielt nun die Erlaubnis, von jedem der zwölf großen Goldhaufen, die bei den Fässern lagen, einen Teil für sich als Bezahlung zu nehmen. Darauf wurde ihm die Binde wieder vor die Augen gelegt, dasselbe graue Männlein führte ihn zurück, und er fand sich bald mit seinem Schatz allein an dem Ort, wohin ihn die Stimme zuerst gerufen hatte.

A. Kuhn 1843, Nr. 189

Uchtenhagens Schloß bei Freienwalde

Auf dem Schloßberg bei Freienwalde hat einst Uchtenhagens Schloß gestanden, noch jetzt sieht man die Keller oben und die vielen Verwallungen an den Gehängen der Berge. Einer davon heißt der Räuberberg, da waren die Höhlen für seine Leute. Er war nämlich ein Räuberhauptmann. Der Große Kurfürst aber hat ihn freigegeben. Wie der zu Felde lag, kam Uchtenhagen zu ihm und sagte, er wolle den Feind schlagen, wenn er ihn freigebe. Da hat ihn der Große Kurfürst gefragt, wieviel Leute er denn hätte. Uchtenhagen hat gesagt: einige sechzig. Da hat sich der Große Kurfürst verwundert, daß er es unternehmen wolle, hat es ihm aber versprochen, wenn es ihm gelänge. Nun hat Uchtenhagen seine Leute in der Nacht zusammengerufen und ist über die Feinde hergefallen, hat ihnen die Kanonen vernagelt und dann sich an sie selbst gemacht. Wie es Morgen geworden, ist dann der Kurfürst gekommen und hat sich über das furchtbare Blutbad gewundert, der Feind ist aber schon auf der Flucht gewesen. Das Feld heißt noch heute das rote Land, es liegt vom Brunnen nach Sonnenburg zu. Da, wo der Weg sich vom Brunnen die Berge hinauf zieht, liegt rechts eine Schlucht, die ist jetzt zugefallen, da ist Uchtenhagen oft mit vier Pferden, in die Quer gespannt, durch die Berge nach Sonnenburg gefahren, es sind aber dreiviertel Meilen. Zwischen dem Schloßberg und dem Räuberberg ist ein Wasser, das heißt das klingende Fließ. Da soll eine Glocke vom Schloßberg hineingeflogen und versunken sein, sie hat man früher noch oft klingen hören, und davon heißt es das klingende Fließ.

J.G.Th. Grässe 1868, Nr. 261

Die Entstehung der Pieseberge an der Oder

In der Neumark lebte einst ein junges Riesenfräulein, dem das Leben drüben zu einförmig ward und daher beschloß, einen Abstecher nach dem Oderbruch zu machen. Sie nahm ihren Weg von Neumühl nach der Gegend des jetzigen Koloniedorfes Hälse, und von hier wollte sie nach Kienitz hinüber. Dabei kam sie an die Oder. Durch diesen breiten Fluß ließ sie sich jedoch in ihrem Plan nicht stören; sie eilte flugs nach Neumühl zurück und holte ihre Schürze voll Sand, um den Fluß an der Stelle der jetzigen Pieseberge zuzudämmen.

Durch diese eine Schürze voll Erde war aber der ganze Berg verschwunden, der sich früher von Neumühl nach Hälse erstreckt hatte, und der Damm war doch kaum halb vollendet. Fluchend und wetternd drehte sich die Riesin um und beschloß, eine zweite Schürze voll Erde zu holen. Abermals nahm sie diese von der Stelle, wo die Berge von Neumühl gewesen waren, und griff dabei so tief, daß ein tiefer Grund entstand, der noch bis heute zu sehen ist. Doch ihr Ziel erreichte die Riesin diesmal nicht; sie fiel und brach ein Bein, wobei sie den Inhalt der Schürze verschüttete. Hierdurch wurden die sogenannten Luderberge gebildet, welche oberhalb der Pieseberge und rechts seitwärts von Hälse liegen, und der beschlossene Damm blieb unvollendet.

A. Engelien und W. Lahn 1868, Nr. 50

Die rote Heide bei Frankfurt

Nicht weit von Frankfurt ist einst eine furchtbare Schlacht zwischen den Wenden und Deutschen geschlagen worden, welche so blutig gewesen ist, daß noch heute dort die Heide rot gefärbt ist von dem vergossenen Wendenblut. Um Mitternacht erwachen die dort erschlagenen Wenden und weinen und klagen um das Schicksal ihres Volkes; wenn aber der Hahn kräht, so kehren sie wieder in ihre Ruhestätten zurück.

E. Veckenstedt 1880, Nr. I/82

Von der Magd, die zu Frankfurt an der Oder Geld gefressen

Im Sommer des Jahres 1536 hat sichs zugetragen, daß eine Magd, Marx Fischer's Tochter zu Lebus, mit Namen Gertrud, vom leidigen

Frankfurt a.d. Oder mit der Pfarrkirche St. Marien, die 1945 bis auf die Umfassungsmauern zerstört wurde; wiederhergestellt sind der Nordturm (mit Notbedachung) und der Anbau südlich des Chores. Kupferstich aus Sebastian Münster, Cosmographia, Basel 1544.

Teufel, der in eines Kriegsmannes Gestalt zu ihr gekommen, sei angeredet worden, so sie seinen Willen würde tun und ihn lieben, so wollte er ihr soviel Geldes verschaffen, daß sie dessen im Überfluß sollte bekommen und haben. Was geschieht, sie als eine einfältige Magd läßt sich leicht überreden und sagt ihm zu, was er von ihr begehret. Bald aber darauf läßt er sich in anderer Gestalt sehen und besitzet sie von Stund an leibhaftig. Derhalben, damit ihr desto besser mit Beten von den Geistlichen und von dem gemeinen Volke möchte geholfen werden, ward sie gen Frankfurt an der Oder (weil Lebus nur eine Meile Weges davon liegt) gebracht, und der Rat daselbst verordnete ihr gute Wartung und starke Wache, damit sie ihr selber nicht am Leib und Leben Schaden zufügte.

Dieses ist aber ganz wunderbar, dergleichen nie gehöret noch erfahren, auch in keinen Historien oder Chroniken beschrieben, daß, wenn sie an eine Mauer, Wand, Tisch, Bank, Rock, Barett oder dergleichen Ding griff, bekam sie die Hand voll Geldes, mancherlei Münze, doch die dazumal im Lande gänge und gäbe war, als Märkische, Pommerische, Meißnische, Polnische, Preußische, Böhmische Groschen und Pfennige. Ja, was noch mehr zu verwundern ist, wenn sie das Geld also in die Hand bekam, ließ sie es dabei nicht bleiben, sondern fuhr damit alsbald zum Maul zu, zerkäuet es, daß mans hörte knirschen, tat auch oftmals das Maul auf, steckte die Zunge heraus, ließ das Geld im Maul sehen und schluckte es zuletzt ein. Nun trieb sie solches etliche Wochen und geschah nicht scheinweise, wie mit den Gauklern geschieht, die Flachs fressen und Feuer ausspeien, sondern die Münze, die sie fraß, war ächt und wahrhaftig. Denn die Leute, so bei und um sie waren, und die Bürger, welche oft auf den Stadthof, da sie verwahret ward, gingen, ergriffen ihr die Hände, brachen dieselben mit großer Stärke und Gewalt auf, ehe sie damit zum Maul kam, und nahmen ihr das Geld, unangesehen, daß sie darüber sehr zornig ward, schrie und sich übel stellte. Zuletzt wenn sie irgend einen Angriff tat, erwischte sie Nadeln und fraß die auf. Zudem führte sie seltsame wunderliche Reden, wie sie da und dort gewesen, dieses und jenes ausgerichtet, und lachte überlaut dazu, als wenn sie gar wohl getan hätte.

Die Hinrichtung von fünf Mordbrennern und ihres Anführers Johann Christoph Neumann im Jahr 1725 in Frankfurt a.d. Oder. Kupferstich aus: Das an denen Mordbrennern in Franckfurt bewiesene Denckmahl von Wellmann, 1725.

Die Papisten, die einen Exorzisten oder Teufelsbanner holen ließen, konnten mit all ihren Beschwörungen nichts ausrichten. Doch hat ein evangelischer Prediger in Frankfurt namens Andreas Ebert auf Dr. Luthers Geheiß (denn an den hatte er's schriftlich gelangen lassen) in der Gemeinde Gottes täglich Fürbitte für sie getan. Schließlich wurde die Magd geheilt und diente hernach zu Frankfurt noch lange Zeit.

J.G.Th. Grässe 1868, Nr. 69

Niederlausitz mit Spreewald

Gubens Stammutter

Die Hussiten kamen mit großer Heeresmacht vor die Stadt Guben, und die Bürger wollten ihnen widerstehen, aber sie vermochten es nicht. Die wilden Böhmen erstiegen die Mauern, drangen in die Stadt und töteten alles, Männer, Weiber und Kinder. Von Haus zu Haus wüteten sie in ihrer Mordlust, und es war nur noch eine einzige kleine Wohnung übrig. Darin saß eine Mutter vor einer Wiege und wiegte ihr Kind, und das war eine sehr fromme Mutter. Da wollten sie auch über diese herfallen. Aber Gott verblendete ihre Augen, daß das Kind ihnen als ein Kalb mit feurigen Augen erschien. Und sie hielten das

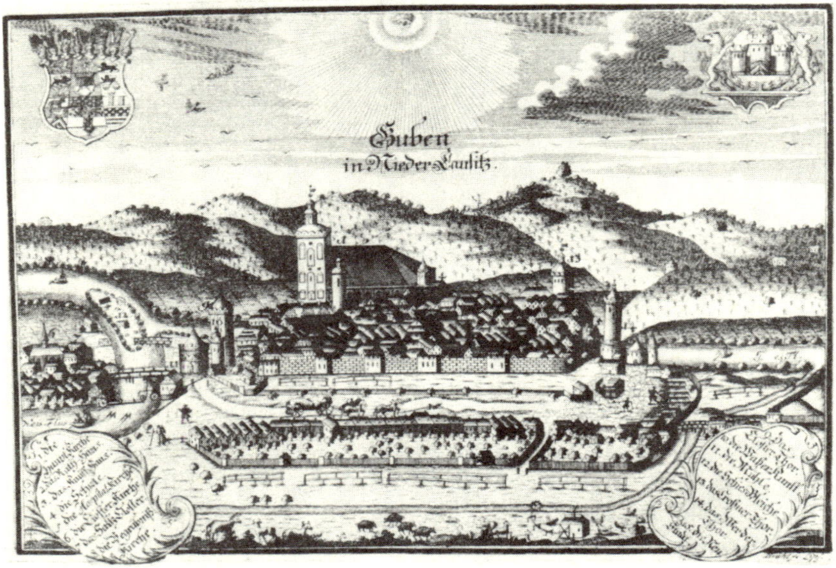

Guben, eine Gründung des Markgrafen Konrad von Meißen, erhielt 1235 das Magdeburger Stadtrecht. Der östlich der Neiße gelegene größere Teil, samt der Altstadt, kam 1945 als Kreisstadt Gubin an Polen. Kupfer von Brühl ca. 1750.

für den Teufel, und es kam sie eine so große Furcht an, daß sie aus dem Haus flohen und den andern zuriefen: »Hier hat der Satan Junge gekriegt und seine Großmutter sitzt dabei und wiegt sie!« Und alle zogen fort aus der Stadt, nachdem sie diese angezündet hatten. Da kam noch ein fremder Handwerksbursche herzu, der dem Blutbad in einem Versteck entronnen war, der tat sich zu dem Weib, und sie zeugten Söhne und Töchter und bevölkerten wieder die öde Stadt. Also wurde eine einzige Frau die Stammutter von Guben.

K. Gander 1894, Nr. 303

Der Nonnenkopf am Gubener Rathaus

Am Gubener Rathaus war früher ein Nonnenbild angebracht, dessen dreifacher Kopf beweglich war. Das eine Gesicht war von natürlicher Farbe, das andere feuerrot und das dritte schwarz. Darüber erzählt die Sage folgendes: Eine Nonne sollte vor Gericht ihre Keuschheit beschwören. Indem sie aber schwur, wurde sie feuerrot, so daß die Richter ihren Eid wenigstens für verdächtig hielten. Sie mußte daher noch einmal schwören, und siehe da! ihr Gesicht ward pechschwarz zur Strafe für den Meineid.

H.G. Gräve 1839, Nr. XLVII

Die Stadtmühle von Cottbus

Vor vielen Jahren ist es in der Stadtmühle in Cottbus nicht recht richtig gewesen, in jedem Jahr sind nämlich zwei Gesellen in der Mühle gestorben. Das traf aber jedes Mal dann ein, wenn man das Mühlenrad hatte singen hören. Eines Tages fiel dem Mühlenbesitzer, bei welchem kein Geselle mehr bleiben wollte, etwas Gutes ein. Er befahl nämlich, man solle, sobald man das Mühlenrad wieder würde singen hören, zwei lebende Tiere in das Rad werfen. Das geschah; darauf ist kein Geselle mehr in der Mühle gestorben. Aber ganz richtig war es auch später noch nicht darin. Denn als in einer Nacht vom Sonnabend zum Sonntag mehrere Arbeiter in der Mühle arbeiteten und einige von ihnen aus einem Haus in der Nähe Kardenstäbe holen wollten, sahen sie bei der Mühle eine große, schwarze Gestalt. Die Männer verfolgten diese Gestalt, sie aber sprang vor ihren Augen in das Wasser und verschwand darin.

E. Veckenstedt 1880, Nr. XIX/49

Cottbus, Hauptort der Niederlausitz, im Mittelalter an der Salzstraße gelegen, die Halle mit Rußland verband; im Zweiten Weltkrieg stark zerstört. Kupferstich 1776.

Hoyerswerda

Den Namen der Stadt Hoyerswerda leiten einige von ihrem Erbauer Hoyer von Mansfeld, andere von Bergleuten, die man vor diesem nur Häuer genannt, her, die nach Eisenstein geschürft, der hier herum häufig zu finden ist. Nach böhmischen Historienschreibern ist sie von einem böhmischen Herrn Hovora, Herzog Jaromirs Oberjägermeister, zu den Zeiten Kaiser Heinrichs II. erbaut worden. Die Wenden nennen sie Woreza, »am Wasser«, weil die Elster mitten hindurchfließt. *K. Haupt 1863, II. Nr. 148/1*

Martin Pumphut

Martin Pumphut, der wandernde Müllerbursch mit dem grauen Kittel und hohem, spitzem Hut, ist in dem Dörfchen Spuhle bei Hoyerswerda geboren. Als er sechs Jahre alt war, zog eine Zigeunerbande durch das Dorf. Eine Zigeunerin, die bei seinen Eltern bettelte, hatte kaum das Kind erblickt, als sie wahrsagend ausrief: Martin würde weit in der Welt herumkommen, zwar in niederem Stande bleiben, aber viel Reichtümer erwerben, großes Aufsehen machen und endlich durch ein Frauenzimmer ums Leben kommen.

Der Knabe wuchs nun heran, lernte außer seiner wendischen Muttersprache auch noch die deutsche und zeichnete sich bald vor seinen Altersgenossen durch Schlauheit und Neigung zu lustigen Streichen aus. Auch will man nachts, wenn er schlief, sonderbare Gestalten über seinem Haupte schweben gesehen haben, und wo er im Dunkeln ging, umhüpften ihn Flämmchen.

Als er erwachsen war, lernte er die Müllerprofession und führte von nun an ein Wanderleben, indem er immer dem Wasser nach von Mühle zu Mühle ging. Wo es ihm gefiel, da blieb er, und für einen Schnaps und ein Stück Brot machte er den Leuten allerlei spaßige Dinge vor. Nur wo man ihm absichtlich schlechte Kost vorsetzte oder ihn gar hungern ließ, spielte er den Leuten arge Streiche. Sonst war er harmlos.

Zu seinen übernatürlichen Künsten gehörte, daß er auf papiernen Kähnen die Flüsse passierte; Elbe, Saale und Mulde hat er auf diese Weise überschritten. Zuweilen ritt er auf einer großen Heuschrecke durch die Luft. In Bautzen zerschnitt er einen Mühlstein, was man noch heute dort in der großen Mühle abgebildet sehen kann.

Bei Dresden setzte er einmal bei großer Windstille alle Windmühlen in Bewegung, indem er durch ein Nasenloch blies, während er das andere zuhielt.

Als er durch Volkersdorf wanderte, zimmerte man eben eine Mühlwelle. Er bemerkte im Vorübergehen, daß sie ja viel zu kurz sei,

Hoyerswerda, seit 1423 städtisch, verzehnfachte seine Einwohnerzahl von 1946–1986: Es ist Hauptwohnstadt des Niederlausitzer Braunkohlengebiets, so auch bisher für die meisten der 40.000 Beschäftigten des Kombinats Schwarze Pumpe (benannt nach einem einsamen Heidegasthof Carna Plumpa). Kupferstich 1776.

aber man lachte ihn aus. Bald aber überzeugte man sich von der Wahrheit seiner Bemerkung, und als er wieder vorüberkam, bat ihn der Müller um Rat und Hilfe. Da dehnte Pumphut einfach die Mühlwelle aus, wie Brezelteig, und setzte so die fehlende Elle zu.

Übrigens soll Martin Pumphut auch früher schon zu Hildesheim sich als der Geist Hütchen gezeigt, auch dem Herzog von Friedland, Albrecht von Wallenstein, als graues Männchen wesentliche Dienste geleistet haben und endlich mit einem reizenden Frauenzimmer unter Hinterlassung jenes berüchtigten Hutes aus einem Gasthof zu Paderborn zu Ende des Siebenjährigen Krieges verschwunden sein.

K. Haupt 1863, I. Nr. 220

Der Wendenkönig

Der wendische König hat auf dem Schloßberg zu Burg gewohnt und war ein Räuber. Er schlug die Hufeisen verkehrt auf, daß niemand wissen sollte, ob er heraus- oder hineingeritten war, und hatte eine lederne Brücke, die sich von selbst hinten zusammen- und vorn wieder aufrollte. Darüber ist er geritten; so konnten sie ihn nicht abfassen, denn damals war alles Sumpf und Wasser.

Einmal fuhr der wendische König nach Lübben. Da fand er einen Haufen Kinder. Er zwang sie, seinen Kahn zu besteigen und fuhr mit ihnen ab. Bald aber merkten die Lübbener den Verlust. Sie fuhren in ihren Kähnen dem wendischen König nach. Als der sie kommen sah, tauchte er die Kinder unters Wasser, zog einen Kreis um sie und verzauberte sie, daß sie unterm Wasser leben konnten. Dann fuhr er den Lübbenern entgegen. Dem ersten, den er traf, gab er eine Ohrfeige, daß er tot zu Boden stürzte. Aber unter den Lübbenern war einer, der konnte auch mehr als Brot essen. Er löste den Bann, und die Lübbener konnten ihre Kinder wieder rausziehen. Aber ein Kind war vergessen worden. Das holte der wendische König aus dem Wasser hervor, tötete es, zündete ein Feuer an und zog ihm die Haut ab. Damit überzog er eine Trommel. So oft er die Trommel rührte, flohen die Feinde in jeder Schlacht.

W. von Schulenburg 1880
und E. Veckenstedt 1880, S. 13

Lübben

Lübben ist vielleicht die älteste Stadt der Niederlausitz. Die Sage berichtet, daß dort in Heidenzeiten die alten Sorben eine Göttin der Liebe, Luba, angebetet hätten. Der große Hain bei der heutigen Stadt war ihr geheiligt, und noch jetzt zeigt man in diesem Wald einen großen Stein, auf dem das Standbild der Göttin gestanden haben soll. Dieses Bild wurde bis vor wenigen Jahrhunderten auf dem Hospitalturm aufbewahrt. Ihr Gesinde waren die Zwerge, die in den Lutgenbergen wohnten.

K. Haupt 1863, II. Nr. 192

Die große Stadt Luibni

Lübben und Lübbenau in der Niederlausitz machten zu den Zeiten, wo deutsche Völker dort wohnten, die ihre Häuser weit auseinander bauten, nur eine einzige große Stadt aus, die zu beiden Seiten der Spree gelegen, sich durch den ganzen Spreewald hin erstreckte. Die Vornehmsten aus diesem Spreedistrikt waren es, die sich im Jahre 1006 mit dem herzoglich böhmischen Gesandten zu einer Botschaft an den Kaiser Heinrich II. verbanden. Noch heutigen Tags sieht man

Lübbenau inmitten des Spreewaldes. Auf dem Kupferstich von 1787 ist das von Friedrich Schinkel erbaute klassizistische Schloß (1817 auf den Grundmauern der alten Wasserburg erbaut) noch nicht zu sehen.

längs der Spree aufgeworfene Ringwälle und Horste und die Trümmer von Wohnungen und Mühlstätten. Dies geht an den Ufern der drei kleinen Flüßchen Lusitz, Mutnitz und Wudriz bis weit über Lübbenau hinaus. Zu den Zeiten Heinrichs des Löwen wurde die ganze Gegend durch den slawischen Heerführer Svantobor furchtbar verwüstet und ganz von Einwohnern entblößt. Nicht lange währte es jedoch, so kamen unter dem Schutz der deutschen Fürsten Niederländer, Holländer und Friesen ins Land, bevölkerten und bebauten die verödeten Gegenden wieder und gründeten auf dem noch sogenannten Burgwall bei Lübben eine Veste. Daneben legten sie das Dorf Steinkirchen an, so genannt von der steinernen Kirche, um welche herum die neuen Kolonisten sich anbauten, und welche allgemein für die älteste dort herum gehalten wird. Nun erst sonderten sich die Städte Lübben und Lübbenau voneinander ab.

K. Haupt 1863, II. Nr. 196

Die Ludki

Die Wenden stammen von den Ludki ab, diese aber sind ganz kleine Menschen gewesen, nicht länger als ein Finger. Die Ludki mähten das Korn nicht ab, wenn es herangereift war, sondern stachen die Ähren mit einem Pfriemen vom Halm los. Die Ähren selbst droschen sie in einem Backofen. Da die Ludki so klein waren, konnten sich im Backofen immer ihrer neun an die Arbeit machen.

Dies alles ist lange her, aber man sagt, es wird eine Zeit kommen, in welcher die Wenden wieder so klein wie ein Finger werden.

Manchmal hilft es, wenn man sie anruft. Einst pflügten zwei Bauern ihren Acker mit Ochsen. Als es Mittag geworden war, hatten sie großen Hunger bekommen. Sie hatten jedoch auf das Feld nichts zu essen mitgenommen; so konnten sie ihren Hunger nicht stillen. Da sprachen sie, als sie am Ende ihres Ackers bei einem wasserlosen Graben angekommen waren: »Wenn doch die Ludki kämen und uns einen Kuchen brächten.« Darauf pflügten sie weiter. Als sie wieder zur Stelle kamen, sahen sie einen Kuchen und dabei lag ein Messer, dazu hörten sie eine leise, schwache Stimme, welche sprach: »Eßt, aber den Kuchen laßt ganz.« Erst wußten die Bauern nicht, wie sie das anfangen sollten, endlich aber fiel ihnen das Richtige ein: sie schnitten von dem Kuchen die Mitte heraus und aßen sich daran satt, den

Rand aber ließen sie ganz. Darauf pflügten sie weiter; als sie wieder an die Stelle kamen, war alles verschwunden.

E. Veckenstedt 1880, Nr. XVII/1 und XVII/59

Der Bludnik

Der Bludnik treibt nachts sein Wesen und führt die Leute irre. Er ist wie eine brennende Laterne, die hin und her springt. Im Raduscher Busch saßen die Bludniks auf einer großen hohlen Weide und leuchteten oft in der Nacht wie eine siebenarmige Lampe. Andre wieder sahen den Blud wie einen Menschen, der hatte keinen Kopf und das Licht schien ihm aus der Brust. An der Schmogrower Grenze erschien er als altes kleines Männel. Er hatte nur ein Bein, hielt einen Arm ausgestreckt und in der Hand das Licht. Die Werchosch Großmutter hat einen Blud gesehen, der war wie ein kleines Kind im Röckchen und hielt das Licht in der Hand. Ähnlich war's bei dem Schneider aus Trebendorf, der auf dem Teichdamm eingeschlafen war. Bei seiner Karre standen zwei leuchtende Kinder. Der Blud, den du in irgendeiner dieser Gestalten sehen kannst, ist der sichtbare Blud. Viel gefährlicher aber ist der unsichtbare, den nur die Leute im Spreewald kennen. Wenn es noch hell ist gegen Abend und dann plötzlich ganz dunkel wird und man ein paar Stunden geht statt sonst zehn Minuten, so ist das der unsichtbare Blud, der dich irre führt. So ist's dem Bauer aus Branitz gegangen. Der unsichtbare Blud hat ihn von Dorf zu Dorf geführt. Und auch tätlich muß er ihm zugesetzt haben, denn der Bauer war ganz zerkratzt, als er endlich nachts um zwölf nach Hause kam.

Mit dem Bludnik ist nicht zu spaßen. Besonders gern führt er Betrunkene an. Wenn die sich dann draußen hinlegen, um ihren Rausch auszuschlafen, brennt er sie an die Fußsohlen.

Wenn du den Bludnik nicht beleidigst, ist er gar nicht so ungefällig. Da hat er schon manchen mit seinem Lichte heimgeführt. Aber umsonst macht er's nicht. Du mußt ihm etwas versprechen: einen Dreier, einen Fünfer, eine Quarkschnitte.

Fr. Sieber 1925, S. 24f. nach E. Veckenstedt 1880

Die Wasserfrau

An der Kschischoka, zwischen der Bullgrube und der Mühle, saß früher eine Frau. Die kämmte sich in der Mittagsstunde und am Abend die Haare, verschwand wieder im Wasser und ließ keinen Fischer nach Sonnenuntergang vorbei. Dann hat sie jeden mit ins Wasser genommen. Sie hieß »die Frau, die immer da saß«.

Fr. Sieber 1925, S. 42

Der halbe Hirsch

Von Lübben kehrte ein Mann eines Abends nach den Spreewald-Kaupen, in welchen er wohnte, zurück, als er plötzlich den Nachtjäger hoch oben jagen hörte. Es war ein Gebelle, ein Gepfeife und ein Holla-Geschrei, daß der Mann sich fürchtete. Er dachte aber, du willst auch mitpfeifen und mitbellen, dann wird dir schon die Furcht vergehen, und er pfiff und bellte aus Leibeskräften. So trieb er es bis zu seiner Wohnung. Als er an die Türklinke faßte, um in sein Haus zu gehen, rief eine Stimme von oben: »Hast du jetzt mitgejagt, so kannst du auch mitessen«, und ein halber Hirsch fiel auf die Erde. Der Mann warf seine Tür zu, nahm aber den halben Hirsch nicht auf; am andern Morgen war dieser verschwunden.

E. Veckenstedt 1880, Nr. II/55

Die fliegenden Schlangen

Im Spreewald sind früher so viel Schlangen gewesen, daß sie zur Landplage wurden. Die Leute haben sich zwar alle mögliche Mühe gegeben, sie zu vertreiben, aber nichts hat dagegen geholfen. Da ist ein Mann zu ihnen gekommen, der hat gesagt: »Ich will euch die Schlangen vertreiben, aber eher nicht als am ersten Mai.« Darauf haben die Leute eine große Grube gegraben und quer über die Grube ein Brett legen müssen. Als der erste Mai gekommen war, da sagte der Mann zu dem ganzen Volk, das sich versammelt hatte: »Aus allen Himmelsgegenden werden Schlangen mit ihren Königen kommen. Sobald ich meine Zauberei beginne, werden sie auf mich losschießen, dabei aber werden sie in die Grube fallen. Es kann nun sein, daß ich dabei auch hineinfalle. Geschieht dies, so muß ich sterben. Werft aber, wenn ich in der Grube bin, sogleich Erde hinein, damit mich die

Kahnpartie im Spreewald; die sog. Fließe schaffen die Verbindung zwischen Hof, Feld, Wald und Nachbarort. Holzstich 1881.

Schlangen nicht so sehr beißen.« Als der Mann so gesprochen hatte, gingen die Bauern auf ein hohes Gerüst, welches sie erbaut hatten, um das Schauspiel mit anzusehen. Der Mann trat auf das Brett, welches über die Grube gelegt war, nahm eine Flöte und blies darauf eine wunderschöne Melodie. Dann neigte er sich dreimal nach allen vier Himmelsgegenden und blies wieder auf seiner Flöte. Plötzlich ließ sich ein seltsames Rauschen in der Luft hören. Dann kam eine ungeheure Menge von Schlangen aus allen vier Himmelsgegenden herbei. Voran waren die Schlangenkönige mit goldenen Kronen und unerhörter Pracht. Es war ein Gefunkel, wie die Leute noch nie gesehen hatten: Alles glänzte von Gold und Edelstein. Die Schlangen schossen auf den Mann zu, verfehlten ihn aber und fielen in die Grube. Aber eine oder die andere von den Schlangen muß ihn doch erreicht haben, denn plötzlich schrie der Mann auf und sank in die Grube. Da liefen die Leute eiligst mit Schippen und Spaten herbei, warfen die Grube zu und verschütteten alle Schlangen mitsamt dem Mann. Seit dieser Zeit sind die Schlangen aus dem Spreewald verschwunden.

E. Veckenstedt 1880, Nr. XLIII/8

MECKLENBURG-VORPOMMERN

Land der Schlösser und Katen

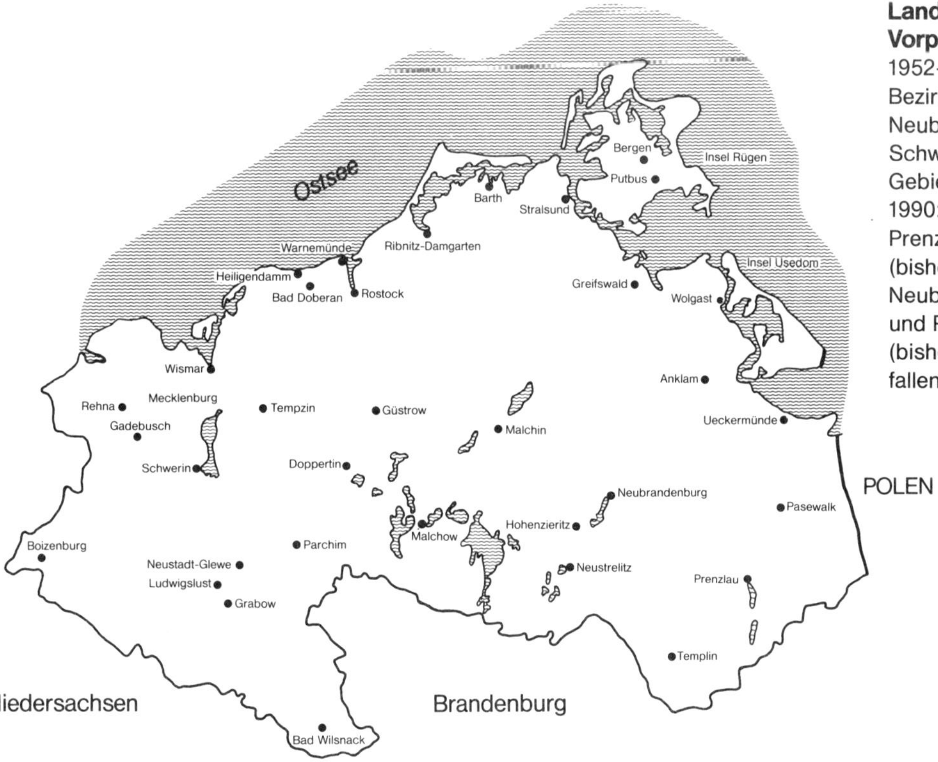

Land Mecklenburg – Vorpommern
1952–1990 aus drei Bezirken bestehend: Neubrandenburg, Schwerin und Rostock. Gebietsveränderungen 1990: Die Kreise Prenzlau, Templin (bisher Bezirk Neubrandenburg) und Perleberg (bisher Bezirk Schwerin) fallen an Brandenburg.

Kleine Landeskunde

»In Mecklenburg passiert alles hundert Jahre später«, soll Bismarck gesagt haben. Das trifft insbesondere auf die landesständische Verfassung zu, die bis 1918 erhalten blieb und jegliche demokratische Reform verzögerte. Man kann diesen Satz auch auf die Frühgeschichte des Landes beziehen: eine relativ späte Christianisierung, Stadtbesiedlung und Herrschaftsetablierung, gemessen an den vier anderen Ländern.

Im Grunde setzt Heinrich der Löwe die ersten Daten: An der Stelle der wendischen Inselburg Schwerin legt er mitten im Land, das westlich von Obodriten, östlich von Liutizen besiedelt ist, eine deutsche Burg an. Hierher verlegt er auch 1171 das neue Bistum; ein früheres war um 1060 auf Burg Mecklenburg (Michelenburg) bei Wismar errichtet, war aber im Slawenaufstand 1066 wieder verlorengegangen. Fürst Pribislaw, 1164 getauft, wurde drei Jahre darauf Heinrichs Vasall und erhielt das Land, mit Ausnahme der Grafschaft Schwerin, als Lehen zurück. Er ist der Stammvater des mecklenburgischen Herzogsgeschlechts, das bis 1918 regierte.

1256 wurde die Mecklenburg als Fürstensitz von Wismar abgelöst, blieb jedoch als Landesname erhalten. Wismar, ein seit Jahrzehnten aufstrebender Handelsplatz, blieb bis 1358 Residenz, dann erwarben die Herzöge von Mecklenburg die Grafschaft Schwerin und richteten dort ihre Herrschaft ein; fortan war Schwerin das politische und kirchliche Zentrum des Landes.

Neben der Kaufmannssiedlung Rostock (gegr. 1218) gewannen die pommerschen Hafenstädte Stralsund (1234) und Greifswald (1250) rasch an Bedeutung. Nachdem auch die Liutizen unterworfen und die eingedrungenen Dänen vertrieben worden waren, unterstand Mitte des 13. Jahrhunderts ganz Mecklenburg deutscher Herrschaft.

Pommern dagegen, das sich als breiter Küstensaum ostwärts der Halbinsel Darß erstreckte, war vormals ein slawisches Herzogtum gewesen; Herzog Bogislaw I. hatte sich 1181 den Deutschen angeschlossen und wurde von Kaiser Barbarossa als Reichsfürst anerkannt. Mecklenburg wie auch Vorpommern kamen nach dem Sturz Heinrich des Löwen unter dänische Herrschaft (1185–1227). Das relativ selbständige Stralsund erhielt 1234 deutsches Stadtrecht und wurde Mitglied der Hanse.

In das dünnbesiedelte Mecklenburg strömten bäuerliche Siedler aus

Flandern, Niedersachsen, Westfalen, dazu Rheinländer und Friesen ein und vermischten sich mit den ansässigen Slawen: Das prägte die Kulturlandschaft.

1229 teilten die vier Urenkel Pribislaws das Land in die vier Linien Mecklenburg (-Schwerin), Werle (-Güstrow), Rostock und Parchim. Die drei letztgenannten Fürstentümer fielen bei ihrem Erlöschen an Mecklenburg zurück. Durch geschickte Politik erlangte diese Hauptlinie überdies Stargard, Grabow, Schwerin (1358/59) und Dömitz; spätestens 1471, als die erneut abgezweigte Linie Stargard ausgestorben war, lag die Landesherrschaft beim Hause Mecklenburg; mit dem Herzogtum Mecklenburg-Güstrow hatte es 1555–1610 die Landstände, das Hofgericht, Stadt und Universität Rostock gemeinsam. Die 1419 gegründete Universität war die erste Norddeutschlands; Greifswald bekam seine Universität 1456.

Eine neuerliche Teilung führte 1621 zur Bildung der beiden Herzogtümer Mecklenburg-Schwerin und des kleineren Mecklenburg-Strelitz. Die Rittergutsbesitzer des Landes füllten seinerzeit die Säckel der Landesherren und blieben fortan nicht nur steuerfrei, sondern erkauften sich auch damit die Patrimonialgerichtsbarkeit, d.h. das Recht, sämtliche Vergehen ihrer Leute, mit Ausnahme von Kapitalverbrechen, auf den Gütern unmittelbar abzuurteilen und die Strafe zu vollstrecken. Dieses Herrenrecht blieb gültig bis 1879, erst dann wurden die Reichsjustizgesetze in Mecklenburg eingeführt.

Schweden hatte während des Dreißigjährigen Krieges Pommern annektiert (1630); im Westfälischen Frieden bekam es die mecklenburgischen Gebiete Wismar, Poel und Neukloster dazu (sie wurden 1803 von Schwerin zurückerworben). Die vorpommerschen Gebiete zwischen Peene und Oder kamen 1720 wieder unter preußische Herrschaft und 1815 die zwischen Peene und Darß. Die neue preußische Provinz Pommern bestand aus drei Regierungsbezirken, Stettin, Köslin und Stralsund. Die Insel Rügen, früh von slawischen Ranen besiedelt, die 1168 vom dänischen König Waldemar unterworfen wurden, dann von den Fürsten von Rügen als dänischen Lehensträgern beherrscht (bis 1325), schließlich 1648 an Schweden gekommen, gelangte ebenfalls 1815 zu Preußen.

In jenem Jahr wurden beide mecklenburgische Herzöge, die zuvor dem Rheinbund beigetreten waren, zu Großherzögen erhoben. Anfang 1918 beging der residierende Großherzog von Mecklenburg-Strelitz Selbstmord; der Großherzog von Mecklenburg-Schwerin dankte am 14.11.1918 für beide Länder ab, und die 1920 gebildeten beiden Republiken wurden am 1.1.1934 zum Land Mecklenburg vereinigt; Hauptstadt wurde Schwerin.

Die sowjetische Militärverwaltung hat dann am 9.7.1947 das Land um Vorpommern erweitert, d.h. um den westlich von Stettin gelegenen Teil der bisherigen preußischen Provinz Pommern, einschließlich Rügen und Usedom. Am 16.1.1947 erhielt das Land Mecklenburg – den zweiten Landesnamen unterdrückte man damals – eine neue Verfassung, und Wilhelm Stöcker (SED) wurde Ministerpräsident. 1952 sollte auch diese Verfassung nicht mehr gelten, das Land wurde in die Bezirke Schwerin, Rostock und Neubrandenburg aufgelöst. Bei der Neukonstituierung des Landes 1990 bewerben sich Schwerin und Rostock um den Sitz der Regierung; die uckermärkischen Landkreise Prenzlau und Templin – bisher zum Bezirk Neubrandenburg gehörig – kommen voraussichtlich wieder an Brandenburg, ebenso der bisherige Schweriner Landkreis Perleberg.

Mecklenburg und Pommern/Rügen haben jeweils bedeutende Sagenforscher hervorgebracht, hüben die Lehrer Karl Bartsch und Richard Wossidlo, drüben den Juristen J.D.H. Temme und den Philologen Ulrich Jahn. Imponierend ist vor allem die 50jährige Sammeltätigkeit Wossidlos, der es auf nicht weniger als 6000 Spukgeschichten und 2680 Hexensagen brachte. Diese beiden Genres waren früher vielfach der Kern der dörflichen Unterhaltung: »In Zehna würd wider nicks vertellt as von Spöken un Hexen – dat würd eenen toletzt oewer« – so einer seiner Gewährsleute, ein Arbeiter aus Güstrow 1919. Wossidlo hat alle seine Geschichten im Mecklenburger Platt niedergeschrieben und sie nicht betitelt; in übergroßem Respekt vor der Leistung Bartschs hat er sich erst spät den eigentlichen Sagen zugewandt. Er bedauerte dies, denn vor 1900, als die dörflichen Erzählgemeinschaften noch funktionierten, hätte er noch größere Ausbeute gehabt, weil – »wat hadden de Lüd' früher anners, as so 'n Geschichten! Zeitungen gew dat jo nich up 'n Dörpen, un läsen deden de Ollen höchstens 'n bạten in 'n Klenner (Kalender) oder in't Gesangbook« (Wossidlo in der Einleitung zu seinem ›Volksbuch‹ 1939).

Nördliche Uckermark

Der Turm »Kiek in de Mark« zu Pasewalk

An der Südwestseite der Stadt Pasewalk, zwischen dem Mühlen- und Prenzlauer Tor, liegt der Mauerturm »Kiek in de Mark«. Der massive Turm hat zylindrische Gestalt mit zwei Einschnürungen; am oberen Rande hat er einen Zinnenkranz und ist durch einen spitzen Helm abgeschlossen. Über die Entstehung des Turmes weiß die Sage folgendes zu berichten.

Es war um die Mitte des 15. Jahrhunderts, da machten die Pasewalker unter Mitwirkung von Hartwig Moltzan und Henning von Jasmund einen Raubzug in die Uckermark, wo sie Flecken und Dörfer beraubten und ausbrannten und viel Vieh und andre Beute gewannen. Als sie nun mit ihrer Beute zurückkehrten und in der Nähe der Stadt Prenzlau vorüberzogen, dünkten sich die Prenzlauer stark genug, den Pommern die Beute wieder abzujagen; ja, sie meinten des Erfolges so sicher zu sein, daß sie Seile und Stricke mitnahmen, um die Pommern und Pasewalker damit zu binden. Aber die Sache kam anders: Die Pommern setzten sich tapfer zur Wehr und schlugen die Gegner in die Flucht und nahmen über zweihundert von ihnen gefangen, die sie nun mit ihren eignen Seilen und Stricken banden. So kehrten sie fröhlich nach Pasewalk zurück. Die Gefangenen mußten sich mit schwerem Gelde loskaufen, und dabei erhielt die Stadt auf ihren Anteil eine so große Summe, daß sie davon den nach der Uckermark schauenden Mauerturm erbaute, der in der Folge »Kiek in de Mark« genannt wurde und von dem es seit alter Zeit heißt:

»Kiek in de Mark! un rohre nich!
Markgraf Friedrich, de deit di nischt.«

Nach anderer Überlieferung soll der Turm bald nach 1445 erbaut worden sein. Im Jahre 1445 gelang es nämlich den Pasewalkern, den Kurfürsten, der ihre Stadt durch Verrat genommen hatte, wieder aus der Stadt hinauszudrängen, und ihm zum Hohn und Trotz sollen sie den Turm »Kiek in de Mark« erbaut haben.

A. Haas 1926, Nr. 271

Der Rabe auf dem Mittelturm zu Prenzlau

Dem Erbauer und ersten Beherrscher der Stadt Prenzlau, namens Primislav, kam einst ein goldener Siegelring fort, und er argwöhnte, daß ihn ein Knappe gestohlen habe; dieser leugnete zwar die Tat, wurde aber dessenungeachtet, da alle Umstände gegen ihn sprachen, von der Spitze des Mittelturms, der jetzt mitten in der Stadt ist, früher aber an der Stadtmauer lag, herabgestürzt. Lange Zeit darauf jagte Primislav einmal in dem vor Prenzlau gelegenen Wald und ließ sich, um sein Mittagsmahl einzunehmen, mit seinen Begleitern gerade an einer Stelle nieder, wo man eben mit dem Fällen einer Eiche beschäftigt war. Der Baum fiel, und man entdeckte in seiner Spitze ein Krähennest, in welchem sich zum größten Erstaunen aller Anwesenden der vermißte Siegelring des Fürsten fand. Dieser kehrte tief ergriffen sogleich nach Prenzlau zurück und ließ aus dem Holz der gefällten Eiche das Bild einer Krähe anfertigen, das man noch jetzt auf dem Mittelturm der Stadt gewahrt.

A. Kuhn 1843, Nr. 201

Der schwarze Mönch zu Ueckermünde

Im Jahre 1469 führte Markgraf Friedrich der Andere von Brandenburg einen langen Krieg gegen die Herzöge von Pommern. Unter andern belagerte er die Stadt Ueckermünde. Nun war aber damals in dieser Stadt ein schwarzer Augustinermönch, der etliche freie Schüsse hatte und damit treffen konnte, was er wollte. Der schoß eines Tages dem Markgrafen den Tisch mit dem Essen darauf vor dem Munde weg und ließ sich zugleich hören, wo der Kurfürst nicht bald weichen werde, so wolle er ihm noch näher kommen. Darüber erschrak der Kurfürst so sehr, daß er den Sturm aufhob, den er vorhatte, und von der Stadt abzog. Andere sagen freilich, er sei darum abgezogen, daß die Sundischen und Rugianer den pommerschen Herzögen mit starker Kriegsmacht zu Hilfe gekommen seien.

J.D.H. Temme 1839, I. Nr. 24

Die Glocken von Luckow

Eine Meile von Ueckermünde bei dem Gute Vogelsang liegt eine große Wiese, auf der ehemals ein Dorf gestanden haben soll. Vor langen

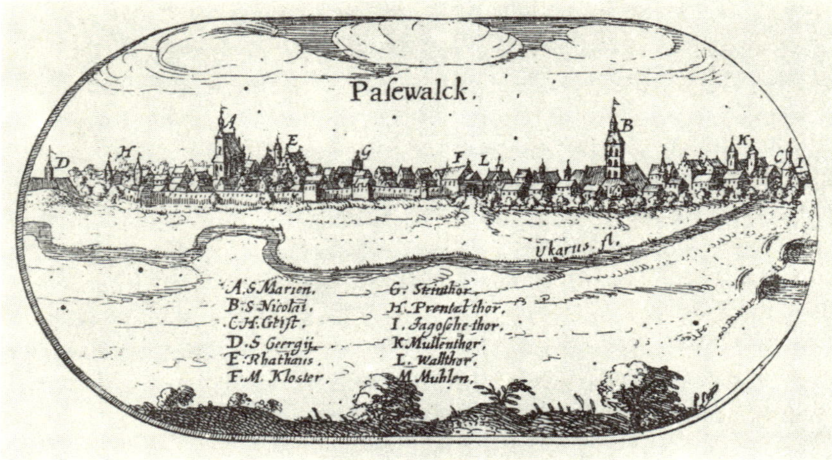

Pasewalk vor dem großen Stadtbrand 1630, als sich die Kaiserlichen und die Schweden bekämpften.
Ueckermünde, das bereits 1260 lübisches Stadtrecht erhielt; im Dreißigjährigen Krieg blieben nach Erstürmung der Schweden nur acht Männer und sieben Witwen übrig. Kupferstiche aus der präzis gestochenen Pommernkarte (1612–18) des Eilhard Lubin.

Jahren hütete einmal ein Hirt hier seine Schweine. Als er sah, daß ein Schwein immer an einer und derselben Stelle die Erde aufwühlte, ging er zuletzt dahin und sah nun den Knopf einer Glocke aus der Erde hervorragen. Er rief mehrere Leute herbei, welche eine große, schöne Glocke herausgruben. Die Stadt Ueckermünde machte darauf Ansprüche an die Glocke, und die Bürger kamen mit einem mit acht Pferden bespannten Wagen, um sie zur Stadt zu schaffen. Allein, soviel sie sich auch abmühten, die acht Pferde konnten die Glocke nicht von der Stelle bewegen. Während sie sich noch damit quälten, kam zufällig des Weges ein Bauer aus dem benachbarten Dorf Lukkow mit seinem Ochsengespann daher. Der lud die Glocke auf und seine Ochsen zogen sie ganz leicht nach Luckow. Dort wurde sie im Kirchturm aufgehangen, wo sie noch ist.

Diese Glocke hat einen schönen singenden Ton, und wenn man genau zuhört, so kann man hören, wie sie beim Läuten immerfort die Worte singt:

»Su borg - Damgorden!«

Sie will dadurch das Auswühlen des Schweins (Sau) und den Namen des versunkenen Dorfes, dem sie zugehört hat, bezeichnen.

J.D.H. Temme 1840, Nr. 268

Der hohe Stein bei Anklam

Das Anklamer Stadtgebiet war in frühern Zeiten bis an die Peene mit einem hohen Erdwall umschlossen. In der Einfahrt dieses Walles nach Ueckermünde hin sieht man noch einen Wartturm, der gar keinen Eingang hat und deshalb der hohe Stein genannt wird. An demselben soll es nun nicht richtig sein. Unter andern sagen die Leute, daß derjenige, welcher am Johannistage den hohen Stein ersteigt, oben einen Sack voll Erbsen finde, die sich aber beim Heruntertragen in lauter Goldstücke verwandeln.

J.D.H. Temme 1840, S. 217

Jochem Abt

Der Fangelturm in Schwerinsburg steht mit dem wohl eine Meile davon entfernten Steinturm vor Anklam durch einen unterirdischen Gang in Verbindung, der auch noch bis tief in die Stadt hinein sich er-

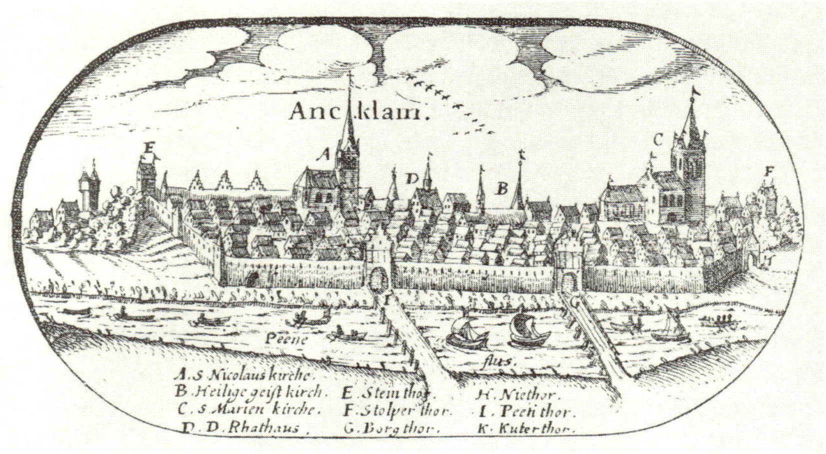

Anklam an der Peenemündung, seit 1283 zur Hanse gehörig, erlebte 1630 eine Besetzung durch kaiserliche und schwedische Truppen, 1676–79 eine weitere durch den Großen Kurfürsten. Kupferstich aus der Pommernkarte (1612–18) des Eilhard Lubin.

streckt. Jetzt ist dieser Gang zum größten Teil zerfallen; angelegt wurde er, damit die Anklamer bei Belagerungen nicht ganz von aller Zufuhr abgeschnitten werden könnten. Auch fanden in dem Fangelturm geheime Beratungen einer Brüderschaft statt, die ähnlich waren wie die Freimaurer, deren Namen man aber jetzt nicht mehr kennt.

Im Zusammenhang damit steht ein verwünschtes Wesen, das bis auf den heutigen Tag in dem Gange sein Wesen treibt. Es ist das ein ganz kleines Männchen, Jochem Abt genannt. Das fährt jede Nacht, Schlag zwölf Uhr, mit einem Wagen, vor den sechs weiße Mäuse gespannt sind, vom Fangelturm in Schwerinsburg ab und bringt dessen Schätze nach Anklam zum Steinturm. Um ein Uhr ist nichts mehr von ihm zu sehen.

U. Jahn 1886, Nr. 253

Ziethen, Seidlitz und der alte Blücher

Der alte Ziethen war ein großer Hexenmeister. Zieten hett sien Soldaten in Duurnbüsche verwandeln un ut Hackels Soldaten maken künnt. Eens is he mit König Fritz tosaam gefangen wäst. Dor heet he seggt: »De ihrst Noot ward kihrt«, un hett den König an de Hand faat't un em ut 't Lager rutleddt – he hett em ok unsichtbor maakt.

Zieten is eens mit de Franzosen to Gang' wäst. Dor hett he sien Soldaten to 'ne grote Schonung maakt un sik sülben to 'n Duurnbusch. In dat Holt hebben de Franzosen grad' Halt maakt. Dee verrichten nu ehr Nootdurft un en General hett Zieten de Stäwel vull pißt, dat dat baben rutkamen is. Naher is he de Franzosen narückt un hett se fastdräben.

*

General Seidlitz hat sich vom Teufel ein seltsames Rezept geben lassen. Seidlitz hett von 'n Düwel verlangt, he süll em seggen, wat von Anfang an in de Welt passiert wier un wat noch passieren ded' bett an dat End' von de Welt. Dor hett de Düwel seggt, dat künn he nich anners to weiten krigen – denn müßt he sik enen ganzen trugen Deener hollen un von den 'n müßt he sik slachten un terfleischen un denn in warmen Piermeß inpacken laten; denn will de Düwel den Deener en

Links: Fürst Blücher, aus Rostock gebürtig, in einem Kupferstich um 1815, das ihn als preußischen Generalfeldmarschall zeigt. Rechts: Blücher und Wellington nach der Schlacht von Waterloo; Stahlstich von F. Sautter 1835.

Öl gäben und dee sall denn dor alle stund' von de Öl upgeeten up den Piermeß – üm 'n dreeviertel Johr würd he denn as 'n nigeburenes Kind hervörkamen; wenn he denn wedder erwachsen wier, denn künn he alles weiten. Dat hett Seidlitz ok daan – de Deener hett em slacht't. Nu drapen em dor eens Lüd' bi, dat he ümmer wat upgütt up den Piermeß. Dor fragen se em, worüm he dat ded'. Ihrst will he nich bekennen – toletzt seggt he dat. Dor vertellen de Lüd' dat den König – dee let ohne Urdel un Recht den Piermeß upriten. Donn is dat all as 'n läbendes Wäsen, as 'n Kind – is all tosamenheilt. So is Seidlitz to End' kamen.

*

Auch der alte Blücher mußte gelegentlich zaubern. De oll Blücher sall sien Soldaten in Duurnbüsche verwandelt hebben, wenn de Feind to stark wäst is – mien Ogen hebben 't nich sehn. He sall ok nachts frieren laten künnt hebben. He is jo in de Nijohrsnacht oewer 'n Rhein gahn; dor is 'ne Brügg oewer froren wäst.

R. Wossidlo 1939, I. Nr. 653, 654, 657, 658

Zwischen Müritz und Peene

Wie der Zierker See fürstliches Eigentum geworden

Der Zierker See bei Neu-Strelitz sowie der daran grenzende Schloßgarten und der Schloßpark, der wenigstens teilweise, sollen früher denen von Maltzan gehört haben. Als nun Herzog Adolf Friedrich III. von Mecklenburg-Strelitz sich ein Jagdschloß bei dem ehemaligen Hof Glieneke anzulegen wünschte, machte der damalige Inhaber der Maltzanischen Güter, dem auch Glieneke gehört haben soll, der Sage nach mit dem nötigen Schloßplatz dem Herzog ein Präsent und überließ ihm auch das zum Schloßgarten gewünschte Land. Einst, als Maltzan mit dem Herzog bei Glieneke jagte, äußerte dieser den Wunsch, auch den Zierker See zu besitzen. Es hatte aber zu der Zeit der Herzog ein Paar ausgezeichnet schöne Jagdhunde, und nach diesen trug Maltzan ein ebenso großes Verlangen wie der Herzog nach dem See, darum sagte er scherzend zu seinem fürstlichen Freund:

»Gifst du mi de Tölken, so gew ik di dat Pöhlken!«

Das Residenzschloß der Herzöge von Mecklenburg-Strelitz in Neustrelitz – als »Rokokostadt« 1733 planvoll angelegt. Das Schloß wurde 1945 völlig zerstört, nur die spätere Schloßkirche (1855–59) blieb erhalten. Kupferstich um 1768.

Der Herzog schlug sogleich ein und soll mit dem Tausch ganz besonders zufrieden gewesen sein.

K. Bartsch 1879, Nr. 559

Geist prophezeit

Zwischen Alt-Strelitz und Fürstenberg fuhr einmal der Postwagen an einem kalten Wintertag. Nicht weit von Drevin sah der Postillon links einen weißen Mann im Schnee stehen, der bittend die Hände erhob und in den Postwagen zu steigen begehrte. Dem Postillon wurde es unheimlich, und er fuhr schneller. Nach einiger Zeit sah er wieder nach links, da trat ein roter Mann an das Sattelpferd und verlangte einzusteigen. Der Postillon fuhr, von Angst ergriffen, im Galopp weiter. Im Grunde vor Düsterfurt standen die Pferde plötzlich still. Ein schwarzer Mann stand drohend vor ihnen. In dem Augenblick trat der Krüger von Düsterfurt heran und sagte, er habe sich nur umsehen wollen, ob er nicht im Schnee stecken geblieben sei. Der schwarze Mann war verschwunden. Als aber der Postillon in Fürstenberg einfuhr, sah er hinten im Postwagen die drei Männer sitzen. Und als dieser endlich stillhielt, flatterten aus dem jetzt leeren Wagen drei Zettel heraus.

Auf dem einen stand: »So hoch ich bin, so hoch der Schnee.«
Auf dem andern: »Bis an die Knöchel watet ihr im Blute.«
Auf dem dritten: »Es naht euch allen der schwarze Tod.«
Diese Prophezeiungen, großer Schneefall, Krieg, Pestilenz, sollen auch später eingetroffen sein.

K. Bartsch 1879, Nr. 249

Die Teufelsmühle bei Neubrandenburg

Unweit Neubrandenburg lagen vor alters in nicht weiter Entfernung voneinander in einem großen finstern Laubwald zwei Wassermühlen. Die eine hieß die Teufelsmühle, weil der leibhaftige Teufel darin wohnte. Dieser hatte mit dem Besitzer der andern Mühle einen Vertrag abgeschlossen, nach dem jener ihm an jedem ersten Monatstag eine Seele abliefern mußte. Der Müller erfüllte seinen Kontrakt pünktlich. Bald aber war er in den allerärgsten Verruf geraten, denn alle seine Gesellen waren regelmäßig nach kurzer Zeit immer wieder spurlos

Neubrandenburg am Tollensesee, das bereits 1248 Stadtrecht erhielt. Fritz Reuter schrieb hier 1856–63 seine bekanntesten Romane. Russische Truppen haben die kreisrunde, von neun Straßen rechtwinklig gekreuzte Altstadt 1945 völlig zerstört. Stahlstich um 1850.

verschwunden. Eines Tages kam ein Müllergeselle aus dem Schwabenland zu ihm gewandert, der, weil er keinen Heller mehr im Beutel hatte und ganz abgerissen war, um jeden Preis Arbeit suchte. Der Müller nahm ihn auch sofort und machte ihn damit bekannt, daß er weiter nichts zu tun habe, als am Ersten jeden Monats ein Fuder Sägespäne nach der Teufelsmühle zu fahren. Der Geselle willigte gern ein, diese leichte Arbeit zu übernehmen und fuhr am andern Tag, der gerade des Monats erster war, mit seiner Ladung hinab zur Teufelsmühle. Als er dort angelangt, trat ein Herr im weiten Mantel vor das Haus und befahl ihm, die Sägespäne in eine tiefe Grube zu werfen, die auf dem Hofe sichtbar war. In diese Grube hatte der Böse früher stets die Gesellen gestürzt, wenn sie sich ihr arglos zum Abladen genähert hatten. Der Müllergeselle, der schon vieles von der Mühle gehört hatte, weigerte sich, die Fuhre abzuladen, weil er dazu nicht gedungen; und wohl oder übel mußte sich jetzt der Teufel selbst an die Arbeit machen. Kaum bückte er sich jedoch über den tiefen Abgrund, um einen Arm voll Sägespäne hinunterzuwerfen, als der Schwabe ihn fix beim Schopfe faßte und köpflings hinabstürzte. Kaum war dies geschehen, so stieg aus der Grube ein greulicher Schwefeldampf empor, und mit donnerndem Geprassel stürzten die Mühle und alle Gebäude des Gehöfts zusammen. Von den Trümmern des Teufelssitzes blieb nichts übrig.

K. Bartsch 1879, Nr. 281

Der Sechspfennigzug im Wesenberger See

Die Fischer alter und neuer Zeit haben den verschiedenen Stellen der Seen, in die sie ihre Netze zum Fischfang werfen, besondere Bezeichnungen gegeben, die den Gattungsnamen »Züge« führen. So ist beispielsweise die Tollense bei Neubrandenburg in über hundert solcher sogenannten Züge geteilt, die alle ihren eigenen, oft sehr eigentümlichen Namen führen. In dem Wesenberger See führte ehemals eine Stelle den Namen Sechspfennigzug, weil an dieser die Fischer jahrelang umsonst gefischt und kaum für sechs Pfennige Fische gefangen hatten. Einmal zur Winterzeit war hier wieder vergebens zu Eise gefischt, und der Fischer begab sich mit seinen Leuten und Werkzeugen nach einem andern Zug. Aber der Bruder des Fischers war an der ersten Stelle betrunken auf etwas Stroh auf dem Eise liegen geblieben und in einen festen Schlaf verfallen, der bis gegen Mitternacht währte. Da erwacht er; es ist kalt und alles um ihn herum still. Mit einem Mal hört er in der Tiefe des Sees eine Stimme und vernimmt die Worte: »Nun wollen wir die Fische wieder nach dem Sechspfennigzug treiben.« Sogleich springt er auf, sucht seinen Bruder, teilt ihm das Gehörte mit und redet ihm zu, dort noch einen Zug zu tun. Dieser will anfangs nicht darauf eingehen, doch gibt er endlich den dringenden Bitten des Bruders nach, indem er meint, es käme auf einen vergeblichen Zug mehr oder weniger nicht an. Aber siehe, der Fischer fängt eine solche Menge Fische wie noch nie zuvor und legt dadurch den Grund zu seinem späteren Reichtum.

K. Bartsch 1879, Nr. 563

Rethra

In den uralten heidnischen Zeiten war in Pommern eine berühmte Stadt, Rethra geheißen. Sie war der Hauptsitz der Pommerschen Götter, besonders des Götzen Radigast oder Redigast. Die Stadt war groß, dichtbevölkert und voller Reichtümer. Man ging durch neun Tore hinein, und sie war rundherum von Wasser umflossen. Sie hatte viele Tempel, in die man über köstliche Brücken ging.

Die Stadt ist wegen ihres Übermuts und Heidentums zuletzt gänzlich zerstört. Das ist geschehen schon lange, bevor das Christentum nach Pommern kam. Auf welche Weise jedoch, das weiß man nicht. Rethra ist so vollständig zugrunde gegangen, daß man nicht einmal der Jugend mehr angeben kann, wo sie gestanden hat. Doch glauben die meisten, sie habe ungefähr da gestanden, wo jetzt die Stadt Treptow an der Tollense liegt.

J.D.H. Temme 1840, Nr. 13

Die Bernsteinnixe in der Müritz

In der Müritz, dem größten Landsee Mecklenburgs, liegt ein großer schöner Bernstein von wunderbarer Durchsichtigkeit; aber niemand darf ihn sehen, weil die Bernsteinnixe in einem aus lauter kleinen Bernsteinstücken bestehenden Palast ihn bewacht. Wenn ein Fahrzeug zufällig ihrer Wohnung naht, so bleibt es wie angezaubert Stunden lang sitzen. Wer wissentlich es tut, ist des Todes. Fischer und Schiffer meiden möglichst die Stelle, wo der Sage nach die Nixe haust.

K. Bartsch 1879, Nr. 540

Glockenläuten in Waren

Jeden Abend zwischen 8.45 und 9 Uhr wird vom Turm der St. Georgenkirche zu Waren geläutet. Als Veranlassung dazu gibt der Volksmund folgendes an. Ein Herr von Behr auf Torgelow kehrte einst von einer Besuchsreise bei einem grausigen Schneetreiben zurück nach seinem Schloß. Er verfehlt bald Weg und Steg, reitet die kreuz und quer und weiß schließlich nicht mehr, wo er sich befindet. Da hört er's von einem nahen Turm neun schlagen und erkennt am Klang, daß es die Glocke der St. Georgenkirche zu Waren ist, und damit weiß er, wo er sich befindet. Zum Andenken und auch für andere Reisende stiftet er das Läuten zu dieser Stunde. Noch alle Jahre bekommen die Nachtwächter, die das Läuten zu besorgen haben, von Torgelow zehn Taler; früher hatten sie einige Scheffel Korn und einen Stiefel alljährlich dafür erhalten.

K. Bartsch 1879, Nr. 531

Bürgermeister Hörning

Zur Zeit des Dreißigjährigen Krieges war in Waren ein grausamer harter Mann namens Hörning Bürgermeister. Endlich führten die Bürger Klage beim Herzog; aber noch ehe dieser die Sache untersuchen ließ, starb Hörning. Sein Geist aber fand keine Ruhe, sondern spukte in der Stadt und belästigte die guten Bürger. Da verschrieben diese sich einen berühmten Geisterbanner aus Sachsen, der auch wirklich den Geist in einen Sack bannte. Man beschloß, ihn in den Schweinewerder bei Waren zu bannen, den er nicht überschreiten durfte und wo er Steine zerschlägt; daher man auf dem Schweinewerder eine Menge Feuersteine findet. Auch schleudert er sie über die Elde nach Eldenburg und das Klinker Feld. Die Stätte wird bei Nachtzeit vermieden, und die Leute, die ihn in der Ferne hören, sagen: »Hürt, Hörning kloppt all wedder Fürstein!«

K. Bartsch 1879, Nr. 206

Dorf Zachlin

Dicht am Plauer See, an dem von dort nach Ganzlin führenden Wege, hat vor dem Dreißigjährigen Krieg ein blühendes Dorf gestanden, Zachlin mit Namen. Tief versteckt in Tannen und Erlengebüsch, blieb es lange unentdeckt und von den Greueln des Krieges verschont. Die Einwohner taten aber auch alles, um verborgen und unentdeckt zu bleiben; so war beschlossen worden, daß alle ihre sämtlichen Haustiere töten sollten, damit der Feind nicht etwa durch ihr Schreien oder Lärmen aufmerksam gemacht und also herangelockt werden könne. Ein Bauer, der einen ganz wunderhübschen Hahn hatte, handelte aber gegen den Gemeindebeschluß; denn er ließ seinen lieben Hahn am Leben und versteckte ihn auf dem Heuboden, wo er ihn reichlich mit Futter versorgte. Einige Zeit ging alles ganz gut. Als jedoch der Bauer eines Tages das Futter vergessen hatte, begann der hungrige Hahn plötzlich ein lautes Gekrähe, daß es weithin schallte. Unglücklicherweise hörten dies Hahnengeschrei gerade in der Nähe lagernde feindliche Truppen. Sie gingen dem Krähen nach und fanden bald das unglückliche Dorf, das sie nun, nachdem es geplündert und die Einwohner getötet waren, bis auf den Grund niederbrannten.

K. Bartsch 1879, Nr. 375

Unterirdische in Plau

Einem Ehepaare in Plau wurde ein Kind geboren, das nach zwei Jahren nur einen Schuh lang war, einen gewaltig großen Kopf hatte und durchaus nicht sprechen lernen wollte. Sie klagten ihr Leid einem alten Mann, der sagte: »Gewiß haben die Unterirdischen euer Kind ausgetauscht. Wenn ihr darüber Gewißheit haben wollt, so nehmt eine leere Eierschale, gießt in Gegenwart des Kindes frisches Bier hinein und bringt es durch Hefe in Gärung. Wenn dann das Kind anfängt zu sprechen, dann ist meine Vermutung richtig.« Sie taten, wie ihnen geraten worden. Kaum war das Bier in Gärung, da rief das Kind in der Wiege:

»Ik bün so olt
as Böhmer Gold,
doch dat seih ik taum irsten Mal,
dat man Bier brugt in Eierschal.«

Die Eltern beschlossen nun, in nächster Nacht das Kind in die Elde zu werfen. Als sie aber nach Mitternacht aufstanden und an die Wiege traten, lag darin ein blühendes kräftiges Kind. Die Unterirdischen hatten das ihrige weggeholt. *K. Bartsch 1879, Nr. 61/2*

Die letzten Ritter von Stave

Die letzten Stammhalter des Rittergeschlechtes von Stove oder Stave, nach welchem Stavenhagen benannt ist, waren zwei Brüder, von denen der eine auf Stavenhagen, der andere auf Ivenack wohnte.

Sie hatten eine einzige Schwester, die oftmals zwischen ihnen vermittelnd eintrat. Einst aber bei einer Zusammenkunft gerieten sie in so heftigen Streit, daß sie die Schwerter gegeneinander zogen. Die Schwester warf sich zwischen sie und wurde von den eigenen Brüdern durchbohrt. Verzweifelnd schworen sie, sich niemals mehr auf Erden wiederzusehen. Als sie aber alt geworden, regte sich doch die Sehnsucht nach Versöhnung. Da sie ihren Schwur nicht brechen wollten, ließen sie einen unterirdischen Gang zwischen Stavenhagen und Ivenack, unter dem Ivenacker See, anlegen, um sich unter der Erde zu sehen und zu versöhnen. Kaum aber hatten sie sich die Hände gereicht, als die Decke einbrach und sie unter ihrem Schutt begrub. Die vermauerten Öffnungen des Ganges sind noch heute erhalten.

K. Bartsch 1879, Nr 427

Der Fangelturm in Malchin

Einmal haben die Malchiner Ratsherren den Ritter und Freiherrn von Kummerow in Pommern zu sich aufs Rathaus zu einem Bankett geladen. Die Ländereien dieses Ritters zogen sich nämlich damals noch bis ans Mühlentor von Malchin, und schon lange war es der Wunsch der Bürgerschaft gewesen, diese Wiesen und Felder wenigstens bis zum Kummerower See zu erwerben. Als nun die Malchiner Stadtherren mit dem Herrn von Kummerow so fröhlich auf dem Rathaus bankettierten, fragte ein Ratsherr den Ritter: »Herr Ritter, wollt Ihr uns nicht Eure Ländereien bis zum Kummerower See verkaufen?« Über diese Worte lachte der Ritter und rief: »Ja wohl, wenn ihr nur so viel Geld hättet. Doch ich will euch soviel schenken, als ihr diese Nacht von zwölf Uhr bis morgens vier Uhr mit einem Paar Zugochsen umhaken könnt. Doch müßt ihr zu meinem Angedenken einen Turm bauen, und zwar am Mühlentor, woran ihr mein Wappen anbringen sollt. Wenn ihr aber den Turm niederreißt, so gehört das Feld meinen Nachkommen.«

Dies alles wurde urkundlich verbrieft. Nachts um zwölf Uhr hakten nun die Malchiner Bürger los und zogen eine Furche von Malchin bis Dukow, einem kleinen Dörfchen, eine halbe Stunde von Malchin entfernt, von da bis zum Kummerower See und dann in einem weiten Bogen bis Malchin wieder zurück. Gerade, als es vom Turme vier Uhr schlug, gelangten sie ins Mühlentor. Daher kommt es, daß Malchin so reich an Feld und Wiesen ist.

Dieser Turm – der Fangelturm genannt, da er früher als Gefängnis diente – steht noch heute, obgleich das Wappen daran schon längst verwittert ist. Vor ungefähr zwanzig Jahren wollten die Malchiner den Turm niederreißen lassen, um die Steine zum Rathausbau zu benutzen, doch da rief ein alter Bürger »Daut dat nich, dei Kummerowsch kikt all ut dei Auken!« Da wurden sie der alten Urkunde eingedenk und ließen den Turm stehen. *K. Bartsch 1879, Nr. 424*

Der Kummerower See

Auf dem Kummerower See schwimmen jedesmal am Johannistag um zwölf Uhr mittags ein großer Berg Bernstein und eine goldene Wiege. Fährt man heran und berührt die Schätze, so sinken sie unter fürchterlichem Geprassel auf den Seegrund zurück.

In dem Kummerower See ist auch vor vielen Jahren eine Stadt untergegangen, Grabow genannt. Noch jetzt heißt danach ein kleines Dorf am See Wüst-Grabow. Die Glocken von der Hauptkirche der versunkenen Stadt kann man zu derselben Zeit, da die Wiege und der Bernsteinberg auf der Oberfläche erscheinen, im Wasser läuten hören.

U. Jahn 1886, Nr. 244

Das Haus Demmin

Bei der Stadt Demmin liegt noch heute die Ruine einer alten Burg, welche das Haus Demmin heißt. Die Burg soll vor alter Zeit von zwei (oder drei) Prinzessinnen erbaut worden sein. Sowohl die eine als die andere haben sich aber die Stadt zugeeignet und immer gerufen: Se is Din und Min. Davon hat die Burg und später die neben ihr erbaute Stadt den Namen Demmin erhalten.

Burg und Stadt haben früher nur einen Herrn gehabt und sind durch einen unterirdischen Gang verbunden gewesen, der so geräu-

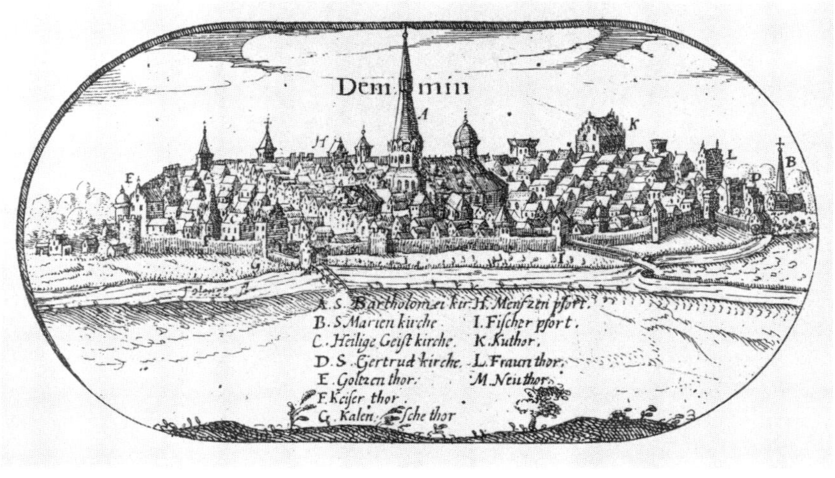

Demmin, das bereits um 1249 lübisches Stadtrecht erhielt. Der Große Kurfürst eroberte die Peenestadt 1675, mußte sie aber im Frieden von St. Germain 1679 wieder den Schweden überlassen. Kupferstich aus der Pommernkarte (1612–18) des Eilhard Lubin.

mig war, daß man mit einem Wagen darin hat fahren können. Später ist der Gang verfallen und die Burg zu dem Gut Vorwerk geschlagen worden, das nahe dabei liegt. Dabei soll aber ausgemacht worden sein, daß die Burg nicht an die Stadt Demmin zurückfallen dürfe, so lange noch ein Stein von ihr auf dem andern liege, und dies ist der Grund, warum die Besitzer von Vorwerk um die Erhaltung dieser Ruine so besorgt sind.

J.G.Th. Grässe 1871, Nr. 432

Zwischen Elbe und Ostsee

Das Petermännchen zu Schwerin

Auf dem Schloß zu Schwerin hat sich vor alter Zeit oft ein kleines Petermännchen sehen lassen, das ist gewöhnlich in grauen Kleidern einhergegangen, wenn es aber Krieg geben sollte, trug es sich rot, und wenn einer sterben sollte, kohlschwarz. Man hat aber auch immer gesagt, daß es ein verwünschter Prinz sei, der gern erlöst sein wolle, und das hat einmal ein Soldat ganz genau erfahren. Der stand um Mitternacht vor dem Schlosse auf Posten, da kömmt das Petermännchen an und sagt, er möge sich doch mit ihm fassen; hätte er das dreimal getan,

Das Schloß zu Schwerin, auf einer Insel zwischen Schweriner und Burgsee gelegen, dort, wo eine bereits um 970 bezeugte Obodritenburg stand. Die fünfeckige Schloßanlage, in höchst unterschiedlich gestalteten Türmen gipfelnd, entstand nach dem Vorbild von Schloß Chambord (Loire) in den Jahren 1844–57. Der Stahlstich stammt aus dem Jahr der Fertigstellung.

dann wäre er erlöst, und dann würde das alte Schwerin wieder in aller Pracht aus dem See hervorkommen, das jetzige aber und zugleich auch der Herzog würden untergehen. Der Soldat ist auch darauf eingegangen und hat zwei Nächte hintereinander mit dem Petermännchen gerungen; als er sich aber am dritten Tage frühmorgens ein andres Hemd anziehn will, da sieht einer seiner Kameraden, daß er am ganzen Leibe braun und blau ist, und fragt ihn, woher das komme. »Ja«, sagt jener, »das kann dich nicht verwundern, ich habe mit dem Petermännchen nun schon zwei Mal gerungen, und wenn es zum dritten Male geschieht, so sind Petermännchen und das alte Schwerin erlöst.« Das hat des Soldaten Kamerad andern wiedergesagt, und da ist's noch denselben Tag auch an den Herzog gekommen, und der hat den Soldaten schnell in eine andere Garnison versetzt. Petermännchen ist aber gewaltig böse geworden und hat es den alten Herzog Friedrich Franz reichlich entgelten lassen, denn bald hier bald da hat er ihm aufgehockt, und dann hat er ihn ächzend und keuchend ein Stück Weges schleppen müssen.

A. Kuhn und W. Schwartz 1848, Nr. 1

Das Petermännchen straft und belohnt

Das Petermännchen hat nicht geduldet, daß andere Herren als die rechtmäßigen Herren von Mecklenburg im Schlosse zu Schwerin wohnten; als Wallenstein das Land in seine Gewalt gebracht und auf dem Schweriner Schlosse hausen wollte, hat es ihn daher so geplackt und gezwickt, daß er eiligst nach Güstrow zurückgekehrt ist. Nicht besser erging es dem französischen General Laval, der im Jahre 1806 auf dem Schlosse wohnte.

Einmal sah Petermännchen, wie ein Soldat, der in den fürstlichen Gemächern Wache hielt, die ihn umgebenden Herrlichkeiten betrachtete. Da wollte es ihn auf die Probe stellen, erschien plötzlich in dem Zimmer und forderte ihn auf, sich einige von den Kostbarkeiten in die Tasche zu stecken. Der Soldat aber weigerte sich; als Petermännchen das hörte, bat es den Soldaten, ihm einen Gefallen zu tun, sobald er abgelöst sei; es sei keine Gefahr dabei, wohl aber ein schöner Verdienst zu machen. Der Soldat willigte ein. Als er frei war, führte ihn das Männchen durch allerlei unterirdische Gänge und Gemächer, die es mit seinen Schlüsseln, deren es einen ganzen Bund am

Gürtel hatte, öffnete. Zuletzt kamen sie in ein Zimmer, da bat ihn das Männchen, von einem Schwert alle Rostflecken abzuputzen. Das gelang ihm auch bis auf einen ganz kleinen, und eben wollte er diesen auch noch putzen, als ein gewaltiger Donnerschlag erfolgte und ihm die Sinne schwanden. Als er zum Bewußtsein erwachte, befand er sich am Schloßtor. In seiner Tasche fühlte er etwas Schweres; es waren drei Stangen gediegenen Goldes, von dem er sich, als er ausgedient hatte, ein schönes Gut kaufte. Erst kurz vor seinem Tode teilte er seiner Familie mit, wie er zu dem Gelde gekommen war.

K. Bartsch 1879, Nr. 85/5 und 85/6

Die grüne Glocke im Dom zu Schwerin

Vor Zeiten sollen zwei Schiffer aus Schwerin an das entgegengesetzte Ende des Schweriner Sees gekommen sein. Als sie sich dem Ufer näherten, bemerkten sie dort zwei fremdartig gekleidete Knaben, welche baten, sie mitzunehmen. Die Schiffer legen an, lassen die beiden Knaben einsteigen und fahren wieder zurück. Als sie etwa auf der Mitte des Sees sind, sind die Knaben plötzlich verschwunden, und statt ihrer stehen zwei große Kisten im Kahn. Neugierig öffnen sie die Kisten, und der eine findet lauter blinkendes Gold, der andere eine

Der Dom zu Schwerin, 1327–1416 als dreischiffige gotische Backsteinbasilika erbaut, anstelle der früheren romanischen Pfeilerbasilika. Lithographie um 1830.

grüne Glocke. Der Erste verteilt sein Gold bis auf das, was er brauchte, unter die Armen, der Zweite schenkte die Glocke an den Dom, in welchem sie jetzt noch hängt.

K. Bartsch 1879, Nr. 514

Von harten Herren

I.

Haberland in Matzdörp (Matzdorf) is so häßlich wäst gegen sien Lüüd. Wenn de Frugens (Frauen) Brot backen wullt hebben, un he het wüßt, dat se insuurt (eingesäuert) hadden, het he dat ümstött (umgestoßen). So het he se up allerhand Oort (Art und Weise) piesackt. Dor hebben se sik all beraden, de Inspekter is de Anführer wäst. Se sünd rupgahn na 'n Hoff un hebben sik Wien ut 'n Keller haalt. De Fru is weglopen oder wegführt (weggefahren) wäst. De Soehn het hinnern Aben (Ofen) säten. Se hebben de Wienflaschen intwei smäten, un he het so lang' up de Schörven (Scherben) danzen müßt, bet he doot wäst is. Mit de Pietsch hebben se em dräben (angetrieben). En oll Mann het mit Krücken gahn, de het em mit sien Krück denn' Rest gäben. De Blootplacken (Blutflecken) het in de Dääl (Diele) säten un is nich wegtokriegen wäst.

II.

Von Plessen in Damshagen het de Buurn mit de Pietsch haugt. De Pohnstörper (Pohnsdorfer) hebben seggt: Wenn he nu wedder kümmt, willen wi dat Aas herkriegen. Se hebben em afkappniert (abgefangen) to Stellshagen, hebben em runkrägen von't Pierd (Pferd). En groot Diern het dor stahn, to de het he seggt, se süll em helpen. Ja, het se seggt, ik will di redden (retten), un het em mit 'n Hoekerstoeker na 'n Kopp rinhaugt, dat he fuurts (sofort) doot wäst is. Nahst sünd se all weglopen. De oever 'e Dassower Brügg kamen sünd, sünd frie wäst. De annern, dormit is't Köppent (das Köpfen) losgahn. Soeben (sieben) sünd köppt, so vääl sünd dat woll wäst. As de all köppt sünd, kümmt von Swerin (Schwerin) Ordre: Denn' Urhäber künnen se köppen, denn' enen, oever nich mihr. Dorüm mööt Damshagen noch jährlich 600 Daler an Swerin Straaf betahlen.

R. Wossidlo und G. Schneidewind 1960, Nr. 172 b u. 186 f.

Der Blocksberg im Schweriner Bruch

Am Wulbrechtsabend ziehen die Hexen in den Schweriner Bruch auf den Blocksberg, wo man dann am andern Morgen noch den Ring sehen kann, den sie im Grase getanzt haben. Eine Hexe nahm einmal auf diese Reise ihren Knecht mit und flog dabei als eine schwarze Sau mit ihm durch die Lüfte. Als sie auf dem Blocksberg angelangt waren, bekam jede Hexe beim Mahle eine Krukerft, das ist eine solche Erbse, die einmal aufgequollen ist. Der Knecht mußte dabei auf einem Katzenschwanz die Musik machen.

Wer es mit ansehen will, wie die Hexen in den Bruch fahren, der muß sich unter eine Erbegge setzen. Ein Knecht tat das auch einmal, und da sah er, wie eine Frau an ihren Backofen trat, sich auf eine Gerstel setzte und mit dem Spruch: »Auf und davon und nirgends an« in die Luft flog. Er wollte es ihr nachtun, sprach aber den Spruch falsch und sagte: »Auf und davon, und allerwegen an.«

Da ist er denn unterwegs arg in die Bäume geraten und ganz zerschunden auf dem Blocksberg angekommen, so daß er nie wieder Lust zu solchen Fahrten in sich verspürte.

U. Jahn 1886, Nr. 431

Mecklenburger Blocksbergfahrten

In der Mainacht ziehen die Hexen nach dem Blocksberg und feiern ihr Fest, wobei sie unter anderem auch Wischtücher braten und essen. Sie reiten dahin auf Besenstielen, Schwingblöcken (hölzernen Geräten, auf denen der Flachs von der Hecke gereinigt wird), Hunden, auch Menschen. Wer des Nachts zwei geerbte Eggen kreuzweis gegeneinander aufstellt und sich daruntersetzt, kann sie reiten sehen. Sonntag nach dem 1. Mai müssen die Hexen zur Kirche gehn. Wenn man ein schwarzes Huhn vor Sonnenaufgang schlachtet und ihm das Ei nimmt und damit zur Kirche geht, kann man die Hexen erkennen; sie haben einen Bienenkorb oder den Rand von einem Sieb auf dem Kopf. Er muß aber so früh aus der Kirche weggehn, daß er die Grenze des Pfarrdorfs erreicht, ehe der Pfarrer den Segen spricht, sonst geht es ihm übel.

Das Blocksbergreiten war in Mecklenburg auf dem Lande ganz allgemein; wohl bei jedem Gute war ein »Blocksberg«, auf welchen die Hexen mit ihren Teufeln zogen. Diese Blocksberge waren gradezu

Schloß Ludwigslust, Residenz der Großherzöge von Mecklenburg-Schwerin (bis 1837). Lithographie um 1843.

Bordelle, wohin die verkleideten Herren mit den jungen Hexen ritten.

K. Bartsch 1880, Nr. 1376 u. 1379

Juchhans

In der Gegend um Ludwigslust treibt der Juchhans sein Wesen. Sieht man sich nach ihm um oder ahmt seine juchende Stimme nach, so hockt er einem wie ein Mehlsack auf, und man muß ihn bis zum nächsten Kreuzweg tragen; darüber hinaus darf er nicht. Mitunter zeigt er sich auch auf einem Schimmel reitend.

Im Schloßgarten von Ludwigslust, nahe beim sogenannten zweiten Rondel, hält er sich mit Vorliebe auf; auch ruft er »Jochen Voigt!« Er zeigt sich in Gestalt eines riesigen Mannes.

Vor 40 bis 50 Jahren kam der Büdner Prill aus Techentin von einem Besuche bei seiner Braut in Niendorf zurück. Es war gegen Mitternacht, da begegnete ihm auf der »Breslag«, einem freien Platz auf der Ludwigsluster Weide, ein ungeheurer Mann, der ihm bis zum Rondel folgte. Als Prill an dem Kreuzweg dort ankam, hörte er den Ruf »Juch Hans!« und ein Plumpen ins Wasser. Er sah auch die Bewegung des Wassers, sonst aber nichts.

Um dieselbe Zeit nahmen einmal Mädchen in Niendorf Kartoffeln aus, als sich abends der Ruf »Jochen Voigt!« hören ließ. Ein etwas dreistes Mädchen antwortete »Hir her!« Da kam es wie ein Mühlrad an und hat das Mädchen arg zugerichtet, daß es längere Zeit todkrank gewesen ist.

K. Bartsch 1879, Nr. 197/1 u. 2

Der Gutsherr als Fuchs

Ein Gootsherr in de Güstrow'sch Gegend is ümmer as Voß gahn. He het oft bi de Holthaugers (Holzhauer) to 'n Gerechten sehn. Wenn se denn' Faden sett hebben, het he (als Fuchs) baben up säten un tokäken (zugeschaut). Eens hebben se 'n Balken up'n Nacken un gahn in'e Reig (in der Reihe). Dor röppt de hinnelst, de vördelst sall nich so dull (schnell) gahn – he künn nich mitkamen, de Voß peert em ümmer up sien Stück. »Ach wat«, röppt de vördelst, »slah denn' Deuvel oever 'n Nacken!« Dor kümmt de Voß mit 'n Mal vör denn' vördelsten to stahn un geiht dor sitten un wiest de Tähnen (weist die Zähne) – dor hebben se all üm rümgahn müßt. Scheten het em kener künnt – wenn een anleggt het, het sik dat Gewehr ümmer rümdreiht. De Jäger wier 'n ganz fermen (sicherer) Schützen, oever de het 't ok nich künnt. Nu ward de Gootsherr eens krank, un 'n Fru is bi em to 'n Wachten (Nachtwache).

Güstrow, 1555–1695 die Residenz der Herzöge von Mecklenburg-Güstrow, darunter Wallenstein, der ab 1629 in dem damals noch neuen Renaissanceschloß (1558–88) wohnte. Der Kupferstich (um 1800) zeigt das herzogliche Schloß, die Pfarrkirche St. Marien und das Rathaus.

Dor handelt he mit ehr: se sall eens ut 't Finster kieken – dat wier so schönen Maanschien. Se deit dat ok. »Na, sühst du nix?« fröggt he. »Ja«, seggt se, »dor sitt jo de Voß up 'n Dack (de Däcker wieren jo so niedrig früher) – de Schwanz hängt so daal (herunter), dor het he mi mit in 't Gesicht raakt.« – De Fru ward krank un blift doot, de Herr is wedder gesund worden. De Lüd' meenten jo all: de Fru hadd he för sik henschickt na n' Bösen. As he doot bläben is, is he noch ümmer as Kierl ahn Kopp (Mann ohne Kopf) ümgahn.

R. Wossidlo 1939, I. Nr. 719

Das Teufelsgitter

Zu Wismar in der Marienkirche um den Taufstein herum geht ein überkünstliches Gitter, das sollte ein Schmied bauen. Als er sich aber dran zerarbeitete und es nicht zustandebringen konnte, brach er unmutig aus: »Ich wollte, daß es der Teufel fertig machen müßte!« Auf diesen Wunsch kam der Teufel und baute das Gitter fertig.

Nach anderer Überlieferung war es im Jahre 1344, daß ein Schlossergeselle zu Wismar, der seines Meisters einziges Töchterlein liebte, aber vom Meister zurückgewiesen wurde, wenn er nicht hundert Goldgulden zum Mahlschatz bringen könne, einen feinen Herrn getroffen, dem er auf Befragen den Grund seiner Betrübnis erzählte. Darauf erklärte sich der Herr bereit, ihm zu helfen; er werde am andern Morgen kommen und ein Gitter um den Taufstein bestellen, das aus einem Stücke geflochten sein müsse. Das werde keiner übernehmen wollen; da solle er, der Geselle, sich dazu erbieten. Wenn er es in der Zeit vom Hahnenschrei bis nachts ein Uhr vollende, dann bekomme er hundert Goldgulden, wenn nicht, so gehöre er ihm. Der Geselle wußte nun wohl, mit wem er zu tun hatte; aber er ging den Vertrag ein, den er mit seinem Blut unterzeichnen mußte. Es war nur noch ein Stift einzunieten, da hörte er, wie die Glocke Eins ansagte. In seiner Angst rief er die Mutter Gottes an. Da schlug es Eins, ein furchtbares Geheul ertönte, und der Geselle fiel besinnungslos hin. Als er erwachte, lagen sein Kontrakt und die hundert Goldgulden neben ihm. Er beichtete alles und erhielt nicht nur Verzeihung, sondern auch von seinem Meister die Hand seiner Tochter. Die Arbeit war vollendet, doch ist das eine Loch bis auf den heutigen Tag ohne Niet geblieben.

Brüder Grimm 1816, Nr. 194 und K. Bartsch 1879, Nr. 103

Wismar, bis zum Dreißigjährigen Krieg eine bedeutende Handelsstadt und früh der Hanse zugehörig. Die Stadtsilhouette mit den Backsteinkirchen St. Marien, St. Georgen und St. Nikolai wurde 1945 schwer beeinträchtigt; so mußte St. Marien bis auf den Turm abgetragen werden. Kupferstich von J. Haas, um 1780.

Die preußische Barmherzigkeit bei Wismar

Unweit des mecklenburgischen Tores zu Wismar stehen neun riesige Linden, von jung und alt die preußische Barmherzigkeit genannt. Es hat damit aber folgende Bewandtnis. In einem Kriege soll Wismar hart von den Preußen belagert worden sein. Große Not war in der Stadt, und eine böse Krankheit ließ viele Einwohner in der Stadt sterben. Das einzige Mittel, welches die Ärzte verordneten, war ein Tee von Lindenblüten. Die Preußen ließen aber alle Bäume, so vor der Stadt standen, umhauen. Da nun aber die Wismaraner in ihrer Not den Feind um Schonung der gedachten Linden baten, war er barmherzig genug, der Bitte zu willfahren. Da nannte man die Linden von Stund' an die preußische Barmherzigkeit und so heißen sie auch bis auf den heutigen Tag. *K. Bartsch 1879, Nr. 452*

Der Heiligendamm bei Doberan

Im Kreis Demmin erzählt man sich von der Entstehung des Heiligendamms bei Doberan folgendes: Ein Schäfer mußte mit seiner Herde

Das Doberaner Seebad am »Heiligen Damm«, 1793 erstes Seebad in Deutschland. Lithographie um 1843.

immer weit um das Wasser herum treiben, und das verdroß ihn so sehr, daß er alle Tage seinem Unmut darüber in Murren und Fluchen Luft machte. Eines Abends trat ein Mann zu ihm und sprach: »Ich will dir deinen Kummer nehmen und dir bis morgen einen schönen Damm durch das Wasser bauen. Du mußt mir aber dann mit Leib und Seele angehören.«

Der Schäfer merkte zwar, mit wem er es zu tun hatte, willigte aber nichtsdestoweniger ein, bedang sich nur aus, er wolle drei Hähne mitbringen, einen weißen, einen roten und einen schwarzen. Sobald der letzte von diesen gekräht habe, müsse alles vollendet sein. Der Teufel nahm den Vertrag an und machte sich an die Arbeit, schleppte in das Wasser große Steine hinein und hatte schon den größten Teil des Werkes fertiggestellt, als der Morgen graute und der weiße Hahn zu krähen begann. Der Teufel horchte auf, sprach aber sogleich: »Dat is Han witt / Dat is so vêl, as de Hund schitt.«

Nicht lange, so schrie der rote Hahn ebenfalls. Diesmal wurde der Böse schon etwas bedenklicher, tröstete sich jedoch und sagte: »Dat is Han rôd / Dat hät kên Nôd.«

Wirklich schien es, als solle der Teufel sein Werk zu Ende bekommen, denn es fehlte nur noch ein kleines Stückchen am Damm, als auch der letzte, der schwarze Hahn sich vernehmen ließ. Da schrie der Teufel traurig: »Dat is Han schwârt / Dat geit mî dörch't Hârt«, warf den letzten Stein fort und war verschwunden.

U. Jahn 1886, Nr. 344

Luxemburgs Reise nach Doberan

General Luxemburg is allerwägt dörchkamen. As Krieg wäst is, hett he 'n Sack vull Hackels in de Luft streut - dor sünd dat luter Husoren wäst. Eens führt he ok mit sinen Kutscher na Doberan. De Kutscher denkt, he führt in 'n Weg. De Pietsch hackt em fast, he denkt, an'n Duurnbusch. Annern Morgen geiht he in de Stadt ümher, he will sik dat besehn - dor süht he sien Pietsch an 'n Klockenturm hängen.

Eens sitt dor 'n Frachtführer fast in 'n Armstrang von de See - he kann dor nich dörchkamen. Dor kümmt Luxemburg ok an, un de Düwel mööt em 'ne Brügg doroewer bugen. De Frachtführer denkt, dor kannst du ok roewerführen un führt hinnerdrinn. Dor röppt Luxemburg em to: »Dat do oewer nich wedder, dat du achter mi anführst!« De Brügg is wedder weg wäst. *R. Wossidlo 1939, I. Nr. 645*

Die vierzehn Brüder

Im grauen Altertum hatten vierzehn Brüder, alle reiche, mit vielen Grundstücken in Mecklenburg belehnte Herren, den Entschluß gefaßt, ein großes, prächtiges Gotteshaus in Rostock zu erbauen. Sieben von diesen Männern haben nun deshalb im ganzen Lande Geld und Baumaterialien zusammengebracht und nach Rostock geschickt, die andern sieben aber sind in Rostock geblieben und haben hier den Bau der Marienkirche beaufsichtigt und geleitet. Von diesen sieben in Rostock gebliebenen Brüdern hat nun einer die Kasse oder den Beutel gehabt und die andern in der Berechnung betrogen. Dieses ist jedoch entdeckt worden, worauf ihn denn seine Brüder getötet haben. Ein Tableau in der Marienkirche stellt die sieben Brüder dar, welche in Rostock den Bau der Kirche leiteten und besorgten. In ihrer Mitte erblickt man auch den Betrüger mit einem Beutel in der Hand. Außer, daß sich mehrere kleine Kugellöcher auf verschiedenen Teilen seines Körpers befinden, zeichnet er sich auch noch durch die Weiße seines Gesichtes vor den andern sechs Brüdern aus, wodurch er gleichsam als eine Leiche erscheint. Auch zeigte mir der Kirchendiener oben am Turm, in der Höhe, wo ungefähr die Glocken hängen, nach der Abendseite und den Predigerwohnungen zu, vierzehn menschenähnliche Gegenstände, die in dem Mauerwerk als Verzierung angebracht sind, darstellend sämtliche vierzehn Brüder oder Männer, die den Kirchenbau ausgeführt haben sollen. *K. Bartsch 1879, Nr. 484*

Das Bleichermädchen von Rostock

Da wir mal eins ein arm Bleikermäten, de wir so wunderschön as 'ne Prinzessin; in de verleiwt sik (verliebt sich) de Son von einen groten Kopmann un wil hei so leidig daun künn, so wir em dat arm Mäten in allens tau Willen, so dat sei tauletzt ein Kind von em hebben süll. De grot Kopmann had öwest sinen Son mit de Dochter von einen Ratsherrn verlawt un de Brut had ok vel, vel Geld, denn Geld will tau Geld. De Kopmannsson is band, dat sin Brut von de Geschicht mit dat Bleikermäten hürt, un as hei diss' mal wedder besöcht un sei up de Bleik an dat deip Wasser hengan un dat Mäten in einen furt klagt un went, so gift em de Bös' dat in, dat hei sei in dat kolle Water stött. As dat Mäten funn'n ward, glöben all Lüd, dat sei sik sülben ein Led andahn hett un sei ward des Abends ganz in de Still graben. Da örwest fangen mit einemmal de Glocken an tau gan un in de Kirch brennen alle Lichte un de Orgel geit, grad, as wenn ein Börgemeister graben ward. Da fohrt de Kopmannsson tausam' as dat bös' Gewissen un frögt, wat dat tau bedüden hett un verröt dorbi sin Gottlosigkeit, so dat hei fat't un richt't ward. Sid de Tid lüdden de Glocken noch alle Dingstag Abend, wenn man sei blot 'n beten anstött un wenn de Lüd dat hüren, so seggen sei tau einanner: Dat Bleikermäten ward graben.

K. Bartsch 1879, Nr. 523/1 u. 2

Die Düwelskul bei Rostock

Auf dem großen Wall bei Rostock, zwischen dem Stein- und dem Kröpelinertor, und zwar in der Nähe des letzteren, befindet sich die sogenannte Dreiwallsbastion. Der von dem obersten Wall derselben eingeschlossene innere Raum wird fast ganz von einer sehr tiefen und abschüssigen, D-förmigen Wassergrube eingenommen, die man gewöhnlich mit dem Namen »Düwelskul« bezeichnet. Von dieser Grube erzählt man, daß hier vordem ein Schloß gestanden habe. Dies sei aber infolge einer Verwünschung in die Erde versunken und so sei zugleich auch das Wasser entstanden. Von dem Schlosse wähnt man, daß es noch in der Tiefe stehe, doch so tief, daß die Turmspitzen nicht über das Wasser hervorragen können. Daß sie noch vorhanden, sollen die Fischer jedesmal beim Fischen, was indes selten dort geschieht, zu ihrem Schaden durch das Zerreißen ihrer Netze gewahr werden. Sonst erzählt man sich von dem Wasser noch, daß es uner-

Der Rostocker Hopfenmarkt – in einer Blütezeit der alten Hansestadt. Kupferstich 1585.

gründlich sei, mit der Ostsee in unmittelbarer Verbindung stehe und nie an Menge abnehme. Jährlich einmal, so geht die Sage, läßt sich auf dem Wasser eine silberne Schüssel und ein silberner Löffel sehen, dies soll in der Mittagsstunde des Johannis- oder, wie andere meinen, des Neujahrstages geschehen. *K. Bartsch 1879, Nr. 119*

Rostocker Alltag

In Rostock an der Grube (Grubenstraße) wohnte eine alte Frau, die Kellersch genannt; sie stand im Rufe, zaubern zu können. In ihrer Nähe wohnte ein Ackerbürger, Sötmelk. Diesem trieb einst, als die Grube etwas angeschwollen war, ein Brett von seiner »Wasch« weg. Das nahmen sich die Söhne der Kellersch, der Ackerbürger aber rief ihnen zu: »Lat dat Brett liggen, dat is min.« Das Weib hörte es und sagte: »Gewt em dat man wedder, dat sall em keenen Nutzen bringen.«

Einige Tage darauf wurde des Ackerbürgers kleines Mädchen krank. Da man nicht zweifelte, daß die Hexe daran schuld sei, wurde das Kind dreimal geräuchert. Beim ersten- und zweitenmal kam die Hexe an die verschlossene Tür und bat, ihr etwas zu leihen. Man hütete sich aber wohl, ihr aufzumachen, weil sie sonst wieder Gewalt über das Kind bekommen hätte. *K. Bartsch 1879, Nr. 136/2*

Rostocker Sonntag

Früher aßen die Leute in Rostock sonntags um elf Uhr, wenn die Kirche aus war, Mittag, damit die Frauen nachmittags zum Kirchgang wieder fertig waren. Eines Sonntags hat eine Frau in der Altstadt Grünkohl aufs Feuer gesetzt und findet, als sie aus der Kirche kommt und das Essen auftragen will, daß der Kohl noch nicht mürbe ist. Da ruft sie ärgerlich: »Ik wull, dat de Düwel di (den Grapen) nehm un di baben up den Petri-Kirchturm stülpen ded.« Der Teufel setzte das sogleich ins Werk – da sich aber oben auf dem großen Turm der Hahn befindet, über den er den Grapen nicht stülpen konnte, so stülpte er ihn über den kleinen Turm, auf dem er droben noch zu sehen ist.

R. Wossidlo 1939, I. Nr. 496

Rostocker Vogelschießen

Vogelschießen am zweiten Pfingsttag war in allen mecklenburgischen Städten althergebrachte Sitte. In Rostock ist es schon im 15. Jahrhundert nachgewiesen, indem die 1466 gegründete Landfahrerkrämer-Kompagnie dort unter anderem auch ein Vogelschießen hielt. Im 17. Jahrhundert feierten auch die sogenannten Stadtjunker und selbst die »Gesellen« in der Pfingstwoche oder an dem folgenden Trinitatis-Sonntag gleiche Feste. In den kleineren Städten war das wenigstens im Anfang des 16. Jahrhunderts mit den Schützenzünften verbunden, wenn es nicht zu deren Gründung Veranlassung gegeben haben sollte. Wichtig ist, daß der abzuschießende Vogel auch in Rostock als ein Papagei bezeichnet wird; und ebenso kommt in Brüel 1502 urkundlich ein »Papegojenbom« vor. In einer Supplik der Schützenzunft zu Gadebusch vom Jahre 1707 heißt es, ohne Zweifel nach älteren Nachrichten in der Schützenlade, daß die Zunft schon vor mehr als hundert Jahren, »als man noch mit stählern Bogen nach dem sogenannten Gojen geschossen«, bestanden habe, und noch zu Francks Zeiten war der Ausdruck »Gojen-Schießen« im allgemeinen Gebrauch. Schon Nic. Gryse, welcher des Vogelschießens zu Pfingsten mehrmals gedenkt, leitet es, gleich Franck und andern, aus dem

Heidentum ab, betrachtet es aber sonderbarerweise als eine Verspottung des heiligen Geistes, indem er annimmt, daß der abgeschossene Vogel ursprünglich eine Taube gewesen sei.

K. Bartsch 1880, Nr. 1421

Blaumäntelchen

Zwischen Warnemünde und dem Dorf Diedrichshagen auf den Wiesen an der Warnemünder Scheide soll sich eine Frau in blauem Mantel ertränkt haben und noch jetzt abends und nachts Vorübergehende schrecken. Fuhrwerke und Fußgänger haben dort nicht von der Stelle kommen können.

An der Feldscheide der beiden Orte stand bis vor kurzer Zeit ein hoher Pfahl, dessen oberer Teil durch einen Querbalken zu einem Kreuz geformt war. Eine Frau ging abends nach Hause zurück, konnte aber trotz aller Anstrengung nicht bei dem Kreuz vorbeikommen. Sie versuchte mit Aufbieten aller Kraft zu laufen, aber das Kreuz wich nicht von ihrer Seite. Sie wandte dem Kreuz den Rücken und eilte dem Strand der Ostsee zu; allein auch hier folgte ihr das Kreuz. Verzweifelnd lief sie in die Ostsee hinein, wo Blaumäntelchen keine Gewalt mehr über sie hatte. Da verschwand das Kreuz; erst spät und ganz entkräftet kam sie zu Hause an.

K. Bartsch 1879, Nr. 193/1 u. 2

Der Rostocker Hafen mit Schiffswerft im frühen 19. Jhrh.; seit 1960 zum Überseehafen umgebaut. Lithogr. Tiedemann 1831, nach Zeichnung von A. Tischbein.

Vorpommern mit Usedom und Rügen

Der Name Greifswald

Das Wappen der Stadt Greifswald besteht in einem Greif, daran knüpft sich folgende Geschichte: An der Stelle, wo jetzt die Stadt liegt, befand sich ehedem ein großer, dichter Wald. Rings um ihn war ebenfalls alles wüst und unbebaut, und es blühte bloß die Gegend um das Kloster Eldena, welches nicht weit vom Ausflusse des Ryks in die See liegt. Die Mönche dieses Klosters wollten dazumal eine Stadt anlegen, die zwar nicht weit vom Kloster, aber besser im Lande liegen sollte. Sie schickten daher einige Leute aus, die einen guten Platz für die Stadt suchen sollten. Diese gingen immer den Rykfluß hinauf, bis sie nach einer Weile an eine schöne Stelle gelangten, die ihnen gar herrlich dünkte, um allda die Stadt anzulegen.

Sie wandten sich daher, um den Platz genauer zu untersuchen, von dem Ufer des Flusses ab und gingen seitwärts in den Wald hinein. Auf einmal fanden sie dort auf einem abgebrochenen Baumstamm ein Nest, in welchem ein großer vierfüßiger Greif mit doppeltem Schwanze saß und brütete. Dies schien den Abgeordneten des Klosters ein gutes Zeichen zu sein, und es wurde nun um so mehr beschlossen, an dieser Stelle die Stadt zu erbauen, was auch geschah.

Der Platz, wo man das Greifennest gefunden, ist in dem Teil der Stadt gewesen, der jetzt der Schuhhagen heißt, bekanntlich die älteste Gegend von Greifswald. Hier sind von den ältesten Zeiten her viele schreckliche Geschichten vorgefallen, und es ist dort auch jetzt noch immer nicht sicher. Früher hat der vertriebene Greif noch manches Kind da geholt und gefressen. Späterhin hat man da allerlei fürchterliche Gestalten gesehen. Bald ging des Nachts ein großes Weib herum mit einem Bund Schlüssel, womit sie rasselte, und eine Herde Ferkel trieb sie vor sich her; bald sah man ein anderes Frauenzimmer mit einer Herde schneeweißer Gänse. Bald setzte sich dort ein schwarzer Rappe, manchmal auch ein Schimmel den Leuten auf die Schultern und drückte sie, daß ihnen das Blut aus Mund und Nase kam.

J.D.H. Temme 1840, Nr. 116

Der Schwarzkünstler zu Eldena

Vor ungefähr zweihundert Jahren hatte der damalige Hauptmann Champret zu Eldena einen Informator (Hauslehrer) bei seinen Kindern, den Christoph Böhm aus Annaberg in Sachsen. Dieser hatte einen kleinen Zaubergeist, der ihm zu gewissen Zeiten als eine schöne Dame unter dem Namen Laureta erschien und ihm zu Diensten

Oben: Die Ruinen des Klosters Eldena. Unten: Ansicht von Greifswald mit der Marienkirche (1280–1380) und der Nikolaikirche (mit barock erneuerter Turmspitze). Stahlstiche 1841, nach Zeichnungen von B. Peters bzw. Peeters.

war. Er hatte diesen Geist, als er in Leipzig studierte, von seinem Stubengesellen in einem zugetrunkenen Glase überkommen und konnte sich seitdem nicht von ihm trennen.

Anfangs verspürte man nichts davon. Der Informator, der zugleich Kandidat der Theologie war, predigte vielmehr in der Kirche zu Wiek öfters mit vielem Beifall. Zuletzt geschah es aber, daß der älteste Sohn des Hauptmanns, der in Greifswald studierte, mit einigen anderen Studenten herausgekommen war, um nach der Scheibe zu schießen. Dabei war es denn allen verwunderlich, wie auf einmal einigen von ihnen die Gewehre besprochen waren, so daß sie gar nicht losgehen wollten. Durch das sonderbare Betragen des Kandidaten bekam man alsbald Verdacht auf ihn. Der Hauptmann fing daher an, gegen ihn zu inquisieren, und obgleich er zuerst nichts gestehen wollte, mußte er zuletzt doch, nachdem man ihn auf die Tortur gebracht hatte, von dem Pakt, den er mit dem Teufel geschlossen, und von seinem ganzen sündhaften Leben mit dem Geist ein getreuliches und vollständiges Bekenntnis ablegen. Er wurde dafür auf dem Hofplatz zu Eldena enthauptet.

J.D.H. Temme 1840, Nr. 245

Kapuziner in Eldena

Vor ungefähr 70 oder 80 Jahren kamen einst zwei Kapuziner aus Rom nach Eldena. Die fragten bei dem damaligen Landreiter nach einer verborgenen Tür, welche in das alte Gemäuer unter der Ruine führen sollte. Der Landreiter gab ihnen seinen Knecht mit, und weil die Kapuziner genau die Gegend anzugeben wußten, wo die Tür sein solle, so fanden sie diese wirklich bald unter dem Schutt, den der Knecht nach ihrer Anweisung auf die Seite schaffen mußte. Sowie die Kapuziner nun die Tür berührten, tat sie sich von selbst auf, und die Mönche traten mit dem Knecht in das Gemäuer hinein. Hier kamen sie in mehrere Zimmer. In den ersten war nichts zu sehen; zuletzt gelangten sie aber in eines, in welchem viele Leute saßen und schrieben. Von diesen wurden sie wohl aufgenommen und dann wieder entlassen, nachdem die Kapuziner zuvor viel Heimliches mit ihnen gesprochen hatten. Als der Knecht wieder an die Oberwelt kam, fand es sich, daß er drei Jahre fortgewesen war.

J.D.H. Temme 1840, Nr. 202

Die Kobolde mit den roten Hosen

Zu einer Zeit gab es in Greifswald eine Menge gräßlich anzusehender kleiner Kobolde, welche rote Hosen an den Beinen trugen. Sie hielten sich besonders in der Knopfstraße auf, wo sie die Häuser besetzten und auf den Böden ihren Spektakel trieben, dann oben aus den Schornsteinen herausguckten und die Leute auf der Straße verhöhnten. Wenn man sie fangen wollte, so entsprangen sie durch die Schornsteine, und man sah ihre roten Hosen oft schon auf dem dritten Dach, wenn man sie noch in dem ersten Hause suchte. Endlich verschwanden sie von selbst.

J.D.H. Temme 1840, Nr. 215

Zwerg Doppeltürk

Ein vornehmer Zwerg hatte sich einst in ein schönes Greifswalder Mädchen verliebt und begehrte sie mit großer Gewalt zur Frau. Das Mädchen hatte einen unüberwindlichen Widerwillen gegen ihn, weil er so klein und garstig war, und sie konnte sich nicht entschließen, ihn zu heiraten. Er steckte sich aber hinter ihren Vater, und da er diesem viel Geld und Gut versprach, so mußte sie ihm zuletzt ihre Hand zusagen. Nun kam sie aber mit ihm überein, daß sie ihrer Zusage ledig sein solle und er von ihr abstehen müsse, wenn es ihr gelänge, seinen Namen zu erfahren.

Lange Zeit kundschaftete das Mädchen vergebens. Zuletzt half ihr der Zufall. Es fuhr nämlich in einer Nacht ein Fischhändler die Straße nach Greifswald. Wie der an einer Stelle viele Zwerge im Mondenschein tanzen und springen sah, da hielt er verwundert an; und nun hörte er auf einmal, wie einer der Zwerge in seiner Freude laut rief: »Wenn meine Braut wüßte, daß ich Doppeltürk heiße, sie nähme mich nicht!«

Das erzählte der Fischhändler des andern Tages im Wirtshaus zu Greifswald, und von der Wirtstochter hörte es die Braut. Diese dachte gleich, daß das ihr Liebhaber gewesen sei, und wie er wieder zu ihr kam, nannte sie ihn Doppeltürk. Da verschwand der Zwerg in großem Ärger, und die Liebschaft hatte ein Ende.

J.D.H. Temme 1840, Nr. 216

Die Werwölfe in Greifswald

Vor zweihundert Jahren waren zu einer Zeit in der Stadt Greifswald erschrecklich viele Werwölfe. Sie hatten ihren Sitz besonders in der Rokower Straße. Von da aus überfielen sie alle Leute, die sich des Abends nach acht Uhr außer dem Hause sehen ließen. Zu der damaligen Zeit waren aber auch viele beherzte Studenten in Greifswald. Die taten sich zusammen und zogen in einer Nacht gegen die Unholde aus. Anfangs konnten sie ihnen nichts anhaben, bis die Studenten zuletzt alle ihre silbernen Knöpfe zusammennahmen, die sie geerbt hatten, und damit die Untiere erlegten.

J.D.H. Temme 1840, Nr. 259

Der heilige Niclas und der Dieb

Zu Greifswald in Pommern stund in einer Kirche St. Niclasen Bild. Eines Nachts brach ein Dieb ein, wollte den Gotteskasten berauben und rief den Heiligen an: »O heiliger Niclaus, ist das Geld mein oder dein? komm, laß uns wettlaufen darum, wer zuerst zum Gotteskasten kommt, soll gewonnen haben.« Hub damit zu laufen an, aber das Bild lief auch und überlief den Dieb zum drittenmal; der antwortete und sprach: »Mein heiliger Niclaus, du hasts redlicher gewonnen, aber das Geld ist dir doch nicht nutz, bist von Holz und bedarfst keines; ich wills nehmen und guten Mut dabei haben.«

Bald darauf geschah, daß dieser Räuber starb und begraben wurde, da kamen die Teufel aus der Hölle, holten den Leib aus dem Grab, warfen ihn an den beraubten Gotteskasten und hängten ihn zuletzt vor der Stadt an eine Windmühle auf. Diese Windmühle soll nachher immer links umgelaufen sein.

Brüder Grimm 1816, Nr. 133

Das Nordfenster im Nikolaiturm zu Greifswald

Der Wächter oben auf dem St. Nikolaiturm in Greifswald muß des Nachts die Stunden durch Blasen anzeigen. Er bläst aber nur aus drei Fenstern des Turms, nämlich aus denen nach Süden, Osten und Westen. Aus dem nach Norden darf er nicht blasen, das leidet der Teufel nicht. Was dieser dabei hat, da konnte noch niemand hinter kommen; aber so viel ist gewiß, daß der Teufel einmal einen Wächter, der es wagte, aus dem Nordfenster zu blasen, plötzlich im Nacken ergriff und ihn von oben aus dem hohen Fenster warf, daß er kopfunter kopfüber flog und unten auf der Straße tot ankam. Seitdem hat es keiner wieder versucht, aus dem Fenster zu blasen; der Magistrat soll es auch verboten haben. Wenn der Wächter in der Nacht nur den Kopf aus diesem Fenster zu stecken wagt, so kann er sicher darauf rechnen, daß er vom Teufel eine Ohrfeige erhält.

J.D.H. Temme 1840, Nr. 119

Die Zwölften

In den sogenannten Zwölften, besonders auch in der Silvesternacht, hält »Fru Gor« ihren Umzug. Nach der Erzählung eines der Dienstmädchen im elterlichen Hause zu Eldena, einer jetzigen Hauswirtsfrau in Göhren bei Eldena, spielt Fru Gor ungefähr die Rolle des schlesischen Rübezahl. Sie ist ein Wesen, welches, in der Luft sich herumtreibend, auch mancherlei Gestalten annehmend, den Menschen bald Glück bald Schaden zufügt. Zum Schutz gegen Fru Gor und die Hexen, welche in den Zwölften ihr Wesen treiben, muß irgend ein Gegenstand an einen Besen gebunden und dieser in der Küche aufgestellt werden; auch muß, damit das Wasser in den Brunnen nicht behext werde, in die Brunnen hineingeschossen werden.

K. Bartsch 1880, Nr. 1261

Treckeldag

In ganz Neuvorpommern und so auch im Greifswalder Kreis ist es seit alter Zeit Brauch, daß Knechte und Mägde am 27. Oktober von ihren bisherigen Dienststellen abziehen bzw. ihre neuen Dienststellen antreten. Im Volksmund heißt es: De säbenuntwintigste Oktober is Treckeldag.

An diesem Tage sind die Straßen der Stadt Greifswald von einer ungewöhnlich großen Anzahl ländlicher Bewohner belebt, die hier Einkäufe machen und sich für einige Stunden mit Tanzen und Trinken vergnügen wollen. Die meisten haben ja auch den Jahreslohn oder wenigstens einen Teil davon in der Tasche. Manche suchen und finden auch erst am 27. Oktober eine neue Dienststelle. Viele kommen sogar, ohne daß sie ihre Dienststelle wechseln, aus alter Gewohnheit an diesem Tage zur Stadt; er gilt ihnen als eine Art Festtag. Diese Ansammlung der Landbevölkerung in Greifswald am 27. Oktober heißt allgemein »de Minschenmark in Griepswold«.

A. Haas 1925, Nr. 133

Über den Pirkopp

Wolgast ist die älteste Stadt in ganz Neuvorpommern. Sie existierte vielleicht schon früher als Vineta und der Greifswalder Bodden. Jedenfalls stand sie schon, als die Peene einer alten Sage zufolge noch so schmal und seicht war, daß die Leute über ein paar hineingeworfene Pferdekopfknochen zu ihrem heidnischen Tempel gingen. (Oder hat man damals das slawische *Percop*, das soviel wie Kanal, Graben, Wasserarm heißt, mit dem plattdeutschen *Pirkopp*, Pferdekopf, verwechselt?)

A. Haas 1925, Nr. 139

Das Bild Philipps I.

Als der Große Kurfürst im Jahre 1675 die Stadt Wolgast belagerte, wurde das auf einer Insel der Peene erbaute Herzogsschloß auf das ärgste verwüstet. Die Schweden hatten in der Schloßkirche ihr Pulvermagazin untergebracht, und als die Granaten hier einschlugen, flog das Magazin mitsamt der Kirche in die Luft. Nur ein einziger Pfeiler blieb stehen, und das Merkwürdige war, daß gerade an diesem Pfeiler ein Steinbild des Herzogs Philipp (1515–1560) in Lebensgröße angebracht war. Als der Große Kurfürst darauf in die Stadt einzog und das aus den Trümmern emporragende Bild des Herzogs erblickte, soll er gesagt haben: »Ich werde Pommern nicht lange behalten!«, was dann hinterher auch wahr wurde.

A. Haas 1925, Nr. 144

Die Kirchenglocken zu Crummin

Im Kirchturm zu Crummin auf Usedom hängen zwei Glocken, die heißen Anna und Susanna. Die beiden Glocken sollen von der untergegangenen Stadt Vineta herstammen. Man erzählt, eines Tages seien die Glocken von den Wellen der Ostsee an den Strand der Insel gespült worden, da hätten zwei kleine Mädchen, mit Namen Anna

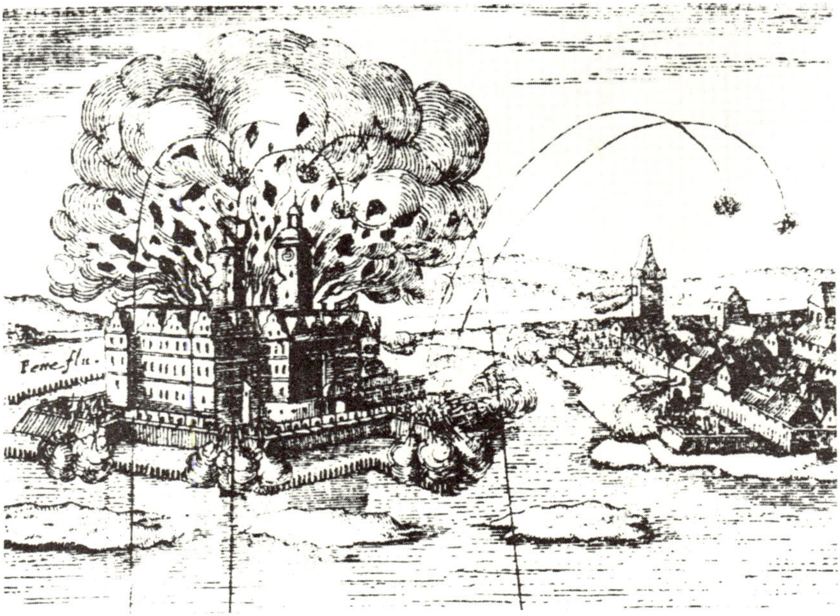

Belagerung des Schloßes Wolgast durch den Großen Kurfürsten 1675. Zeitgenössisches Flugblatt. Kupferstich. 1295–1625 ist das Schloß Sitz der Herzöge von Pommern-Wolgast gewesen. Erst 1843 wurde seine Ruine abgetragen.

und Susanna, ihre Puppenwäsche am Strande gespült und dann zum Trocknen auf die Glocken gelegt. Dadurch seien die Glocken festgebannt worden, und später seien sie in die Crumminer Kirche gebracht worden, wo sie jetzt noch hängen.

A. Haas 1926, Nr. 174

Frau ein Werwolf

In Caseburg auf Usedom waren einmal ein Mann und seine Frau beim Heuen auf einer Wiese beschäftigt, da sagte die Frau nach einiger Zeit, sie habe gar keine Ruhe mehr, sie könne nicht mehr bleiben, und ging fort. Vorher aber hatte sie noch ihrem Manne gesagt, daß solle er ihr versprechen, daß, wenn etwa ein wildes Tier käme, er ihm seinen Hut hinwerfen und dann fliehen wolle, daß es ihm keinen Schaden täte. Das versprach der Mann. Nur eine kleine Weile war sie fort, da kam durch die Swine ein Wolf geschwommen, der ging grade auf die Heuer los; da warf ihm der Mann seinen Hut hin, den das Tier sogleich in kurz und kleine Stück zerriß; aber unterdessen hatte sich ein Knecht mit einer Forke herangeschlichen und erstach den Wolf von hinten; im selben Augenblick aber verwandelte sich das Tier, und alle erstaunten nicht wenig, als sie sahen, daß es des Bauers Frau war, die der Knecht getötet hatte.

A. Kuhn und W. Schwartz 1848, Nr. 22

Teufel als Mädchen

Auf der Insel Usedom lebte einmal ein Edelmann, der führte ein gar sündhaftes und wüstes Leben und stellte namentlich jungen Mädchen nach, so daß nur wenige seinen Netzen entgingen. Da fuhr er auch einmal am Strande des Meeres hin und sah von fern eine Kutsche daherkommen, in der ein schönes Mädchen saß; sogleich sprang er aus dem Wagen und wollte zu ihr, als ihm sein Kutscher noch nachrief: »Herr, seht ihr nach den Füßen, seht ihr nach den Füßen!« Da blickte er hin und bemerkte, daß das Mädchen einen Pferdefuß hatte; sogleich prallte er zurück, aber im selben Augenblick sprang auch das Mädchen aus dem Wagen und eilte hinter ihm her. Er hatte sich nun in seinen Wagen geworfen und stürmte in wilder Eile nach Haus, aber dicht hinter ihm folgte das Mädchen mit lang aufgelöstem fliegenden Haar. Endlich kam er vor seinem Hause an, stürzte schnell hinein, riegelte die Tür hinter sich zu und eilte hinauf bis unter den Giebel des Daches, um zu sehen, ob seine grause Verfolgerin noch da sei. Da sieht er, wie sie sich gleich einer Katze an der Wand emporreckt, höher und höher klimmt, und jetzt ist sie oben; da reißt er in rasender Angst seine Flöte von der Wand und bläst: »Herr, ich habe mißgehandelt, ja, groß ist der Sünden Last . . .«

Und mit dem letzten Ton des Kirchenliedes war auch das Mädchen verschwunden.

A. Kuhn und W. Schwartz 1848, Nr. 23

Der Artushof in Stralsund

Vor Zeiten hat in Stralsund nahe am alten Markt so wie in Danzig ein Artushof gestanden. Es versammelten sich darin der Magistrat und die Kompagnien der Stadt zu ihren alljährlichen Amtsschmausereien. In dem großen Brand ist er zugrunde gegangen, und es ist nachher ein Arresthaus an dessen Stelle gebauet.

Oben: Die Stadt am Strelasund, seit 1293 Hansestadt; hier von der Alten Fähre aus gesehen. Stahlstich 1841, nach Zeichnung von B. Peters. – Unten: Stralsunds Alter Markt mit dem prachtvollen Rathaus. Stahlstich um 1850.

Dieser Artushof war auf folgende Weise entstanden: Während der Belagerung der Stadt durch ihren eigenen Schutzherren, Fürst Witzlav IV. von Rügen, machten die Stralsunder 1316 am Tage St. Antoni (1. März) einen Ausfall nach dem vor der Stadt gelegenen Hainholz hin. In diesem Holz lag mit seinen Leuten der Herzog Erich von Sachsen, ein gar kecker Herr, der mit den Stralsundern allerlei Mutwill zu treiben pflegte, und der sich besonders durch eine schwere goldene Kette auszeichnete, die so lang war, daß er sie dreimal um seinen Leib winden konnte. Den bekamen die Stralsunder jetzt zu fassen, und weil er sie so arg verhöhnt hatte, banden sie ihn zu Schmach an seine eigene goldene Kette und führten ihn so in die Stadt hinein. Dort hielten sie ihn drei Jahre lang gefangen, bis er sich mit 16.000 Mark feinen Silbers ranzionierte.

Von diesem Geld, von dem indes der Herzog Wartislav von Pommern und der Markgraf von Brandenburg einen Teil mitbekommen, und von der goldenen Kette des Herzogs Erich haben darauf die Stralsunder ihren Artushof erbaut und zugleich ihr schönes Rathaus, das noch jetzt, obgleich aus schlechten Fenstern sehend, eine Hauptzierde der alten Stadt ist.

J.D.H. Temme 1840, Nr. 100

Herzog Wallenstein vor Stralsund

Bekanntlich soll der Herzog von Friedland, Wallenstein, mit dem Plan umgegangen sein, sich an der Ostsee ein eigenes Reich zu stiften, in dem er unabhängig von Kaiser und Reich als ein König herrschen könne. Nun paßte ihm zu diesem Zwecke die Stadt Stralsund ihres Reichtums und ihrer Lage wegen vorzüglich, und er suchte sie erst durch List dahin zu bringen, daß sie einige seiner Regimenter in ihren Mauern aufnehmen möchte. Allein die Bürger durchschauten seine Ränke und ließen sich nicht darauf ein; er zog also mit einer großen Kriegsmacht gegen sie und vermaß sich hoch und teuer, daß von der Stadt Stralsund nichts übrig bleiben solle, möge es ihm auch hunderttausend Menschen und sein eigenes Leben kosten, er müsse sie haben, wenn sie auch mit Ketten an den Himmel geschlossen sei. Am 27. Juni 1628 ließ er Sturm gegen die Stadt laufen, allein diese hatte Hilfe von den Schweden und Dänen bekommen und so ward Wallenstein glücklich abgeschlagen. Dies hinderte ihn jedoch nicht, die Stadt eng einzuschließen und ihr hart mit seinen Geschützen zuzusetzen, allein die Belagerten antworteten ebenfalls nach Kräften, und als der Herzog eines Tages in seinem Zelt, welches im Hainholz unter einer Eiche errichtet war, mitten unter seinen Generalen saß und gerade ein Glas voll Wein zum Munde führen wollte, kam auf einmal eine Paßkugel aus der Stadt geflogen, welche das Glas traf und es ihm in tausend Stücken vor dem Munde zerschlug. Der abergläubische Mann hielt dies für eine Warnung des Schicksals, sein Glück hier nicht weiter aufs Spiel zu setzen, brach sein Lager ab und zog nach Mecklenburg zurück. Die Eiche, unter der sein Zelt aufgeschlagen war, steht noch, und ein Stein erinnert dort an die Begebenheit. Hier wird alljährlich am 24. Julius, als an dem Tage, wo Wallenstein abzog, das sogenannte Wallensteinfest gefeiert.

J.G.Th. Grässe 1871, Nr. 385

Schill in Stralsund

Als der Major Schill am 25. Mai 1809 seinen Einzug in Stralsund hielt, soll er durch einen unterirdischen Gang in die Stadt eingedrungen sein. Der Gang begann außerhalb des Kniepertores, an der Stelle, wo die alten Kasernen lagen, und mündete in der Nähe des Johannisklosters, etwa dort, wo die Külpstraße ihr Ende hat. Diesen Gang soll Schill benutzt haben, um in die Stadt zu kommen; jedenfalls war er so überraschend schnell auf dem Alten Markt, daß er hier einen französischen Kapitän gefangennehmen konnte.

Schills Aufenthalt in Stralsund war von kurzer Dauer. Schon am 31. Mai wurde er von den in überlegener Zahl anrückenden Holländern und Dänen überwältigt. Schill selbst fand seinen Tod in der Fährstraße von der Hand einiger holländischer Jäger, die ihn, da er für kugelfest galt, vom Pferde herunterhieben.

A. Haas 1926, Nr. 237

Die Wundereiche in der Barther Stadtforst

In der Barther Stadtforst, hart zur Rechten der Landstraße, welche von Lüdershagen über Gätkenhagen nach Barth führt, steht eine Eiche, welche die Wundereiche oder auch die Gesundheitseiche genannt wird. Sie ist fünfzehn Meter hoch und hat eineinhalb Meter

Umfang; umgeben ist sie von Kiefernstangen. Ungefähr drei Meter über dem Erdboden ist aus dem Eichenstamm ein Ast herausgewachsen, der, nachdem er einen Halbkreis beschrieben hat, mit dem Hauptstamm wieder zusammengewachsen ist. Die dadurch entstandene Öffnung ist so groß, daß ein erwachsener Mensch bequem hindurchkriechen kann. Man glaubte nun früher, daß Kranke, die durch diese Öffnung hindurchkrochen, gesund wurden; das galt besonders von Gelähmten, Rheumatikern und Gichtkranken. Um denen die Heilkur zu erleichtern, war unterhalb der Öffnung ein Bretterboden angebracht, zu dem man vermittelst einer Leiter hinaufstieg. Die Kranken kamen von nah und fern, um an der Wundereiche Genesung zu suchen; zuweilen hielten ganze Reihen von Kutschwagen hintereinander, deren Insassen hier Heilung suchten. Und sie kamen nicht nur aus der Greifswalder und Wolgaster Gegend, sondern selbst tief aus Mecklenburg. Oft ging die Heilung so schnell vor sich, daß die Kranken gleich ihre Krücken an Ort und Stelle lassen konnten. Die Krücken wurden an den Baum gehängt, und alte Leute erinnern sich noch von früher her, daß zuweilen an fünfzig Krücken an dem Baume hingen.

A. Haas 1926, Nr. 222

Der Herthasee

Auf der Insel Rügen in dem Teil, der Jasmund genannt wird, nicht weit von der Stubbenkammer, findet man noch einzelne Teile, insbesondere den Burgwall der dort vor vielen hundert Jahren, schon zur Zeit des Heidentums gestandenen Herthaburg. In dieser Burg verwahrten die heidnischen Rügianer ein Götzenbild, welches sie Hertha nannten und worunter sie sich die Mutter Erde vorstellten. Nicht weit von dieser Herthaburg liegt ein tiefer, schwarzer See, rund von Anhöhen und Waldung eingeschlossen, der Herthasee genannt. In dem badete sich alljährlich einige Male die Göttin. Sie fuhr dahin in einem Wagen, der mit einem geheimnisvollen Schleier bedeckt war und von zwei Kühen gezogen wurde. Nur ihr geweihter Priester durfte sie begleiten. Es wurden zwar auch Sklaven mitgenommen, welche die Zugtiere leiten mußten, aber sie wurden, nachdem sie ihren Dienst verrichtet hatten, alsbald in diesem See ertränkt; denn wessen ungeweihte Augen die Göttin einmal gesehen hatten, der mußte sterben.

J.D.H. Temme 1840, Nr. 38

Bruder Nickel

Auf der Insel Rügen liegt in einem dichten Wald ein tiefer See, fischreich aber trüb von Wasser, und man kann nicht wohl darauf fischen. Doch aber unterstandens vor langen Jahren etliche Fischer und hatten ihren Kahn schon auf den See gebracht. Den andern Tag holten sie zu Haus ihre Netze, als sie wiederkehrten, war das Schiffel oder der Kahn verschwunden; da schaute der eine Fischer um und sah das Fahrzeug oben auf einem hohen Buchbaum stehen, deswegen schrie er: »Wer Teufel hat mir den Kahn auf den Baum gebracht?« Da antwortete aus der Nähe eine Stimme, aber man sah niemand: »Das haben nicht alle Teufel, sondern ich mit meinem Bruder Nickel getan!«

Brüder Grimm 1816, Nr. 55

Die neun Berge bei Rambin

Etwa eine Viertelstunde von dem Dorfe Rambin auf Rügen sieht man auf der Ebene, wo die Feldscheide der Dörfer Rodenkirchen und Götemitz ist, neun kleine Hügel wie Hünengräber, die man gewöhnlich die neun Berge von Rambin nennt. Ein großer Riese auf Rügen, der oft nach Pommern herüber mußte und sich ärgerte, daß er durchs Meer waten mußte, soll den Gedanken gefaßt haben, sich eine ungeheure Schürze machen zu lassen, sie mit Erde aufzufüllen und letztere in den Gellen zu werfen und so einen Erddamm von der Insel bis nach Pommern hin aufzuführen. Wie er nun mit seiner schweren Tracht bis über Rodenkirchen gekommen war, da riß plötzlich ein Loch in die Schürze, und es fielen neun Haufen Erde heraus: das sind die neun Berge von Rambin. Der Riese stopfte aber das Loch wieder zu und ging weiter, als er aber bis Gustow gekommen war, riß ein neues Loch hinein, und es fielen nun die dreizehn kleinen Berge von Gustow heraus. Dadurch hatte aber der Riese zu viel Erde verloren, um seinen Damm fertig zu machen. Es entstand zwar der Prosnitzer Haken und die Halbinsel Drigge, allein den übrigen Raum im Wasser konnte er nicht ausfüllen. Da rührte ihn vor Ärger der Schlag und er starb.

E.M. Arndt 1842, S. 155 f.

Die Zwerge in den neun Bergen

Auf der Insel Rügen sind allenthalben viele Zwerge. Es gibt deren drei verschiedene Arten, weiße, braune und schwarze.

Die weißen und braunen sind gut und tun so leicht niemandem etwas zuleide. Die freundlichsten von ihnen sind die weißen. Die schwarzen aber, welche Tausendkünstler sind, taugen nicht viel, und man darf ihnen nicht trauen. Auch sagt man von ihnen, daß sie des Sommers viel unter Holunderbäumen sitzen, deren Duft sie sehr lieben, und daß, wer etwas von ihnen will, sie da suchen und anrufen muß.

Alle diese Zwerge halten sich besonders gern in den Bergen der Insel auf. Auch in den neun Bergen bei Rambin sind ihrer viele, aber nur braune, die in sieben, und weiße, die in den zwei andern Bergen wohnen. Sie führen dort ein lustiges Leben und haben Musik und das schönste Essen und Trinken vollauf. Sie haben auch viele Menschenkinder bei sich, denn sie lieben es, die schönsten Knaben und Mädchen den Leuten zu stehlen und sie mit in ihre Berge zu nehmen, wo sie ihnen dienen müssen.

Sie dürfen sie aber nur bis zu einer gewissen Zeit behalten; denn

Die Kleine Stubbenkammer auf Rügen. Stahlstich 1841.

alle fünfzig Jahre müssen sie das herausgeben, was sie bis dahin eingefangen haben. Dabei ist es nun merkwürdig, daß den Kindern, die in den Bergen gesessen haben, diese Zeit nicht voll an ihrem Alter angerechnet wird, und daß keiner darin älter werden kann als zwanzig Jahre, und wenn er auch volle fünfzig Jahre in den Bergen gesessen hätte. Es kommen auf diese Weise alle wieder jung und schön an das Tageslicht heraus.

E.M. Arndt 1842, S. 157 f.

Das Zeichen am Turm zu Bergen

An dem Kirchturm zu Bergen auf Rügen sieht man nach Westen hin an dem Fundament der Mauer ein altes steinernes Bild eines Mönches, der ein Kruzifix in der Hand hält. Es ist oben zugespitzt, und auf dem Kopf des Mönches ist ein Zapfen. Man sagt, daß der Baumeister des Turms, ein gar kluger und erfahrener Mann, ausgerechnet gehabt, daß gerade dieser Zapfen gleiche Höhe mit der Spitze des Marienturmes zu Stralsund habe, und darum soll er zum Wahrzeichen das Mönchsbild eingemauert haben.

J.D.H. Temme 1840, Nr. 139

Der Seeräuber Herkunft

Klaus Störtebeker soll von der Halbinsel Jasmund stammen und eines Bauern Sohn aus Ruschwitz sein; auf diesem Hofe soll er als Knecht gedient haben und später von dort entlaufen sein. Im Jahre 1840 fanden Arbeiter von Ruschwitz beim Umackern einer wüsten Stelle den Grundbau eines Hauses und erzählten damals, sie hätten immer gehört, daß Störtebekers Eltern an dieser Stelle gewohnt hätten. Störtebeker soll von gewaltigem Körperbau und übermenschlicher Kraft gewesen sein, so daß er eiserne Ketten sprengen und ein Hufeisen auseinanderreißen konnte; dazu war er der Liebe nicht abhold und ein gewaltiger Trinker.

Sein Genosse war Michael Gödeke oder umgekehrt Götke Micheel, auch kurzweg Gömichel, wie der Volksmund ihn gewöhnlich nennt; er soll aus dem Dorfe Michaelsdorf nahe bei Barth gebürtig gewesen sein und eigentlich Gottfried Borgwardt geheißen haben; später soll er den väterlichen Namen mit dem seines Geburtsorts vertauscht haben. Andere erzählen, Gödeke sei in dem nun schon lange eingegangenen Bauerndorfe Swent geboren, das ehedem zwischen Ruschwitz und dem Spykerschen See lag.

A. Haas 1912, Nr. 230

Störtebekers Gefangennahme und Hinrichtung

Lange Zeit hausten die von jedermann gefürchteten Seeräuber ungestört in den rügenschen Gewässern. Endlich aber gelang es den Rügianern doch, ihrer habhaft zu werden. Als einmal die Seeräuberflotte, so erzählt man sich, auf offener See vor Anker lag, näherten sich ihr die rügenschen Fischer in der Dunkelheit der Nacht, ohne von jenen bemerkt zu werden. Da die Rügenschen zu schwach waren, um die Seeräuber zu überwältigen, so verkeilten sie die Steuer der feindlichen Schiffe, so daß sie diese am andern Tag bei der auffrischenden Brise nicht gebrauchen konnten. Der Wind trieb die Schiffe vielmehr in der Richtung hin, die das unbewegliche Steuer angab. Auf solche Weise kamen die Seeräuber direkt nach Hamburg, wo sie dann gefangen genommen wurden. Störtebeker wie sein Genosse Michel Göde-

Störtebeker und Gödeke Michael werden überwältigt. Titelholzschnitt zum Lieddruck »Ein schön Lied von Störtebecker und Gödiche Michael ... wie sie so schendtlich geraubt haben«.

Kap Arkona, der nördlichste Punkt auf der Insel Rügen. Hier stand bis 1168, als die Dänen Rügen eroberten, das letzte slawische Heiligtum: das viergesichtige Holzstandbild des Gottes Swantewit. Stahlstich 1841, nach Zeichnung von B. Peters.

ke wurden gefesselt eingebracht und zum Tode verurteilt. Sie suchten zwar dem Verderben zu entgehen und versprachen, sich mit einer goldenen Kette zu lösen, welche rings um die Mauern der Stadt Hamburg herumreiche. Aber die Leute ließen sich durch solche Versprechungen nicht blenden; sie waren froh, ihre Plagegeister in ihre Gewalt bekommen zu haben, und das Urteil wurde an ihnen vom Henker vollzogen. Noch heute zeigt man die Stelle, wo die beiden Räuber getötet und ihre Leichname eingescharrt wurden; es ist das eine kleine Lichtung, welche inmitten der Stubnitz gelegen ist.

A. Haas 1920, Nr. 210

Die Stadt Arkona

Auf der nördlichsten Spitze der Insel Rügen stand früher die Hauptstadt des Landes, Arkona genannt. Sie ist plötzlich, man weiß nicht wie und wann, in das Meer versunken. Auf dem Grunde der Ostsee ruht sie noch heute, und wenn es nebliges Wetter ist, steigt sie zuweilen aus dem Wasser hervor, und man kann sie sehen mit ihren Häusern, Wällen und Türmen. Die Leute in der Gegend sprechen dann: »Die alte Stadt wafelt«.

U. Jahn 1886, Nr. 224 nach J.D.H. Temme 1840, Nr. 36

ANHANG

Bibliographie

1. Quellennachweis der Sagen mit ausführlicher Wiedergabe der unter jedem Text stichwortartig aufgeführten Quelle.
Eine komplette Bibliographie der regionalen Sagensammlungen des 19. Jahrhunderts findet sich bei Karl Wehrhan, Die Sage, Leipzig 1908, S. 114–144.

ALLGEMEIN (alle fünf Länder betreffend)

Bechstein, Ludwig: Deutsches Sagenbuch. Leipzig 1853 (Otto Wigand). – Breit ausgesponnen, hier kaum berücksichtigt.

Grässe, Johann Georg Theodor: Sagenbuch des Preußischen Staats. Zwei Bände. Glogau 1868 und 1871 (Carl Flemming).
– Den »Sagenschatz des Königreichs Sachsen« hat Grässe, da nicht zu Preußen gehörig, 1855 bzw. 1874 gesondert herausgegeben, siehe Land Sachsen.

Grimm, Brüder: Deutsche Sagen. Zwei Bände. Berlin 1816 und 1818 (Nicolaische). Neuausgabe nach dem Text der 3. Aufl. 1891. 5. Aufl. München 1981 (Winkler).

Kuhn, Adalbert und Wilhelm Schwartz: Norddeutsche Sagen, Märchen und Gebräuche. Leipzig 1848 (F.A. Brockhaus). Nachdruck Hildesheim 1972 (Georg Olms).

THÜRINGER SAGEN

Alte und Neue Thüringische Chronicka. Oder curieuse Beschreibung der vornehmsten Städte, Residentzen ... in der Landgrafschafft Thüringen. Arnstadt u. Leipzig 1729 (Ernst Ludwig Niedt).

Bechstein, Ludwig: Der Sagenschatz und die Sagenkreise des Thüringer Landes. Theil 1–4. Meinigen und Hildburghausen 1835–38 (Kesselring).

–, –: Sagenschatz des Thüringerlandes. Neue Ausgabe. 4 Teile. Hildburghausen 1862 (Kesselring).

–, –: Thüringer Sagenbuch. Zwei Bände. Wien und Leipzig 1858 (C.A. Hartleben).

–, –: Wanderungen durch Thüringen. Leipzig o.J. (1838) (Georg Wigand).

Börner, W.: Volkssagen aus dem Orlagau. Nebst Belehrungen aus dem Sagenreiche. Altenburg 1838 (Julius Helbig).

Dietrich von Apolda: Cronica sant Elisabet zcu Deutsch. Erfurt 1520 (Maler).

Eisel, Robert: Sagenbuch des Voigtlandes. Gera 1871 (C.B. Griesbach).

Grässe, Johann Georg Theodor: Der Sagenschatz des Königreichs Sachsen, Anhang des zweiten Bandes: Die Sagen des Herzogthums Sachsen-Altenburg (Nr. 1–107). Zweite verbesserte und sehr vermehrte Auflage. Dresden 1874 (G. Schönfeld).

Greß, Kurt: Holzlandsagen. Sagen, Märchen und Geschichten aus den Vorbergen des Thüringer Waldes. Leipzig 1870 (Ed. Wartig).

Köhler, Johann August Ernst: Volksbrauch, Aberglauben, Sagen und andre alte Überlieferungen im Voigtlande, mit Berücksichtigung des Orlagau's und des Pleißnerlandes. Ein Beitrag zur Kulturgeschichte der Voigtländer. Leipzig 1867 (Fr. Fleischer).

Kruspe, Heinrich: Die Sagen der Stadt Erfurt. Zwei Bändchen. Erfurt 1878 (Neumann).

Leben des heiligen Ludwig. Nach der latein. Urschrift übersetzt von Fr. v. Köditz von Saalfeld. Hrsg. H. Rückert. Leipzig 1851.

Mitzschke, Ellen und Paul: Sagenschatz der Stadt Weimar und ihrer Umgegend. Weimar 1904 (Böhlau's Nachf.).

Münnich, Karl Heinrich Wilhelm: Die malerischen Ufer der Saale. Dresden 1848 (Adler und Dietze). Neu hrsg. und kommentiert von Marga Steiger. Leipzig, Jena, Berlin 1989 (Urania).

Quensel, Paul: Thüringer Sagen. Jena 1926 (Diederichs = Deutscher Sagenschatz, Hrsg. Paul Zaunert). Nachdruck Düsseldorf/Köln 1974 (Diederichs).

Rothe, Johannes: Düringische Chronik. (EA 1677/78). Hrsg. R. v. Liliencron. Jena 1859 (Frommann = Thüringische Geschichtsquellen, Bd. III).

Sommer, Emil: Sagen, Märchen und Gebräuche aus Sachsen und Thüringen. Erstes Heft. Halle 1846 (Eduard Anton).

Strauß und Torney, Lulu von: Das Leben der heiligen Elisabeth, nach den alten Quellen erzählt. Jena 1926 (Diederichs).

Thietmar: Historia Martisburgica. Darinnen Chronica Ditmari, Bischoffs zu Marßburg, von seiner Zeitgeschichte . . . beschrieben. Leipzig 1606 (H. Grosen).

Wahre Eröffnung der Jenaischen Christnachts-Tragödie oder gründlicher und actenmäßiger Bericht von der sonderbahren und höchstbetrübten Begebenheit, welche in einen der Stadt Jena nahangelegenen Weinbergs-Häußgen . . . sich zugetragen. Jena 1716 (Christian Pohle).

Witzschel, August: Kleine Beiträge zur deutschen Mythologie, Sitten- und Heimathskunde in Sagen und Gebräuchen aus Thüringen. Erster Band: Sagen aus Thüringen. Wien 1866 (Wilhelm Braumüller). Zweiter Band: Sagen, Sitten und Gebräuche aus Thüringen. Hrsg. G.L. Schmidt. Wien 1878 (Wilhelm Braumüller).

Wucke, Chr. Ludwig: Sagen der mittleren Werra, der angrenzenden Abhänge des Thüringer Waldes, der Vorderen und Hohen Rhön. (EA Salzungen 1864). 2. sehr vermehrte Auflage von Hermann Ullrich. Eisenach 1891 (Kahle).

SACHSEN-ANHALTISCHE SAGEN

Alte und Neue Thüringische Chronicka. Oder curieuse Beschreibung der vornehmsten Städte, Residentzen ... in der Landgrafschafft Thüringen. Arnstadt u. Leipzig 1729 (Ernst Ludwig Niedt).

Altmärkischer Sagenschatz. Gesammelt von dem Lehrerverband der Altmark. Leipzig u. Berlin 1908 (Klinkhardt = Beiträge zur Volks- und Heimatkunde der Altmark, Bd. II).

Behrens, Georg H.: Hercynia curiosa oder Curiöser Hartz-Wald. Nordhausen 1703.

Blumenhagen, Wilhelm: Wanderungen durch den Harz. Leipzig o.J. (1838) (Georg Wigand).

Ey, August: Harzmärchenbuch oder Sagen und Märchen aus dem Oberharze. Stade 1862 (Steudel). Nachdruck Hildesheim 1971 (Georg Olms).

Giebelhausen, C.F.A.: Mansfeldsche Sagen. Zwei Hefte. Eisleben 1847 u. 1850 (Reichardt).

Größler, Hermann: Sagen der Grafschaft Mansfeld und ihrer nächsten Umgebung. Eisleben 1880 (Mähnert).

Harrys, Hermann: Volkssagen, Märchen und Legenden Niedersachsens. Celle 1840 (Schulze). Neue Ausgabe Celle 1862 (E.H.C. Schulze).

Hülße, Friedrich: Sagen der Stadt Magdeburg. Magdeburg 1887 (Rathke).

Kahlo, Gerhard: Niedersächsische Sagen, Teil 1. Provinz Sachsen, Braunschweig und Anhalt. Leipzig-Gohlis 1923 (Hermann Eichblatt = Eichblatts Deutscher Sagenschatz, Bd. 7).

–, –: Sagen des Harzes. Leipzig-Gohlis 1923 (Hermann Eichblatt = Eichblatts Deutscher Sagenschatz, Bd. 9).

Leinung, Wilhelm und R. Stummvoll: Aus Magdeburgs Sage und Geschichte. 2. Aufl. Magdeburg 1894 (J. Neumann).

Otmar (d.i. Johann C. Nachtigal): Volcks-Sagen, nacherzählt. Bre-

men 1800 (Friedrich Wilmans). Der zweite Teil gibt »Örtliche Volks-Sagen auf der Nordseite des Harzes« wieder.
Pohlmann, Alfred: Sagen aus der Wiege Preußens und des deutschen Reiches, der Altmark. Stendal 1901 (Franzen & Große).
Praetorius, Johann (d.i.H. Schultze): Blockes-Berges Verrichtung, oder ausführlicher geographischer Bericht von den (!) hohen trefflich alt- und berümten Blockes-Berge, ingleichen von der Hexenfahrt und Zauber-Sabbathe ... Leipzig u. Frankfurt a.M. 1668 (Johann Scheibe/ Friedrich Arnst).
Pröhle, Heinrich: Unterharzische Sagen. Aschersleben 1856 (Oskar Fokke). Nachdruck Lindlar 1979 (Ute Kierdorf).
–, –: Harzsagen. Zum Theil in der Mundart der Gebirgsbewohner. Zweite Aufl. in einem Band. Leipzig 1886 (Mendelssohn).
Relßieg, W.A.: Sagen und Legenden der Stadt Magdeburg und der Umgegend. Zwei Bände. Magdeburg 1846–47.
Schambach, Georg und Wilhelm Müller: Niedersächsische Sagen und Märchen. Göttingen 1854 (Vandenhoeck & Ruprecht). Neuausgabe, Hrsg. Will-Erich Peuckert. Stuttgart 1948 (Kohlhammer).
Schrader, Ludwig W.: Die Sage von den Hexen des Brockens. Quedlinburg u. Leipzig 1839.
Schultze-Galléra, Baron S. von: Die Sagen der Stadt Halle und des Saalekreises. Halle 1922 (W. Hendrichs).
Sieber, Friedrich: Harzland-Sagen. Jena 1928 (Diederichs = Deutscher Sagenschatz, Hrsg. Paul Zaunert).
–. –: Sächsische Sagen. Von Wittenberg bis Leitmeritz. Jena 1926 (Diederichs = Deutscher Sagenschatz, Hrsg. Paul Zaunert).
Sommer, Emil: Sagen, Märchen und Gebräuche aus Sachsen und Thüringen. Erstes Heft. Halle 1846 (Eduard Anton).
Stahmann, Friedrich und Ludwig Züllich: Anhalt's Sagen, Märchen und Legenden. Bernburg 1844 (F.W. Gröning'sche).
Temme, Jodocus D.H.: Die Volkssagen der Altmark. Berlin 1839 (Nicolaische).
Thietmar: Historia Martisburgica. Darinnen Chronica Ditmari, Bischoffs zu Marßburg, von seiner Zeitgeschichte ... beschrieben. Leipzig 1606 (Henning Grosen).
Weihe, Ernst: Die Sagen der Stadt Stendal in der Altmark. Zwei Bde. 3. Aufl. Tangermünde 1840 (Doeger).
Witzschel, August: Kleine Beiträge zur deutschen Mythologie, Sitten- und Heimathskunde in

Sagen und Gebräuchen aus Thüringen. Erster Band: Sagen aus Thüringen. Wien 1866 (Wilhelm Braumüller). Zweiter Band: Sagen, Sitten und Gebräuche aus Thüringen. Hrsg. G.L. Schmidt. Wien 1878 (Wilhelm Braumüller).

Sächsische Sagen

Dresser, Matthaeus: Sächsisch Chronicon ... Auffs neue zugerichtet, gebessert ... und continuirt biß uff den Monat Maium des Jahrs Christi 1596. Wittenberg 1596 (Johan Francke).

Einleitung zur Historie des Chur-Fürstenthums Sachsen, aus gedruckten und geschriebenen Nachrichten in angenehmer Kürtze vorgetragen ... Frankfurt und Leipzig 1714 (Christoph Riegel).

Eisel, Robert: Sagenbuch des Voigtlandes. Gera 1871 (C.B. Griesbach).

Endt, Johann: Sagen und Schwänke aus dem Erzgebirge. Der Zauberer I' Hahn, der Wunderdoktor Rölz u.a. Prag 1909 (J.G. Calve = Beitrag X zur deutsch-böhmischen Volkskunde).

Grässe, Johann Georg Theodor: Der Sagenschatz des Königreichs Sachsen. (EA Dresden 1855). Zweite verbesserte und sehr vermehrte Aufl. Zwei Bände. Dresden 1874 (G. Schönfeld). Nachdruck Leipzig 1980 (Zentralantiquariat).

Gräve, Heinrich Gottlob: Volkssagen und volksthümliche Denkmale der Lausitz. 3 Hefte. Bautzen 1839 (F.A. Reichel).

Haupt, Karl: Sagenbuch der Lausitz. In: Neues Lausitzisches Magazin, 40. Bd. 1863, Seite 1–475; 41. Bd. 1864, Seite 72–92. Görlitz 1863–64 (Gustav Köhler).

Köhler, Johann August Ernst: Volksbrauch, Aberglauben, Sagen und andere alte Überlieferungen im Voigtlande, mit Berücksichtigung des Orlagau's und des Pleißnerlandes. Leipzig 1867 (Fr. Fleischer).

–, –: Sagenbuch des Erzgebirges. Schneeberg und Schwarzenberg 1886 (Carl Moritz Gärtner). Nachdruck Hildesheim 1978 (Georg Olms).

Meiche, Alfred: Sagenbuch des Königreichs Sachsen. Leipzig 1903 (G. Schönfeld).

–. –: Sagenbuch der Sächsischen Schweiz. Leipzig 1894 (Bernhard Franken).

Mencke, Johann Burkhard; Scriptores rerum Germanicarum, praecipue Saxonicarum. 3 Bde. Leipzig 1728–30.

Münnich, Karl Heinrich Wilhelm: Der Elbstrom, von seinem Ursprunge bis zu seiner Mündung in die Nordsee, malerisch, topographisch und historisch dargestellt. Hrsg. C.G. Semmler. Dresden o.J. (1845) (Ernst Blochmann und Sohn). Nachdruck Leipzig und Frankfurt a.M. 1984 (Zentralantiquariat / W. Weidlich).

Schiffner, Albert: Beschreibung von Sachsen und der Ernestinischen, Reußischen und Schwarzburgischen Lande. Stuttgart 1840 (J. Scheible). Nachdruck Frankfurt a.M. 1981 (Wolfgang Weidlich).

Sieber, Friedrich: Sächsische Sagen. Von Wittenberg bis Leitmeritz. Jena 1926 (Diederichs = Deutscher Sagenschatz, hrsg. Paul Zaunert).

Tromlitz, A. und Johann Sporschil: Romantische Wanderung durch die Sächsische Schweiz. Leipzig o.J. (1837 u. 1840) (Georg Wigand).

Ziehnert, Widar: Sachsens Volkssagen. Balladen, Romanzen und Legenden. 3 Bändchen. Annaberg 1837 (Rudolph u. Dieterici).

Brandenburgische Sagen

Bobrowski, Johannes: Hans Clauert, der märkische Eulenspiegel. Berlin 1956 (Lucie Groszer).

Engelien, A. und W. Lahn: Der Volksmund in der Mark Brandenburg. Sagen, Märchen, Spiele, Sprichwörter und Gebräuche. 1. Theil. Berlin 1868 (Wilhelm Schultze).

Gander, Karl: Niederlausitzer Volkssagen, vornehmlich aus dem Stadt- und Landkreise Guben. Berlin 1894 (Dt. Schriftsteller-Genossenschaft).

Haase, Carl Eduard: Volkstümliches aus der Grafschaft Ruppin und Umgebung. 1. Teil Sagen. Neu-Ruppin 1887 (Petrenz).

Handtmann, Eduard: Neue Sagen aus der Mark Brandenburg. Ein Beitrag zum dt. Sagenschatz. Halle 1883 (Abenheim).

Kuhn, Adalbert: Märkische Sagen und Märchen nebst einem Anhange von Gebräuchen und Aberglauben. Berlin 1843 (Reimer). Nachdruck Hildesheim 1973 (Georg Olms).

Kunzendorf, Paul: Sagen der Provinz Brandenburg. Cottbus 1911.

Lohre, Heinrich: Märkische Sagen. Leipzig-Gohlis 1921 (Hermann Eichblatt = Eichblatts Deutscher Sagenschatz, Bd. 2).

Reinhard, Karl von: Sagen und Märchen aus Potsdam's Vorzeit. Potsdam 1837 (Stöhr'sche). Mit Ergänzungen von Wilhelm Riehl. 5. Aufl. 1888 (Rentel's).

Schmidt, Rudolf: Märkisches Sagenbuch. Sagen und Geschichten aus Barnim und Uckermark. 4. Aufl. Charlottenburg 1909.

–, –: Sagenschatz der uckermär-

kischen Kreise Prenzlau und Templin. Prenzlau 1922.
–. –: Sagenschatz des uckermärkischen Kreises Angermünde. Angermünde 1921.
Schulenburg, Willibald von: Wendische Volkssagen und Gebräuche aus dem Spreewald. Leipzig 1880 (F.A. Brockhaus).
–. –: Wendisches Volkstum in Sage, Brauch und Sitte. Berlin 1882 (Nicolaische).
Schwartz, Wilhelm: Sagen und alte Geschichten der Mark Brandenburg für Jung und Alt. Berlin 1871 (Hertz).
Sieber, Friedrich: Wendische Sagen. Jena 1925 (Diederichs).
Temme, Jodocus D.H.: Die Volkssagen der Altmark. Berlin 1839 (Nicolaische). – Teil III: Angrenzende Marken.
Veckenstedt, Edmund: Wendische Sagen, Märchen und abergläubische Gebräuche. Graz 1880 (Leuschner & Lubensky).
Wolff, O.L.B.: Der Märkische Eulenspiegel. Das ist: Seltsame und kurzweilige Geschichten von Hans Clauert in Trebbin. Leipzig o.J. (1848) (Otto Wigand = Volksbücher, Heft 39).

MECKLENBURGISCHE UND VORPOMMERISCHE SAGEN

Arndt, Ernst Moritz: Märchen und Jugenderinnerungen. 1. Theil. Zweite Ausgabe. Berlin 1842 (Reimer). 2. Theil. Berlin 1843 (Reimer).
Bartsch, Karl: Sagen, Märchen und Gebräuche aus Meklenburg. Erster Band: Sagen und Märchen. Wien 1879 (Wilhelm Braumüller). Zweiter Band: Gebräuche und Aberglaube. Wien 1880 (Wilhelm Braumüller).
Haas, Alfred: Greifswalder Sagen. Greifswald 1925 (Julius Abel).
–, –: Pommersche Sagen. (EA 1912). Vierte vermehrte Aufl. Leipzig-Gohlis 1926 (Hermann Eichblatt = Eichblatts Deutscher Sagenschatz, Bd. 1).
–, –: Rügensche Sagen und Märchen. (EA 1891). Fünfte vermehrte Aufl. Stettin 1920 (Arthur Schuster).
–, –: Sagen und Erzählungen von der Insel Usedom und Wollin. Stettin 1904 (J. Burmeister).
Jahn, Ulrich: Volkssagen aus Pommern und Rügen. Stettin 1886 (H. Dannenberg). Nachdruck Hildesheim 1973 (Olms).
Kobbe, Theodor von, und Wilhelm Cornelius: Wanderungen an der Nord- und Ostsee. Leipzig o.J. (1841) (Georg Wigand).
Niederhöffer, A.: Mecklenburg's Volkssagen. 4 Bde. Leipzig 1858–1862 (Hübner).
Schmidt, Rudolf: Sagenschatz der uckermärkischen Kreise

Prenzlau und Templin. Prenzlau 1922.
Temme, Jodocus D.H.: Die Volkssagen von Pommern und Rügen. Berlin 1840 (Nicolaische).
Wossidlo, Richard: Mecklenburgische Sagen. Ein Volksbuch. Zwei Bände. Rostock 1939 (Carl Hinstorff).
Wossidlo, Richard und Gisela Schneidewind: Herr und Knecht. Antifeudale Sagen aus Mecklenburg. Berlin 1960 (Akademie).

NACHTRAG ZU SACHSEN

Aberglauben im Erzgebirge vor fünfzig Jahren. Globenstein bei Rittersgrün 1894.
Albinus, Petrus: Meißnische Land- und Bergk Chronica. 2 Theile. Dresden 1590.
Geyer, M.: Osterlandsagen. Sagen, Bilder und Geschichten aus dem Altenburger Ostkreise. Altenburg 1901 (A. Tittel).

JAHRESFESTE UND -BRÄUCHE

Fehrle, Eugen: Deutsche Feste und Jahresbräuche. (EA 1916) 4. neubearb. u. erw. Aufl. Leipzig u. Berlin 1936 (Teubner).
Hahne, Hans: Vom deutschen Jahreslauf im Brauch. Jena 1926 (Diederichs = Deutsche Volkheit).
Reinsberg-Düringsfeld, Otto Frhr. von: Das festliche Jahr. Leipzig 1863 (Otto Spamer).

2. Literatur zur Geschichte der fünf mitteldeutschen bzw. ostdeutschen Länder in Auswahl.

ALLGEMEIN

dtv-Atlas zur Weltgeschichte. Karten und chronologischer Abriß. Band 1: Von den Anfängen bis zur Französischen Revolution. Band 2: Von der Französischen Revolution bis zur Gegenwart. München 1964 u. 1966 (= dtv Bd. 3001–2).
Handbuch der historischen Stätten Deutschlands. Stuttgart 1961 ff. (A. Kröner).
Ploetz: Geschichte der deutschen Länder. Territorien-Ploetz, Hrsg. Georg Wilhelm Sante. Zwei Bände. Würzburg 1964 und 1971 (Ploetz).
Köbler, Gerhard: Historisches Lexikon der deutschen Länder. Die deutschen Territorien vom Mittelalter bis zur Gegenwart. München 1988 (C.H.Beck).

THÜRINGEN

Geschichte Thüringens. Hrsg. Hans Patze und Walter Schlesinger. Sechs Bände. Köln 1968 ff. (Böhlau = Mitteldeutsche Forschungen Bd. 48, 1–6).
Handbuch der historischen Stätten, Bd. 9: Thüringen. Hrsg. Hans Patze. Stuttgart 1968 (A. Kröner).
Heß, Ulrich: Geschichte Thürin-

gens 1866 bis 1914. Aus dem Nachlaß hrsg. von Volker Wahl. Weimar 1990. (Herm. Böhlaus Nachf.).

SACHSEN-ANHALT

Wäschke, Hermann: Anhaltische Geschichte. 3 Bde. Köthen 1912–1913.
Friedensburg, Walter: Die Provinz Sachsen, ihre Entstehung und Entwicklung, Halle 1919.
Klein, T.: Provinz Sachsen. In: Grundriß der deutschen Verwaltungsgeschichte 1815–1945, hrsg. Walter Hubatsch. Marburg 1975 ff. (Joh. Gottfr. Herder-Institut).

SACHSEN

Kötzschke, Rudolf und Hellmut Kretzschmar: Sächsische Geschichte. Zwei Bände. Dresden 1935 (Heinrichs). Nachdruck Frankfurt a.M. 1965 (Weidlich).
Handbuch der historischen Stätten, Bd. 8: Sachsen. Hrsg. Walter Schlesinger. Stuttgart 1965 (A. Kröner).
Blaschke, Karlheinz: Sachsen im Zeitalter der Reformation. Gütersloh 1970 (Mohn).

BRANDENBURG

Die **Mark** Brandenburg. Hrsg. Johann Schultze. Bd. 1 ff. Berlin 1961 ff. (Duncker & Humblot).
Berlin und die Provinz Brandenburg im 19. und 20. Jahrhundert. Hrsg. Hans Herzfeld. Berlin 1968.
Schmidt, Eberhard: Die Mark Brandenburg unter den Askaniern (1134–1320). Köln u. Wien 1973 (Böhlau = Mitteldt. Forschungen, Bd. 71).
Mittenzwei, Ingrid und Erika Herzfeld: Brandenburg-Preußen 1648–1789. Das Zeitalter des Absolutismus in Text und Bild. Berlin 1987 (Verlag der Nation).

MECKLENBURG-VORPOMMERN

Wehrmann, Martin (Hrsg.): Geschichte von Pommern. Reprint der Aufl. 1904. Frankfurt a.M. 1981 (Weidlich).
Vitense, Otto: Geschichte von Mecklenburg. Gotha 1920.
Hamann, Manfred: Mecklenburgische Geschichte. Von den Anfängen bis zur Landständischen Union von 1523. Köln u. Graz 1968 (Böhlau).
Pagel, Karl: Mecklenburg. Biographie eines deutschen Landes. Göttingen 1969 (Vandenhoeck & Ruprecht).
Wieden, H. bei der: Mecklenburg. In: Grundriß zur deutschen Verwaltungsgeschichte 1815–1945, hrsg. Walter Hubatsch, Bd. XIII. Marburg 1975 ff. (Joh. Gottfr. Herder-Institut).
Eggert, Oskar: Geschichte Pommerns. Bd. 1. Hamburg 1974. (Pommerscher Zentralverband).
Stüttgen, D.: Pommern. In:

Grundriß der deutschen Verwaltungsgeschichte 1815–1945, hrsg. Walter Hubatsch. Marburg 1975/76 (Joh. Gottfr. Herder-Institut).
Branig, H.: Geschichte Pommerns. (= Veröff. d. Hist. Kommission für Pommern). i. Vorb.

Territorialgeschichtliche Einleitungen enthalten auch die fünf Bildhandbücher »Deutsche Kunstdenkmäler in der DDR« der Edition Leipzig 1967–71, deren jedes eines der Länder umfaßt, obgleich im Titel nur auf die jeweiligen Bezirke abgehoben wird: so Bd. 1 »Bezirke Erfurt, Gera, Suhl« (1967, 2. verb. Aufl. 1986); Bd. 2 »Bezirke Halle, Magdeburg« (1968); Bd. 3 »Bezirke Dresden, Karl-Marx-Stadt, Leipzig« (1969, 2. verb. Aufl. 1989); Bd. 4 »Bezirke Neubrandenburg, Rostock, Schwerin« (1970); Bd. 5 »Bezirke Cottbus, Frankfurt/O., Potsdam und Berlin« (1971). Diese 15 Bezirke lösen sich im Herbst 1990 in die Länder auf.

Auswahl und Textgestaltung

Die Sagenüberlieferungen der hier thematisierten deutschen Länder sind zu vielfältig - nach regionaler mündlicher Überlieferung und alter Landes- oder Stadtchronik, nach hochdeutscher Wiedergabe oder unterschiedlichen Dialekten -, als daß sie sich zwischen zwei Buchdeckel pressen ließen. So bedient sich diese Auswahl eines vorgegebenen Rasters: Die Sage soll sich nach Möglichkeit mit einem signifikanten »Ort« verbinden, und dieser Ort wiederum soll nach Möglichkeit »im Bild« erscheinen, so daß *Sagenhaftes* und *Sehenswürdiges* miteinander korrespondieren. Deswegen sind Stadtsagen stärker berücksichtigt, obwohl die Sage mehr im Feld, Wald und Gebirge zu Hause ist. Doch auch nicht alles und jedes, was in diesen Landen sehenswürdig ist, konnte bei der Beschränkung des Raums behandelt werden: so nicht Wörlitz, der berühmte erste Landschaftspark Deutschlands, so nicht Schloß Moritzburg, das sich mit den sächsischen Herrschern Herzog Moritz und August dem Starken verbindet, auch nicht der Zwinger, einstmals der Festplatz für Dresdens Turniere und höfischen Spiele.

Andererseits wird das Prinzip des »bekannten Schauplatzes« gelegentlich lustvoll durchbrochen. Die Naturgeister in der Lausitz beispielsweise werden ausgiebig behandelt (S. 218 ff., 298 ff.) und auch das bäuerliche Mecklenburg, unnachahmlich in seinem Platt, verschafft sich hin und wieder Geltung. Wenn der Erzählreichtum der Mark Brandenburg etwas zu kurz kommt, so liegt das daran, daß das meiste (insgeheim durchaus auf Altüberliefertem fußend) bei Theodor Fontane zu lesen ist.

Das Bestreben war, die ältesten und auch reinsten Quellen volksliterarischer Überlieferung zu erschließen und sie, unter Wahrung ihres Duktus, ihrer Sprachmelodie, in lesbarer Form wiederzugeben. Das bedingt weitgehend eine Angleichung an die heutige Orthographie, eine Vereinheitlichung in der Schreibweise von Namen und Orten und behutsame Eingriffe, wenn die alte Syntax allzu umständlich daherkommt. Wo Ausdrücke nicht mehr ohne weiteres verstanden werden, wie »Docke« (Puppe), »Friedel« (Liebster), »Kak« (Pranger) oder »Wetscher« (Mantelsack), ist das heute gebräuchliche Wort in Klammern hinzugefügt. Ebenso gilt, daß mundartliche Texte mit sparsamen »Verdolmetschungen« versehen sind.

Die editorische Erfahrung zeigt, daß man bei der Wiedergabe bedeutsamer historischer Texte nicht alles über einen Leisten schlagen sollte; so bewahrt etwa die unterschiedliche Schreibweise »Clingesor« (in der Vita des hl. Ludwig) und »Meister Clingsor« (Brüder Grimm) auch eine gewisse Eigentümlichkeit des Erzählens.

Das Alter der aufgezeichneten Geschichten läßt sich dem kurzen Quellenhinweis unter dem Text entnehmen. Römische Ziffern weisen auf den Band bzw. auch auf die Abteilung in einem Band (bei mehrfacher Durchnumerierung bzw. -paginierung) hin. Die alte Textnummer ist maßgeblich; wird anstatt der Nummer eine Seitenzahl vermerkt, so war auch die Vorlage ohne Nummer.

Nicht zuletzt will die Bibliographie zur Sagen- und zur Landesgeschichte dazu anregen, sich mit dieser unverhofft aktuellen Materie näher zu beschäftigen.

Ortsregister